$$\mu = \frac{x_1 + x_2 + L + x_N}{N} = \frac{1}{N}\sum_{i=1}^{N} x_i$$

$$E\left[(x-\mu)^r\right] = \int (x-\mu)^r f(x)dx$$

$$\log 2^k \ge \log n \implies k\log 2 \ge \log n$$

$$\therefore k \ge \frac{1}{\log 2}\log n$$

應用統計學 第三版

李德治 著

Statistics

博碩文化

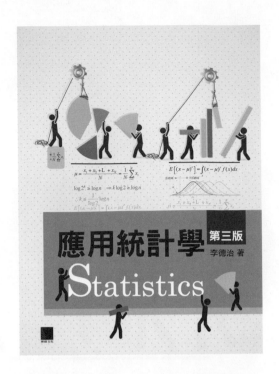

作　　者：李德治

責任編輯：Cathy

發 行 人：詹亢戎

董 事 長：蔡金崑

顧　　問：鍾英明

總 經 理：古成泉

總 編 輯：陳錦輝

出　　版：博碩文化股份有限公司

地　　址：221 新北市汐止區新台五路一段 112 號 10 樓 A 棟
　　　　　電話 (02) 2696-2869 傳真 (02) 2696-2867

發　　行：博碩文化股份有限公司

郵撥帳號：17484299　戶名：博碩文化股份有限公司

博碩網站：http://www.drmaster.com.tw

讀者服務信箱：DrService@drmaster.com.tw

讀者服務專線：(02) 2696-2869 分機 216、238

（周一至周五 09:30 ～ 12:00；13:30 ～ 17:00）

版　　次：2017 年 4 月初版

建議零售價：新台幣 500 元

I S B N：978-986-434-202-0

律師顧問：鳴權法律事務所 陳曉鳴律師

本書如有破損或裝訂錯誤，請寄回本公司更換

國家圖書館出版品預行編目資料

應用統計學 / 李德治作 . -- 三版 . -- 新北市：
　博碩文化，2017.04

　面；　公分

　ISBN 978-986-434-202-0(平裝)

　1.應用統計學

518　　　　　　　　　　　　　　　106004904

Printed in Taiwan

博 碩 粉 絲 團　歡迎團體訂購，另有優惠，請洽服務專線
(02) 2696-2869 分機 216、238

　　隨著網路的普及，各種上網的裝置透過網際網路將你我彼此聯繫在一起，透過行動載具，人們分享彼此的訊息與資料、上網購物、發表文章分享心得，也許很多人還不知道，這些流串在網路上的個人資料已經有意或無意的被記錄下來。藉由分析這些資料，可以從中了解你的人格特質、你的喜好、你的朋友群，所有你可以想像到或想像不到的事。也許有一天透過路口監視器，分析你的臉部表情、騎車或開車行為、走路步伐速度等，電腦可以立刻判斷你是否準備做壞事，並將此訊息通知附近的警察局，再藉由人工進一步地進行監視。許多公司已經悄悄地做這件事情了，他們透過你在網路商店的購物行為來預測你準備購買那些貨品，並將此商品透過網路推播的方式呈現在你目前瀏覽的網頁頁面上，省去你透過關鍵字搜尋，然後在從一大堆清單中找到你欲購買貨品的時間。這就是目前很夯的大數據分析，透過大數據分析，廠商可以從數以萬計的客戶中找到屬於他們的客戶，並且從他們公司中選出適當的產品向你進行行銷，以增加他們銷售成功機率。

　　統計學是進入大數據分析的基礎課程，對大數據分析有興趣的一定要先學習統計學，此外基本的數學原理亦是不可或缺，否則使用錯誤的分析方法或者錯讀統計結果，小則只是數據錯誤，大則影響一個公司甚至一個國家的決策。本書歷經三次改版，為了讓學生在學習統計學不至於感到害怕，故在這次的改版力求精簡，讓使用本書的教師能夠有更多的時間解釋統計學的基本原理，讓學生有較多的時間消化課本內容。

　　本書在出版前歷經了數次校稿，盡量讓錯誤減少。希望藉由能夠引起學生對統計學的興趣。

大葉大學資訊管理學系副教授

李德治

目 錄　Contents

01 緒論

1.1 統計的意義與限制 1-2

    1.1.1 統計的意義 1-2

    1.1.2 統計的限制 1-2

1.2 統計學的分類 1-3

    1.2.1 依統計理論 1-3

    1.2.2 依討論的內容與種類 1-3

    1.2.3 依討論的變量數目 1-4

    1.2.4 依是否已知母體參數的訊息 1-4

1.3 母體與樣本 1-5

    1.3.1 母體 1-5

    1.3.2 樣本 1-6

    1.3.3 母體參數與樣本統計量 1-7

1.4 統計資料的種類 1-7

    1.4.1 變數與變量 1-7

    1.4.2 統計資料的種類 1-8

1.5 統計資料的衡量尺度 1-10

    1.5.1 名義量尺 1-10

    1.5.2 順序量尺 1-11

    1.5.3 區間量尺 1-11

    1.5.4 比率量尺 1-11

02 常用的統計圖表

2.1 次數分配表與次數分配圖 2-2

    2.1.1 次數分配表 2-2

2.1.2　相對次數分配表 2-6

2.1.3　累積次數分配表與相對累積次數分配表 2-6

2.1.4　交叉表 2-7

2.1.5　次數分配圖 2-8

03　常用的統計量數

3.1　中央趨勢量數 3-3

　3.1.1　算術平均數 3-3

　3.1.2　加權平均數 3-9

　3.1.3　幾何平均數 3-9

　3.1.4　剪尾平均數 3-11

　3.1.5　截尾平均數 3-12

　3.1.6　中位數 3-12

　3.1.7　k 分位數（中位數的延伸） 3-16

　3.1.8　眾數 3-20

3.2　離差量數 3-22

　3.2.1　絕對離差量數 3-22

　3.2.2　相對離差量數 3-29

3.3　偏態 3-31

　3.3.1　偏態係數 3-31

　3.3.2　皮爾生偏態係數 3-32

3.4　峰度 3-32

3.5　柴比雪夫不等式與經驗法則 3-34

　3.5.1　柴比雪夫不等式 3-34

　3.5.2　經驗法則 3-35

3.6　盒鬚圖 3-38

　3.6.1　盒鬚圖與分配關係 3-38

04 機率

4.1 隨機試驗、樣本空間與事件 4-2

　4.1.1 專有名詞解釋 4-2

4.2 集合之基本觀念 4-4

　4.2.1 集合的基本概念 4-4

　4.2.2 集合基本運算法則 4-6

　4.2.3 集合元素的計數 4-7

4.3 機率測度的方法 4-9

　4.3.1 加法原理與乘法原理 4-9

　4.3.2 拉譜拉斯古典機率 4-11

　4.3.3 相對次數的方法 4-13

　4.3.4 主觀方法 4-13

　4.3.5 機率公理體系 4-14

　4.3.6 機率的性質 4-14

　4.3.7 事件的運算與機率法則 4-15

4.4 條件機率與獨立事件 4-18

　4.4.1 條件機率（conditional probability） 4-18

　4.4.2 獨立事件 4-20

4.5 樣本空間的分割 4-22

　4.5.1 樣本空間的分割 4-22

　4.5.2 聯合機率 4-23

　4.5.3 邊際機率 4-24

4.6 貝氏定理 4-25

　4.6.1 全機率定理 4-25

　4.6.2 決策樹 4-26

　4.6.3 貝氏定理（Bayes theorem） 4-27

05 機率分配

5.1　隨機變數與機率分配 5-2

　　5.1.1　隨機變數 5-2

　　5.1.2　機率分配 5-3

5.2　累積分配函數 5-7

　　5.2.1　離散型隨機變數之累積分配函數 5-7

　　5.2.2　連續型隨機變數之累積分配函數 5-11

5.3　機率分配的重要參數 5-16

　　5.3.1　期望值（expected value） 5-16

　　5.3.2　變異數與標準差 5-17

06 常用的離散型機率分配

6.1　均勻分配 6-2

6.2　二項分配 6-4

　　6.2.1　二項分配 6-5

　　6.2.2　二項分配的期望值與變異數 6-5

　　6.2.3　二項分配的圖形 6-6

6.3　百努力試驗 6-8

6.4　超幾何分配 6-8

　　6.4.1　超幾何實驗的性質 6-8

　　6.4.2　超幾何機率函數 6-9

　　6.4.3　超幾何分配的期望值與變異數 6-10

　　6.4.4　超幾何分配與二項分配之比較 6-11

　　6.4.5　近似分配 6-11

6.5　Poisson 分配 6-13

　　6.5.1　Poisson 分配與其重要參數 6-13

　　6.5.2　近似分配 6-15

07 常見的連續型機率分配

7.1 連續均勻分配 7-2

    7.1.1 均勻分配之機率密度函數 7-2

    7.1.2 均勻分配的期望值與變異數 7-2

7.2 常態分配 7-4

    7.2.1 常態分配及其性質 7-4

    7.2.2 標準常態分配 7-6

    7.2.3 二項分配與 Poisson 分配的常態分配近似法 7-11

7.3 指數分配 7-15

    7.3.1 指數分配的機率密度函數 7-15

    7.3.2 常用之指數分配計算公式 7-16

    7.3.3 指數分配的重要參數 7-17

08 抽樣與抽樣分配

8.1 抽樣的基本概念 8-2

    8.1.1 非隨機抽樣方法 8-2

    8.1.2 隨機抽樣方法 8-3

8.2 母體分配、樣本分配與抽樣分配 8-7

8.3 Z 分配 8-8

    8.3.1 Z 分配 8-8

    8.3.2 樣本平均數的抽樣分配 8-9

    8.3.3 大數法則與中央極限定理 8-14

    8.3.4 樣本比例的抽樣分配 8-15

    8.3.5 兩樣本平均數差的抽樣分配 8-21

    8.3.6 兩樣本比例差的抽樣分配 8-22

8.4 χ^2 分配、F 分配與 t 分配 8-23

    8.4.1 卡方分配 8-23

    8.4.2 F 分配 8-28

    8.4.3 t 分配（student-t distribution）........................8-32

估計

9.1 點估計 9-2

   9.1.1 點估計的概念 9-2

   9.1.2 估計式 9-2

   9.1.3 點估計的步驟 9-2

9.2 估計式的評斷標準 9-3

   9.2.1 不偏性 9-3

   9.2.2 有效性 9-6

   9.2.3 最小變異不偏性 9-8

   9.2.4 漸近不偏性 9-8

   9.2.5 一致性 9-9

   9.2.6 充分性 9-10

9.3 區間估計 9-11

   9.3.1 區間估計 9-11

   9.3.2 信賴水準 9-12

   9.3.3 信賴區間 9-12

9.4 單一母體的區間估計 9-13

   9.4.1 一個母體平均數之區間估計 9-13

   9.4.2 一個母體比例的區間估計 9-20

   9.4.3 單母體變異數之區間估計 9-23

9.5 兩個母體之區間估計 9-25

   9.5.1 兩個母體平均數差之區間估計－獨立樣本 9-25

   9.5.2 兩個母體平均數差的統計推論－成對樣本 9-29

   9.5.3 兩獨立母體比例差之區間估計 9-32

   9.5.4 兩母體變異數比的區間估計 9-35

⑩ 假設檢定

10.1 假設檢定的步驟 10-2

10.1.1 假設檢定的步驟 10-2

10.1.2 拒絕域與接受域 10-3

10.1.3 假設檢定的方法 10-4

10.2 單尾檢定與雙尾檢定 10-5

10.2.1 單尾檢定...10-5

10.2.2 雙尾檢定...10-6

10.3 一個母體平均數的假設檢定 10-7

10.3.1 z 檢定 10-7

10.3.2 t 檢定 10-19

10.4 錯誤與檢定力 10-22

10.4.1 錯誤...10-22

10.4.2 型 II 錯誤 β 的推導 10-24

10.4.3 檢定力函數 10-29

10.4.4 給定錯誤 α、β 的條件下，所需樣本數....................10-30

10.5 兩個母體平均數差之假設檢定 - 獨立樣本.........................10-32

10.5.1 z 檢定 10-33

10.5.2 t 檢定 10-38

10.6 兩母體平均數差的假設檢定－成對樣本 10-46

10.6.1 z 檢定 10-47

10.6.2 t 檢定 10-50

10.7 一個母體比例的假設檢定 10-54

10.7.1 三種假設檢定 10-54

10.7.2 所需樣本數 10-57

10.8 兩獨立母體比例差的假設檢定...10-59

10.9 一個母體變異數之檢定 10-63

10.10 兩獨立母體變異數之檢定 10-66

11 變異數分析

11.1 變異數分析 11-2

11.1.1 起源 11-2

11.1.2 因子 11-2

11.1.3 依變數 11-3

11.1.4 變異數分析的基本假設 11-3

11.1.5 變異數分析的三個步驟 11-3

11.2 單因子變異數分析（完全隨機）...........................11-4

11.2.1 單因子變異數分析統計模式 11-4

11.2.2 母體變異數估計值 11-9

11.2.3 因子效果之估計 11-14

11.2.4 k 個常態母體之共同變異數 σ^2 之估計..........11-16

11.2.5 多重比較法 11-18

11.3 單因子變異數分析（隨機集區設計）.................11-25

11.4 雙因子變異數分析 11-30

11.4.1 雙因子變異數分析種類 11-30

11.4.2 未重複實驗之雙因子變異數分析 11-30

11.4.3 重複實驗之二因子變異數分析 11-34

12 簡單線性迴歸與相關分析

12.1 簡介 12-2

12.2 迴歸分析的種類 12-3

12.2.1 按自變數與依變數之數目 12-3

12.2.2 按自變數與依變數之關係型態 12-3

12.3 簡單線性迴歸分析 12-3

12.3.1 迴歸模型之建立 12-3

12.4 簡單線性迴歸模型配適度的評斷.........................12-10

12.4.1 迴歸模型之配適度檢定 12-11

      12.4.2 斜率項與截距項的檢定與區間估計.........................12-16

12.5 信賴區間與預測區間...12-22

12.6 相關分析...12-25

      12.6.1 母體相關係數...12-25

      12.6.2 相關係數的估計...12-26

A CASIO fx-350MS 操作手冊

A.1 基本運算...A-2

A.2 統計應用...A-3

      A.2.1 敘述統計...A-3

      A.2.2 應用統計...A-5

B 常用查表

參考書目...B-24

CHAPTER 01

緒論

1.1 統計的意義與限制

1.2 統計學的分類

1.3 母體與樣本

1.4 統計資料的種類

1.5 統計資料的衡量尺度

1.1 統計的意義與限制

1.1.1 統計的意義

所謂「統計學」（Statistics）是指利用少量的資料（稱為樣本）所提供的資訊來推斷欲研究對象（稱為母體）特徵的一門科學，一般而言有兩大主要目標：

1. 利用已知的樣本資料推測母體具有的特性。
2. 適當地設計樣本取得的程序及取樣的範圍，使取得的樣本顯現的特性能真實反映母體的現象，進而能以簡潔的分析，作有效的推論。

統計學的研究需要運用到大量的數學知識，因此想要把統計學學好，擁有良好的數學基礎是從事統計工作者所必備的條件。此外，在進行資料整理分析時，經常得面對繁瑣且大量的數據，因此若能善用專為統計資料計算的計算機（如 CASIO 350 MS）或者套裝軟體（如 Excel 或 SPSS）的功能，就能輕易的求算或分析問題。因此培養使用計算機或相關軟體的能力，亦是學習統計過程中的一個重要項目。

統計學與數學有點關聯，因此許多大學將統計方面的課程安排在應用數學系中，並沒有獨立出來。但近年來由於在人文社會學方面需要用到大量的統計分析方法，因此有些學校將統計獨立出來成立統計系所，以統計方法的應用層面為主，不探討公式的推導與來由，以利人文社會學的研究，因此統計學具有下列的意義：

統計學是為了某種特定的目的，於一定的時間、空間和特定的性質條件下，利用科學的方法蒐集、整理與分析資料，解釋並推論結果的方法。

上面提到了四個要素，這四個要素分別為：目的、時間、空間、性質。當我們在進行一項研究時，會基於某一個**目的**的前提下，選擇適當的方法進行抽樣並分析資料，同時在解釋分析結果時必須闡述資料的存在**時間**範圍，資料取得的**空間**地點，以及所分析的資料具有哪些**性質**，是否有某種限制與其適用性，這樣的結果才具備價值性與可靠性。

1.1.2 統計的限制

由於統計理論與方法是架構在機率理論的基礎上，因此統計分析必須要有**足夠多的資料**，在分析資料時必須使用適當的分析方法，同時下結論時必須**客觀且周延**，而其所研究的對象是一群資料中全體的**不確定現象的通則**，並非個別事件發生的結果，因此在最後整理歸納下結論時，必須注意用字遣詞，以避免誤導大眾。記得在許久以前曾經有份研究報告說吃鴨肉會致癌，導致國內鴨農血本無歸，事實上這份報告犯了很嚴重的錯誤，因為研究者沒有

進一步研究吃鴨肉的量到達多少以上才有可能致癌，致癌率是多少？同時也沒有進一步驗證到底致癌因素是鴨肉本身，還是鴨子施打抗生素所影響，或者是飼料的關係，或者其他尚未找出來的因素。像這種研究報告就犯了不夠客觀、不夠周延的錯誤，同時也忽略了尋找克服解決之道。

1.2 統計學的分類

統計學的分類因討論的內容、研究的方法與目的等而有所不同，一般常見的分類方式整理如下：

1.2.1 依統計理論

1. 數理統計（mathematical statistics）

數理統計著重於以數學原理來闡明統計方法，強調各種定理的證明與公式的推導，尤其對於估計式的性質證明與估計式尋找，有非常詳細的說明，通常數理統計只有應數系的學生學習，一般而言，若想徹底瞭解統計學，最好先修過實變函數論與機率論。

2. 應用統計（applied statistics）

應用統計著重於統計方法的應用，例如：用於各種科學研究、企業經營、行政措施等，尤其特別強調各種檢定與預測方面的應用，一般商管學系的學生所學習之統計大都屬於此類。

1.2.2 依討論的內容與種類

1. 敘述統計（descriptive statistics）

僅針對資料做蒐集、整理並分析資料的特性，不將其意義推論至更大範圍。例如：

(1) 各種統計圖表的製作。

(2) 計算平均數、中位數、眾數、變異數、標準差、相關係數等。

2. 推論統計（inferential statistics）

除了針對資料的特性作描述之外，並將樣本資料的解釋推論至更大範圍，討論如何利用樣本統計量來推論母體的特性。例如：

(1) 抽樣（sampling）。

(2) 估計（estimation）。

(3) 假設檢定（hypothesis test）。

1.2.3 依討論的變量數目

1. 單變量統計（unvaried Statistics）

　　討論的依變數只有一個時，如：獨立樣本 t 檢定、變異數分析、卡方檢定、簡單線性迴歸分析等，一般在大學課程裡所探討的範圍大都屬於此類。

2. 多變量統計（multivariate statistics）

　　討論的依變數有兩個或兩個以上時，如：多變量變異數分析、主成份分析、因素分析、線性結構方程等，這類課程大都安排在研究所階段。

1.2.4 依是否已知母體參數的訊息

1. 母數統計（parametric statistics）

　　使用母數統計進行分析前，必須先知道母體分配的種類，與母體參數（如母體平均數、母體變異數）訊息才可以進行分析。通常我們都假設母體為常態分配，或者抽樣分配為大樣本的情況下來進行統計推論。例如：經驗法則、z 檢定、t 檢定、變異數分析、迴歸分析等。

2. 無母數統計（non-parametric statistics）

　　無母數統計與母數統計最大的差別在於不需要事先假設母體的分配情形，僅需少量的樣本即可進行統計推論，但其推論的結果較為粗糙，誤差較大。例如：列聯表分析、連檢定、符號檢定等，有關無母數統計的介紹，可參閱作者寫的另一本統計學教科書。

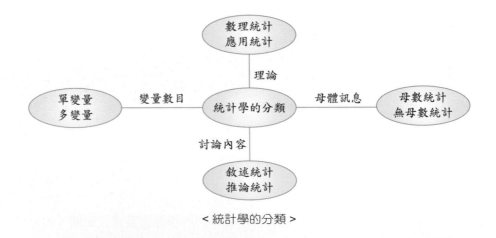

< 統計學的分類 >

> 註 我們亦可從資料型態作區分，若資料為類別或順序型態，資料的分析方法屬於無母數統計，而連續型態資料分析方法大都為母數統計。

🎯 1.3 母體與樣本

⚙ 1.3.1 母體

所謂「母體」（population），係指具有某些共同特質（characteristic）的元素或個體所組成的群體，簡單來說，就是調查者所要研究觀察的全體對象所成的集合，例如：調查台灣區大學生信用卡的使用情況，台灣地區所有的大學生即稱為母體。而母體的類型按不同的區分方式大致可分成下列幾種：

1. 依母體個數是否可數區分

    (1) 有限母體（finite population）：是指母體的個數為可數且為有限個，例如：某大學的學生人數、一副撲克牌的張數等。

    (2) 無限母體（infinite population）：是指母體的個數為無限多個，或者範圍有限但卻不可數，例如：介於 1 到 2 之間的實數、某人的身高或體重、投擲一粒骰子直到出現 1 點為止所投擲的次數。

2. 依母體所含資料的特性區分

    (1) 質母體（qualitative population）：資料種類屬於類別資料性質的母體，例如：血型、性別、職業等。

    (2) 量母體（quantitative population）：資料種類屬於數值資料性質的母體，例如：身高、體重、收入、溫度等。

例 1-1

試判斷下列何者為有限母體？何者為無限母體？

(1) 1 到 2 之間的所有分數

(2) 台灣區每年罹患癌症的人數

(3) 輪胎的壽命

(4) 自一副撲克牌抽取一張牌，取出不放回，直到出現黑桃 A 所需次數

(5) 自一副撲克牌抽取一張牌，取出放回，直到出現黑桃 A 所需次數

(1) 範圍有限但不可數：無限母體

(2) 範圍有限且可數：有限母體

(3) 範圍有限但不可數：無限母體

(4) 範圍有限且可數：有限母體

(5) 可數但範圍無限：無限母體

1.3.2 樣本

樣本（sample）是來自於母體的部分集合，我們從母體中抽取若干元素，這些元素就稱為樣本。樣本又可區分為隨機樣本或非隨機樣本，以及獨立樣本或非獨立樣本。

1. 隨機樣本與非隨機樣本

(1) 隨機樣本（random sample）：係指透過機率的方式抽樣取得的樣本，例如：透過亂數表隨機抽取電訪對象。隨機樣本最大特色是母體中的每一個元素被選取到的機會均相等。一般而言，隨機樣本較能代表母體，利用隨機樣本所推論出來的結果較為可靠。

(2) 非隨機樣本（non-random sample）：係指抽樣時不是透過機率的方式取得的樣本，例如：方便抽樣法所取出的樣本就不具隨機性。通常使用這類樣本所推論出來的結果較不可靠。

2. 獨立樣本與非獨立樣本

(1) 獨立樣本（independent sample）：係指樣本與樣本之間不會相互影響或干擾，且無先後或左右等次序關係，通常隨機抽樣的樣本具有獨立性。

(2) 非獨立樣本（dependent sample）：也有人稱為相依樣本，係指樣本與樣本之間具有某種關聯，或者具有時間先後等次序關係，例如：利用滾雪球抽樣方式所獲取的樣本，或者探討父母成就與子女成就之關係所抽取的樣本，即為非獨立樣本。

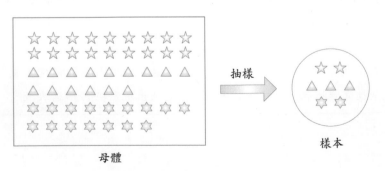

< 母體與樣本之關係 >

♂1.3.3 母體參數與樣本統計量

1. **母體參數**

所謂母體參數（population parameters）是指描述母體特性的統計測量數，例如：母體平均數、母體變異數、母體標準差、母體比例，母體偏態係數、母體峰度係數等，透過母體參數，可以大略的描繪出母體分配的情形。

2. **樣本統計量**

樣本統計量（sample statistics）是指描述樣本特性的統計測量數，例如：樣本平均數、樣本變異數、樣本標準差、樣本比例等。因每次選取的樣本不盡相同，故每次抽樣所計算出樣本統計量與前次抽樣所得之數值不一定相同，故樣本統計量為一隨機變數。有關樣本統計量在後面的單元會有更詳盡的介紹。

◎ 1.4 統計資料的種類

在進行一項研究時，認識資料的種類與來源是一件十分重要的事情，以製作統計圖表而言，不同型態的資料有不同的對應圖表呈現法，例如：我們不可能把身高用長條圖的方式呈現，同樣的，我們也不可能把血型的次數以直方圖方式呈現。同時，不同屬性的資料其對應的統計分析工具亦有所不同，舉例來說，我們不能夠計算一個班級全體同學的平均出生月份，因為這類的計算是無意義的，此外，對於資料的來源也會影響到統計結果。故在進行一項研究時，資料的種類必須了解且陳述清楚。在本節中將介紹一般常見的資料分類情況。

♂1.4.1 變數與變量

通常我們須藉由蒐集方式方能獲得資料，當獲得這些資料之後，在進行分析之前通常會將資料進行整理、分類，並且將資料的類別以一個或多個變數（variable）來代表，通常以大寫英文字母表示，而以變量（variate）來代表資料的數值，通常以小寫英文字母表示。例如：一副撲克牌我們以 X 表示黑桃，Y 表示紅心，Z 表示方塊，T 表示梅花；以 x_3 表示黑桃 3，y_J 表紅心 J。隨著軟體的進步，中文版的統計軟體亦可接受中文變數名稱。

- **變數（variable）**：可計量的特徵，用以替代分類項目的名稱，通常以大寫英文字母 X、Y、Z⋯表示。

- **變量（variate）**：變數的數值，用以替代資料的值，通常以小寫英文字母 x、y、z⋯表示。

1.4.2 統計資料的種類

一般而言，對於統計資料的種類，按不同的方式可區分為：

1. 依獲得資料方式

    (1) 一手資料（primary data）：又稱為初級資料，一手資料通常無法立刻取得，必須透過研究者親自進行問卷調查、實驗或觀察才能獲得資料。

    (2) 二手資料（secondary data）：又稱為次級資料，二手資料一般是已經存在的資料，例如：政府部門公開在網路上的資料。故二手資料是經由他人所收集的，研究者可透過各種管道取得，可以直接或間接採用的資料。

2. 依資料存在時間

    (1) 橫斷面資料（cross-section）或靜態資料（static data）：橫斷面資料是指同時間或幾乎同時間收集的資料，或者在進行統計分析過程中不把時間的因素考慮進去的資料。例如：探討不同性別對於數學的學習狀況，一般而言皆不考慮時間因素的影響。

    (2) 時間序列（time series）資料或動態資料（dynamic data）：此種資料是透過不同時段所收集到的資料，在統計分析過程中必須涵蓋時間的因素。例如：分析國內股價的漲跌情況，病人治療的復癒情況。

3. 依資料來源

    (1) 內部資料（internal data）或現存資料（existing sources）：已經存在某公司或組織內的資料，例如：公司內部的收支記錄或人事記錄等。

    (2) 外部資料（external data）：由公司或組織外部所收集到的資料，例如：收集國內外同行的貨品定價情況。

4. 依資料涵蓋範圍

    (1) 普查資料（census data）：對欲探討的對象做全面性調查所獲得的資料，例如：戶口普查、工商普查等。普查會耗費許多時間與成本，因此除非必要，一般研究很少進行普查。

    (2) 抽查資料（sampling data）：從欲探討的對象中抽取部分具代表性的資料，絕大部分的研究所獲取的資料皆屬於此類型資料，例如：收視率調查、民意調查等。

5. 依資料呈現特性

    (1) 定性資料（qualitative data）：又稱為類別資料（category data），這類資料通常僅具有名義上的性質，此類型的資料無法進行任何的四則運算，僅存在等於或不等於的

性質，例如：血型、性別、職業、學歷等，我們可以說血型 =A 型，或某人學歷 ≠ 博士。

(2) 定量資料（qualitative data）：通常為數值型態，此類資料可以進行絕大部分的統計運算，求算平均數、變異數等，例如：身高、體重、收入等。

6. **依資料數學性質**

(1) 離散資料（discrete data）：此類資料通常只能以某一特定的數值表示，且在兩數值間無法進行無限的分割，例如：骰子的點數、撲克牌的點數等。

(2) 連續資料（continuous data）：能以連續的數字表示，且任兩數值間可以進行無限的分割，例如：長度、體積、重量等。

7. **依資料是否有分組**

(1) 組距型資料（grouped data）：這類資料在整理成表格時，通常會按某一個區間數值來分類，例如：1-10、11-20、21-30、…等。

(2) 非組距型資料（ungrouped data）：又稱為粗資料（raw data），資料在整理時僅按大小排序整理，沒有按某個數值區間加以分類。

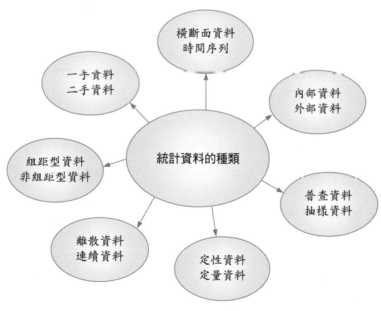

< 統計資料的分類 >

 例 1-2

試區分下列資料屬於定性型態的資料或定量型態的資料？若為定量型態的資料，請進一步再區分其為連續資料或離散資料？

(1) 大專生的身高。

(2) 台灣區每戶家庭的人口數。

(3) 每月手機的通話時間。

(4) 某人出生的月份。

(5) 某人的職業種類。

 解 定量型態資料：(1)(2)(3)

定性型態資料：(4)(5)

連續資料：(1)(3)

離散資料：(2)

◎ 1.5 統計資料的衡量尺度

在進行統計分析時，不同類型的資料有其對應不同的分析方法與工具，當我們在記錄資料時，不管是屬於定性資料或是定量型態的資料，都可用數字的方式呈現。例如：1 代表男生，2 代表女生；10 代表台北溫度，15 代表高雄溫度，雖然同樣是數字型態，但其本質與意義卻不相同。除了研究的目的之外，資料的型態也左右了統計分析方法的使用，因此在進行一項研究時，必須清楚的區分資料的衡量量尺，一般而言，衡量資料的量尺（measurement scale）共有下列四種[1]：

1.5.1 名義量尺

名義量尺（nominal scale）也有人稱名目量尺，主要用來衡量類別型態的資料，通常我們會用簡單的數字標示其屬性，但這些數值無大小之關係。例如：1 表男性、2 表女性，或者 1 表 A 型血、2 表 B 型血……等，諸如此類皆稱為名義量尺。用名義量尺所衡量的資料不可以作加、減、乘、除等四則運算，僅能指定等於或不等於。因此我們不能求出一個班級的

---

1 SPSS 統計軟體只有三種衡量尺度：名義、次序與量尺。

平均血型或者平均性別。但名義量尺的資料可以求算眾數（mode），我們可以說班上同學在男性的人數最多，或者 O 型血型的人最多，班上性別的眾數為男性、血型眾數為 O 型血。

1.5.2 順序量尺

順序量尺（ordinal scale）主要用來衡量有大小、先後、或程度上的順序資料。順序量尺同時具有名義量尺的性質。例如：1 表第一名、2 表第二名，或者 1 表非常不同意、2 表不同意、3 表無意見，此外大學學測採用的 15 等級分數也是屬於順序量尺的一種。順序量尺所衡量出的資料同樣不可以進行加、減、乘、除等四則運算。因此我們不能夠計算全班的平均名次，或者某次大學學測的平均等級。順序量尺只能求算眾數及中位數（medium）。例如：此次大學學測數學 10 級分的人數最多，眾數為 10 級分，中位數為 6 級分。

1.5.3 區間量尺

區間量尺（interval scale）則同時具有名義量尺與順序量尺之意義，主要用來衡量數字與數字間的差異，具有意義但不具倍數關係的資料，例如：溫度、智商等。由於不具倍數關係故無固定之零點，像攝氏溫度與華氏溫度的零度不代表同一點，我們也不能說溫度 100 度是溫度 50 度的二倍，倘若這種說法成立的話，那麼若把手浸泡在 50 度的水中會起一個水泡，則浸泡在 100 度的水中將會起二個水泡…，顯然這種說法是不成立的。區間量尺與隨後介紹的比率量尺最容易讓人混亂，有兩種簡單的判斷方式，第一種是該資料值為 0 的時候，是否代表不存在，若數值 0 仍然具該資料屬性，則此量尺為區間量尺，否則為比率量尺。例如：溫度 0 度仍然有溫度的存在，故溫度屬於區間量尺，身高 0 公分代表該資料不存在，因此身高屬於比率量尺。第二種是看該資料是否存在倍數的意義，例如：把兩杯 1 公升 50 度的水混在一起，溫度不可能增加為 100 度，溫度為區間量尺，但體積則成倍數增長，體積為比率量尺。故不具倍數關係者為區間量尺，具倍數關係者為比率量尺。區間量尺性質的資料可做加減運算，但乘除運算不具意義。可求算資料的眾數、中位數與平均數。

1.5.4 比率量尺

比率量尺（ratio scale）具有上述三種量尺的性質，通常用來衡量數值型態的資料，同時兩數值間的比值具有意義。例如：身高、體重、統計學成績等。由於比值具有意義，故有絕對的零點，資料間可做加、減、乘、除四則運算。同時可求算資料的眾數、中位數、平均數、變異數等等。

　　但有些情況下四種量尺的界定並不是很明確，得視研究目的與研究者操作的定義來看。例如：衡量學生對老師的滿意度，事實上滿意度的本身屬於數值型資料，屬於區間量尺（無倍數關係），但以李克特量表（非常不滿意、不滿意、滿意、非常滿意）來衡量後則變成了順序量尺。若研究者將變數重新操作，加總後取平均值，求同學對老師的平均滿意度，此時滿意度又可視作區間量尺，但嚴格來說它仍屬於順序量尺。再拿名次來說，班上排名本身屬於順序量尺，但若老師在三次月考後取班上學生三次考試排名平均來當學期總排名，此時名次則被視作區間量尺。故在人文社會的研究中，經常使用這種操弄手法將原來的尺度予以升級，但若沒有特別指明，我們應以嚴格的角度來做判斷。也就是說，單純的李克特量表或者班上的排名都屬於順序量尺。

< 各種量尺間之關係 >

< 各種量尺資料資與運算法之整理 >

種類	四則運算	統計量數	固定零點
名義量尺	×	眾數	×
順序量尺	×	眾數、中位數	×
區間量尺	加減	眾數、中位數、平均數、標準差	×
比率量尺	加減乘除	眾數、中位數、平均數、標準差	✓

 例 1-3

請問下列資料分別屬於何種量尺？

(1) 冰 (−1)、溫 (0)、熱 (1)

(2) 全球各大都市的雨量資料。

(3) 全球各大都市的溫度資料

(4) 優良 (3)、良好 (2)、尚可 (1)、劣 (0)

(5) 未婚 (1)、已婚 (2)、離婚 (3)、鰥寡 (4)

(6) 各種哺乳動物的智商

(7) 果菜市場每日蔬菜到貨量

(8) 有車階級 (1)、無車階級 (2)

(9) 國中基測 A,B,C 等級

 解 (1) 順序量尺　(2) 比率量尺　(3) 區間量尺　(4) 順序量尺　(5) 名義量尺

　　(6) 區間量尺　(7) 比率量尺　(8) 名義量尺　(9) 順序量尺

🔍 課·後·練·習

1. 隨機投擲骰子 60 次，6 種點數出現的次數分別為 4,14,10,13,5 和 14。請問點數出現次數的衡量尺度為何？骰子點數的衡量尺度為何？

2. 完成作業的時間，趙一為 30 分，錢二為 38 分，孫三為 42 分，則此資料為何種量尺？

3. 具有固定零點的測量尺度為何種量尺？

4. 請問下列變數是何種變項？

   (1) 意見滿意度　　　(2) 考統計的分數　　　(3) 樂透彩的號碼

5. 衡量變數的特性有四種量尺，分別是區間量尺（interval scale）、順序量尺（ordinal scale）、名義量尺（nominal scale）、比率量尺（ratio scale）。以下有 12 個變數，請問各自屬於何種量尺？

   (1) 家庭人口數目　　(2) 主修科系　　　(3) 考績（甲乙丙丁）　　(4) 汽車銷售量

   (5) 職棒排名　　　　(6) 工作時數　　　(7) 溫度（℃）　　　　　(8) 耗油量

   (9) 意外事故次數　　(10) 身份證字號　　(11) 良品與不良品　　　(12) 男生襯衫的號碼

6. 下列敘述何者為真？

   (1) 區間尺度是用來衡量數值型態的資料，衡量尺度有固定原點及衡量單位。

   (2) 名義量尺用來衡量類別資料。

   (3) 冰（ 1）、溫 (0)、熱 (1) 屬於區間量尺。

   (4) 未婚 (1)、已婚 (2)、離婚 (3)、鰥寡 (4)，屬於順序量尺。

   (5) 果菜市場每天蔬菜到貨量屬於比率量尺。

7. 若「教育程度」以 (A) 高中職級以下、(B) 大專、(C) 研究所三個選項來測量，則 A，B，C 這三個答案：

   (1) 是一種可以做加減乘除運算的數值。

   (2) 是一種只可以做加減運算的數值。

   (3) 是一種可以做比較大小的符號。

   (4) 是一種可以分類但不可比較大小的符號。

   (5) 以上皆非。

8. 阿許作問卷調查民眾對博碩晶圓廠開放赴東南亞投資，答項為非常贊成、贊成、中立、不贊成、非常不贊成等五項，請問此資料的測量尺度是屬於下列何種？

   (1) 順序　　(2) 比率　　(3) 類別　　(4) 名義　　(5) 區間

9. 下列何者為定量資料？何者為定性資料？

   (1) 體重　(2) 身高　(3) 出生月份　(4) 咖啡品牌　(5) 年齡　(6) 學號

CHAPTER 02

常用的統計圖表

2.1 次數分配表與次數分配圖

經抽樣調查所得到的資料通常是雜亂無章的，為了讓這些資料能夠容易觀察理解並進行分析，我們會按照某種分類標準將其整理，以某種方式呈現。一般而言，統計資料呈現方式有：列舉法、統計表、統計圖，與數學函數（pmf、pdf 或 cdf）等四種方式呈現。至於資料如何分類並無固定的規則，但必須滿足周延（inclusion）與互斥（exclusion）兩個條件。所謂周延是指在編表的時候不可以遺漏任何的資料，必須將所有的資料納入圖表中。但有一種情形例外，若進行抽樣時存在極端值，為了避免極端值影響結果，此時可考慮將極端值刪除。互斥係指同一個資料不可以在不同分類中重複出現。本章將介紹一些常見的統計圖與統計表，底下為依類別資料與數值資料分類所對應的統計圖表。

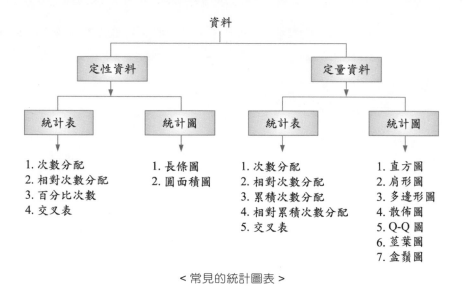

< 常見的統計圖表 >

◎ 2.1 次數分配表與次數分配圖

2.1.1 次數分配表

次數分配表按是否分組，可分為非組距型與組距型兩種。非組距型的編表方式是將變量相同者逐一歸併匯總，適用於類別性質的資料或規模不大的離散型資料。而組距型的編表方式是將全部變量依其大小次序，劃分為若干段落，以每一段落為一組，將資料依序歸類匯總，連續型或離散型資料皆可使用。組距型的資料有兩個基本假設：

1. 集中分配

各組觀測值都等於組中點。這個假設是為了能計算平均數、標準差等各種統計量數所設立的假設。

2. 均勻分配

各組觀測值以等距離且均勻分佈於組內。這個假設是為了能計算中位數、眾數等統計量數所設立的假設。

繪製次數分配表的步驟，可以大略分為七個步驟：

步驟 1：排序。將資料按照大小順序排列整齊。

步驟 2：求全距（range）。全距定義為所有資料中最大數值減去最小的數值，即

$$R = x_{max} - x_{min}$$

步驟 3：定組數。若為定性資料則無此步驟，一般而言，到底需要決定多少組並沒有強制的規定，在實用上可自行按資料的多寡做適當的調整，在此我們介紹二種制訂組數的方法。

(1) 史塔基法則（Sturge's rule）

組數：$k = 1 + 3.322 \times \log n$

(2) 簡易公式

$2^k \geq n$

k：組數，n：觀察值個數

上面兩種公式可採取四捨五入法、無條件進 1，甚至無條件捨去皆可，但在實際應用上，不一定非得採用上述兩種公式，我們也可自行任意給定，有時先定組距再定組數，會更加方便製表。

步驟 4：定組距（class interval）

$$組距：C = \frac{R}{k}$$

為了能將所有的資料涵蓋進去，故組距 C 採用無條件進 1 法取至整數位，底下有幾個參考原則：

(1) 組距一般採整數原則，最好是 2、5 或 10 的倍數，以方便計算。

(2) 各組的組距最好相等。

(3) 最好不要有開放組距（如 100 以上）。

步驟 5：定組限（class limit）。若某一組的範圍為 0~50，則 0 稱為該組的組下限，而 50 稱為該組的組上限，一般而言，組限的寫法有以下兩種：

(1) 若 x 為連續型變數，則分組方式為：

0~50	$0 \leq x < 50$
50~100	$50 \leq x < 100$
100~150	$100 \leq x < 150$

此類分組方式亦可用於離散型的資料。

(2) 若 x 為離散型變數，則分組方式為：

0~49	$0 \leq x \leq 49$
50~99	$50 \leq x \leq 99$
100~149	$100 \leq x \leq 150$

此類分組方式僅適用於離散型的資料，連續的型資料不可使用此種分組方式。

步驟 6：歸類劃記。將資料以「正」字符號或者以「卌」符號記錄資料出現次數，劃記在計數欄內。

步驟 7：計算次數。最後再將總次數記錄在次數欄內。

 例 2-1

假設有 1,000 個學生，成績分別在 40~93 分之間，為了方便比較而欲分組，請問：

(1) 若依 Struge's Rule，可得組數 k 與組距 C 分別是多少？

(2) 若採用簡易公式，則可得組數 k 與組距 C 分別是多少？

 解

(1) $\because k = 1 + 3.322 \log n = 1 + 3.322 \log 1000 \approx 10.97$

$\therefore$ 組數 $k = 11$

組距 $C = \dfrac{R}{k} = \dfrac{93 - 40}{11} \approx 4.81 \approx 5$

(2) $\because 2^k \geq 1000$

$\therefore k = 10$

故組距 $C = \dfrac{R}{k} = \dfrac{93 - 40}{10} \approx 5.3 \approx 6$

例 2-2

假定某一班級 50 位學生的統計學學期成績如下，試編製次數分配表。

81,52,76,62,79,62,72,31,71,32,

60,73,40,40,59,39,58,38,90,49,

52,59,65,28,83,48,68,60,39,69,

54,75,42,72,52,93,58,81,58,53,

56,58,77,57,72,45,88,61,90,90

 步驟 1： 排序

28,31,32,38,39,39,40,40,42,45,

48,49,52,52,52,53,54,56,57,58,

58,58,58,59,59,60,60,61,62,62,

65,68,69,71,72,72,72,73,75,76,

77,79,81,81,83,88,90,90,90,93

步驟 2： 求全距

$R = 93 - 28 = 65$

步驟 3： 定組距

由於資料量不大，本題無任何限制條件，故我們任意定組距 $C=10$

步驟 4： 定組數

組數 $k = \dfrac{R}{C} = \dfrac{65}{10} = 6.5 \approx 7$（因為必須包含所有資料，故需採用進一法）

步驟 5： 定組限

由於本範例最小值 28，最大值 93。為方便起見，第一組之下限取 25，最後一組之上限取 94。

步驟 6： 歸類和劃記

步驟 7： 計算次數

組限	計數欄	次數
25-34	⊪	3
35-44	卌Ⅰ	6
45-54	卌Ⅲ	8
55-64	卌卌Ⅲ	13
65-74	卌Ⅲ	8
75-84	卌Ⅱ	7
85-94	卌	5
總計		50

2.1.2 相對次數分配表

將次數分配表中的次數欄內的次數除以總次數後所得的統計表稱為相對次數分配表（relative frequency table），當引進隨機變數後，相對次數即該組所發生的機率。

$$相對次數 = \frac{組次數}{總次數}$$

若把相對次數再乘以百分比 (%)，則可得到百分比次數分配表。

$$百分比次數 = 相對次數 \times 100 \ (\%)$$

 例 2-3

承例題 2-2，試做相對次數分配表與百分比次數分配表。

 解

組限	次數	相對次數	百分比次數 (%)
25-34	3	3/50 = 0.06	6
35-44	6	6/50 = 0.12	12
45-54	8	8/50 = 0.16	16
55-64	13	13/50 = 0.26	26
65-74	8	8/50 = 0.16	16
75-84	7	7/50 = 0.14	14
85-94	5	5/50 = 0.1	10
總計	50		

2.1.3 累積次數分配表與相對累積次數分配表

1. 累積次數分配表（cumulative frequency table）

所謂累積次數分配表是指將資料的次數由小到大，或由大到小依序累加起來所得到的統計表，利用累積次數分配表可以快速地求算某範圍內資料次數，而累積次數分配表依其累加的方式可分為二種：

(1) 以下累積（cumulative distribution）：將資料由小到大，次數逐次累加。

(2) 以上累積（decumulative distribution）：將資料由大到小，次數逐次累加。

2. 相對累積次數分配表（relative cumulative frequency table）

　　將累積次數分配表中的累積次數除以資料的總數後，所得的統計表稱為相對累積次數分配表。

 例 2-4

　　承例題 2-2，試做以下累積次數分配表、以上累積次數分配表、以下相對累積次數分配表，及以上相對累積次數分配表，並求

(1) 分數介於 35-74 分的人數

(2) 分數介於 45-84 分佔全體的百分比

(3) 低於 55 分的人數

(4) 高於 64 分佔全體的百分比

 解

組限	次數	以下累積次數	以上累積次數	以下相對累積次數	以上相對累積次數
25-34	3	3	50	3/50 = 0.06	50/50 = 1
35-44	6	9	47	9/50 = 0.18	47/50 = 0.94
45-54	8	17	41	17/50 = 0.34	41/50 = 0.82
55-64	13	30	33	30/50 = 0.6	33/50 = 0.66
65-74	8	38	20	38/50 = 0.76	20/50 = 0.4
75-84	7	45	12	45/50 = 0.9	12/50 = 0.24
85-94	5	50	5	50/50 = 1	5/50 = 0.1

(1) 我們可利用以下累積次數分配表快速求得：分數在 35-74 分的人數 = 38 − 3 = 35 人

(2) 至於分數介於 45-84 分佔全體的百分比，可藉由以下相對累積次數快速求得：

　　$0.9 - 0.18 = 0.72 = 72\%$

(3) 利用以下累積次數分配表快速求得低於 55 分的人數有 17 人。

(4) 利用以上相對累積次數分配表快速求得高於 64 分佔全體的百分比為 40%

2.1.4 交叉表

　　交叉表（crosstabulation）也有人稱為列聯表，是一種可以同時彙總二個以上類別資料的表格，通常最上一列與最左一行分別代表兩種不同的類別，中間則記錄對應的次數，至於要彙總三個或以上類別資料，則需花巧思設計。例如：

＜匯總二類別資料的交叉表＞

		年　　紀				總計
		1-20	21-40	41-60	61-80	
血型	A	12	10	50	3	75
	B	10	11	20	7	48
	O	55	30	60	10	155
	AB	3	9	10	0	22
總計		70	60	150	20	300

＜匯總三類別資料的交叉表＞

地點	血型	年　　紀				總計
		1-20	21-40	41-60	61-80	
北部	A	12	10	50	3	75
	B	10	11	20	7	48
	O	55	30	60	10	155
	AB	3	9	10	0	22
南部	A	10	8	4	15	37
	B	12	2	16	5	35
	O	8	15	7	2	32
	AB	20	5	3	8	36
總計		130	90	170	50	440

2.1.5　次數分配圖

　　資料的整理除了使用統計表之外，亦可利用統計圖的方式來呈現資料的型態或趨勢，在某些情況下圖形比表格更能呈現資料的分配情形。例如：我們想要瞭解某股票最近一年的表現情況，長串的報表不如圖形更容易讓人掌握漲跌情況。在本節中，我們按照資料屬性關係分別介紹一些常見的次數分配圖，如直方圖、長條圖、多邊形圖…等等。

1.　定量資料之統計圖

　　所謂定量資料指的是資料為數值類型的資料，這類資料常用的統計圖有直方圖、多邊形圖、肩形圖、點圖、散佈圖、Q-Q 圖、莖葉圖與盒鬚圖。因為製作盒鬚圖需要計算四分位數，故留至下一章節中再介紹。

(1) 直方圖（histogram）：直方圖製作方式是以橫座標為組界，縱座標為次數，組距當作矩形的寬度，次數當作矩形的高度，由許多相連接在一起的矩形所組成，其中：組距＝組上界－組下界，而組上界與組下界的定義為：

$$組下界 = 組下限 - \frac{1}{2}（測量單位）$$

$$組上界 = 組上限 \pm \frac{1}{2}（測量單位）$$

對於一個連續性的資料而言，組下界＝組下限且組上界＝組上限，但離散型的資料，組下界不一定等於組下限，組上界也不一定等於組上限，端看在製作次數分配表時分組的情況，上面兩關係式中的 $\pm\frac{1}{2}$ 稱為連續修正因子（continuity correction factor），$\pm\frac{1}{2}$ 的目的是要讓直方圖中的每一個矩形能夠彼此相連。更詳細的說法，連續修正因子為：「$\pm\frac{1}{2}$ 測量單位」。此章節中因為次數直方圖中的每一個刻度為 1 單位長，因此取 $\pm\frac{1}{2}$ 即可，我們會在後面的章節中再次介紹連續修正因子。以下有兩個表格的資料，上面的表格可用於連續型或離散型資料，不需要加入連續修正因子，但下面的表格只能用於離散型資料。繪製圖形或者進行各類的計算，如平均數、標準差之前，記得一定要先加入連續修正因子後才可繪製成圖形或進行計算。說明如下：

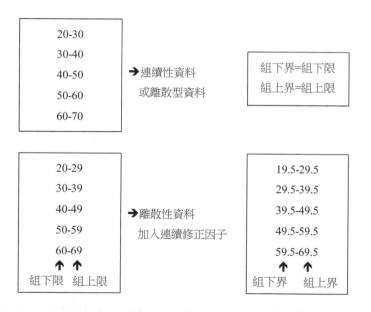

(2) 相對次數直方圖：以橫軸為組界，縱軸為相對次數，且每一矩形的高度 $= \dfrac{相對次數}{組距}$，故所有矩形總面積和等於 1，每一矩形的面積恰等於該組的機率值，故相對次數直方圖比直方圖更具實用性。

試編製例題 2-3 之次數直方圖相與對次數直方圖。

組限	組界	次數	相對次數
25-34	24.5-34.5	3	3/50 = 0.06
35-44	34.5-44.5	6	6/50 = 0.12
45-54	44.5-54.5	8	8/50 = 0.16
55-64	54.5-64.5	13	13/50 = 0.26
65-74	64.5-74.5	8	8/50 = 0.16
75-84	74.5-84.5	7	7/50 = 0.14
85-94	84.5-94.5	5	5/50 = 0.1
總計		50	1

次數分配直方圖：

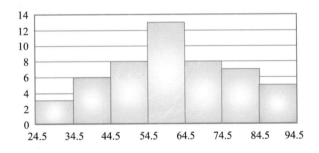

相對次數分配直方圖：

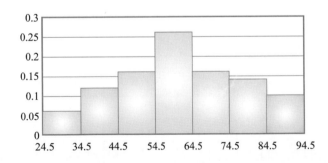

(3) 多邊形圖（折線圖 polygon）：多邊形圖其實就是國中數學所學的折線圖，多邊形圖的主要目的是為了能看出各類別資料分佈情形及其變化趨勢時使用。其製作方式為，以各組的組中點為橫座標，各組次數或相對次數為縱座標，依次以線段連接而成，大多數的教科書會規定最左及最右再各多取一組，其目的只是為了讓圖形形成一個封閉的多邊形。

例 2-6

試編製例題 2-3 之次數分配多邊形圖。

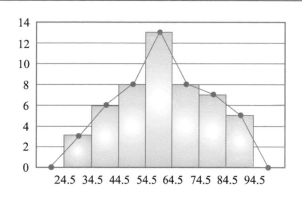

(4) （相對）累積次數分配圖（肩形圖 ogive）：以各組的組上界或組下界為橫座標，（相對）累積次數為縱座標，依次以線段連接而成的圖形。主要的目的是用來看出某一層次以上，或未滿者所佔的次數或百分比時使用，按累加的方式可分為：

A. 以上（相對）累積（decumulative distribution）次數分配圖：資料由大到小依序將每組資料筆數累加而成。

B. 以下（相對）累積（cumulative distribution）次數分配圖：資料由小到大依序將每組資料筆數累加而成。

 例 2-7

試編製例題 2-4 之累積次數分配圖。

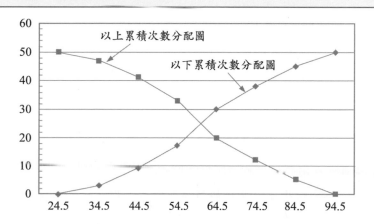

(5) 莖葉圖（steam and leaf display）：莖葉圖可以說是一種特殊的直方圖，莖葉圖的作法是將資料值分成兩部份，一部份為莖，另一部份為葉。莖的部分為高位數字，葉的部分為低位數字。例如：某資料為 234，則 23 為高位數字，4 則為低位數字；或者 2 為高位數字，34 作為低位數字。因此莖與葉的區分全賴研究人員的主觀偏好與研究目的而定，沒有一定的準則。由於莖葉圖可以清楚的瞭解資料的內容與分配情形，故我們將它歸類於探索性的資料分析圖。莖葉圖具有：(A) 容易建構。(B) 不會失去原始資料的訊息，能提供比直方圖更詳盡的資料之優點，但因為建構時須詳細標明所有的資料值，因此其缺點是只適用於數值型態資料，且觀察值的數目不多時。

 例 2-8

假定某一班級 48 個學生的統計學學期成績如下，試編製莖葉圖。

81,52,76,62,79,62,72,31,71,32,60,73

40,40,59,39,58,38,90,49,52,59,65,28

83,48,68,60,39,69,54,75,42,72,52,93

58,81,58,53,56,58,77,57,72,45,88,61

 解 排序：

28,31,32,38,39,39,40,40,42,45,48,49

52,52,52,53,54,56,57,58,58,58,58,59

59,60,60,61,62,62,65,68,69,71,72,72

72,73,75,76,77,79,81,81,83,88,90,93

定組限：20-29，30-39，40-49，…，故莖葉圖如下所示：

2	8
3	1 2 8 9 9
4	0 0 2 5 8 9
5	2 2 2 3 4 6 7 8 8 8 8 9 9
6	0 0 1 2 2 5 8 9
7	1 2 2 2 3 5 6 7 9
8	1 1 3 8
9	0 3

由於莖葉圖可以完整的保留資料值，因此在繪製時若觀測值的位數很多時，可以想像其複雜度，甚至無法可以明確的區分莖與葉，此時繪製莖葉圖前可先將資料四捨五

入,讓資料的位數變少,至於保留多少位數可視資料的型態與研究的需求。例如:資料如

3.456　4.55　1.002　7.12

則可以把資料四捨五入至小數一位,保留一位的數字給葉,即

3.5　　4.6　　1.0　　7.1

若資料如

1224　1358　1445　1720

我們可以把資料四捨五入,保留至 10 位數,取莖與葉皆為二位數

1220　1360　1440　1720

(6) 散佈圖(scatter diagram):散佈圖主要用來表示兩定量變數間的關係圖形,我們可藉由散佈圖看出兩變數間的相關程度為正相關、負相關或者零相關。若整體趨勢向右上揚,表示兩變數間具正向相關;若向右下降,表示兩變數間具負向相關,除此之外亦可觀察是否存在離群值。在進行迴歸分析前應該先觀察兩變數間的散佈圖,判斷資料是否初步符合線性迴歸分析的假設,再進行迴歸分析。散佈圖的製作方式非常簡單,將成對的資料分別以座標的形式表示,如(x_i, y_i)之形式,再將其標示在平面直角座標之對應座標位置即得。

例 2-9

隨機抽取 10 位同學,分別記錄身高與體重,並將資料匯整於下表中,設體重為水平軸,身高為垂直軸,試作散佈圖。

編號	身高	體重
1	156	50
2	174	75
3	165	66
4	158	58
5	176	80
6	148	44
7	167	62
8	166	59
9	171	70
10	160	52

應用統計學
Statistic

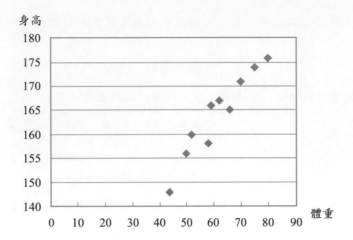

(7) Q-Q 圖（quantile-quantile plot）：Q-Q 圖又稱為分位點對分位點圖，其主要的目的是用來比較兩變數間的差異程度，若分佈點靠近 45 度直線，代表差異小，遠離則代表差異大，因此 Q-Q 圖可做兩變數變異數是否相等的初步檢定。

❶ 分佈點正好位於 45 度直線上，代表兩變數具有相同的變異數。

❷ 分佈點落在斜率大於 1 的直線上，代表第二組的樣本資料變異數較大。

❸ 分佈點落在斜率小於 1 的直線上，代表第一組的樣本資料變異數較大。

繪製的方法是將兩種類別的數值資料分別按照大小排序，假設排序後的資料為：
$x_1 \leq x_2 \leq \cdots \leq x_n$ ， $y_1 \leq y_2 \leq \cdots \leq y_n$ ，再將其對應座標 (x_1, y_1) , (x_2, y_2) ,……, (x_n, y_n) 分別標示在直角座標平面上。

 2-10

假設資料 X 的 7 個觀察值如下：

0.8　1.0　0.1　0.9　1.0　1.4　0.5

Y 的 7 個觀察值如下：

1.0　0.8　1.6　2.6　1.3　1.1　2.4

試作 Q-Q 圖。

 分別將兩組資料按大小順序排列

| 0.1 | 0.5 | 0.8 | 0.9 | 1.0 | 1.0 | 1.4 | → X |
| 0.8 | 1.0 | 1.1 | 1.3 | 1.6 | 2.4 | 2.6 | → Y |

其對應的座標為 $(0.1,0.8),(0.5,1.0),(0.8,1.1),(0.9,1.3),(1.0,1.6),(1.0,2.4),(1.4,2.6)$ ，將此 7 個點分別標至座標平面上即得

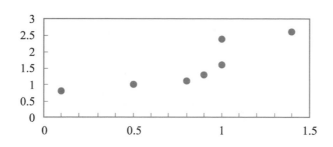

2. 定性資料的統計圖

一般常見的類別資料統計圖分別有長條圖、圓面積圖,分述於後。

(1) 長條圖(bar chart):長條圖的製作方式是以橫座標軸為類別資料,縱座標為該類別對應之次數,再以適當的寬度劃上彼此不相連接的矩形即得長條圖。長條圖按矩形的方向又可分為橫條圖(horizontal bar chart)與縱條圖(vertical bar chart)兩種。

例 2-11

下表為針對資管系新生一年甲班所購買的電腦品牌調查表:

聯強	宏碁	國眾	IBM	Compaq	Dell
15	12	10	9	8	6

試作長條圖。

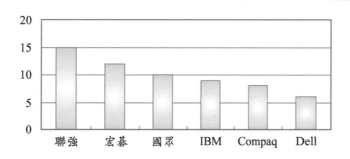

(2) 圓面積圖(pie chart):圓面積圖的目的在比較各組資料大小,且要看出各組資料對總量的比例時使用之。其繪製的方式必須先求出每個類別佔全體的百分比之後,再轉換成所對應的圓心角,以扇形的方式區分各類別的資料。

$$圓心角 = \frac{f_i}{N} \times 360^0$$

其中:N 表總次數,f_i 表某類別的次數。

例 2-12

下表為資管系學生所使用的電腦品牌次數分配表：

電腦品牌	學生數
聯強	15
宏碁	12
國眾	10
倫飛	9
Compaq	8
其他	6

試繪製圓面積圖。

 總次數 $=15+12+10+9+8+6=60$

聯強：$\dfrac{15}{60} \times 360^0 = 90^0$，宏碁：$\dfrac{12}{60} \times 360^0 = 72^0$，國眾：$\dfrac{10}{60} \times 360^0 = 60^0$

倫飛：$\dfrac{9}{60} \times 360^0 = 54^0$，Compaq：$\dfrac{8}{60} \times 360^0 = 48^0$，其他：$\dfrac{6}{60} \times 360^0 = 36^0$

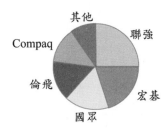

課·後·練·習

1. 假定某一班級 30 位學生的統計學學期成績如下，試編製次數分配表。（取六組，按 40-50，50-60，……分組）

   45 85 92 64 80 76 66 92 41 59

   62 58 79 82 88 84 93 56 49 53

   65 75 83 64 49 67 83 90 44 76

2. 承題 1，試做相對次數分配表與百分比次數分配表。

3. 承題 1，試做以下累積次數分配表、以上累積次數分配表、以下相對累積次數分配表，及以上相對累積次數分配表。

4. 承題 1，試編製次數直方圖與相對次數直方圖。

5. 承題 1，試編製次數分配多邊形圖。

6. 承題 1，試編製以上與以下累積次數分配圖。

7. 承題 1，試編製莖葉圖。

8. 假設資料 X 的 7 個觀察值如下：

   3 5 7 19 6 4 5

   Y 的 7 個觀察值如下：

   8 6 16 5 13 11 9

   試做 Q-Q 圖。

9. 已知某公司針對 2016 年度開銷作一份統計資料，如下表所示：

項目	雜支	人事費	膳食	交通	其他
金額（萬元）	10	45	30	9	6

   試做圓面積圖。

CHAPTER 03

常用的統計量數

3.1 中央趨勢量數

3.2 離差量數

3.3 偏態

3.4 峰度

3.5 柴比雪夫不等式與經驗法則

3.6 盒鬚圖

　　本章我們將介紹描述單峰分配型態的四大表徵數，這四個表徵數分別為：中央趨勢量數、離差量數、偏態量數與峰態量數。所謂表徵數，我們可以解釋成「代表特徵的一種數值」，既然用它可以描述特徵，因此有了這四個種類的表徵數就可以讓我們很清楚的瞭解母體或樣本分配的樣子。而表徵數的測量依是否針對全體測量或者只量測所取出的樣本，又可分為母數與樣本統計量兩種：

1. 母數

　　母數也有人稱為母體參數，所謂母體為具有某一共同特性之個體所組成的群體，由此群體所得之表徵數，即稱為母數。若不考慮時間因素，大部分的情況下，母數皆視作常數。例如：106 學年度第一次期中考全班統計學總平均，不論由何人來計算或者進行多次計算，所得到的數值都是固定的。常見的母數有：母體平均數、母體變異數、母體標準差等。

2. 樣本統計量

　　所謂樣本是指由母體中抽取部分個體所組成的小群體，由此小群體所求算出的表徵數，即稱為樣本統計量。由於每次抽取的樣本不盡相同，因此由每次抽樣所計算出的數值並非固定不變，故樣本統計量視作隨機變數。常見的樣本統計量有：樣本平均數、樣本變異數、樣本標準差等。

　　以下我們將一一詳細介紹常見用來衡量單峰分配特性的四大表徵數。在正式介紹前，我們先做整理。

1. 中央趨勢量數（位置量數）

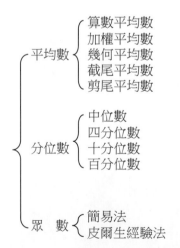

2. 離差量數

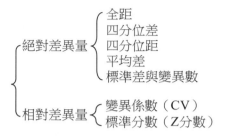

絕對差異量 {
  全距
  四分位差
  四分位距
  平均差
  標準差與變異數
}

相對差異量 {
  變異係數（CV）
  標準分數（Z分數）
}

3. 偏態量數

{
  偏態係數
  皮爾生偏態係數
}

4. 峰態量數

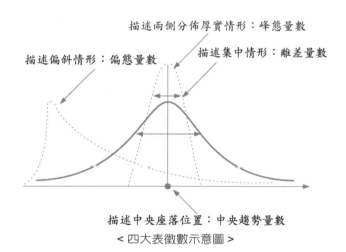

描述兩側分佈厚實情形：峰態量數

描述集中情形：離差量數

描述偏斜情形：偏態量數

描述中央座落位置：中央趨勢量數

< 四大表徵數示意圖 >

3.1 中央趨勢量數

　　中央趨勢量數（measure of central tendency）主要用來描述分配的中央在座標軸上的座落位置，常見的中央趨勢量數有算數平均數、加權平均數、幾何平均數、截尾平均數、剪尾平均數等。

3.1.1 算術平均數

　　在所有的中央趨勢量數中，算數平均數（arithmetic mean）的使用最廣，因此算術平均數一般泛稱為「平均數（mean）」。由於次數分配表分成組距型與非組距型兩種，因此底下分別針對這兩種資料型態的算數平均數下定義。

1. 平均數的定義

(1) 未分組資料：樣本平均數的定義為所有樣本資料總和除以樣本數，即

$$\overline{x} = \frac{x_1 + x_2 + \cdots + x_n}{n}$$

而母體平均數的定義則為全體資料總和除以母體總數，即

$$\mu = \frac{x_1 + x_2 + \cdots + x_N}{N}$$

上面兩個符 x 與 μ 分別代表樣本平均數與母體平均數，是統計學的慣用符號。

(2) 已分組資料：在第二章我們曾經假設組距型資料的次數分配表，資料滿足集中分配與均勻分配兩個基本基本假設，根據集中分配這個假設，在同一組的資料我們可以用組中點的值來代表該組的所有的資料值。

資料	次數
0-10	3
10-20	16
⋮	⋮
90-100	5

集中分配假設 →

資料	次數
5	3
15	16
⋮	⋮
95	5

故已分組資料的平均數定義如下：

樣本平均數

$$\overline{x} = \frac{\sum\limits_{i=1}^{k} f_i m_i}{n}$$

其中：m_i 表第 i 組的組中點，f_i 表第 i 組的次數，k 表組數。

母體平均數

$$\mu = \frac{\sum\limits_{i=1}^{k} f_i m_i}{N}$$

我們從公式中可以看出樣本平均數與母體平均數的定義都是全體資料的總和除以總個數，唯一的不同在於一個是抽樣資料，另一個是全體資料。

2. **算術平均數的性質**

算術平均數具有下面幾個重要的性質：

(1) 各觀測值與平均數之差的總和和為 0，故算術平均數位於資料分配的平衡點處，即

$$\sum_{i=1}^{n}(x_i - \overline{x}) = 0 \quad \text{或} \quad \sum_{i=1}^{N}(x_i - \mu) = 0$$

若資料的呈現以點圖的方式呈現，這個性質不難理解，假設有一筆資料為：

1,3,7,10,19，其點圖為：

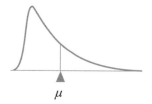

而這五筆資料的平均數 $\mu = 8$，我們把每個點的質量假設為 1 單位，根據槓桿原理 μ 正好為平衡點。若為連續函數平均數則為機率密度函數的平衡點。

(2) 各觀測值與平均數之差的平方和，較各觀測值與平均數以外的數值之差的平方和小。

$$\sum_{i=1}^{n}(x_i - \overline{x})^2 \le \sum_{i=1}^{n}(x_i - A)^2 \quad \text{或} \quad \sum_{i=1}^{N}(x_i - \mu)^2 \le \sum_{i=1}^{N}(x_i - A)^2$$

這個性質可由國中的二次函數得到驗證，我們拿上面左式來證明。

$$\sum_{i=1}^{n}(x_i - x)^2 = (x - x_1)^2 + (x - x_2)^2 + \cdots + (x - x_n)^2$$
$$= nx^2 - 2(x_1 + x_2 + \cdots + x_n)x + (x_1^2 + x_2^2 + \cdots + x_n^2)$$

根據拋物線頂點公式，當 $x = -\dfrac{-2(x_1 + x_2 + \cdots + x_n)}{2n} = \dfrac{x_1 + x_2 + \cdots + x_n}{n} = \overline{x}$ 時有最小值，故

$$\sum_{i=1}^{n}(x_i - \overline{x})^2 \le \sum_{i=1}^{n}(x_i - A)^2$$

(3) 把每一筆資料放大 a 倍之後再加 b，則平均數為原來的 a 倍再加 b，也就是說若 $y_i = ax_i + b$，則

$$\overline{y} = a\overline{x} + b$$

3. 算數平均數的優點

   算數平均數之所以被廣為接受,主要原因是因為它具有下列優點:

   (1) 簡單、容易瞭解,若有資料值改變,則平均數亦隨之改變,故反應靈敏。

   (2) 計算平均數時,所有的資料皆被列入計算式中。

   (3) 可用代數方法計算出來自不同資料群組合併後之算數平均數,故非常適合數學的應用。

   (4) 每組的資料所求出來的算術平均數是唯一的。

4. 算術平均數的缺點

   儘管算數平均數有上述的諸多優點,但依舊有缺點,其缺點如下:

   (1) 由於反應靈敏,因此若存在極大或極小的極端值,將會使算數平均數失去代表的意義。

   (2) 算數平均數的計算是將所有的資料總和除以總數,因此非數值型態的資料無法求得平均數。

   (3) 若分組資料中含有開放型的組距,例如:$(-\infty, a)$,因無法定出組中點,故算數平均數不存在。

   (4) 算數平均數所代表的數值為抽象之數,有時候此數值並不存在於真實世界之中,例如:台灣區平均家庭人口數為 5.134 人。

   (5) 算數平均數僅適用於單峰且偏斜情況不大的分配,若資料分配為雙峰分配或者偏斜程度很大,特別是存在極端值的時候,則算數平均數無法代表資料的中央集中趨勢。

   (6) 若將資料分組之後再計算平均數,則平均數會受組距所影響。其原因在於不同的分組情況會產生不同的組中點,同時每組的資料筆數亦隨之改變,故在進行研究時,分組的好壞有可能會影響研究結果。

 例 3-1

某安親班中的 10 名學生其身高分別為 105、100、98、105、120、80、92、99、100、112,試求這 10 名學生身高的算術平均數。

 解 $\bar{x} = \dfrac{105+100+98+105+120+80+92+99+100+112}{10} = 101.1$

例 3-2

已知一組樣本數為 10，平均數 15。若事後發現其中一個樣本值從 7 修正為 17 時，其修正的平均數應為多少？

 解

$$\bar{x} = \frac{10 \times 15 - 7 + 17}{10} = 16$$

 例 3-3

已知資管系 50 位學生統計學成績如下：

分數	0-9	10-19	20-29	30-39	40-49	50-59	60-69
人數	1	5	10	15	10	8	1

試求平均成績。

 解

分數	0-9	10-19	20-29	30-39	40-49	50-59	60-69
組中點	4.5	14.5	24.5	34.5	44.5	54.5	64.5
人數	1	5	10	15	10	8	1

$$\bar{x} = \frac{4.5 \times 1 + 14.5 \times 5 + 24.5 \times 10 + 34.5 \times 15 + 44.5 \times 10 + 54.5 \times 8 + 64.5 \times 1}{50}$$

$$= 35.7$$

 例 3-4

假定某一班級 50 位學生的統計學學期成績如下：

81,52,76,62,79,62,72,31,71,32,

60,73,40,40,59,39,58,38,90,49,

52,59,65,28,83,48,68,60,39,69,

54,75,42,72,52,93,58,81,58,53,

56,58,77,57,72,45,88,61,90,90

(1) 請你按照 20-30,30-40,......,90-100 的方式分組後，再計算平均數。

(2) 請你按照 25-35,35-45,......,85-95 的方式分組後，再計算平均數。

(3) 請問上面兩題答案是否一樣？為何？

 (1)

分數	20-30	30-40	40-50	50-60	60-70	70-80	80-90	90-100
人數	1	5	6	13	8	9	4	4
組中點	25	35	45	55	65	75	85	95

$$\mu = \frac{1\times25+5\times35+6\times45+13\times55+8\times65+9\times75+4\times85+4\times95}{50} = 62 \text{ 分}$$

(2)

分數	25-35	35-45	45-55	55-65	65-75	75-85	85-95
人數	3	6	8	13	8	7	5
組中點	30	40	50	60	70	80	90

$$\mu = \frac{3\times30+6\times40+8\times50+13\times60+8\times70+7\times80+5\times90}{50} = 61.6 \text{ 分}$$

(3) 答案不一樣，因為不同的分組情況會造成組中點與對應的組次數與樣本數不同，因此兩題求出的答案不一樣。

 例 3-5

博碩出版社因擴展海外業務使得營收增加，於是進行全體員工調薪，但每人調薪的幅度不同，同業想了解其調整幅度於是隨機詢問四人，得此四人的調薪幅度分別為10%、3%、8%、7%，且此四人調薪前的薪水分別為：60000、45000、48000、30000，此同業根據此訊息，利用算術平均數計算出博碩出版社平均調薪幅度為7%，請問你認為這個數據合理嗎？若不合理請你仍然以算術平均數來求平均調薪幅度。

 原平均調薪幅度計算方式為：$7\% = \dfrac{10\%+3\%+8\%+7\%}{4}$

因每人原來薪水不同，故算術平均數應以原始薪水資料進行計算合理

調薪後每人薪水分別為：$60000\times1.1=66000$，$45000\times1.03=46350$

　　　　　　　　　　$48000\times1.08=51840$，$30000\times1.07=32100$

調整前薪水總和為：$60000+45000+48000+30000=183000$

調整後薪水總和為：$66000+46350+51840+32100=196290$

故平均調薪幅度為：$\dfrac{196290-183000}{183000}\times100\% = 7.26\%$

3.1.2 加權平均數

在某些情況我們在求算平均數時，會依照資料的重要程度適當的加以放大後再求平均數，其放大所乘的數字我們稱為權重（weighting），這樣求算出來的平均數稱為加權平均數，即

$$加權平均數 = \frac{\sum_{i=1}^{k} w_i x_i}{\sum_{i=1}^{k} w_i}$$

其中：w_i 表權重，x_i 表資料值。

由定義公式可以看出，加權平均數為算術平均數的延伸，計算原理與算術平均數意義相同。加權平均數常用於計算平均物價指數、股票加權指數、學期平均成績等。

例 3-6

下表為小明本學期的課業成績，試求小明的學期總平均。

課程名稱	國文	英文	微積分	心理學	憲法
成績	90	85	52	88	75
學分數	4	4	3	2	2

 解

$$\bar{x} = \frac{90 \times 4 + 85 \times 4 + 52 \times 3 + 88 \times 2 + 75 \times 2}{4 + 4 + 3 + 2 + 2} = 78.8 \text{ 分}$$

3.1.3 幾何平均數

當一組資料成級數增加時，如 $2, 2^2, 2^4, 2^8, \ldots, 2^{100}$，或者資料的分配為極度右偏的資料，例如：$1, 6, 1000, 10^7 \ldots$，若使用算數平均數來表示中央趨勢，所獲得的答案會趨近於資料中的最大值，便無法真實反應出這組資料的中央趨勢。針對這種型態的資料，我們定義了另一種平均數的概念，也就是幾何平均數。

1. 幾何平均數的定義

   (1) 未分組資料：假設資料有 n 筆，未分組資料的幾何平均數定義為 n 筆資料相乘後再開 n 次方根。即

   $$G = \sqrt[n]{x_1 \cdot x_2 \cdots x_n} = \sqrt[n]{\prod_{i=1}^{n} x_i}$$

(2) 已分組資料：已分組資料的幾何平均數則定義為，所有分組資料的組中點^{組次數}乘積再開 n 次方根。即

$$G = \sqrt[n]{m_1{}^{f_1} m_2{}^{f_2} \cdots m_k{}^{f_k}} = \sqrt[n]{\prod_{i=1}^{k} m_i{}^{f_i}}$$

其中 m_i 代表組中點，f_i 代表組次數。

幾何平均數特別適用於著重在比例、變動率之數值資料。

2. 幾何平均數的優缺點

幾何平均數改良了算術平均數求呈級數增加資料無法反應中央趨勢的缺點，但對於某些型態的資料卻無法以幾何平均數呈現，其優缺點計有：

(1) 優點

　A. 特別適用於資料呈級數增加之資料。

　B. 因為資料經過開 n 次方根，與算術平均數比較起來，較不容易受極端值所影響。

(2) 缺點

　A. 因為採用資料相乘後開根號，故具有 0 或負數的資料無法求得幾何平均數，特別是偶次方根，若資料的乘積為負數，則變成無意義的虛數。

　B. 由於比較不易受極端值影響，故若遇資料有少量的變動，對幾何平均數的大小影響不大，故反應較不靈敏。

　C. 組距不確定時無法求算，例如：$(-\infty, a)$。

3. 平均成長率

幾何平均數除了可以代表資料分配的中央集中趨勢之外，尚有一個非常重要的用途，我們可以利用它來定義平均成長率，平均成長率的定義如下：

$$\bar{r} = \sqrt[n]{(1+r_1)(1+r_2)\ldots(1+r_n)} - 1$$

其中 $r_i, i = 1, 2, 3, \ldots, n$ 表每年的成長率。

 例 3-7

一項從民國 84 年到 88 年台灣地區經常上網的人口統計如下：

民國（年）	84	85	86	87	88
人數(萬人)	2	10	30	100	300

求這五年的上網人口平均成長率。

解 84-85 年增加：$\dfrac{10-2}{2} \times 100\% = 400\%$

85-86 年增加：$\dfrac{30-10}{10} \times 100\% = 200\%$

86-87 年增加：$\dfrac{100-30}{30} \times 100\% \approx 233\%$

87-88 年增加：$\dfrac{300-100}{100} \times 100\% = 200\%$

$\bar{r} = \sqrt[4]{(1+400\%)(1+200\%)(1+233\%)(1+200\%)} - 1 \approx 250\%$

平均每年增加 250%

 例 3-8

　　某公司過去三年的營業額成長率分別為 25%、–45% 和 90%，該公司財務經理根據財務報表做以下結論：「本公司過去三年的平均成長率為 23%，比原訂預測的平均成長率 20% 還高，因此順利達成公司的營業目標」，請問你是否同意財務經理的說法？若不同意請解釋理由。

 解 不同意。因為平均成長率應以幾何平均數來評估較佳

該經理人利用算數平均數計算報酬率 $\dfrac{0.25+(-0.45)+0.9}{3} = 0.23$ 較不具代表性。

較正確的平均成長應為：$\sqrt[3]{(1+0.25)(1-0.45)(1+0.9)} - 1 \approx 9.31\% < 20\%$
故表現比預測值平均值還差。

3.1.4 剪尾平均數

　　剪尾平均數（trimmed mean）最常使用在一群評審針對某一個人評分時所用，為了避免成績不公，我們常將分數中的最高前幾分與最低後幾分去掉。這種將資料由小到大排序再去掉左右各 $\alpha\%$ 的觀測值，所得之平均數稱為 $\alpha\%$ 的剪尾平均數，記作 $\bar{x}_\alpha$。

 例 3-9

　　某校資管系辦理大學推甄口試，共有 10 位評審老師，該項成績滿分 20。假定某位考生所獲得的 10 位評審之成績分別為 1、4、5、6、7、9、9、10、12、17，試分別計算該生之平均成績與 10% 的剪尾平均數。

 該考生之平均成績：

$$\overline{x} = \frac{1}{10}(1+4+5+6+7+9+9+10+12+17) = 8$$

10% 的剪尾平均數

∴左右各去掉 $10 \times 10\% = 1$ 個觀測值

$$\overline{x}_{0.1} = \frac{1}{8}(4+5+6+7+9+9+10+12) = 7.75$$

3.1.5 截尾平均數

截尾平均數（truncated mean）與剪尾平均數很類似，不同的地方在於利用剪尾平均數計算時，資料筆數比原來要少，但截尾平均數的資料筆數不變。截尾平均數的計算方式是將資料由小到大排序後，以資料左端變數資料的最小值來代表這些 $\alpha\%$ 的變數資料，同時以資料右端變數資料的最大值來代表這些 $\alpha\%$ 的變數資料，再和中間的 $1-2\alpha\%$ 的資料求出的平均數，稱為 $\alpha\%$ 的截尾平均數。

 例 3-10

承例題 3-10 中，試求 20% 的截尾平均數。

 左右各去掉 $20 \times 10\% = 2$ 筆資料，被去掉的資料由最兩旁的資料補齊，即

5、5、5、6、7、9、9、10、10、10

故 $\overline{x}_{0.2} = \frac{1}{10}(5+5+5+6+7+9+9+10+10+10) = 7.6$

3.1.6 中位數

假設現有一筆資料：「1、2、3、4、1000」，這 5 筆資料的算數平均數為 202，若我們以 202 來描述這筆資料的中央趨勢，顯然有很大的問題，為了解決存在極端值的資料，統計學家另外定義出一種可以衡量中央趨勢的量數—中位數（median）。將資料由小到大排序，位置居中者，就稱為該組資料之中位數，一般以 Me 表示。底下針對未分組與已分組資料的中位數求法作詳細的介紹：

1. 中位數的求法

   (1) 未分組資料：假設有 n 個已經按大小次序排列的資料 $x_1, x_2, ..., x_n (x_1 \leq x \leq ... \leq x_n)$。

      A. 當 $\dfrac{n}{2}$ 不為整數時：

$$Me = x_{\left[\frac{n}{2}\right]+1}$$

      B. 當 $\dfrac{n}{2}$ 為整數時：

$$Me = \frac{x_{\left(\frac{n}{2}\right)} + x_{\left(\frac{n}{2}+1\right)}}{2}$$

      上面兩個公式的下標代表位置，凡是求分位數首先要先找位置，例如：欲求第 17 個百分位數，那麼此筆資料的位置為 $\dfrac{n}{100} \times 17$；求第 3 個四分位數，那麼此筆資料的位置為 $\dfrac{n}{4} \times 3$，所以第 i 個 k 分位數位置為 $\dfrac{n}{k} \times i$。若資料型態為未分組資料，求出之位置若為整數則取該筆資料與下一筆資料之平均值，若求出位置非整數則把小數點去掉後取該位置 +1 所對應的資料。總而言之，位置為整數取二筆之平均，位置非整數取一筆。

   (2) 已分組資料：此類型資料視作連續性資料，且假設在每一組呈均勻分配，其累積分配圖為一折線圖，因此我們可以利用線性內插的方式求出中位數。下面為已分組資料的中位數的計算過程。

組別	次數	組界	以下累積次數
1	f_1	$l_1 - l_2$	F_1
2	f_2	$l_2 - l_3$	F_2
$\vdots$	$\vdots$	$\vdots$	$\vdots$
$i-1$	f_{i-1}	$l_{i-1} - l_i$	F_{i-1}
i	f_i	$l_i - l_{i+1}$	F_i
$i+1$	f_{i+1}	$l_{i+1} - l_{i+2}$	F_{i+1}
$\vdots$	$\vdots$	$\vdots$	$\vdots$
k	f_k	$l_k - l_{k+1}$	F_k
總計	n		

← 假設中位數位於此組內

      首先要找到中位數所在的組別與其前一組，如上表，我們特別用粗線區別，接著中間插入中位數形成內插型態如下表，再利用內插公式（或比例線段法）就可以求出中位數了。

$$\begin{array}{c|c}
l_i & F_{i-1} \\
\hline
Me & \dfrac{n}{2} \\
\hline
l_{i+1} & F_i
\end{array} \quad \xrightarrow{\text{利用內插}} \quad \dfrac{Me - l_i}{l_{i+1} - l_i} = \dfrac{\dfrac{n}{2} - F_{i-1}}{F_i - F_{i-1}}$$

求解上式方程式即可求得中位數。

$$Me = l_i + \frac{\dfrac{n}{2} - F_{i-1}}{F_i - F_{i-1}} \times (l_{i+1} - l_i)$$

2. 中位數的性質

中位數具有下列的性質：

(1) 任一組資料中，各觀測值與其中位數差之絕對值總和為最小。

$$\sum_{i=1}^{n} |x_i - Me| \le \sum_{i=1}^{n} |x_i - A|$$

(2) 中位數為按大小順序排列之量數，與資料分配無關，故十分適用在衡量具有極端值的中央趨勢。

3. 中位數的優缺點

(1) 優點

A. 中位數為位置居中的數值，其性質簡單，容易瞭解。

B. 中位數不容易受極端值的影響，因此若存在極端值的資料，中位數比算數平均數更能代表中央趨勢。

C. 次數分配表中，若有開放組仍可求出中位數。

D. 不能用數值表示的資料，只要知道順序，也可以求算中位數，故適用性比算術平均數廣。

(2) 缺點

A. 由於中位數只考慮位置居中數值，忽略了其他數值大小，故缺乏敏感性，除非正好居中的數值改變，否則即使有資料變動，也不會影響到中位數的大小。

B. 我們無法由兩組資料中的資料筆數與其中位數求算出合併後的中位數，故中位數不適合代數運算。

例 3-11

求下列二組資料之中位數：

I：13,20,8,15,7

II：5,10,19,23,11,15

 解　I：將資料排序 $\Rightarrow 7,8,13,15,20$

$n=5$，先求位置：$\dfrac{5}{2}=2.5 \Leftarrow$ 非整數，去小數 +1，取第三筆資料

$\therefore Me = x_3 = 13$

II：將資料排序 $\Rightarrow 5,10,11,15,19,23$

$n=6$，先求位置：$\dfrac{6}{2}=3 \Leftarrow$ 整數，取第三、四筆資料之平均值

$\therefore Me = \dfrac{x_3 + x_4}{2} = \dfrac{11+15}{2} = 13$

 例 3-12

下表為某一社團 35 位團員的年齡分布，試求其中位數。

組別	組界	次數	累積次數
1	20-30	5	5
2	30-40	14	19
3	40-50	9	28
4	50-60	5	33
5	60-70	2	35
總計		35	

解　中位數為第 $\dfrac{35}{2}$ 筆資料，其位於第 2 組

$$
\begin{array}{c|c}
30 & 5 \\
Me & \dfrac{35}{2} \\
40 & 19
\end{array}
$$

由內插法列式得：$\dfrac{Me-30}{40-10}=\dfrac{\frac{35}{2}-5}{19-5}$ $\Rightarrow Me=30+\dfrac{\frac{35}{2}-5}{19-5}\times(40-30)$

$\therefore Me \approx 38.93$

3.1.7 k 分位數（中位數的延伸）

中位數代表一組資料的中央趨勢，如果還想知道更詳細的資料分佈情形，可以再進一步定義 k 分位數。所謂 k 分位數，就是將一組資料按大小順序排序後分成 k 等分，這 $k-1$ 個等分點所對應的數值假設分別為 p_1，p_2，...，p_{k-1}，那麼我們就稱 p_a 為這筆資料的第 a 個 k 分位數，這個數值所代表的意義表示比 p_a 小的資料佔全體的 $\dfrac{a}{k}$。

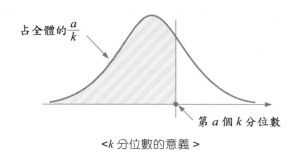

＜k 分位數的意義＞

常見的 k 分位數有百分位數、十分位數、四分位數，分述於後：

1. 百分位數（percentile）

將資料依大小順序排列，取 99 個等分點，每一等分點皆稱為百分位數。若至少有 $k\%$ 的觀測值位於某數值以下，且至少有（$100-k$）$\%$ 的觀測值位於某數值以上，則此數值稱為該組資料的第 k 個百分位數，通常記做 P_k，百分位數的定義如下：

(1) 未分組資料：假設有 n 個已經按大小次序排列的資料 $x_1,x_2,....,x_n(x_1 \le x \le .... \le x_n)$。

$$P_k=\begin{cases}\dfrac{x_{(\frac{kn}{100})}+x_{(\frac{kn}{100}+1)}}{2} & , \ \dfrac{kn}{100}\text{為整數}\\ x_{\left(\left[\frac{kn}{100}\right]+1\right)} & , \ \dfrac{kn}{100}\text{不為整數}\end{cases}$$

(2) 已分組資料：組距型資料求百分位數的求法就如同求中位數一般，利用線性內插公式即可求得。

組別	次數	組界	以下累積次數
1	f_1	$l_1 - l_2$	F_1
2	f_2	$l_2 - l_3$	F_2
⋮	⋮	⋮	⋮
i-1	f_{i-1}	$l_{i-1} - l_i$	F_{i-1}
i	f_i	$l_i - l_{i+1}$	F_i
i+1	f_{i+1}	$l_{i+1} - l_{i+2}$	F_{i+1}
⋮	⋮	⋮	⋮
k	f_k	$l_k - l_{k+1}$	F_k
總計	n		

← 假設第 k 個百分位數位於此組內

利用內插 ⟹ $\dfrac{P_k - l_i}{l_{i+1} - l_i} = \dfrac{\dfrac{nk}{100} - F_{i-1}}{F_i - F_{i-1}}$

解上面的方程式即可得到第 k 個百分位數：

$$P_k = l_i + \frac{\dfrac{nk}{100} - F_{i-1}}{F_i' - F_{i-1}'} \times (l_{i+1} - l_i)$$

 例 3-13

某班級共 50 人，某次統計學成績由小而大依序排列，如下所示。試求出 P_{25}、P_{30}。

22　25　26　29　29　40　42　43　46　56

57　59　60　60　60　61　62　64　66　68

70　71　71　72　75　76　76　77　78　79

82　82　85　85　86　86　86　88　88　88

89　90　91　91　92　92　96　94　96　97

解 (1) P_{25}：位置：$\dfrac{kn}{100} = \dfrac{25 \times 50}{100} = 12.5 \notin Z \Rightarrow$ 取第 13 筆資料

∴ $p_{25} = x_{13} = 60$

$(2)P_{30}$：位置：$\dfrac{kn}{100} = \dfrac{30 \times 50}{100} = 15 \in Z \implies$ 取第 15、16 筆資料之算數平均數

$$\therefore p_{30} = \dfrac{x_{15} + x_{16}}{2} = \dfrac{60 + 61}{2} = 60.5$$

例 3-14

假設資管系統計學期中考成績如下表：

	30-40	40-50	50-60	60-70	70-80	80-90	90-100
次數	2	1	12	14	38	33	6
累積次數	2	3	15	29	67	100	106

若某生想要成績在前 5%，問應考幾分？

解 成績在前 5% 表示要求第 95 百分位

$\because \dfrac{95 \times 106}{100} \approx 100.7$ 落在第 7 組

$$
\begin{array}{c|c}
90 & 100 \\
\hline
P_{95} & 100.7 \\
\hline
100 & 106
\end{array}
\qquad \text{利用內插} \implies \dfrac{P_{95} - 90}{100 - 90} = \dfrac{100.7 - 100}{106 - 100}
$$

解方程式得：$P_{95} \approx 91.167$

某生至少要考 92 分成績才能在前 5%

2. 十分位數（deciles）

將一組資料分割成 10 等分，此 9 個等分點對應的數值稱為十分位數，通常以 D_i 表示，十分位數相當於特殊的百分位數，即 $D_1 = P_{10}, D_2 = P_{20}, \cdots, D_9 = P_{90}$。

3. 四分位數（quartile）

將一組資料分割成 4 等分，此 3 個等分點對應的數值稱為四分位數，通常以 Q_i 表示。在實用上把一筆資料分成太多等分並無實質的意義，故在所有的分位數中，四分位數的用途最廣，四分位數也是一種特殊的百分位數，即 $Q_1 = P_{25}$、$Q_2 = P_{50} = Me$、$Q_3 = P_{75}$，其定義如下：

(1) 未分組資料：假設有 n 個已經按大小次序排列的資料 $x_1, x_2, ..., x_n (x_1 \le x \le .... \le x_n)$。

$$Q_1 = \begin{cases} \dfrac{x_{\left(\frac{n}{4}\right)} + x_{\left(\frac{n}{4}+1\right)}}{2} & , \dfrac{n}{4} 為整數 \\[4mm] x_{\left(\left[\frac{n}{4}\right]+1\right)} & , \dfrac{n}{4} 不為整數 \end{cases}$$

$$Q_2 = Me$$

$$Q_3 = \begin{cases} \dfrac{x_{\left(\frac{3n}{4}\right)} + x_{\left(\frac{3n}{4}+1\right)}}{2} & , \dfrac{3n}{4} 為整數 \\[4mm] x_{\left(\left[\frac{3n}{4}\right]+1\right)} & , \dfrac{3n}{4} 不為整數 \end{cases}$$

(2) 已分組資料：四分位數的計算方法與百分位數相同，利用線性內插公式即可輕易求得，故不再冗述。

 例 3-15

假設某一班級 50 位學生之統計學成績的次數分配如下表所示：

	30-40	40-50	50-60	60-70	70-80	80-90	90-100
次數	1	2	7	10	18	8	4
累加次數	1	3	10	20	38	46	50

試求：Q_1、Q_3、D_1。

 (1) Q_1：位置：$\dfrac{1 \times 50}{4} = 12.5 \Rightarrow$ 落在第 4 組，利用線性內插公式

$$\frac{Q_1 - 60}{70 - 60} = \frac{12.5 - 10}{20 - 10} \Rightarrow Q_1 = 62.5$$

(2) Q_3：位置：$\dfrac{3 \times 50}{4} = 37.5 \Rightarrow$ 落在第 5 組

$$\frac{Q_3 - 70}{80 - 70} = \frac{37.5 - 20}{38 - 20} \Rightarrow Q_3 = 79.72$$

(3) D_1：位置：$\dfrac{1 \times 50}{10} = 5 \Rightarrow$ 落在第 3 組

$$\frac{D_1 - 50}{60 - 50} = \frac{5 - 3}{10 - 3} \Rightarrow D_1 \approx 52.86$$

3.1.8 眾數

所謂眾數（mode）表示一組資料中出現次數最多的那筆資料，眾數也是中央趨勢量數的一種，眾數特別適用在資料呈現偏斜或者雙峰分配的情形。例如：有一組資料分配如：1、1、1、1、10、11、3000、10000，很明顯的後面三個數為極端值，若我們使用算數平均數或中位數所得到的數值來代表中央趨勢似乎不恰當，此時我們可以改用眾數來描述此筆資料的中央位置。由於眾數代表出現次數最多的資料，若資料型態為未分組的資料，我們可以很容易求出，但若資料型態為已分組資料，則只能知道眾數落於哪一組，為了能夠明確的指出眾數所代表的數值，我們一般常用的方法有：簡易法、皮爾生經驗法則二種方法，這二種方法的定義如下：

1. 簡易法

取眾數所在組別之組中點即為眾數。由於簡易法的定義過於粗糙，有學者認為眾數應該要考慮實際上的資料分配情形，故除了簡易法外，另有皮爾生經驗法則，此法則便將分配情形考慮進去。

2. 皮爾生經驗法則

顧名思義，皮爾生經驗法則（K. Pearson method）是經觀察實驗而來的，他觀察呈現偏斜分配的資料型態，其眾數到平均數的距離，大約等於中位數到平均數距離的三倍。因為算數平均數容易受極端值所影響，故平均數會偏向極端值，最高點處所對應的橫座標為眾數，中位數則介於眾數與平均數之間，如下圖所示。

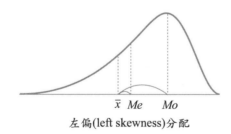

左偏(left skewness)分配

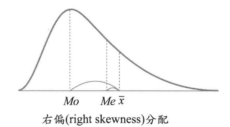

右偏(right skewness)分配

由定義知：$\bar{x} - Mo = 3(\bar{x} - Me)$，故皮爾生經驗法則之眾數定義為：

$$Mo = \bar{x} - 3(\bar{x} - Me)$$

3. 眾數的優缺點

(1) 優點

    A. 眾數的性質簡單，容易瞭解。

    B. 眾數只考慮出現次數最多的資料，故不易受極端值所影響。

    C. 分組次數在有不明確組距時，仍可求得眾數。

(2) 缺點

　　A.由於眾數只考慮出現次數最多的資料，忽略了其他數值大小，故較不具敏感性。

　　B.除非知道全部的資料，否則我們無法由兩組已知眾數，求出合併後的眾數，故不適合代數運算。

　　C.眾數不具存在唯一性，可能只有一個、可能不只一個、也可能不存在。

 例 3-16

　　試求出下列三組資料之眾數：

　　Ⅰ：15,18,20,15,15,20,25,15

　　Ⅱ：10,12,10,10,8,12,12,14

　　Ⅲ：2,7,5,9,16,20,8,10

 解　Ⅰ：因為 15 出現的次數最多，故眾數 =15

　　Ⅱ：因為 10 與 12 出現的次數最多且相同，故眾數 =10,12

　　Ⅲ：因為所有的資料出現次數一樣，無出現次數最多的資料，故眾數不存在

 例 3-17

　　承例題 3-15，試分別以簡易法、皮爾生經驗法則求眾數。

 解　(1) 簡易法

　　　70-80 這組資料出現次數最多，故取其組中點，Mo=75

　　(2) 皮爾生經驗法則

　　　$\bar{x} = 71.4, Me = 72.8$

　　　$\therefore Mo = \bar{x} - 3(\bar{x} - Me) = 71.4 - 3(71.4 - 72.78) = 75.54$

 例 3-18

　　下列資料為兩個社區 5 戶去年年所得的樣本資料。為區別兩社區之中等所得，請您建議應採用一種統計方法較佳：算數平均數 $\bar{x}$，中位數 Me，或眾數 Mo，您的理由是什麼？

　　社區 Ⅰ：50　　　50　　　70　　　15　　　1000

　　社區 Ⅱ：45　　　60　　　40　　　50　　　40（單位：新台幣萬元）

 解　社區 I 因為有極端值，故 $\bar{x}$ 不適合

　　而眾數出現在邊緣也不太適合，因此中位數為較適合。

⊙ 3.2 離差量數

離差量數（dispersion measure）主要用來衡量一組資料分配集中或分散的程度，離差量數可分為絕對離差量數與相對離差量數。常見的絕對離差量數有：全距、四分位差、四分位距、平均差、變異數、標準差。相對離差量數有：變異係數、Z 分數等。

⋙3.2.1 絕對離差量數

1. 全距（range）

一組資料中的最大值減去最小值，稱為全距，根據資料是否有分組，全距的定義為：

(1) 未分組資料

$$R = x_{max} - x_{min}$$

(2) 已分組資料

$$R = U_{max} - L_{min} \quad \begin{cases} U_{max}：最大組的組上界 \\ L_{min}：最小組的組下界 \end{cases}$$

全距越大通常表示資料分散程度越大，但不是絕對，例如有兩筆資料分別為 A：1,1,5,5；B：1,3,3,3,3,3,6。A 組的全距為 4，B 組的全距為 5，雖然 B 組的全距大於 A 組的全距，但是從資料的分配情形，很明顯地 B 組資料較集中。全距的定義十分簡單且計算容易，不失為一種觀測指標之一。其缺點為：

(1) 易受極端值影響，無法測出中間各個觀測值之間的差異情形。

(2) 資料單位不同時，則無法比較。

例 3-19

假設有一組資料如下：

1,3,4,5,6,7,9,9,10,12,12,15

試求全距。

解　全距 $R = x_{max} - x_{min} = 15 - 1 = 14$

3-20

下表為某公司 30 位員工的年齡調查表：

年齡	20-29	30-39	40-49	50-59	60-69
人數	2	5	10	8	5

試求全距。

 全距 R＝最大組的組上界 $-$ 最小組的組下界＝ $69.5 - 19.5 = 50$

2. 四分位距與四分位差

　　全距雖然可以當成衡量資料集中程度的指標之一，但容易受極端值所影響，為了避開這個缺點，有學者提出以第 1 與第 3 四分位數之間的距離來衡量資料的集中度，即所謂的四分位距與四分位差，四分位距與四分位差也是衡量資料集中程度的參考指標之一，其定義如下：

(1) 四分位距（interquartile-range, IQR）：四分位距＝第 3 四分位數減第 1 四分位數，即

$$IQR = Q_3 - Q_1$$

(2) 四分位差（quartile deviation, $Q.D.$）：四分位差又稱為四分半距。四分位差等於第 3 四分位數減第 1 四分位數後再除以 2，即

$$Q.D. = \frac{Q_3 - Q_1}{2}$$

　　四分位差與四分位距具有計算簡單，不容易受極端值所影響的優點，但僅考慮第 1 四分位數與第 3 四分位數，而忽略其他資料為其缺點，因此不具敏感性，也不具代數運算之性質。

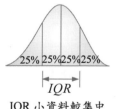

IQR 小資料較集中

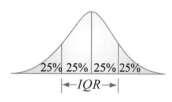

IQR 大資料較分散

 **3-21**

試計算例題 3-15 中，50 位學生成績的四分位距與四分位差。

 由例題 15 知學生成績之 $Q_1 = 62.5$、$Q_3 = 79.72$

故四分位距：$IQR = Q_3 - Q_1 = 79.72 - 62.5 = 17.22$

四分位差：$Q.D. = \dfrac{Q_3 - Q_1}{2} = \dfrac{17.22}{2} = 8.61$

3. 平均差

平均差（mean absolute deviation, MAD）是指在一組資料中，每個數值與其平均數差的絕對值之算術平均數，它也是一種集中程度的衡量指標之一，其定義如下：

(1) 未分組

$$MAD = \frac{\sum_{i=1}^{n} |x_i - \overline{x}|}{n}$$

(2) 已分組

$$MAD = \frac{\sum_{i=1}^{k} f_i |m_i - \overline{x}|}{n}$$

平均差具有簡單、計算容易之優點，且將所有的資料都列入考慮，較全距與四分位距敏感。其缺點為：取絕對值則無法利用微分法計算極值，同時處理過程較取平方運算來得複雜，容易受極端值所影響。

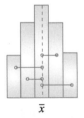

$\overline{x}$

MAD 小，較集中

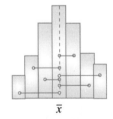

$\overline{x}$

MAD 大，較分散

例 3-22

求 5,6,7,9,23 之平均差。

 解

$\overline{x} = \dfrac{5+6+7+9+23}{5} = 10$

$MAD = \dfrac{\left|5-10\right|+\left|6-10\right|+\left|7-10\right|+\left|9-10\right|+\left|23-10\right|}{5} = 5.2$

 例 3-23

承例題 3-3，求學生成績的平均差。

 解

$\overline{x} = 35.7$

$$MAD = \dfrac{\displaystyle\sum_{i=1}^{k} f_i \left|m_i - \overline{x}\right|}{n}$$

$$= \frac{1}{50}(1\times\left|4.5-35.7\right|+5\times\left|14.5-35.7\right|+10\times\left|24.5-35.7\right|+15\times\left|34.5-35.7\right|+$$

$$10\times\left|44.5-35.7\right|+8\times\left|54.5-35.7\right|+1\times\left|64.5-35.7\right|)$$

$$= 11.12$$

4. 變異數與標準差

在所有的離差量數中，變異數與標準差的使用最廣也最為重要，變異數的定義為所有的資料減去平均數的平方和之平均值。通常以符號 σ^2 或 s^2 分別代表母體與樣本變異數。變異數的單位為原單位的平方，其物理意義不明顯，故將變異數開平方根使其單位與原資料單位一致，變異數開根號後的值稱為標準差，通常以符號 σ 或 s 分別代表母體標準差與樣本標準差。變異數與標準差的定義如下：

(1) 未分組資料

A. 母體變異數（variance）

$$\sigma^2 = \frac{1}{N}\sum_{i=1}^{N}(x_i - \mu)^2$$

$$= \frac{1}{N}\sum_{i=1}^{N}x_i^{\,2} - \mu^2$$

B. 母體標準差（standard deviation）

$$\sigma = \sqrt{\sigma^2}$$

C. 樣本變異數（sample variance）

$$s^2 = \frac{1}{n-1} \sum_{i=1}^{n} (x_i - \overline{x})^2$$

$$= \frac{1}{n-1} \sum_{i=1}^{n} x_i^2 - \frac{n}{n-1} \overline{x}^2$$

D. 樣本標準差（sample standard deviation）

$$s = \sqrt{s^2}$$

其中：N 為母體總數，n 為樣本總數。

　　　m 為母體平均數，$\overline{x}$ 為樣本平均數。

請特別注意，當計算樣本變異數與樣本標準差時，分母等於 n–1 而非樣本數 n，這裡的 n–1 稱為自由度（degree of freedom）。所謂自由度是指最大獨立變數的個數，因為我們在計算樣本變異數時使用了樣本平均數這個限制式，使得獨立變數個數少一，實際上只有 n–1 個獨立變數，因此計算樣本變異數或標準差時，只需除以 n–1 即可。

在這裡我們再更詳細的說明自由度的概念，因為在後面的章節經常會使用到自由度這個名詞。假設現在有三個未知數 x_1、x_2、$x_3 \in R$，如果我們沒有給予任何限制，這三個變數的數值範圍可以是任意的，所以三個變數都擁有自由，因此我們說這三個變數自由度為 3。假設現在我們加了一道限制式，限制這三個變數必須滿足 $\frac{x_1 + x_2 + x_3}{3} = 10$。當 x_1、x_2 任意給定時，x_3 為了滿足這個條件就得固定為某個值，此時只有兩個變數擁有自由，第三個變數則失去了自由，因此我們說這三個變數的自由度為 2。即

自由度 = 獨立變數個數 – 限制式個數

(2) 已分組資料

A. 母體變異數（variance）

$$\sigma^2 = \frac{1}{N} \sum_{i=1}^{k} f_i (m_i - \mu)^2$$

$$= \frac{1}{N} \sum_{i=1}^{k} f_i m_i^2 - \mu^2$$

B. 樣本變異數（sample variance）

$$s^2 = \frac{1}{n-1}\sum_{i=1}^{k} f_i(m_i - \overline{x})^2$$

$$= \frac{1}{n-1}\sum_{i=1}^{k} f_i m_i^2 - \frac{n}{n-1}\overline{x}^2$$

其中：m_i 為組中點，f_i 為對應的組次數。

一般而言對同一筆資料全距、標準差、平均差與四分位差的大小關係為

$R > s > MAD > Q.D.$。

(3) 變異數與標準差的特性

A. 變異數或標準差越小，表示大部分數值越集中於平均數附近。

B. 變異數與標準差恆大於等於 0。

C. 若有二組資料 x、y，且滿足 $y = a + bx$，則 $\sigma_y^2 = b^2\sigma_x^2$，$\sigma_y = |b|\sigma_x$。也就是說當資料放大 b 倍則變異數會放大 b^2 倍，標準差則放大 $|b|$ 倍。而將所有的資料減去一個共同的數之後，變異數與標準差皆維持不變。若學校考試時禁止使用計算機，利用這個性質求變異數或標準差，可以把數字縮小方便計算，這種方法在高中數學稱為平移變量法。

(4) 變異數與標準差的優點

A. 在計算變異數與標準差的時候把所有的資料都列入考慮，因此感應靈敏。

B. 變異數與標準差具代數運算的特性，在所有的離差量數中應用範圍最為廣泛。

(5) 變異數與標準差的缺點

A. 由於把所有的資料都考慮進來，因此容易受極端值所影響。

B. 變異數的單位為原資料單位的平方，其物理意義不明顯且不容易瞭解。

C. 當遇到開放型的組距時，則無法求算變異數與標準差。

例 3-24

現有二組資料，試分別計算其平均數與母體變異數，請問哪組資料的平均數比較具有代表性。

A：8,9,10,11,12

B：4,7,10,13,16

 $\mu_A = \dfrac{8+9+10+11+12}{5} = 10$

$\mu_B = \dfrac{4+7+10+13+16}{5} = 10$

$\sigma_A^2 = \dfrac{1}{5}(8^2+9^2+10^2+11^2+12^2)-10^2 = 2$

$\sigma_B^2 = \dfrac{1}{5}(4^2+7^2+10^2+13^2+16^2)-10^2 = 18$

因為 A 組資料的變異數較小,資料較集中,因此其平均數較具代表性。

例 3-25

試求下列資料之樣本變異數:

3　4　2.5　4.1　1.2　2.8　3.7

 $\bar{x} = \dfrac{3+4+2.5+4.1+1.2+2.8+3.7}{7} \approx 3.043$

$s^2 = \dfrac{1}{7-1}(3^2+4^2+2.5^2+4.1^2+1.2^2+2.8^2+3.7^2)-\dfrac{7}{6}\times3.043^2 \approx 1.035$

例 3-26

設有 A、B 二班,其統計學平均成績、標準差與人數如下所示:

$N_A=20$,$\mu_A=85$,$\sigma_A=5$

$N_B=30$,$\mu_B=80$,$\sigma_B=3$

試計算兩班全體同學之統計學平均成績與標準差。

 兩班總平均: $\mu = \dfrac{20\times85+30\times80}{50} = 82$(分)

$\sigma_A^2 = 5^2 = \dfrac{1}{20}\sum_{i=1}^{20}x_i^2-85^2 \Rightarrow \sum_{i=1}^{20}x_i^2 = (5^2+85^2)\times20 = 145000$

$\sigma_B^2 = 3^2 = \dfrac{1}{30}\sum_{i=1}^{30}x_i^2-80^2 \Rightarrow \sum_{i=1}^{30}x_i^2 = (3^2+80^2)\times30 = 192270$

故兩班之變異數 $\sigma^2 = \dfrac{1}{50}\sum_{i=1}^{50}x_i^2-\mu^2 = \dfrac{1}{50}(145000+192270)-82^2 = 21.4$

標準差為 $\sigma = \sqrt{21.4} \approx 4.63$(分)

3-27

假設有一組母體資料，平均數為 80，標準差為 5，共有 50 筆資料，後來發現其中有一數 60 登記錯誤，正確的資料應該是 72，試求正確的平均數與標準差。

 正確平均數 $\mu = \dfrac{80 \times 50 - 60 + 72}{50} = 80.24$

$\because 5^2 = \dfrac{1}{50} \sum_{i=1}^{50} x_i^2 - 80^2$

原 50 筆資料平方和 $\Rightarrow \sum_{i=1}^{50} x_i^2 = (5^2 + 80^2) \times 50 = 321250$

故正確變異數 $\sigma^2 = \dfrac{1}{50}(321250 - 60^2 + 72^2) - 80.24^2 = 18.222$

故標準差為 $\sigma = \sqrt{18.222} = 4.269$

 3-28

假設有一組資料共 50 筆，其平均數 $\mu_x = 10$，變異數 $\sigma_x^2 = 5$，若有另一筆資料 y，且 $y = 2x - 8$，求 μ_y、σ_y^2。

 $\mu_y = 2\mu_x - 8 = 2 \times 10 - 8 = 12$

$\sigma_y^2 = 2^2 \times \sigma_x^2 = 4 \times 5 = 20$

3.2.2 相對離差量數

在上一節中我們介紹了絕對離差量數，當我們欲比較的資料單位不同或者平均數不同時，若採取絕對離差量數來比較集中程度時，會造成不合理的現象。例如：比較台灣地區北部與南部的貧富差異，假設北部標準差為 10000 元 / 月，南部為 8000 元 / 月，表面上看起來北部的貧富差距比南部來得嚴重，但若北部平均月薪 100000 元，而南部平均月薪 50000 元，很明顯的這時候似乎又覺得南部的貧富差距比北部嚴重。為了解決上述類似的問題，統計學家另外定義了相對離差量數（measure of relative dispersion），透過去除單位的技巧來克服單位不同或平均數不同無法比較差異大小的問題。常見的相對離差量數有變異係數與 Z 分數兩種。

1. 變異係數

變異係數（coefficient of variation）的定義為標準差除以平均數再乘以 100%，即

$$CV = \frac{標準差}{平均數} \times 100\%$$

變異係數主要的用途是用在單位不同或平均數不同的數個群體比較離散程度的衡量工具。

2. Z 分數

Z 分數（standardize value）是將某資料減去平均數再除以標準差，即

$$Z_i = \frac{X_i - \bar{x}}{s} \text{ 或 } Z_i = \frac{X_i - \mu}{\sigma}$$

從定義式中我們可以看出來，Z 分數主要用在單位不同或平均數不同時，欲比較個別資料或變數離散程度的衡量工具。我們可以很容易推導出將一組資料的所有 Z 分數其平均值等於 0，標準差與變異數皆等於 1，即

$$\bar{Z} = 0$$

$$\sigma_z^2 = 1 \text{ , } \sigma_z = 1$$

 例 3-29

假設有 160 名成年男子的平均體重為 57 公斤，標準差為 11 公斤，另有 18 名兒童的平均體重為 5.6 公斤，標準差為 1.4 公斤。試比較成年男子與兒童之體重分配，兩者之差異情形何者較大？

 解 因為比較兩群體的差異情形，且兩組資料平均數不同，故採用變異係數

成年男子：$CV = \dfrac{11}{57} \times 100\% = 19.3\%$

兒童：$CV = \dfrac{1.4}{5.6} \times 100\% = 25\%$

故兒童體重分配差異情形較大

3-30

假定某班級有 10 位學生，其統計學的期中與期末考成績如下：

學生	A	B	C	D	E	F	G	H	I	J
期中考	58	51	44	41	48	47	53	47	45	66
期末考	78	66	77	62	99	87	70	67	79	71

請問 A 學生期末成績是否進步？

　期中考平均分數 $\mu = 50$，標準差 $\sigma_1 = 7.0$

期末考平均分數 $\mu = 75$，標準差 $\sigma_2 = 10.5$

A 的期中考 Z 分數 $= \dfrac{58-50}{7} = 1.143$，表 A 的期中考分數比全班平均高 1.143 個標準差

A 的期末考 Z 分數 $= \dfrac{78-75}{10.5} = 0.286$，表 A 的期末考分數比全班平均高 0.286 個標準差

故 A 的期末成績退步

3.3 偏態

偏態（skewness）主要用來衡量單峰分配的偏斜程度，其偏斜程度可分為右偏（正偏）與左偏（負偏）與對稱分配三種，其分配圖形如下圖所示：

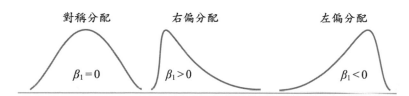

常見的偏態衡量指標有偏態係數與皮爾生偏態係數兩種。

3.3.1 偏態係數

我們一般所指的偏態係數是利用動差法[1]所定義出來的，其定義為三階主動差除以標準差的三次方，即

1　動差為何？可參閱作者所著作的《統計學》。

$$\beta_1 = \frac{\frac{1}{N}\sum_{i=1}^{n}(x_i - \mu)^3}{\sigma^3} = \frac{M_3}{\sigma^3}$$

上述公式若為樣本，則分別以樣本平均數與樣本標準差代入對應位置求算即可。從公式的定義可以看出來，若極端值在右邊，則 $\beta_1 > 0$，呈現右偏分配情形；若極端值出現在左邊，則 $\beta_1 < 0$，呈現左偏分配情形；若為中央對稱分配，則分子部分正負抵銷，因此 $\beta_1 = 0$

對稱分配：$\beta_1 = 0$

右偏（正偏）分配：$\beta_1 > 0$

左偏（負偏）分配：$\beta_1 < 0$

3.3.2 皮爾生偏態係數

由皮爾生（Pearson）經驗法則得知：眾數到平均數的距離大約等於中位數到平均數距離的三倍。因此我們可以利用平均數與眾數間的距離來衡量資料分配的偏斜程度。皮爾生偏態係數定義為：

$$SK = \frac{\mu - Mo}{\sigma} = \frac{3(\mu - Me)}{\sigma}$$

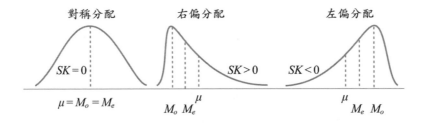

由上圖可以發現當資料呈現右偏分配時，平均數大於眾數，故 $SK > 0$；資料呈現左偏分配時，平均數小於眾數，故 $SK < 0$；當資料呈現對稱分配時，則 $SK = 0$。若資料為樣本時，則以樣本平均數與樣本標準差取代母體平均數與母體標準差。

3.4　峰度

峰度（kurtosis）係數主要用來衡量單峰分配圖形兩側厚實程度，這裡要特別注意，峰度係數的大小並不代表實際分配圖的高低與否，也就是說峰度係數越大，其分配圖形看起來兩側較厚實，峰度係數只是一個數學上的衡量指標而已，不代表一定如此。舉個簡單的例子，

體重可以當成一個人胖瘦的指標，相信許多人都贊成，但體重重的人未必看起來比較胖，因為胖瘦與否會因身高或者胖的部位而產生視覺上的不同。峰度係數定義為四階主動差除以標準差的四次方，即

$$\beta_2 = \frac{\dfrac{1}{N}\sum_{i=1}^{n}(x_i-\mu)^4}{\sigma^4} = \frac{M_4}{\sigma^4}$$

上述公式若為樣本，則分別以樣本平均數與樣本標準差取代母體平均數及母體標準差。由於常態分配的峰度係數等於 3，因此一般以常態分配為分界線，按峰度係數的大小區分成：

(1) 高狹峰（leptokurtosis）：$\beta_2 > 3$

(2) 常態峰（mesokurtosis）：$\beta_2 = 3$

(3) 低闊峰（platykurtosis）：$\beta_2 < 3$

但有些教科書或大部分的套裝軟體峰度係數的公式定義為：

$$\beta_2 = \frac{\dfrac{1}{N}\sum_{i=1}^{n}(x_i-\mu)^4}{\sigma^4} - 3$$

這樣的好處是讓常態峰的峰度係數等於 0，就如同偏態係數般以 0 為分界點。若採用第一個定義公式，峰度係數恆大於或等於 0，若採用第二個定義公式，那麼峰度係數的範圍則大於等於 –3。若沒特別指明採用哪種定義，絕大部分採用第一個定義即可。

例 3-31

　　假設現有 5 人測量其體重分別為 50　45　60　55　40

　　(1) 試求動差偏態係數與皮爾生偏態係數。

　　(2) 求峰度係數。

解 (1) $\mu = \dfrac{50+45+60+55+40}{5} = 50$

$\sigma = \sqrt{\dfrac{1}{n}\sum(x_i-\mu)^2}$

$\quad = \sqrt{\dfrac{1}{5}\left[(50-50)^2+(45-50)^2+(60-50)^2+(55-50)^2+(40-50)^2\right]}$

$\quad \approx 7.07$

$$M_3 = \frac{1}{50} \sum (x_i - \mu)^3$$

$$= \frac{1}{5} \Big[(50-50)^3 + (45-50)^3 + (60-50)^3 + (55-50)^3 + (40-50)^3 \Big] = 0$$

故動差法偏態係數 $\beta_1 = \dfrac{M_3}{\sigma^3} = \dfrac{0}{7.07^3} = 0$

因為本例題之眾數不存在,故以中位數來計算皮爾生偏態係數

$Me=50$

故 $SK = \dfrac{3(\mu - Me)}{\sigma} = \dfrac{3(50-50)}{7.07} = 0$

(2) $M_4 = \dfrac{1}{5} \sum (x_i - \mu)^4$

$$= \frac{1}{5} \Big[(50-50)^4 + (45-50)^4 + (60-50)^4 + (55-50)^4 + (40-50)^4 \Big] = 4250$$

$$\beta_2 = \frac{M_4}{\sigma^4} = \frac{4250}{7.07^4} \approx 1.70$$

◎ 3.5 柴比雪夫不等式與經驗法則

⚙ 3.5.1 柴比雪夫不等式

柴比雪夫(Chebyshev)不等式主要用來估計不知母體分配情的情況下,某變數所涵蓋範圍的機率值或個數。柴比雪夫不等式必須先知道母體平均數與變異數才能夠利用柴氏不等式求算機率。柴比雪夫不等式的定義如下:

$$P\big(|x - \mu| \le k\sigma\big) \ge 1 - \frac{1}{k^2}, \, k > 1$$

若以圖形的方式表示如右圖所示,柴比雪夫不等式的觀念十分簡單,從圖形可以很容易的看出來,所謂柴比雪夫不等式係指,從母體平均數向兩側各取 k 個標準差的範圍內的資料,至少占全體的 $1 - \dfrac{1}{k^2}$。

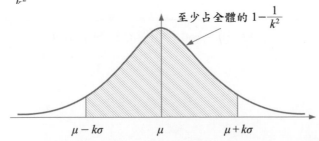

這裡要特別注意柴比雪夫不等式適用於任何的分配形狀，故分配不一定呈對稱關係，也就是說下列的分配情形也成立。

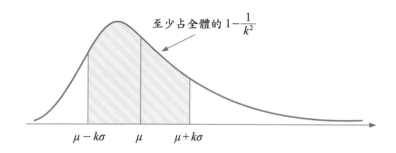

3.5.2 經驗法則

　　經驗法則源自於常態分配，故經驗法則僅能使用於資料呈單峰對稱分配或鐘型分配時，可用來估計某變數所涵蓋範圍的機率值或個數，若資料的分配不滿足單峰對稱的條件，則經驗法則不適用。使用經驗法則必須知道母體或樣本的算數平均數與標準差，故經驗法則屬於母數統計的範圍，經驗法則的定義如下：

(1) 約有 68% 的觀測值落於 $(\mu-\sigma,\mu+\sigma)$ 的區間內。

(2) 約有 95% 的觀測值落於 $(\mu-2\sigma,\mu+2\sigma)$ 的區間內。

(3) 約有 99.7% 的觀測值落於 $(\mu-3\sigma,\mu+3\sigma)$ 的區間內。

　　若母體平均數與標準差未知，我們可使用樣本平均數與樣本標準差來替代，使用經驗法則僅能估計與平均數距離 1、2、3 個標準差有關的範圍機率。由經驗法則可知，從平均數左右各取 3 個標準差的範圍涵蓋全體資料的 99.7%，因此單峰對稱分配的全距大約等於 6 個標準差，即 $R \approx 6\sigma$。

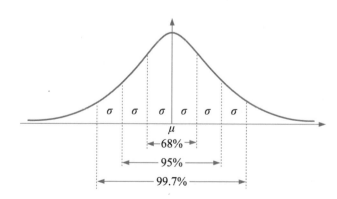

例 3-32

假設某公司一共有 200 名員工，已知每位員工每日平均支出為 600 元，標準差為 45 元。

(1) 請利用柴比雪夫定理，求出每日支出落於 (510,690) 區間的人數。

(2) 假設這 200 名員工每日支出的資料呈單峰對稱分配，請改用經驗法則再求解一次。

(1) 使用經驗法則或柴比雪夫不等式，必須先求出給定的範圍離平均數幾個標準差，根據題意 $\mu = 600$，$\sigma = 45$

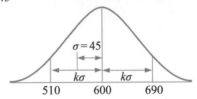

$$k = \frac{690 - 600}{45} = 2$$

根據柴比雪夫不等式，至少有 $1 - \dfrac{1}{k^2} = 1 - \dfrac{1}{2^2} = 0.75$ 的員工落於 (510,690) 的區間內，故至少有 $200 \times 0.75 = 150$ 位員工

(2) 由經驗法則知，介於平均數左右各 2 個標準差的範圍資料佔全體的 95%，所以大約有 $200 \times 0.95 = 190$ 位員工

例 3-33

假定最近一項電信特考共有 1,000 位報考人，要錄取其中分數較高的前 80 位，已知報考人的平均分數為 175 分，而報考人數的標準差為 10 分，現有一位報考人的分數是 215 分，是否可以曉得他到底會被錄取或不會被錄取？

因為不知道母體分配，故利用柴比雪夫不等式

$\dfrac{215 - 175}{10} = 4$ ，故分數在 $(175 - 4 \times 10, 175 + 4 \times 10) = (135,215)$ 以外的比例至多佔全部的 $\dfrac{1}{16}$

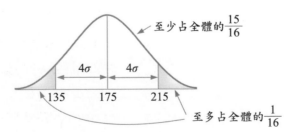

∴ 分數比 215 高的人至多有 $1000 \times \dfrac{1}{16} \approx 63$ 人

故此人必定被錄取。

例 3-34

已知某母體為鐘型分配，母體平均數為 μ，母體標準差為 σ，請問大約有多少的資料介於 $(\mu-2\sigma, \mu+\sigma)$ 之間？

 解 由經驗法則知

約有 68% 的觀測值落於 $(\mu-\sigma, \mu+\sigma)$ 的區間內。

約有 95% 的觀測值落於 $(\mu-2\sigma, \mu+2\sigma)$ 的區間內。

故介於 $(\mu-2\sigma, \mu+\sigma)$ 之間佔全體的 $\dfrac{95\%}{2} + \dfrac{69\%}{2} = 81.5\%$

 例 3-35

已知資料如下所示：

3.97	4.09	4.18	4.25	4.26
3.98	4.10	4.22	4.25	4.27
4.00	4.10	4.24	4.25	4.28
4.08	4.14	4.24	4.26	4.36

且已知上述資料之平均數與標準差分別為 4.176 與 0.1085 且偏態係數為 −0.55，請你分別用柴比雪夫不等式與經驗法則計算分數介於 4.176±0.217 間的資料有幾個？實際上有幾個？哪一個比較準確？為什麼？

 解 4.176±0.217 相當於由平均數加減 2 個標準差的範圍。

根據柴比雪夫不等式至少有 $1-\dfrac{1}{k^2} = 1-\dfrac{1}{2^2} = 0.75$，即 $20 \times 0.75 = 15$ 筆資料介於 4.176±0.217 之間。

根據經驗法則約有 95%，即 $20 \times 0.95 = 19$ 筆資料介於 4.176±0.217 之間。

實際上介於 4.176±0.217 = [3.959, 4.393] 之間的資料有 20 筆。

經驗法則較為準確，因柴比雪夫不等式適用於任何分配，對於分配形狀無任何的限制，故估計通常較為粗糙。而本題之偏態係數為 −0.55 偏斜程度還不太嚴重，因此經驗法則所計算出來的數據較為準確。

◎ 3.6 盒鬚圖

　　盒鬚圖（box-and-whisker plot）包含了一組資料的最小值、第 1 四分位數 (Q_1)、中位數 (Me)、第 3 四分位數 (Q_3) 及最大值，故又稱為 5 個彙總量數圖（five-number summary plot）。盒鬚圖的繪製方式如下圖所示：

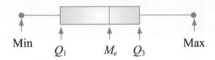

Min　　Q_1　　M_e　Q_3　　Max

　　由於盒鬚圖標示了五個統計量數，因此我們可以透過盒鬚圖瞭解資料分配情形，因此盒鬚圖與莖葉圖同屬於探索性資料分析圖。下面我們介紹一些盒鬚圖與分配之關係：

⚙ 3.6.1 盒鬚圖與分配關係

1.　對稱分配

　　當圖形滿足 $Me - Q_1 = Q_3 - Me, Q_1 - Min = Max - Q_3$ 時，則資料呈對稱分配。

2.　左偏分配

　　當圖形滿足 $Me - Min > Max - Me$ 時，則資料呈左偏分配。

3.　右偏分配

　　當圖形滿足 $Max - Me > Me - Min$ 時，則資料呈右偏分配。

4. 均勻分配

當圖形滿足 $Q_1 - Min = Me - Q_1 = Q_3 - Me = Max - Q_3$ 時，則資料呈均勻分配。

透過盒鬚圖除了可以瞭解資料的分配情形外，我們還可以利用盒鬚圖來判斷一組資料是否存在極端值，底下我們分別針對內圍值與外圍值分別下定義，接著利用內圍值與外圍值來判斷資料是否存在平穩界外值或極端界外值。

1. 內圍值（inner fences）

距第 1 四分位數與第 3 四分位數左右各 1.5 個 IQR 的距離所對應的數值稱為內圍值，即

$$內圍值 = Q_1 - 1.5 \times IQR，Q_3 + 1.5 \times IQR$$

2. 外圍值（outer fences）

距第 1 四分位數與第 3 四分位數左右各 3 個 IQR 的距離所對應的數值稱為外圍值，即

$$外圍值 = Q_1 - 3 \times IQR，Q_3 + 3 \times IQR$$

3. 平穩界外值（mild outlier）

位於內、外圍之間之觀測值。

4. 極端界外值（extreme outlier）

落於外圍值之外的觀測值。

有些教科書沒有把資料區分得這麼細，平穩界外值與極端界外值統稱為界外值（outlier），也就是只要小於第 1 四分位數 1.5 個 IQR 與大於第 3 四分位數 1.5 個 IQR 的資料值都稱為界外值。

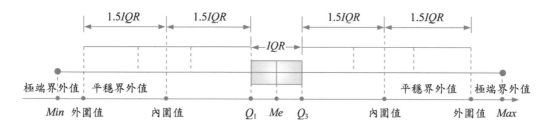

例 3-36

已知盒鬚圖：

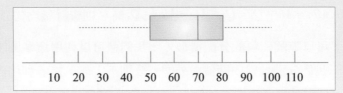

求 (1) 中位數 Me

(2) 全距 R

(3) 四分位距 $= Q_3 - Q_1$

(4) 偏態（skewness），填 $SK > 0$，< 0，或 $= 0$

(1) 中位數 $Me = 70$

(2) 全距 $R = 100 - 20 = 80$

(3) 四分位距 $Q_3 - Q_1 = 80 - 50 = 30$

(4) 因為中位數的左側延伸較長，故偏態 $SK < 0$

例 3-37

已知資料如下：

12　15　18　22　22　53　54　71　73　73　80　90

(1) 試作盒鬚圖　　　(2) 此組資料是否存在界外值？

(1) $Q_1 = \dfrac{18 + 22}{2} = 20$，$Me = \dfrac{53 + 54}{2} = 53.5$

$Q_3 = \dfrac{73 + 73}{2} = 73$，$Min = 12, Max = 90$

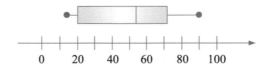

(2) $IQR = Q_3 - Q_1 = 73 - 20 = 53$

故左右內圍值：$Q_1 - 1.5IQR = 20 - 1.5 \times 53 = -59.5$

$Q_3 + 1.5IQR = 73 + 1.5 \times 53 = 152.5$

沒有任何資料小於 -59.5 或大於 152.5，故此組資料沒有界外值。

3-38

請問下列盒鬚圖各代表什麼含意？請舉一個例子說明。

(1)  (2)  (3)  (4)

 (1) 表示 $Q_1 = Me = Q_3$

例如：1,5,5,5,5,5,5,5,5,5,5,5,10

(2) 情況 I：表示 $\min = Q_1 = Me$

例如：1,1,1,1,1,1,2,2,10

情況 II：表示 $\min = Q_1, Me = Q_3$

例如：1,1,1,1,2,2,2,2,10

(3) 情況 I：表示 $Q_1 = Me$

例如：1,2,2,2,2,5,6,7,10

情況 II：表示 $Me = Q_3$

例如：1,2,3,5,5,5,5,5,10

(4) $\min = Q_1, \max = Q_3$

例如：1,1,1,1,3,6,6,6,6

課·後·練·習

1. 試求下列未分組資料之平均數：

22	24	29	32	33	37	38	44	44	46
47	48	50	53	54	55	56	59	60	60
61	62	62	63	63	63	63	63	65	66
69	72	74	74	75	77	77	78	78	79
80	81	82	83	84	88	89	90	95	99

2. 試求下列已分組資料之平均數：

20-29	30-39	40-49	50-59	60-69	70-79	80-89	90-99
3	4	5	6	13	9	7	3

3. 博碩大學統計學的成績計算方式如下：5 次小考取 3 次較高的成績作為平常成績，平常成績占 30%，2 次期中考每次占 20%，1 次期末考，占 30%。阿美本學期的成績 5 次小考的成績分別為 68、82、70、73、85，期中考成績分別為 86、79，期末考成績為 90，試求阿美本學期統計學成績為何？

4. 博碩出版社進行海外圖書出版計畫，第一年獲利 10%，第二年獲利 12%，第三年獲利 25%，求年平均獲利多少？

5. 阿美參加博碩世界選美比賽，已知 10 位評審評分如下：

   88、92、80、85、95、84、70、78、90、92

   試分別求阿美這次比賽的 20% 剪尾平均數與 20% 截尾平均數。

6. 試求習題 2 之中位數？

7. 如下表之資料，試分別利用簡易法與皮爾生法求眾數？

20-29	30-39	40-49	50-59	60-69	70-79	80-89	90-99
3	4	5	6	13	9	7	3

8. 285、10、8、7、9、9、8、40、2、1000。求平均數與中位數。你認為何者較能測量出中央趨勢？為什麼？

9. 試求習題 1 之第 3 十分位數與第 85 百分位數。

10. 求 3、6、18、24、26、32、38、46 之第 1 四分位數 Q_1 與第 3 四分位數 Q_3 各為何？

11. 如下表之資料，求第 1 四分位數 Q_1 為何？

20-29	30-39	40-49	50-59	60-69	70-79	80-89	90-99
3	4	5	6	13	9	7	3

12. 求出下述數列之變異數與標準差各為何？

    5、7、12、15、19、23、24、33、38、41

13. 試求習題 2 之樣本變異數與樣本標準差？

14. 假設有一組母體資料，平均數為 90，標準差為 5，共有 50 筆資料，後來發現其中有一數 70 登記錯誤，正確的資料應該是 60，試求正確的平均數與標準差。

15. 設有一組資料共 80 筆，其平均數 $\mu_x=15$，變異數 $\sigma_x^2=6$，若有另一筆資料 y 且 $y=4x+10$，求 μ_y, σ_y。

16. 博碩公司男性 30 人平均體重為 65kg，標準差為 6，女性 20 人平均 50kg，標準差為 4，求博碩公司全體體重之標準差為何？

17. 請求出下列三組資料的平均差 (MAD)，四分位差 $(Q.D.)$ 與全距 (R)？

    (1) 1,3,5,7,9,11,13

    (2) 1,4,5,6,7,8,20

    (3) 1,2,3,4,5,6,100

18. 請求出變異係數為何？

10-20	20-30	30-40	40-50	50-60
3	12	21	8	6

19. 博碩大學二年乙班有 40 個人，其統計學考試成績經計算後，得知平均數為 70，中位數為 66，眾數為 62。後來發現有一個分數登記錯誤，應該是 75 分而不是 95 分，在此情形下，上述的集中量數何者正確？何者不正確？請說明之，並針對錯誤的集中量數，計算其正確的值。

20. 李教授教導一個大班級（可視為常態分布），全班原始期末考成績平均為 65 分，標準差 15 分，李教授覺得全班考的不理想，且高低分同學分佈相差太遠，便重新調整分數，提高平均數、縮小分數差距，於是將全班平均數調整為 75 分，標準差 12 分，請問若有一同學的原始分數為 60 分，其經調整分數之後，成績為幾分？

21. 博碩國中二年乙班學生英語科期末考平均分數為 58.65 分，標準差 $s=8.89$，若其英語科成績為 68 分，則其 Z 分數為？

22. 某煙火生產商為測試其所生產的仙女棒燃燒時間，隨機選取 20 支仙女棒，其燃燒結果如下（以小時為單位）：

4.10	4.09	3.95	4.26	3.14
4.29	3.24	4.07	3.25	4.28
3.97	4.19	4.22	5.25	5.26
4.00	4.10	4.22	4.27	4.36

試計算下列各數值：

(1) 算術平均數、眾數、中位數。

(2) 第 10 及第 90 百分位數。

(3) 全距及四分位全距。

(4) 變異數及變異係數。

(5) 求偏態係數，並說明其偏態情形。

(6) 計算峰度係數。

23. 某公司全體員工 220 人分成男、女兩組，男生 180 人平均身高為 172 公分，標準差為 8 公分；女生 40 人平均身高為 164 公分，標準差為 5。試問：

(1) 男生或女生的身高較一致？

(2) 求全體員工之平均身高及標準差。

24. 假定某班級有 10 位學生，其統計學的期中與期末考成績如下：

學生	A	B	C	D	E	F	G	H	I	J
期中考	58	51	44	41	48	47	53	47	45	66
期末考	72	66	77	62	99	87	70	67	79	71

請問 H 學生期末成績是否進步？

25. 某次數學考試 100 名學生成績的分配如下：

分數	人數	以下累加次數
30-40	5	5
40-50	27	32
50-60	20	52
60-70	26	78
70-80	17	95
80-90	4	99
90-100	1	100

試根據資料求：

(1) 算術平均術及中位數。

(2) 四分位全距。

(3) 平均差。

(4) 變異數及標準差。

(5) 變異係數。

(6) 偏態係數。

26. 試求習題 2 之皮爾生偏態係數。

27. 假設某班級共有 50 人，某次小考全班平均 72 分，標準差 4 分。

(1) 請利用柴比雪夫不等式，估計分數介於 64 分到 80 分之間的人數。

(2) 若這次班上的考試成績呈對稱分配，請改用經驗法則再估計一次。

28. 某研究所考試共有 1000 人報名考試，要錄取其中分數較高的前 80 位，已知報考人的平均分數為 210 分，而報考人數的標準差為 10 分。現有一位報考人的分數是 250 分請問他是否會被錄取？

29. 已知資料如下：

12　15　18　22　22　53　54　71　73　73　80　90

試做盒鬚圖。

CHAPTER 04

機率

4.1 隨機試驗、樣本空間與事件

4.2 集合之基本觀念

4.3 機率測度的方法

4.4 條件機率與獨立事件

4.5 樣本空間的分割

4.6 貝氏定理

機率主要的目的在於衡量某一事件可能發生的程度（機會大小），並針對此一不確定事件發生之可能性賦予一量化的數值。

4.1 隨機試驗、樣本空間與事件

在正式介紹機率的定義之前，我們先針對機率會用到的專有名詞與集合的基本概念作一簡單的介紹。

4.1.1 專有名詞解釋

1. **試驗**：觀察一個可產生各種可能結果的過程。例如：投擲一個骰子，觀察其可能出現點數。

2. **隨機試驗**：試驗中可能結果的出現具有不確定性稱為隨機試驗。隨機試驗必須滿足下列條件：

    (1) 每次試驗都必須在相同條件下重複進行，例如：重複投擲一粒相同的骰子。

    (2) 試驗的所有可能結果是明確可知的，且不只一個。若投擲六面皆為 1 點的骰子，或者如周星馳少林足球裡出現硬幣豎立起來的情況，皆不能稱為隨機試驗。

    (3) 每次試驗必定僅出現這些可能結果中的一個，但試驗之前無法確定該次試驗會出現哪一個可能結果。

3. **樣本空間**（sample space）：一隨機試驗之各種可能出現結果的集合，通常以 S 表示。例如：投擲一骰子，其樣本空間就是所有的點數，即 $S = \{1,2,3,4,5,6\}$

4. **樣本點**（sample point）：樣本空間內的每一元素。例如：投擲一個骰子，出現點數可能為 1 點、2 點、3 點、4 點、5 點、6 點，那麼這些點數都是骰子這個樣本空間中的樣本點。

5. **有限樣本空間**（finite sample space）：含有限個樣本點且這些樣本點的個數可以數得出來的樣本空間。例如：投擲骰子三次或從一副撲克牌抽取三張牌等所構成的空間都是有限樣本空間。有限樣本空間的機率求值問題必定為加減模式。

6. **無限樣本空間**（infinite sample space）：具無限多個樣本點或可數但不知最大值為何或何時結束的樣本空間。例如：划拳，直到連續贏十次才停止，雖然划拳的次數可數，但是卻不知道何時結束，此種樣本空間亦歸類於無限樣本空間。或者如穿越一條馬路等待紅燈的時間，雖然時間長度為有限值，但時間可無限制的切割，含有無限個樣本點，亦為無限樣本空間。無限樣本空間的機率求值問題可能為加減模式或者積分模式。

7. **事件（event）**：樣本空間的部份集合。例如：投擲一骰子，由偶數點所構成的集合，因為偶數點是來自於樣本空間的子集，故我們稱此集合為事件，事件依樣本點的個數又可區分為簡單事件與複合事件。

8. **簡單事件（simple event）**：只有一個樣本點的事件。例如：投擲一骰子，出現點數為 1 點的事件即為簡單事件。

9. **複合事件（compound event）**：含有兩個以上樣本點的事件。例如：投擲一骰子出現 1 或 3 點的事件，或者出現偶數點的事件皆稱為複合事件。

10. **不可能事件（零事件）**：不含任何樣本點或絕對不可能發生的事件。例如：投擲一骰子出現 7 點的事件即為不可能事件。

11. **必然事件**：又稱為全事件，所謂必然事件是指包含樣本空間內所有樣本點或者必定發生的事件。例如：投擲一骰子點數出現大於等於 1 且小於等於 6 的事件，或者從一個裡面皆為白色球的箱中，任取一球所取出的球顏色為白色的事件，皆為必然事件。

12. **結果（outcome）**：大部分的書籍都翻譯成出象，其含意代表出現的結果，也就是說，隨機抽樣中所有可能的情形。例如：投擲一骰子結果（outcome）出現 1 點。

 例 4-1

試判斷下列隨機試驗為有限樣本空間或無限樣本空間？

(1) 投擲二骰子出現的點數。

(2) 調查某班級近視人數。

(3) 投擲一枚硬幣十次，正反面出現情形。

(4) 檢驗生產線上產品，直到發現 10 件不良品為止，記錄檢驗的產品數。

(5) 觀察某一燈管之使用壽命。

解 有限樣本空間的有：(1)(2)(3)

無限樣本空間的有：(4)(5)

 例 4-2

自一批產品隨機抽出三件加以檢驗，假設每次檢驗僅有二種可能結果：良品 (G) 與不良品 (D)，且每次的可能結果皆不確定，試分別以樹狀圖與集合表示法列出此隨機試驗的樣本空間。

 樹狀圖：

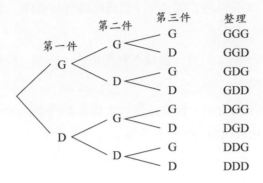

集合表示法：$S = \{GGG, GGD, GDG, GDD, DGG, DGD, DDG, DDD\}$

 4-3

隨機抽取三位家庭主婦詢問他們是否使用 X 品牌洗衣粉來洗滌家中衣物？

(1) 請列出此試驗的樣本空間。

(2) 請列出至少有二個家庭主婦使用 X 品牌的事件。

(3) 假設現在有一個事件為 $\{YYY, NYY, YYN, NYN\}$，請問這個事件代表什麼含意？

解 假設回答是以符號「Y」表示，回答否的以符號「N」表示

(1) 樣本空間 $S = \{YYY, YYN, YNY, YNN, NYY, NYN, NNY, NNN\}$

(2) 至少有二個家庭主婦使用 X 品牌的事件為 $\{YYY, YYN, YNY, NYY\}$

(3) 觀察此事件的規則，我們發現第二個事件始終維持 Y，故此事件代表第二位婦女使用 X 品牌洗衣粉的事件。

◎ 4.2 集合之基本觀念

在本節中將介紹一些常見的集合運算特性、De'Morgan's 定理與元素的計數公式。

4.2.1 集合的基本概念

1. 聯集

聯集（union）表示兩事件至少有一個事會件發生的情形，以符號 $A \cup B$（讀作 A 聯集 B）表示，即

$$A \cup B = \{x \mid x \in A \lor x \in B\}$$

若以范氏（Venns）圖的概念如下圖所示，其中陰影所涵蓋的範圍即為 $A \cup B$。

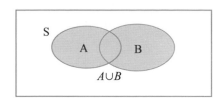

2. 交集

交集（intersection）表示兩事件同時發生的情形，以符號 $A \cap B$（讀作 A 交集 B）表示，即

$$A \cap B = \{x \mid x \in A \wedge x \in B\}$$

若以范氏圖的概念如下圖所示，其中陰影所涵蓋的範圍即為 $A \cap B$。

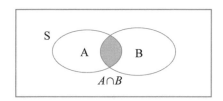

3 餘集合或補集合

餘集合（complement）也有人稱為補集合，餘集合表示該事件不發生的情形，以符號 A^C（A' 或 $\overline{A}$）表示，即

$$A^C = \{x \mid x \in S \wedge x \notin A\} = S - A$$

若以范氏圖的概念如下圖所示，其中陰影所涵蓋的範圍即為 A^C，相當於樣本空間 S 去掉 A 所剩餘的部分。

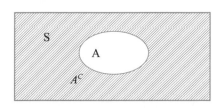

4. 差集

兩集合的差集符號記作：A–B，表示從 A 中移除與 B 共同的元素，若以范氏圖的概念如下圖所示，即

$$A - B = \{x \mid x \in A \wedge x \notin B\} = A - (A \cap B) = (A \cup B) - B$$

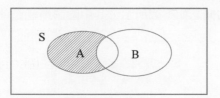

已知樣本空間 $S=\{1,2,3,4,5,6,7,8,9\}$，集合 $A=\{1,3,5,7,9\}$，集合 $B=\{1,2,3,4,5\}$，求下列各小題：

(1) $A\cap B$　(2) $A\cup B$　(3) A^C, B^C　(4) $A-B, B-A$

解
(1) $A\cap B = \{1,3,5\}$

(2) $A\cup B = \{1,2,3,4,5,7,9\}$

(3) $A^C = S-A = \{2,4,6,8\}$，$B^C = S-B = \{6,7,8,9\}$

(4) $A-B = \{7,9\}$，$B-A = \{2,4\}$

4.2.2 集合基本運算法則

在本節中將介紹集合的重要基本運算法則，這些運算法則將會用在集合的計數與事件的機率。某些性質與國中時代介紹的整數四則運算類似，可由此方向去聯想集合的運算法則，這些基本運算法則皆可透過范氏圖加以驗證，因此不需要特別背誦這些公式。

1.　交換律

$A\cup B = B\cup A$，$A\cap B = B\cap A$

2.　結合律

$(A\cup B)\cup C = A\cup(B\cup C)$，$(A\cap B)\cap C = A\cap(B\cap C)$

3.　分配律

$A\cup(B\cap C) = (A\cup B)\cap(A\cup C)$，$A\cap(B\cup C) = (A\cap B)\cup(A\cap C)$

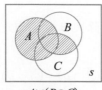
$A\cup(B\cap C)$

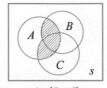
$A\cap(B\cup C)$

4. 排容原理

$$A' = S - A$$

5. 互補律

$$(A')' = A$$

6. De'Morgan's Law

   (1) $(A \cup B)' = A' \cap B' = S - (A \cup B)$

   (2) $(A \cap B)' = A' \cup B' = S - (A \cap B)$

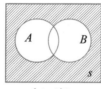
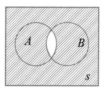

$(A \cup B)'$　　　　　　　$(A \cap B)'$

4.2.3 集合元素的計數

　　集合元素的計數公式與集合基本運算法則是完全一樣的，唯一不同者在於集合元素的計數所獲得的結果是求元素的個數，我們以符號 $n(A)$ 表示。例如：集合 $A = \{x, y, z, t, u\}$，那麼 $n(A) = 5$，表示 A 集合　共有 5 個元素。一般常見的集合計數公式有：

1. $n(A \cup B) = n(A) + n(B) - n(A \cap B)$

2. $n(A \cup B \cup C) = n(A) + n(B) + n(C) - n(A \cap B) - n(B \cap C) - n(C \cap A) + n(A \cap B \cap C)$

3. $n(A - B) = n(A) - n(A \cap B)$

4. $n(A') = n(S) - n(A)$

5. De'Morgan's Law

   (1) $n(A' \cap B') = n(A \cup B)' = n(S) - n(A \cup B)$

   (2) $n(A' \cup B') = n(A \cap B)' = n(S) - n(A \cap B)$

例 4-5

　　全班有 50 位學生，第一次段考，國文有 45 位及格，英文有 35 位及格，數學有 30 位及格；國文、英文兩科不及格有 3 位；國文、數學兩科不及格有 2 位；英文、數學兩科不及格有 8 位，國文、英文、數學三科都不及格者有 1 位，請問國文、英文、數學三科都及格者有幾位？

 設 A 表國文不及格事件，B 表數學不及格事件，C 表英文不及格事件

由題意知 $n(A) = n(S) - n(A') = 50 - 45 = 5$

$n(B) = n(S) - n(B') = 50 - 30 = 20$

$n(C) = n(S) - n(C') = 50 - 35 = 15$

$n(A \cap C) = 3, n(A \cap B) = 2, n(B \cap C) = 8, n(A \cap B \cap C) = 1$

國文、數學、英文至少有一科不及格的人數有

$$n(A \cup B \cup C) = n(A) + n(B) + n(C) - n(A \cap B) - n(B \cap C) - n(C \cap A) + n(A \cap B \cap C)$$
$$= 5 + 15 + 20 - 2 - 8 - 3 + 1 = 28$$

故三科都及格的有 $50 - 28 = 22$（位）

如果對於集合基本運算公式不熟的話，我們也可以利用范氏圖協助，因為兩兩交集給定的條件為「不及格」，所以以「不及格」的方式呈現，比較容易畫出范氏圖，同樣假設 A 表國文不及格事件，B 表數學不及格事件，C 表英文不及格事件。接著按照題意把對應的個數填入對應的小範圍內，記得要從三個交集處開始填入數字，兩兩交集的

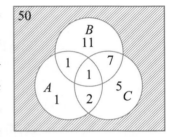

範圍記得要減去三個交集，這樣的好處是容易明瞭，最後再填入最外圍的區域，同樣記得要扣掉重複的區域。如右圖所示：灰色區域即表示三科皆及格的人數，故所求為 $50 - 1 - 5 - 11 - 1 - 2 - 7 - 1 = 22$ 人，雖然這種方式有點麻煩，但很容易瞭解。

 例 4-6

求 1-100 的整數中，為 2 的倍數但不為 3 且不為 5 的倍數有幾個。

 本題的范氏圖如右所示：

1-100 的整數中 2、6、10、30 的倍數個數分別為

$$\left[\frac{100}{2}\right] = 50, \left[\frac{100}{6}\right] = 16, \left[\frac{100}{10}\right] = 10, \left[\frac{100}{30}\right] = 3$$

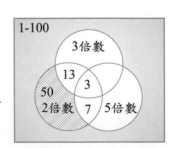

接著由三個交集處開始填入數字，灰色區域即為所求，故本題答案有 $50 - 13 - 3 - 7 = 27$ 個。

4.3 機率測度的方法

當我們欲制訂機率的測度時，首先需面對三個基本問題：(1) 如何解釋機率。(2) 如何確定機率的數值。(3) 機率如何運算。為解決上述三個問題，先後有四套機率理論被提出來：這四套機率理論分別為：(1) 古典機率理論。(2) 次數比機率理論。(3) 主觀機率理論。(4) 機率公理體系。在本節中我們先複習高中的排列組合公式，因為在計算機率時需要用到這些工具，接著再分別介紹這四套機率理論。

4.3.1 加法原理與乘法原理

1. 加法原理

若完成一件事情的辦法有相異 n 類，第一類的辦法中有 m_1 種不同的方法，在第二類的辦法中有 m_2 種不同的方法，$\cdots$，在第 n 類的辦法中有 m_n 種不同的方法，那麼完成這件事的方法共有 $N = m_1 + m_2 + \cdots + m_n$ 種不同的方法。若以圖形的概念表示加法原理如下圖所示，例如：由 A 地到 B 地有 3 條公路 4 條鐵路 2 條航道，那麼由 A 地到 B 地一共有 $3 + 4 + 2 = 9$ 種不同的走法。加法原理的使用時機是當完成一件事僅需一個步驟即可完成，但辦法有相異 n 種時使用。

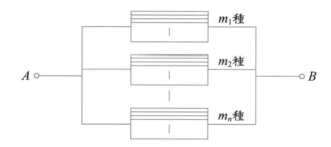

2. 乘法原理

假設完成一件事情需要分成 n 個步驟，而第 1 個步驟有中有 m_1 種不同的方法，在第 2 個步驟有 m_2 種不同的方法，$\cdots$，在第 n 個步驟有 m_n 種不同的方法，那麼完成這件事的方法共有 $N = m_1 \times m_2 \times \cdots \times m_n$ 種不同的方法。例如：由 A 地到 B 地必須經由 C 地，由 A 地到 C 地一共有 3 條公路可到達，由 C 到 B 地有 2 條公路可到達，那麼由 A 地到 B 地一共有 $3 \times 2 = 6$ 種不同的走法。乘法原理的使用時機是當完成一件事至少需二個步驟以上。

3. 排列組合公式

由於排列組合公式在高中二年級的數學課程中有詳細的說明，因此我們僅就其公式做重點式的介紹。排列與組合最大的差異在於排列有計次序關係，而組合則不計次序關係，因此觀念融會貫通的人可利用排列公式計算組合數，也可利用組合公式計算排列數。

(1) 直線排列

A. 由 n 件不同的事件中，任意取 m 件（不重複）排成一列，其排列總數為

$$P_m^n = n(n-1)(n-2)\cdots(n-m+1) = \frac{n!}{(n-m)!}$$

例如：$P_2^6 = 6 \times 5, P_4^{10} = 10 \times 9 \times 8 \times 7$

B. 由 n 件不同的事件中，全取（不重複）排成一列，其排列總數為

$$P_n^n = n(n-1)(n-2)\cdots 3 \times 2 \times 1 = n!$$

例如：$P_3^3 = 3!, P_{10}^{10} = 10!$

(2) 不完全相異物的直線排列

n 件事物中，有一種 p 個相同物，另有一種 q 個相同物，另一種 r 個相同物，…時，則此事物排成一列，稱為不完全相異物的直線排列，其方法數為

$$\frac{n!}{p!\,q!\,r!\cdots}, n = p + q + r + \cdots$$

例如：字母 $aabbbccccc$ 的排列數 $\frac{10!}{2!3!5!}$。

4. 重複排列

由 n 件不同事物中，任意取出 m 件，可以重複選取，排成一列，稱做 n 中取 m 的重複排列。n 中取 m 的重複排列總數為

$$n^m$$

例如：由 1,2,3,4,5 中，取出 3 個數，可重複選取共可排 5^3 中不同的數字。

5. 組合

由 n 件不同的事物中，任取 m 件（不重複）而不計選出物件的次序關係，稱為由 n 件事物取出 m 件的組合。由 n 件不同的事物中，任取 m 件（不重複）的組合數為

$$C_m^n = \frac{P_m^n}{m!} = \frac{n!}{m!(n-m)!}$$

例如：$C_2^5 = \frac{5 \times 4}{1 \times 2}, C_4^{10} = \frac{10 \times 9 \times 8 \times 7}{1 \times 2 \times 3 \times 4}$

6. 重複組合

設有 n 類不同之物品，每類皆不少於 m 件，由其中任取 m 件（相同與否均可）之組合，稱為 n 中取 m 的重複組合。n 中取 m 的重複組合數有

$$H_m^n = C_m^{n+m-1}$$

例如：$H_3^2 = C_3^4, H_4^{10} = C_4^{13}$。一般而言，排列組合公式只適用於具規則性的問題，至於找不到規則的問題則還得輔以樹狀圖或集合運算性質，才能順利求解問題。

7. 樹狀圖

樹狀圖是一種十分簡單的計數方法，因為它的樣子有點像樹幹的樣子，因此命名為樹狀圖。通常在進行計數時，樹狀圖可當成輔助工具，將複雜的題目加以簡化。計數除了需要用到上述的原理或公式外，尚須配合上一節所提到的集合運算法則。因為我們的重點在於應用統計，因此有關計數方面的問題請自行複習高二下的數學。

4.3.2 拉譜拉斯古典機率

拉譜拉斯古典機率的測度必須滿足有限的樣本空間，以及假設樣本空間內的每一樣本點出現的機會均相等。假設樣本空間 S 共有 N 個樣本點，且每一樣本點出現機會相等，若 $A \subset S, n(A) = m$，則定義事件 A 發生的機率

$$P(A) = \frac{n(A)}{n(S)} = \frac{m}{N}$$

簡單來說，高中所學的機率測度方法便屬於古典機率。

 例 4-7

自一副撲克牌中隨機抽取五張，求下列情況之機率：

(1) 都是紅色　(2) 只有一張 A　(3) 有兩張花臉　(4) 相同花色　(5) 有四張點數相同。

解

(1) $\dfrac{C_5^{26}}{C_5^{52}} = \dfrac{253}{9996} = 0.0253$

(2) $\dfrac{C_1^4 C_4^{48}}{C_5^{52}} = \dfrac{3243}{10829} = 0.2995$

(3) $\dfrac{C_2^{12} C_3^{40}}{C_5^{52}} = \dfrac{209}{833} = 0.2509$

(4) $\dfrac{C_1^4 C_5^{13}}{C_5^{52}} = \dfrac{33}{16660} = 0.00198$

(5) $\dfrac{C_1^{13} C_1^{48}}{C_5^{52}} = \dfrac{1}{4165} = 0.00024$

 4-8

從一副撲克牌（52 張）中，任選 5 張，試求下列情況之機率：

(1) Straight Flush 同花順 　　　　　 (2) Four of a Kind 四條（點數型如 XXXXY）

(3) Full House 葫蘆（點數型如 XXXYY）　 (4) Two Pairs 兩對（點數型如 XXYYZ）

 (1) $\dfrac{C_1^4 \times 10}{C_5^{52}} = \dfrac{1}{64974}$ 　註：同花色情況下共有 10 組順

(2) $\dfrac{C_1^{13} C_4^4 C_1^{12} C_1^4}{C_5^{52}} = \dfrac{1}{4165}$

(3) $\dfrac{C_1^{13} C_3^4 C_1^{12} C_2^4}{C_5^{52}} = \dfrac{6}{4165}$

(4) $\dfrac{C_2^{13} C_2^4 C_2^4 C_1^{11} C_1^4}{C_5^{52}} = \dfrac{198}{4165}$

 4-9

擲一公正硬幣三次，試求出現恰一個正面的機率？

 樣本空間個數：$n(S) = 2^3 = 8$

恰出現一個正面的事件有 $\{+,-,-\}$、$\{-,+,-\}$、$\{-,-,+\}$ 共 3 種

故機率 $= \dfrac{3}{8}$

 4-10

假設任意取得之統一發票，其號碼之個位數字為 0,1,2,...,9 中任一數字，且這些數字出現之機率均相等。今自三個不同場所，各取得一張統一發票，則三張發票號碼個位數字中

(1) 至少有一個為 0 之機率為何？

(2) 至少有一個為 0，且至少有一個為 9 之機率為何？

 (1) 至少有一個為 0 的機率=1 減（沒有 0 的機率）

　　$1 - (0.9)(0.9)(0.9) = 0.271$

(2) 至少有一個為 0，且至少有一個為 9 的情形有 (009) 或 (099) 或 (09X)，X 表示 0,9 以外的數字

　　所求 $(0.1)^3 \times \dfrac{3!}{2!} + (0.1)^3 \times \dfrac{3!}{2!} + (0.1)^2 (0.8) \times 3! = 0.054$

例 4-11

　　某家汽車出租公司，擁有 10 部進口車與 15 部國產車，但一次最多只能提供 6 部車出租。假設某人欲向此汽車出租公司租車，他以隨機選取的方式任選 6 部汽車。

　　(1) 求此人選出的 6 部汽車中，恰 3 部進口車、3 部國產車的機率？

　　(2) 求此人選出的 6 部汽車中，國產車至少 3 部的機率？

解 (1) $\dfrac{C_3^{10} C_3^{15}}{C_6^{25}} = 0.308$

(2) $\dfrac{C_3^{10} C_3^{15} + C_2^{10} C_4^{15} + C_1^{10} C_5^{15} + C_0^{10} C_6^{15}}{C_6^{25}} = 0.853$

4.3.3 相對次數的方法

　　相對次數法是以極限的概念來定義某事件出現的機率，假設一隨機試驗重複進行 N 次，若事件 A 出現 n 次，則機率定義：

$$P(A) = \lim_{N \to \infty} \frac{n}{N}$$

　　例如：我們想瞭解投擲一粒骰子各點數出現的機率為何？那麼則不斷地進行投擲骰子，投擲次數要足夠多，然後再分別記錄各點數出現的次數與總投擲次數的比值，即為該點數出現的機率。故相對次數法並未假設骰子的每個點數出現機率皆相等。

4.3.4 主觀方法

　　顧名思義，主觀法是人為主觀地認定事件發生的機率，在四套機率理論中，主觀機率理論引起最多爭論。雖然有爭議，但在近代統計學中此套理論卻不斷地發展扮演著極重要的角色。在推論統計裡有兩個非常重要的機率值：(1) 區間估計裡的 $1 - \alpha$ 信賴水準。(2) 假設檢定裡的顯著水準 α。因為信賴水準與顯著水準都是人為所制訂的機率，可以依研究需求任意給定，所以上面兩者皆為主觀機率。所謂主觀機率（subjective probability）即事件 A 的主觀機率 $P(A)=$ 個人對事件 A 的發生信任度。

4.3.5 機率公理體系

機率公理體系是採用嚴謹的數學的方式來定義機率的量測，假設樣本空間為 S，A 為樣本空間的一個事件，則 S 與 A 滿足下列三個公理假設：

公理 1：事件 A 發生的機率 $P(A)$ 為實數，且 $P(A) \geq 0$

公理 2：設 S 為樣本空間，則 $P(S) = 1$

公理 3：設 $A_1, A_2, \cdots$ 為互斥事件，則 $P(A_1 \cup A_2 \cup \cdots) = P(A_1) + P(A_2) + \cdots$

根據這三個公理假設，我們便可以利用它來發展一系列的機率相關理論，至於如何發展，請自行參考實變函數論與數理統計。

4.3.6 機率的性質

假設 S 為一樣本空間，A、B 為 S 中的任二事件，根據機率公理假設，可以推導出機率具有下列之性質：

1. 空事件的機率

空事件又稱為不可能發生事件，以符號 ϕ 表示，例如：投擲一粒骰子出現點數 7 的事件即為空事件。空事件的機率為 0，即 $P(\phi) = 0$。

2. 全事件機率

全事件又稱為必然事件，表示此事件必然發生，例如：投擲一骰子求出現點數 x，且 x 滿足 $1 \leq x \leq 6$ 的事件即為全事件。由此可知全事件恰等於樣本空間 S，其機率為 1，即 $P(S)=1$。但是機率等於 1 的事件未必等於全事件。

3. 機率的單調性

所謂單調性是指數值（也可以說是函數值）僅單純的遞增或遞減，像正弦函數 $\sin x$ 圖形不斷的上下起伏，則不具單調性。若 A 包含於 B，則事件的機率會小於等於 B 事件的機率，在集合的運算符號中「包含於 $\subset$」相當於代數運算裏的「$\leq$」，即若 $A \subset B$ 則 $P(A) \leq P(B)$。同理「包含於 $\supset$」相當於代數運算裡的「$\geq$」，即若 $A \supset B$ 則 $P(A) \geq P(B)$。

4. 一般事件機率

由機率公理體系知 $P(A) \geq 0$ 且 $P(S) = 1$，又 $A \subset S$，故任一事件的機率必定大於等於 0，且小於等於 1，亦即 $0 \leq P(A) \leq 1$。

4-12

請問機率等於 1 的事件是否必為全事件？為什麼？

 否。

在這裡我們舉兩個例子來說明：

假設樣本空間 $S = \{A, B, \phi\}$ ， $P(A) = 0.2, P(B) = 0.8, P(\phi) = 0$

由上面可知 $P(A) + P(B) = 0.2 + 0.8 = 1$ ，但 A、B 兩事件組合在一起並不等於全事件。

另外再看一個例子，假設樣本空間 $S = \{x \mid 0 \le x \le 1\}$ ， $A = \{x \mid 0 < x < 1\}$ ，由連續均勻分配（見第七章）可知 $P(A) = 1$ ，但 A 事件並不等於全事件。

4.3.7 事件的運算與機率法則

底下我們將針對一些有關機率運算的性質與專有名詞作一簡介：

1. **和事件**

    二事件 A、B 中至少有一事件發生的事件，也就是說兩事件的聯集，以符號 A∪B 表示。若以機率的方式，則記做 $P(A \cup B)$ 。

$$P(A \cup B) = P(A) + P(B) - P(A \cap B)$$

2. **積事件**

    二事件 A、B 同時發生的事件，也就是說兩事件的交集，以符號 A∩B 表示。若以機率的方式，則記做 $P(A \cap B)$ 。

3. **互斥事件**

    二事件 A、B 若 $A \cap B = \phi$，則稱 A、B 為互斥事件，互斥事件必滿足： $P(A \cap B) = 0$ 。

4. **餘事件**

    發生事件 A 以外的事件，稱為事件 A 的餘事件，通常以 A' 或 $\overline{A}$ 或 A^c 表示，其機率的大小為 $P(A') = 1 - P(A)$ 。

 4-13

設 A、B 為任意兩事件，若滿足 $P(A) + P(B) = 1$ ，則我們說 A、B 兩事件必然為互斥事件，您認為這句話是否正確？為何？

解 不正確，因為互斥事件必須滿足 $P(A \cap B) = 0$

假設 A、B 兩事件分別代表某班級某次月考國文、英文成績及格事件，若全班 100 人，國文成績及格有 40 人，數學及格成績有 60 人，兩科都及格人數有 20 人，以 Venns 圖的概念可表示成

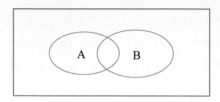

雖然 A、B 兩事件滿足 $P(A) + P(B) = 1$，但 $P(A \cap B) \neq 0$，故 A、B 兩事件不一定會互斥。除了上述的解釋之外，我們也可以利用和事件的機率來解釋，由和事件知

$P(A \cup B) = P(A) + P(B) - P(A \cap B) \Rightarrow P(A \cup B) = 1 - P(A \cap B)$，互斥事件必須滿足 $P(A \cap B) = 0$，因此除非 $P(A \cup B) = 1$，才能得到 $P(A \cap B) = 0$，否則 A、B 兩事件不一定會互斥。

例 4-14

某火災警報系統有兩組警報器 A 及 B，經實驗發現，若有火災發生，警報器 A 有 95% 的機會可偵測出，警報器 B 有 98% 的機會可偵測出，兩警報器同時偵測出有 94% 的機會。根據這些資訊，計算：

(1) 火災發生時，至少有一警報器可偵測出的機會。

(2) 火災發生時，警報器 A 偵測出但警報器 B 未偵測出的機會。

解 (1) $P(A \cup B) = P(A) + P(B) - P(A \cup B) = 0.95 + 0.98 - 0.94 = 0.99$

(2) $P(A \cap B') = P(A \cup B) - P(B) = 0.99 - 0.98 = 0.01$

也可以利用 $P(A \cap B') = P(A) - P(A \cap B)$ 計算

A 偵測出，B 未偵測出

4-15

某大專院校畢業生舉行兵役抽籤，已知 200 支籤中有 2 支陸戰隊

(1) 若此人排在第 1 個抽籤位置，他抽中陸戰隊的機率為何？

(2) 若此人排在第 2 個抽籤位置，他抽中陸戰隊的機率為何？

(3) 若此人排在第 50 個抽籤位置，他抽中陸戰隊的機率為何？

(4) 此大專生希望抽中陸戰隊的機率最小，請問他應該排在第幾位抽籤？

 (1) $\dfrac{2}{200} = \dfrac{1}{100}$

(2) 第 2 個抽籤中陸戰隊的機率＝（1 中 2 中）或（1 未中 2 中）

$$= \dfrac{2}{200} \times \dfrac{1}{199} + \dfrac{198}{200} \times \dfrac{2}{199} = \dfrac{1}{100}$$

(3) 第 50 個抽籤中陸戰隊的機率＝（前面 49 人沒人中籤）或（前面 49 人中 1 支籤）

$$= \dfrac{C_{49}^{198} C_1^2}{C_{50}^{200}} + \dfrac{C_{48}^{198} C_1^2 C_1^1}{C_{50}^{200}} = \dfrac{1}{100}$$

(4) 中籤機率一樣

 4-16

一袋子中有 2 白球 1 紅球，甲、乙二人輪流由袋中取出一球，取出後放回，遊戲規則是：誰先抽到紅色球誰就獲勝。

(1) 問先抽後抽機率是否相同？

(2) 若此遊戲改成取出後不放回，請問先抽後抽機率是否相同？

 (1) 甲先抽，甲贏的情況：

甲第 1 輪抽中紅球 或 甲第 2 輪抽中紅球 或 甲第 3 輪抽中紅球或 ...

（紅） （白白紅） （白白白白紅）

$$= (\dfrac{1}{3}) + (\dfrac{2}{3})(\dfrac{2}{3})(\dfrac{1}{3}) + (\dfrac{2}{3})(\dfrac{2}{3})(\dfrac{2}{3})(\dfrac{2}{3})(\dfrac{1}{3}) + \cdots = \dfrac{\dfrac{1}{3}}{1 - \dfrac{4}{9}} = \dfrac{3}{5}$$

甲後抽，甲贏的機率：$1 - \dfrac{3}{5} = \dfrac{2}{5}$，故先抽的人獲勝機率較大。

(2) 若取出後不放回就如同兵役抽籤一樣，先抽後抽贏的機率相同。

◉ 4.4 條件機率與獨立事件

4.4.1 條件機率（conditional probability）

假設現在政府在宣導防治 B 型肝炎的重要性，根據過去的紀錄顯示，若台灣人口總數為二千萬人，每年因 B 型肝炎死亡的平均人口數約 10000 人，根據古典機率的計算方法，可以得到台灣平均每年死於 B 型肝炎的機率為 $\frac{10000}{20000000} = \frac{1}{2000}$，但由於發生機率太小，無法獲得大眾的注意。若我們改用另一種方式去定義發生的機率，根據台灣過去記錄平均每年死亡人口數約 50000 人，其中有 10000 人死於 B 型肝炎，我們可以得到因 B 型肝炎死亡的人占死亡人口數的 $\frac{10000}{50000} = \frac{1}{5}$，也就是說平均每 5 個死人就有一人因 B 型肝炎死亡，這樣的數據必然能獲得大眾對 B 肝的重視。除了政府政策之外，保險公司也經常使用這種計算方式以收取較高的保費，若運用在公司決策計算上，可以彰顯數據協助公司做決策。這種把母體範圍縮小的機率計算方式稱為條件機率。

1. 條件機率的定義

設樣本空間 S 中，A 為任一非空事件，且 $B \subset S$，我們定義在事件 A 發生的情況之下，事件 B 發生之條件機率為

$$P(B|A) = \frac{P(A \cap B)}{P(A)}$$

我們可以從范氏圖中看出來，原來的樣本空間被縮小到 A 事件，因此藉由條件機率所求算出來的機率值會較古典機率所定義出的機率大，故較容易協助做決策。

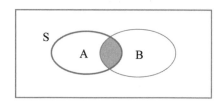

2. 條件機率的性質

條件機率的特性與一般機率幾乎完全一樣，唯一的差別是多了條件（$|C$）這個限制，若把條件（$|C$）這個限制去掉，那麼就和一般機率完全相同了，所以並不需要特別的去記憶。設 A、B、C 為樣本空間 S 中的任三事件，且設 $P(C) > 0$，則

(1) $P(\phi|C) = 0$

(2) $0 \le P(A|C) \le 1$

(3) $P(A'|C) = 1 - P(A|C)$

(4) $P(A \cup B|C) = P(A|C) + P(B|C) - P(A \cap B|C)$

(5) $A \subset B \Rightarrow P(A|C) \le P(B|C)$

3. **乘法原理**

條件機率與積事件間存在下列的關係：

(1) $P(A \cap B) = P(A)P(B|A)$

(2) $P(A \cap B \cap C) = P(A)P(B|A)P(C|A \cap B)$

(3) $P(A \cap B \cap C \cap \cdots \cap Y \cap Z) = P(A)P(B|A)P(C|A \cap B) \cdots P(Z|A \cap B \cap \cdots \cap Y)$

上面的式子可由條件機率的定義證明獲得，它存在某種規則，我們拿三事件來說明這個規則。

$$P(A \cap B \cap C) = P(A)P(B|A)P(C|A \cap B) = P(B)P(A|B)P(C|A \cap B)$$
$$= P(B)P(C|B)P(A|B \cap C) = P(C)P(B|C)P(A|B \cap C)$$
$$= P(C)P(A|C)P(B|A \cap C) = P(A)P(C|A)P(B|C \cap A)$$

記憶要訣：

前一式的所有事件取交集擺後面

$P(A \cap B \cap C) = P(A) \quad P(B|A) \quad P(C|B \cap A)$

前面任意取(不重複)

 例 4-17

設某班學生有 40% 會說英語，有 25% 會說日語，有 15% 英語、日語都會講，今自班上任選一人，令 A 表選出會說英語的事件，B 表選出會說日語的事件，求

(1) $P(B|A)$ (2) $P(A'|B)$ (3) $P(A'|B')$

解 (1) $P(B|A) = \dfrac{P(A \cap B)}{P(A)} = \dfrac{0.15}{0.4} = \dfrac{3}{8}$

(2) $P(A'|B) = \dfrac{P(A' \cap B)}{P(B)} = \dfrac{P(B) - P(A \cap B)}{P(B)} = \dfrac{0.25 - 0.15}{0.25} = \dfrac{2}{5}$

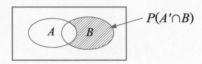

(3) $P(A'|B') = \dfrac{P(A' \cap B')}{P(B')} = \dfrac{1 - P(A \cup B)}{1 - P(B)} = \dfrac{1 - 0.4 - 0.25 + 0.15}{1 - 0.25} = \dfrac{2}{3}$

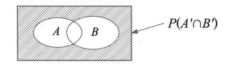

例 4-18

已知 $P(B) = 0.3, P(A|B) = 0.4, P(B|A) = 0.5$，求 $P(A)$ 等於多少？

解

$\because P(A|B) = \dfrac{P(A \cap B)}{P(B)} = \dfrac{P(A \cap B)}{0.3} = 0.4 \Rightarrow P(A \cap B) = 0.12$

又 $P(B|A) = \dfrac{P(A \cap B)}{P(A)} = \dfrac{0.12}{P(A)} = 0.5$ $\therefore P(A) = \dfrac{0.12}{0.5} = 0.24$

4.4.2 獨立事件

1. 二事件獨立

所謂獨立事件係指某個事件所發生的機率與其他事件無關，機率值不受其他事件所影響。假設有兩事件 A、B 為樣本空間 S 中的任二事件，若滿足

$$P(A|B) = P(A)$$

則稱 A、B 為獨立事件，否則稱為相依事件。

又根據條件機率的定義知：$P(A|B) = \dfrac{P(A \cap B)}{P(B)}$ 代入上式，可得另一種判斷二事件是否獨立的方法為，若滿足

$$P(A \cap B) = P(A) \times P(B)$$

則稱 A、B 為獨立事件，否則稱為相依事件。二事件獨立代表兩事件可構成一個雙變數的二維機率空間，且其座標軸成正交，若以范氏圖的概念可用下列圖形表示：

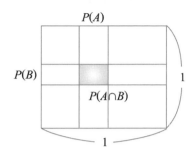

2. 三事件獨立

設 A、B、C 為 S 中的任意三事件，若同時滿足下列二條件

(1) A、B、C 兩兩獨立，即

   $P(A \cap B) = P(A) \times P(B), P(B \cap B) = P(B) \times P(C), P(C \cap A) = P(C) \times P(A)$

(2) $P(A \cap B \cap C) = P(A) \times P(B) \times P(C)$ 則稱 A、B、C 為三事件獨立。要特別注意，上述的兩個條件缺一不可，因為滿足兩兩事件獨立，但三事件不一定會獨立，在例題 19 中有詳細的說明。

3. 互斥事件（mutually exclusive）

設 A、B 為 S 中的任意二事件，若 A、B 兩事件沒有交集或其交集的機率等於 0，則稱 A、B 兩事件為互斥事件，即若 A、B 滿足 $P(A \cap B) = 0$，則 A、B 為互斥事件。因為空集合與任何集合交集的機率都等於 0，並且也滿足獨立事件的定義，故空集合與任意集合既互斥且獨立。獨立與互斥是兩個不同的概念，獨立的定義是從機率的角度下定義，而互斥的定義則是由集合的角度下定義，但因沒有交集的機率等於 0，故互斥可進一步衍生由機率的角度去判斷。

4. 定理

若 A、B 獨立，則 A' 與 B'，A' 與 B，A 與 B' 皆獨立。

例 4-19

請問是否存在 A、B、C 三事件滿足兩兩獨立，但卻不滿足三事件獨立，請你舉一個例子說明。

解 假設一個特殊的正四面體骰子，四個面的顏色分別為：白、藍、紅、白藍紅。A 表出現含白色事件，B 表出現含藍色事件，C 表出現含紅色事件，則

$$P(A) = P(B) = P(C) = \frac{2}{4} = \frac{1}{2}$$

$$P(A \cap B) = \frac{1}{4} = P(A) \times P(B)$$

$$P(A \cap C) = \frac{1}{4} = P(A) \times P(C)$$

$$P(B \cap C) = \frac{1}{4} = P(B) \times P(C)$$

$$P(A \cap B \cap C) = \frac{1}{4} \neq P(A) \times P(B) \times P(C) = \frac{1}{8}$$

故兩兩事件獨立，並不保證三事件一定獨立

4.5 樣本空間的分割

4.5.1 樣本空間的分割

所謂分割是指將樣本空間按照某一個分類標準分成若干個子集，且這些子集彼此互斥沒有交集，並滿足聯集等於樣本空間，這種分類方式就稱為一種「分割」。例如：我們按照血型把全校人數區分成四個區塊，每個區塊就是一個子集，且每個子集中沒有任何的交集，這就是一種分割。因此分割必須滿足兩個條件，一是互斥的條件，二是聯集等於樣本空間的條件。我們按照分類標準的個數可分成單一分割與雙重分割，若是分類標準超過三個以上我們稱為多重分割，多重分割因為計算上較複雜，因此本書不予討論。

1. 單一分割

   假設 $A_1, A_2, A_3, \cdots, A_n$ 為樣本空間 S 中的任意 n 個子集，若同時滿足

   (1) $A_1 \cup A_2 \cup A_3 \cup \cdots \cup A_n = S$

   (2) $A_1, A_2, A_3, \cdots, A_n$ 彼此兩兩互斥

   則稱 $\{A_1, A_2, A_3, \cdots, A_n\}$ 為樣本空間 S 之一分割，若以范氏圖的概念表示，如右圖所示：

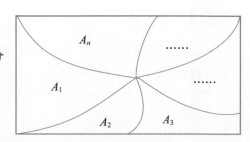

2.　雙重分割

　　若樣本空間樣 S，按兩個分類標準 A 與 B 分割成兩類別 $\{A_1, A_2, \cdots, A_r\}$、$\{B_1, B_2, \cdots, B_c\}$，且每個類別的子集分別構成樣本空間並且滿足彼此兩兩互斥，則稱 A 與 B 為樣本空間 S 之一雙重分割。例如：將某校全體學生按照血型與性別兩種類別分類，則血型與性別即構成全體學生的一個雙重分割。雙重分割若以范氏圖的概念表示如下圖：

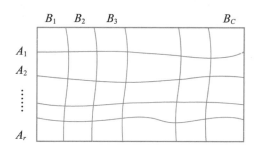

4.5.2 聯合機率

　　所謂聯合機率是（joint probability）指兩個不同類別事件同時發生的機率，也就是兩個事件交集的機率，因此若滿足

1.　$P(A_i \cap B_j) \geq 0, i = 1, 2, ..., r; j = 1, 2, ..., c$

2.　$\displaystyle\sum_{i=1}^{r}\sum_{j=1}^{c} P(A_i \cap B_j) = 1$

則稱 $P(A_i \cap B_j)$ 為 A_i, B_j 的聯合機率。有關聯合機率的呈現，間斷型的隨機變數一般可用聯合機率分配表來表示，如下表所示。

B ＼ A	B_1	B_2	$\cdots$	B_c	A 的邊際機率	
A_1	$P(A_1 \cap B_1)$	$P(A_1 \cap B_2)$	$\cdots$	$P(A_1 \cap B_c)$	$P(A_1)$	
A_2	$P(A_2 \cap B_1)$	$P(A_2 \cap B_2)$	$\cdots$	$P(A_2 \cap B_c)$	$P(A_2)$	←A_2 的邊際機率
$\vdots$	$\vdots$	$\vdots$	$\vdots$	$\vdots$	$\vdots$	
A_r	$P(A_r \cap B_1)$	$P(A_r \cap B_2)$	$\cdots$	$P(A_r \cap B_c)$	$P(A_r)$	
B 的邊際機率	$P(B_1)$	$P(B_2)$	$\cdots$	$P(B_c)$	總和 $=1$	

　　　　　　B_1 的邊際機率

4.5.3 邊際機率

所謂邊際機率（marginal probability），是指將雙變數機率函數中的某個變數固定，求另一個變數所對應的機率總和。若以聯合機率分配表來看，邊際機率是將聯合機率分配表中同一列或同一行各事件機率加總起來，如前 4.5.2 節表格中的最右一行或最下一列，即：

$$P(A_i) = \sum_{j=1}^{c} P(A_i \cap B_j) \quad , i = 1,2,...,r$$

$$P(B_j) = \sum_{i=1}^{r} P(A_i \cap B_j) \quad , j = 1,2,...,c$$

分別稱為 A、B 的邊際機率，由定義可以看出，求 A 事件的邊際機率要對 B 事件加總，求 B 事件的邊際機率要對 A 事件加總。A 與 B 的邊際機率總和必定等於 1，即

$$\sum_{i=1}^{r} P(A_i) = 1 \quad 且 \quad \sum_{j=1}^{c} P(B_j) = 1$$

故所有事件的機率總和除了使用聯合機率進行加總外，亦可利用邊際機率進行加總，也就是說

$$\sum_{i=1}^{r} \sum_{j=1}^{c} P(A_i \cap B_j) = \sum_{i=1}^{r} P(A_i) = \sum_{j=1}^{c} P(B_j) = 1$$

在後面的單元還會做更詳細的介紹。

例 4-20

從網路上調查 200 位大學生對於立法委員調薪的問題意見如下表：

	贊成 (B_1)	反對 (B_2)
男生 (A_1)	40	120
女生 (A_2)	10	30

(1) 求男生且贊成及女生且贊成調薪的機率各為何？

(2) 不論性別贊成與反對的機率（邊際機率）各為何？

解 (1) 男生且贊成：$P(A_1 \cap B_1) = \dfrac{40}{200} = 0.2$

女生且贊成：$P(A_2 \cap B_1) = \dfrac{10}{200} = 0.05$

(2) 贊成：$P(B_1) = \sum_{i=1}^{2} P(A_i \cap B_1) = \dfrac{40+10}{200} = 0.25$

反對：$P(B_2) = \sum_{i=1}^{2} P(A_i \cap B_2) = \dfrac{120+30}{200} = 0.75$

 例 4-21

一位人事經理針對公司的 400 名員工做一份研究調查，他根據員工是否抽煙及去年一年請假是否超過十天，整理資料如下表所示：

請假天數	抽煙（B_1）	不抽煙（B_2）
10 天以內（A_1）	34	260
10 天以上（A_2）	78	28

現從 400 名員工中隨機選取一人，求下列各小題之機率。

(1) 此人沒有抽煙的機率？

(2) 此人請假超過十天以上的機率？

(3) 不抽煙與請假十天以內是否為互斥事件？

(4) 沒有抽煙與請假次數超過十天以上是否為獨立事件？

解

(1) $P(B_2) = P(B_2 \cap A_1) + P(B_2 \cap A_2) = \dfrac{260}{400} + \dfrac{28}{400} = \dfrac{288}{400}$

(2) $P(A_2) = P(A_2 \cap B_1) + P(A_2 \cap B_2) = \dfrac{78}{400} + \dfrac{28}{400} = \dfrac{106}{400}$

(3) $\because P(B_2 \cap A_1) = \dfrac{260}{400} \neq 0$，所以不互斥

(4) $\because P(B_2 \cap A_2) = \dfrac{28}{400} \neq P(B_2) \times P(A_2) = \dfrac{288}{400} \times \dfrac{106}{400}$，故不獨立

4.6 貝氏定理

4.6.1 全機率定理

在介紹貝氏定理之前，我們先介紹全機率定理。假設太空梭的隔熱片來自 n 家廠商，這些隔熱片有良品與不良品，我們將所有的不良品全部統計，計算這些不良品所佔的比率，這種計算過程就是全機率定理。

設 $\{A_1, A_2, \cdots, A_n\}$ 為樣本空間 S 之一分割，B 為任意事件，且設 $P(A_i) > 0, i = 1, 2, \cdots, n$ ，如下圖所示，B 事件發生的機率為：

$$P(B) = P(B \cap A_1) + P(B \cap A_2) + \cdots + P(B \cap A_n) = \sum_{i=1}^{n} (B \cap A_i) = \sum_{i=1}^{n} P(A_i) \times P(B|A_i)$$

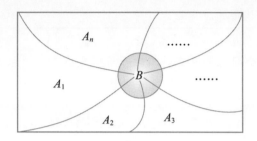

4.6.2 決策樹

所謂決策樹（decision tree）可以說是樹狀圖的一種，它和樹狀圖不同的地方在於，樹狀圖所記載的是次數關係，而決策樹記錄的是機率關係，我們將樣本空間的所有可能情形，以類似樹狀圖的方式將其機率呈現出來，這種圖形就稱為決策樹。決策樹可以協助我們計算機率的大小，尤其在計算全機率或者貝氏定理相關問題時特別方便，可以使計算的過程變得簡單易懂，決策樹如下圖所示，將機率填入對應的路徑上，根據題意找出滿足題意的路徑，即求出全機率與貝氏定理的相關問題。

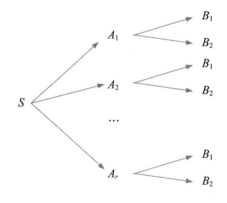

例 4-21

某一公司之甲、乙二股東要競選一董事缺項，已知甲股東會當選之機率為 0.6，乙股東會當選之機率為 0.4，假如甲被選上，此一公司會發展一新產品之機率為 0.8，如乙被選上，此一公司會發展一新產品之機率為 0.3，那麼此公司會發展新產品的機率為多少？

解 假設 Y 表示會發展新產品事件，N 表示不會發展新產品事件。本題為一個非常典型的全機率題目，此公司會發展新產品的情形可能來自甲股東當選，也可能來自乙股東當選，以決策樹表示如右圖所示：

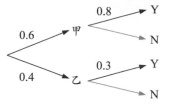

$$P(Y)=P(甲)P(Y|甲)+P(乙)P(Y|乙)=0.6\times0.8+0.4\times0.3=0.6$$

4.6.3 貝氏定理（Bayes theorem）

假設有一架太空梭其隔熱片分別來自 A、B、C 三家廠商，A 廠商的不良率為 0.01，B 廠商的不良率為 0.1，C 廠商的不良率為 0.7。這些隔熱片有 0.99990 來自 A 廠商，有 0.00009 來自 B 廠商，有 0.00001 來自 C 廠商。在某次飛行中不幸因為隔熱片的關係而墜毀，那麼 A、B、C 應該如何來分擔理賠金額？第一種方法，我們可以依其瑕疵率 0.01:0.1:0.7 來分擔理賠金，這種分擔法稱為事前機率。但顯然的這種分擔模式對 C 廠商非常不公平，儘管 C 廠商的瑕疵率最高，但來自 C 廠商的隔熱片只佔全體的 0.00001，因此我們應該把佔有率一併考慮進去重新計算機率，這種把佔有率也考慮進去重新計算過的機率，我們稱為事後機率，貝氏定理就是一種事後機率，同時也是條件機率的一種。

設 $\{A_1, A_2, \cdots, A_n\}$ 為樣本空間 S 之一分割，B 為任意事件，若 $P(B)>0, P(A_i)>0, i=1,2,\cdots,n$，則對每一自然數 $k, 1 \le k \le n$。

$$P(A_k|B)=\frac{P(A_k \cap B)}{P(B)}=\frac{P(A_k)\times P(B|A_k)}{\sum_{i=1}^{n}P(A_i)\times P(B|A_i)}$$

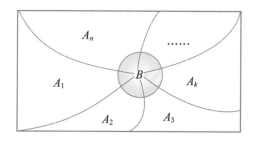

從范氏圖的概念我們可以很容易的看出 $P(A_k|B)$ 係指，斜線部分在 B 中所佔的比率。若把 B 想像成太空梭的不良品總集合，那麼 $P(A_k|B)$ 就是指已知不良品的情況下來自 A_k 廠商的機率。

 4-23

　　假定某人欲購買一部中古車,而市場上的中古車中大約有 30% 的性能有瑕疵。今聘請一位專家協助其選車,該專家依其過去的記錄顯示,對於有瑕疵的車子,90% 無法逃過其眼光;另一方面對於性能原本是好的車子,其判斷正確的機率高達 80%,只有 20% 的機會會判斷錯誤。請問在下列的情況中,某人買到一部有瑕疵的車子之機率?

(1) 聘請專家以前。

(2) 如果專家宣稱該部車子有瑕疵。

(3) 如果專家宣稱該部車子性能沒有問題。

 (1) 聘請專家前,以隨機選取的方式,
故選中瑕疵的機率為 0.3

(2) $\dfrac{0.3 \times 0.9}{0.3 \times 0.9 + 0.7 \times 0.2} = 0.66$

(3) $\dfrac{0.3 \times 0.1}{0.3 \times 0.1 + 0.7 \times 0.8} = 0.05$

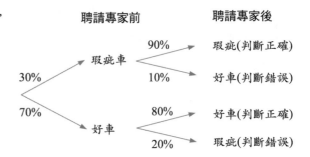

 4-24

　　某工廠使用 A_1、A_2、A_3 三部機器製造某產品,已知 A_1 機器生產全部產品之 20%,A_2 生產全部產品之 30%,A_3 生產全部產品之 50%。依過去經驗知,A_1、A_2、A_3 三部機器所生產的產品不良率分別為 5%、4%、2%,試求:

(1) 由全部產品中任意抽出一個,其為不良品的機率?

(2) 已知其為不良品後,計算此產品來自 A_1 機器的機率?

 (1) 不良品可能來自 A_1 或 A_2 或 A_3
故任意抽取一個為不良品的機率為

$$0.2 \times 0.05 + 0.3 \times 0.04 + 0.5 \times 0.02 = 0.032$$

(2) 來自 A_1 的不良品機率為

$$\frac{0.2 \times 0.05}{0.2 \times 0.05 + 0.3 \times 0.04 + 0.5 \times 0.02} = 0.3125$$

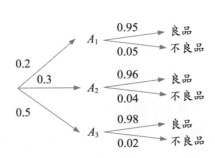

課·後·練·習

1. 試判斷下列何者為有限樣本空間或無限樣本空間？

   (1) 參加研究所考試直到考上為止。

   (2) 投擲兩粒骰子，其點數和為 10。

   (3) 路口等待紅燈的時間。

   (4) 從一副撲克牌任取 5 張。

2. 同時投擲三枚硬幣，試求樣本空間。

3. 已知樣本空間 $S = \{a,b,c,d,e,f,g\}$，集合 $A = \{a,c,d,e\}$，集合 $B = \{a,d,e,f,g\}$，求下列各小題：

   (1) $A \cap B$　　(2) $A \cup B$　　(3) A', B'　　(4) $A - B, B - A$

4. 1 到 100 的整數中任意取一個數，求其取出之數為：

   (1) 3 或 5 的倍數的機率

   (2) 2 或 3 或 5 的倍數的機率

   (3) 不是 3 也不是 5 的倍數的機率

5. (1) 小天、阿花、阿政、小美四個同事至少兩人以上同一天生日的機率為多少？

   (2) 若有三十位同事，則至少兩人以上同一天生日得機率又為多少？

6. 12 個燈泡裝一箱，若取出的四個燈泡有兩個以上是壞的，則淘汰。若裡頭有 5 個壞燈泡，求這箱燈泡被淘汰的機率。

7. 博碩樂透彩券有 1~42 號共 42 個號碼，購買時每張彩券可選 6 個號碼（不重複）；開獎時由機器開出 6 個一般號碼與 1 個特別號碼（不重複），若購買彩券所選之 6 個號碼與 6 個一般號碼相同（不論順序，其餘獎項亦然），則中了頭獎，若所選 6 個號碼與 5 個一般號碼相同，剩下 1 個與特別號碼相同，則中了二獎；若所選 6 個號碼與 3 個一般號碼相同，則中了普獎。請問：

   (1) 每張彩券中頭獎的機率為多少？

   (2) 中二獎的機率為多少？

   (3) 中普獎的機率為多少？

8. 擲一公正硬幣三次，試求至少出現一個正面的機率？

9. 以目前最風行的公益彩券為例，在目前 42 個號碼中，你所選的 6 個號碼全部沒中的機率為多少？（即你所選擇的 6 個號碼與開獎的 6 個正式號碼（不含特別號）沒有一個相同。）

10. 已知 $P(A) = \dfrac{1}{2}$，$P(B) = \dfrac{1}{3}$，$P(A \cap B) = \dfrac{1}{4}$，求

    (1) $P(A|B)$　　　(2) $P(B|A)$　　　(3) $P(B'|A')$

11. 小天投擲 1 個公正硬幣 5 次，A 表示首 2 次出現正面的事件，B 表示 5 次中至少 3 次出現正面的事件，請求出下列兩小題之機率值：

    (1) $P(A|B)$　　　(2) $P(B|A)$

12. 已知 $P(A|B) = 0.7$，$P(A) = 0.3$，$P(A \cap B) = 0.2$，求

    (1) $P(A \cup B)$　　　(2) $P(A'|(A \cap B)')$

13. (1) 小天家有兩個小孩，A 表示至少有一個女孩之事件；B 表示有男有女之事件。請問 A，B 是否獨立？

    (2) 若小天家有三個小孩，A 表示有男有女之事件；B 表示至多有一個男孩之事件。請問 A，B 是否獨立？

14. 假設事件 A 與事件 B 獨立，事件 A 與事件 C 互斥，事件 B 與事件 C 獨立。

    若 $P(A) = \dfrac{1}{3}, P(B) = \dfrac{1}{4}, P(C) = \dfrac{1}{5}$ 則求 $P(A \cup B \cup C)$。

15. 若 A，B 兩事件為獨立事件，$P(A) = 0.6, P(B) = 0.2$，試求

    (1) $P(A|B)$　　　(2) $P(A'|B)$　　　(3) $P(A' \cap B)$　　　(4) $P(A \cup B')$

16. 已知 $P(A|B) = \dfrac{1}{4}, P(A) = \dfrac{1}{3}, P(B|A) = \dfrac{1}{2}$，求 $P(B)$。

17. 已知 $P(A) = \dfrac{1}{3}, P(B) = \dfrac{1}{4}, P(A \cap B) = \dfrac{1}{6}$，求 $P(A'|B')$。

18. 甲、乙、丙三廠生產燈泡，其不良率分別為 0.1、0.2、0.3，各廠各佔公司總產量的 0.3、0.2、0.5，請問抽到不良品的機率為何？其又來自丙廠的機率為何？

19. 在吉兒所居住的惡靈古堡內，居民易罹患一種罕見的疾病，病的初期僅能用一種新發明的檢驗來觀察受檢者是否呈現陽性反應，若此古堡居民有 0.05 的比例患此病，且受測者呈現錯誤的陽性反應的機率 0.01，呈現錯誤的陰性反應的機率 0.05。請問：

    (1) 吉兒受檢為陽性的機率為多少？

    (2) 若吉兒受檢為陽性，則吉兒真的有患此疾病的機率為？

20. 已知博碩大學大一、大二、大三、大四的比率為 0.2、0.2、0.3、0.3，而此校女生大一到大四有男友的比率分別為 0.1、0.3、0.6、0.9，一位就讀此校大一的男生迪達在舞會認識了一位女生優娜，請問：

    (1) 優娜沒有男友的機率？

    (2) 已知優娜沒有男友且她是大一的機率？

    (3) 若已知優娜來自大三或大四，她沒有男友的機率？

21. 粉紅色箱子內有 3 顆紅蘋果、5 顆青蘋果，墨綠色箱子內有 2 顆紅蘋果、1 顆青蘋果，天藍色箱子內有 2 顆紅蘋果、3 顆青蘋果，先隨機選擇一箱子，再從此箱子中取一顆蘋果出來，已知抽出的是紅蘋果，請問此紅蘋果是從粉紅色箱子取出的機率？

22. 1 號箱子有 7 個黑球、3 個白球，2 號箱子有 6 個黑球、4 個白球。先隨機選一個箱子，再從此箱隨機依次抽出 3 個球，若 3 球皆為黑球，則此 3 黑球是從 2 號箱子抽出的機率為？

23. 甲工廠由 A、B、C 三部機器生產量之比例為 A：30%、B：25%、C：45%，而根據以往紀錄顯示，該廠產品的不良品來自這三部機器之比例分別為 A：1%、B：1.2%、C：2%。某天，甲工廠品管師從當日生產出來之產品中隨機抽取一件詳予檢視後，發現其為不良品，請問：該不良品由哪台機器生產出來的可能性最大？其機率為何？

24. 某霹靂牌醫學診斷儀器用以偵測受試者是否患有某疾病，若受試者有病且可被測出有病的機率為 97%，但有時受試者沒病也被測出有病的機率為 0.3%，假設該疾病的罹患率為 3%。請問：

    (1) 若小章經該儀器偵測出有病，請問他真正有病的機率是？

    (2) 若有 200 人經該儀器偵測，請問會偵測出有病的約有幾人？

25. 在一場烏山明網球賽中，悟空晉級到總決賽；但仍須等比克與普烏的比賽結果揭曉，才知道下場對手是誰。由以往交手紀錄得知，假如情況是悟空 V.S. 比克，則悟空有 50% 的機會獲勝，若情況是悟空 V.S. 普烏，則悟空有 80% 的機會獲勝；且普烏有 85% 的機率會晉級到總決賽。若比完總決賽後悟空獲勝，那麼他的對手是普烏的機率是多少？

26. A 路段經常有車輛超速，而發生事故超速之比例約為 30%，今設置一超速照相設備，測試結果發現，若超速而被拍照之機會為 97%，而不超速亦被拍照之機會為 5%，請問：

    (1) 有 150 部車通過該路段，則約有幾部車會被拍照？

    (2) 若一部賓士被拍照，則該部車超速之機會為多少？

27. 根據研究報告指出台北市居民只有 5% 曾到健保局拿藥。而曾到健保局拿藥的居民中，其生病就醫到診所為 67%，到醫院為 33%；在不曾到健保局拿藥的居民中，其生病就醫到診所為 52%，到醫院為 48%。已知小花生病選擇至診所就醫，則他到健保局拿藥的機率為何？

28. 當經濟水平為「高」時，甲經濟指標上揚的機率是 75%；當經濟水平為「中」時，甲經濟指標上揚的機率是 20%；當經濟水平為「低」時，甲經濟指標上揚的機率是 5%。在任何時期中，高經濟水平和低經濟水平的機率皆為 20%，中經濟水平的機率為 60%。已知甲指標剛剛上揚，試問高經濟水平的機率為何？

29. 台灣地區外籍勞工中，70% 受僱於工廠，30% 受僱於家庭。若已知在工廠工作的外籍勞工中，菲籍佔 50%；在家庭工作的外籍勞工中，菲籍占 80%。請問：

(1) 從所有外籍勞工中，隨機抽取一人，其為菲籍的機率為何？

(2) 若被抽中的是菲籍勞工，則其受僱於工廠的機率為何？

30. 假設在飛鴿傳書寄信過程中，每 10 封信會有 1 封遺失，再假設曹操收到任何信件都會回信。現在關羽寄信給曹操，但卻沒有收到曹操回信的狀況下，曹操有收到關羽的信之機率為何？

31. 一個袋子中有 12 個球，其中有：6 個紅球，4 個白球，2 個綠球。現在取出四個球，每次都不放回，請問：

(1) 4 個球中，3 個顏色球（紅、白、綠）都有之機率。

(2) 如果已知 4 個球中有 1 個綠球，則 3 個顏色球都有之機率。

32. 盒子裡有三張牌，第一張牌兩面都是黑的，第二張牌兩面都是紅的，第三張牌一面是黑的，一面是紅的。現在由盒中隨機抽出一張牌放在桌上，發現朝上的那面是紅色。請問這張牌朝下的那一面是黑色的機率為何？

CHAPTER 05

機率分配

5.1 隨機變數與機率分配

5.2 累積分配函數

5.3 機率分配的重要參數

5.1 隨機變數與機率分配

5.1.1 隨機變數

1. 近代機率理論

近代機率與古典機率的最大不同在於隨機變數（random variable）的引進，我們通常以大寫英文字母 $X,Y,Z,...$ 代表隨機變數，小寫字母 $x,y,z,...$ 代表對應的樣本點或事件。隨機變數是一個定義於樣本空間的實數函數，一般可解釋為樣本出像（outcome）的分類標準，也可視作一個樣本空間的總代表。例如：X 表示一粒骰子的點數，或者以 X,Y 來表示一副撲克牌中紅色與黑色牌。而一個隨機變數的所有可能數量稱為變量，通常以小寫字母表示之，每一個變量在樣本空間中代表一個部分集合，故每一個變量即表一個事件。例如：X 代表投擲二枚硬幣出現正面的次數，那麼小寫英文字母 x 的情況有 0,1,2 三種數值情形。下圖表示從古典機率引進隨機變數概念的對應狀況。

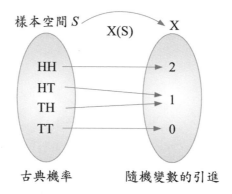

2. 隨機變數的種類

根據所對應資料型態的不同，隨機變數可分為離散型隨機變數與連續型隨機變數。

(1) 離散型隨機變數：一隨機變數若其可能值的個數為有限個，或無限但可計數。例如：投擲一個骰子三次，其個數為有限個，或者從一個袋中以取出放回方式取出一球直到取出紅球才停止，其個數為無限個，這兩種情況都可以計數，故皆屬於離散型隨機變數。

(2) 連續型隨機變數：一隨機變數若其可能值的個數為無限個且不可計數。例如：介於 2 到 4 之間的實數，或者台灣地區平均每隔多少時間發生一次地震皆屬於連續型的隨機變數。

例 5-1

試寫出下列隨機變數之可能值？

(1) X 代表擲一骰子四次，出現 1 點的次數。

(2) 一箱中裝有 10 個球，其中有 4 個紅球，6 個白球。連續抽出 5 個球，令 Y 代表可能出現之紅球個數。

(3) 一箱中裝有 10 個球，其中有 4 個紅球，6 個白球。令 Z 代表直到抽出一個紅球才停止的次數。

(4) T 代表某一品牌日光燈管的壽命長度。

 解
(1) $X = 1, 2, 3, 4$
(2) $Y = 0, 1, 2, 3, 4$
(3) $Z = 1, 2, 3, \ldots$
(4) $T \geq 0$

5.1.2 機率分配

1. **機率分配**（probability distribution）

所謂機率分配是指一個隨機變數之各變量所對應的機率稱為機率分配。例如：X 代表投擲二枚硬幣出現正面的次數，則 $x = 0$ 其對應的機率為 $\frac{1}{4}$，$x = 1$ 其對應的機率為 $\frac{1}{2}$，$x = 2$ 其對應的機率為 $\frac{1}{4}$，這種對應關係就稱為機率分配。

2. **機率函數**（probability function）

機率分配的表示方式一般有機率分配圖、機率分配表與機率函數三種表示法，若將機率分配若表示成函數關係，稱為機率函數。下圖表示從古典機率引進隨機變數後，隨機變數與機率的對應關係，其對應可為一對一或多對一之對應關係。以投擲一枚銅板兩次來說明，下圖最左邊的兩個對應關係為古典機率的計數集合與隨機變數之對應關係，而最右邊的兩個圖形則為隨機變數與機率函數的對應關係。

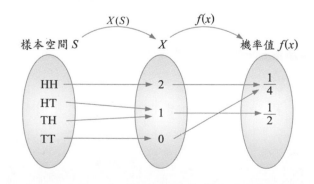

若上圖以函數的關係表示,則表示成:

$$f(x) = \begin{cases} \dfrac{1}{4} & ,x = 2,0 \\[2mm] \dfrac{1}{2} & ,x = 1 \\[2mm] 0, & o.w. \end{cases}$$

根據隨機變數所對應的資料型態為離散型或者連續型資料,機率函數可分為下列二種:

(1) 機率質量函數(probability mass function, pmf):若隨機變數所代表的資料型態為離散型的資料,則其機率函數稱為機率質量函數,通常以英文字母「pmf」來代表離散型的機率函數。

(2) 機率密度函數(probability density function, pdf):若隨機變數所代表的資料型態為連續型的資料,則其機率函數稱為機率密度函數,通常以英文字母「pdf」來代表連續性的機率函數。

但是有些書籍並沒有區分這麼清楚,不管連續性資料或者離散型資料一律都稱為機率密度函數,因此 pdf 可以代表機率函數的統稱。下面我們將對這兩種機率函數作較嚴謹的定義。

3. 離散隨機變數的機率分配

(1) 機率質量函數(pmf):假設 X 為樣本空間上之離散隨機變數,其機率分配可用函數表示,下列表示法皆有人使用,均代表同樣意義。

$$f(x_i) = f(X = x_i) = P(x_i) = P(X = x_i), i = 1,2,3,....,n$$

若滿足

A. $0 \le f(x_i) \le 1, i = 1,2,3,...,n$

B. $\displaystyle\sum_{i=1}^{n} f(x_i) = 1$,

則稱 $f(x)$ 為隨機變數 X 的機率分配函數(probability distribution function)或機率質量函數。機率質量函數表示法一般有下列三種方式:

A. 機率分配函數。

B. 機率分配線條圖。

C. 機率分配列舉表。

大部分的情況,求解離散型隨機變數的機率問題,採用機率分配表的方式解題,會比較容易。

5-2

設 X 為擲二公正骰子之點數和，試分別用機率分配函數、機率分配線條圖、機率分配列舉表，求 X 的機率分配。

 機率分配函數　　　　　　機率分配線條圖

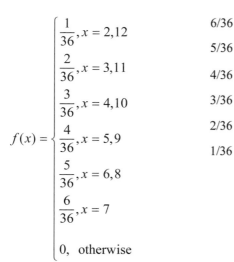

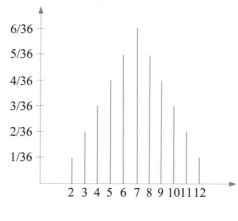

機率分配列舉表

x	2	3	4	5	6	7	8	9	10	11	12
$f(x)$	1/36	2/36	3/36	4/36	5/36	6/36	5/36	4/36	3/36	2/36	1/36

我們還可以再進一步透過數學的方法把機率函數化簡，即

$$f(x) = \begin{cases} \dfrac{1}{36}(6-|x-7|) & ,2 \leq x \leq 12 \\ 0 & ,o.w. \end{cases}$$

 5-3

已知 $f(x) = C_x^5 (0.2)^x (0.8)^{5-x}, x = 0,1,2,3,4,5$，請問 $f(x)$ 是否為一離散型的機率分配函數？

 根據質量函數的定義，若為質量函數必須滿足

1. $0 \leq f(x_i) \leq 1, i = 1,2,3,...,n$

2. $\sum_{i=1}^{n} f(x_i) = 1$

$\because 0 \leq f(x) \leq 1, \forall x = 0,1,2,3,4,5$

且 $\sum_{x=0}^{5} C_x^5 (0.2)^x (0.8)^{5-x} = (0.2 + 0.8)^5 = 1$

故 $f(x)$ 為一離散型的機率分配函數

註：$\sum_{x=0}^{n} C_x^n a^x b^{n-x} = (a+b)^n$

4. 連續隨機變數的機率分配

設 X 為樣本空間上之連續型隨機變數，且滿足

(1) $0 \leq f(x), \quad -\infty < x < \infty$

(2) $\int_{-\infty}^{\infty} f(x)dx = 1$

則稱 $f(x)$ 為連續型隨機變數 X 的機率分配函數（probability distribution function）或稱為機率密度函數（probability density function）。一般連續型的機率函數大都以函數或者圖形的方式呈現，由於個數有無限多個，因此較不適合列表的方式呈現。

 例 5-4

說明以下的函數是否可以作為機率密度函數，如果可以，請找出適當的 c 值。

$$f(x) = \begin{cases} cx(1-x), & 0 \leq x \leq 1 \\ 0, & x < 0 \text{ or } x > 1 \end{cases}$$

 解 根據密度函數的定義，若為機率密度函數必須滿足

1. $0 \leq f(x), \quad -\infty < x < \infty$

2. $\int_{-\infty}^{\infty} f(x)dx = 1$

$\because f(x) \geq 0 \Rightarrow c \geq 0$

$\int_0^1 cx(1-x)dx = 1 \quad \Rightarrow c(\frac{1}{2}x^2 - \frac{1}{3}x^3)\Big|_0^1 = 1 \quad \Rightarrow c(\frac{1}{2} - \frac{1}{3}) = 1 \quad \therefore c = 6$

🎯 5.2 累積分配函數

5.2.1 離散型隨機變數之累積分配函數

1. 離散型隨機變數之累積分配函數定義

設 $f(x)$ 為間斷隨機變數 X 的機率分配，定義

$$F(x) = f(X \leq x) = \sum_{X \leq x} f(x)$$

則稱 $F(x)$ 為隨機變數 X 的累積分配函數（cumulative probability distribution, CDF），累積分配函數簡稱為 CDF。由定義可以看出來，所謂累積分配函數即是把機率函數的值由小到大依序加總起來，它其實就是敘述統計中的以下累積分配，只是這裡把表格改用函數的方式表示罷了。累積分配函數的主要用途在於可以協助我們很快的求出變數在某個範圍內的機率值。例如：我們要求 $f(x \leq b)$ 的機率，只要把 $x = b$ 代入累積分配函數中就可以求出 $f(x \leq b)$ 的機率，也就是說 $F(b)$ 的函數值就等於 $f(x \leq b)$ 的機率。

接著我們以投擲二粒公正骰子為例，教導讀者如何推導累積分配函數。假設隨機變數 X 表示此二粒骰子點數的差，其機率函數與累積分配函數若以表格的方式表示如下：

x	0	1	2	3	4	5
$f(x)$	3/18	5/18	4/18	3/18	2/18	1/18
$F(x)$	3/18	8/18	12/18	15/18	17/18	1

$$+5/18 \quad +4/18 \quad +3/18 \quad +2/18 \quad +1/18$$

由上表可以看出來，累積分配函數 $F(x)$ 是由機率函數 $f(x)$ 不斷地去累加而得，也就是說把前一組的機率再加上該組的機率即是該組的累積機率。

累積分配函數若以函數的方式表示必須要從 $-\infty$ 開始累加，涵蓋整個實數域，至於如何分段則看機率函數的 x 值，我們用數線來說明如何分段。

故累積分配函數為一僅包含左端點的分段連續函數，故以函數的方式表示，機率函數與累積分配函數如下所示，數值大小請讀者與上面的表格對應。

$$f(x) = \begin{cases} 3/18, & x=0 \\ 5/18, & x=1 \\ 4/18, & x=2 \\ 3/18, & x=3 \\ 2/18, & x=4 \\ 1/18, & x=5 \end{cases} \qquad F(x) = \begin{cases} 0 & ,x<0 \\ 3/18 & ,0 \le x < 1 \\ 8/18 & ,1 \le x < 2 \\ 12/18 & ,2 \le x < 3 \\ 15/18 & ,3 \le x < 4 \\ 17/18 & ,4 \le x < 5 \\ 1 & ,x \ge 5 \end{cases}$$

由累積分配函數與機率函數之間的關係可以看出來，在每個累積分配函數的分段點的跳躍值正好就等於該點的機率函數值，例如：在 $2 \le x < 3$ 的 $F(x) = \dfrac{12}{18}$，它的下一段 $3 \le x < 4$ 的 $F(x) = \dfrac{15}{18}$，故在 $x=3$ 的地方產生一個跳躍值 $\dfrac{15}{18} - \dfrac{12}{18} = \dfrac{3}{18}$，此數值正好為 $x=3$ 時的機率值，即 $f(3) = \dfrac{3}{18}$。若以圖形的方式表示如下，我們把兩個圖形放在一起，累積分配函數中的虛線部分正好等於該點的機率函數值，所以只要在累積分配函數中的分段處，若產生跳躍值，那麼這個跳躍值正好等於該點的機率。

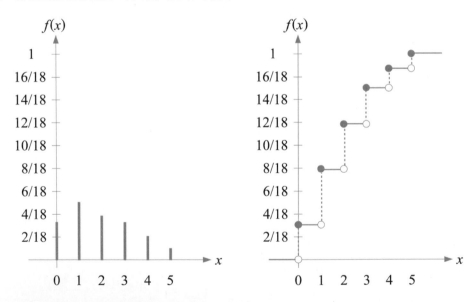

2. 離散型隨機變數之累積分配函數的性質

離散型隨機變數的累積分配函數為一僅包含左端點的分段連續圖形，在求算機率時，是否包含等號會影響所計算出的機率，因此在計算這類問題時要特別的留意，就拿上面的機率函數圖來做說明。

假設欲求 $f(1 \le x \le 4)$ 的機率，若以機率函數來看則為：

$$f(1 \le x \le 4) = f(1) + f(2) + f(3) + f(4) = \frac{5}{18} + \frac{4}{18} + \frac{3}{18} + \frac{2}{18} = \frac{14}{18}$$

若以累積分配函數來看則為：

$$f(1 \le x \le 4) = F(4) - F(1^-) = F(4) - F(0) = \frac{17}{18} - \frac{3}{18} = \frac{14}{18}$$

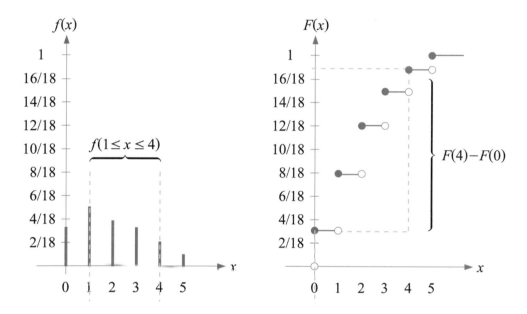

同理若是求 $f(1 < x < 4) = f(2) + f(3) = \frac{7}{18}$，若以累積分配函數則為

$f(1 < x < 4) = F(3) - F(1) = \frac{15}{18} - \frac{8}{18} = \frac{7}{18}$，這似乎看起來很難弄清楚到底怎麼一回事。我們先從累積分配函數的定義來看，累積分配函數的定義為 $F(x) = f(X \le x)$，它的意義是把 X 從 $-\infty$ 的機率加總到 x 的機率。如果我們以數線的方式來看，就很容易明白如何利用累積分配函數求機率值，我們舉一些情況，其他的請讀者自行推導。

$f(a < x < b) = F(b^-) - F(a)$

$f(a \le x < b) = F(b^-) - F(a^-)$

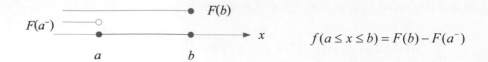

$$f(a \le x \le b) = F(b) - F(a^-)$$

若以上面骰子的題目，$f(1 < x < 4) = F(4^-) - F(1) = F(3) - F(1) = \dfrac{15}{18} - \dfrac{8}{18} = \dfrac{7}{18}$ 由此可知上標的「-」號，表示取該點左邊最接近的隨機變數值，以骰子這題來說，$F(4^-) = F(3)$。我們現在把整個離散型隨機變數的累積分配函數所具有的特性做一總整理。累積分配函數具有下列之性質：

(1) 累積分配函數恆為非負實數：$F(x) > 0, \forall x \in R$

(2) $F(\infty) = 1$ 表必然事件，$F(-\infty) = 0$ 表不可能事件。

(3) $F(x)$ 為遞增函數：若 $x_1 < x_2$ 則 $F(x_1) \le F(x_2)$

(4) $f(x) = F(x) - F(x^-)$

(5) $f(X \le x) = F(x)$

(6) $f(x_1 \le X \le x_2) = F(x_2) - F(x_1^-)$

(7) $f(x_1 < X \le x_2) = F(x_2) - F(x_1)$

(8) $f(x_1 \le X < x_2) = F(x_2^-) - F(x_1^-)$

(9) $f(x_1 < X < x_2) = F(x_2^-) - F(x_1)$

(10) $f(X > x) = 1 - F(x)$（補事件）

由離散型 CDF 求某範圍的機率值，上面一連串的性質常讓人混淆，特別是何時要加個「-」號，事實上只要上面只要記住第 7 個性質即可。我們拿投擲一粒骰子出現的點數來說明，欲求 $f(1 < x < 4)$ 的機率，將其轉換成 $f(1 < x \le 3) = F(3) - F(1)$，欲求 $f(2 \le x \le 5)$ 將其轉換成 $f(1 < x \le 5) = F(5) - F(1)$，欲求 $f(2)$ 將其轉換成 $f(1 < x \le 2) = F(2) - F(1)$，欲求 $f(x > 2)$ 將其轉換成 $f(2 < x \le 6) = F(6) - F(2)$，欲求 $f(x < 4)$ 將其轉換成 $f(0 < x \le 3) = F(3) - F(0)$，以骰子而言 $F(0) = 0$ 所以沒有矛盾，其餘請自行類推。

 例 5-5

已知 $f(x) = \dfrac{1}{3}, x = -1, 0, 1$，試求累積分配函數 $F(x)$。

先做機率分配表與累積分配表

x	-1	0	1
$f(x)$	1/3	1/3	1/3
$F(x)$	1/3	2/3	1

$F(x)$ 為一包含左端點之分段連續函數，故 x 的範圍左邊包含等號，右邊沒等號，從 $-\infty$ 將其分段寫出機率即可求得，即：

$$F(x) = \begin{cases} 0 & , x < -1 \\ 1/3 & , -1 \le x < 0 \\ 2/3 & , 0 \le x < 1 \\ 1 & , 1 \le x \end{cases}$$

 例 5-6

已知隨機變數 X 之累積分配函數為 $F(x) = \begin{cases} 0 & , x < -2 \\ 1/36 & , -2 \le x < 1 \\ 7/36 & , 1 \le x < 5 \\ 23/36 & , 5 \le x < 7 \\ 1 & , 7 \le x \end{cases}$ ，求

(1) $f(1 \le x \le 4)$　(2) $f(-1 < x < 6)$

解
(1) $f(1 \le x \le 4) = f(0 < x \le 4) = F(4) - F(0) = \dfrac{7}{36} - \dfrac{1}{36} = \dfrac{1}{6}$

(2) $f(-1 < x < 6) = f(-1 < x \le 5) = F(5) - F(-1) = \dfrac{23}{36} - \dfrac{1}{36} = \dfrac{22}{36}$

5.2.2 連續型隨機變數之累積分配函數

1. 連續隨機變數之累積分配函數定義

假設 $f(x)$ 為連續隨機變數 X 的機率分配，定義：

$$F(x) = f(X \le x) = \int_{-\infty}^{x} f(x)dx$$

則稱 $F(x)$ 為連續型隨機數 X 的累積分配函數。下圖表示機率函數與累積分配函數之關係，由圖中可以看出，累積分配函數值恰等於機率函數的面積。

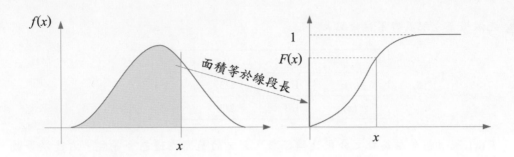

因此若 $f(a \leq x \leq b)$ 則表示機率函數在 $x = a$ 及 $x = b$ 之間所圍面積,故機率函數與累積分配函數有 $f(a \leq x \leq b) = F(b) - F(a)$ 之關係,以圖形表示如下圖所示:

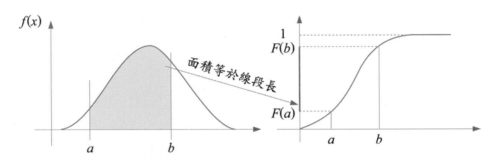

由於連續型隨機變數曲線下的面積表示機率,故是否包含邊界(是否有「=」)不會影響答案,故累積分配函數的計算比離散型要來得單純。

2. 累積分配函數的性質

(1) $F(-\infty) = 0$

(2) $F(\infty) = 1$

(3) $F(x)$ 為遞增函數:若 $x_1 < x_2$ 則 $F(x_1) \leq F(x_2)$

(4) $\dfrac{dF(x)}{dx} = f(x)$

(5) $f(x_1 \leq x \leq x_2) = f(x_1 < x < x_2) = f(x_1 \leq x < x_2) = f(x_1 < x \leq x_2)$

$$= \int_{x_1}^{x_2} f(x)dx = F(x_2) - F(x_1)$$,與是否包含邊界無關。

例 5-7

已知 $F(x) = \begin{cases} 0, & x \leq 0 \\ x^3 - 3x^2 + 3x, & 0 < x < 1 \\ 1, & x \geq 1 \end{cases}$ ，求 $f(0 < x < \frac{1}{2})$

解 由累積分配函數知

$$f(0 < x < \frac{1}{2}) = F(\frac{1}{2}) - F(0) = [(\frac{1}{2})^3 - 3(\frac{1}{2})^2 + 3(\frac{1}{2})] - [0] = \frac{7}{8}$$

例 5-8

試求下列各小題機率函數之累積分配函數。

(1) $f(x) = 3(1-x)^2, 0 < x < 1$

(2) $f(x) = \frac{1}{3}, 0 < x < 1$ 或 $2 < x < 4$

解 先求逐段積分，再累加求累積分配函數

積分時由該組的下限值積到 x，若該組的範圍為

$a < x < b$，則該組的積分值為 $\int_a^x f(x)dx$

(1) $\int_0^x 3(1-x)^2 dx = x^3 - 3x^2 + 3x, \quad 0 < x < 1$

$f(x) = \begin{cases} 0 & , x \leq 0 \\ 3(1-x)^2, & 0 < x < 1 \\ 0, & x \geq 1 \end{cases} \Rightarrow$ 逐段積分 $\begin{cases} 0, & x \leq 0 \\ x^3 - 3x^2 + 3x, & 0 < x < 1 \\ 0, & x \geq 1 \end{cases}$

故累積分配函數為：

$\therefore F(x) = \begin{cases} 0, & x \leq 0 \\ x^3 - 3x^2 + 3x, & 0 < x < 1 \\ 1, & x \geq 1 \end{cases}$

（注意累積分配函數的每一組都必須加入前一組的末端機率值）

(2) 當 $0 < x < 1$ 時

$$\int_0^x f(x) = \int_0^x \frac{1}{3} dx = \frac{x}{3}$$

當 $2 < x < 4$ 時

$$\int_2^x f(x) = \int_2^x \frac{1}{3} dx = \frac{x}{3}\Big|_2^x = \frac{x}{3} - \frac{2}{3}$$

$$f(x) = \begin{cases} 0, & x \le 0 \\ \dfrac{1}{3}, & 0 < x < 1 \\ 0, & 1 \le x \le 2 \\ \dfrac{1}{3}, & 2 < x < 4 \\ 0, & x \ge 4 \end{cases} \Rightarrow 逐段積分 \begin{cases} 0, & x \le 0 \\ \dfrac{x}{3}, & 0 < x < 1 \\ 0, & 1 \le x \le 2 \\ \dfrac{x}{3} - \dfrac{2}{3}, & 2 < x < 4 \\ 0, & x \ge 4 \end{cases}$$

加上前一組的末端機率值

$$F(x) = \begin{cases} 0, & x \le 0 \\ \dfrac{x}{3} + \boxed{0} & 0 < x < 1 \\ 0 + \boxed{\dfrac{1}{3}} & 1 \le x \le 2 \\ \dfrac{x}{3} - \dfrac{2}{3} + \boxed{\dfrac{1}{3}} & 2 < x < 4 \\ 0 + \boxed{1} & x \ge 4 \end{cases} \qquad \begin{array}{l} \Rightarrow F(0) = \boxed{0} \\ \Rightarrow F(1) = \boxed{\dfrac{1}{3}} \\ \Rightarrow F(2) = \boxed{\dfrac{1}{3}} \\ \Rightarrow F(4) = \boxed{1} \end{array}$$

整理得：$\therefore F(x) = \begin{cases} 0, & x \le 0 \\ \dfrac{x}{3}, & 0 < x < 1 \\ \dfrac{1}{3}, & 1 \le x \le 2 \\ \dfrac{x-1}{3}, & 2 < x < 4 \\ 1, & x \ge 4 \end{cases}$

之所以每次都要加前一組的機率，我們可由敘述統計中的相對以下累積次數分配表去推想，應該不難融會貫通。例如：

$f(x)$	1/6	2/6	1/6	2/6
$F(x)$	1/6	3/6	4/6	1

$$\begin{array}{ccc} \| & \| & \| \\ \dfrac{1}{6} + \dfrac{2}{6} & \dfrac{3}{6} + \dfrac{1}{6} & \dfrac{4}{6} + \dfrac{2}{6} \end{array}$$

例 5-9

已知 x 為連續隨機變數其機率密度函數如下：

$$f(x) = \begin{cases} 0.2 & ,-1 < x \le 0 \\ 0.2 + kx & ,0 < x \le 1 \\ 0 & ,o.w \end{cases}$$

(1) 求 k 值。

(2) 求累積分配函數

(3) 求 $f(0 \le x \le 0.5)$

 (1) 因為機率總和為 1，所以

$$\int_{-1}^{0} 0.2dx + \int_{0}^{1} (0.2 + kx)dx = 1$$

$$\Rightarrow 0.2x\Big|_{-1}^{0} + 0.2x + \frac{1}{2}kx^2\Big|_{0}^{1} = 1$$

$$\Rightarrow 0.2 + 0.2 + 0.5k = 1 \quad \therefore k = 1.2$$

(2) A. 當 $-1 < x \le 0$ 時

$$\int_{-1}^{x} 0.2dx = 0.2x + 0.2$$

B. 當 $0 < x \le 1$ 時

$$\int_{0}^{x} (0.2 + 1.2x)dx = 0.2x + 0.6x^2$$

$$\therefore F(x) = \begin{cases} 0 & ,x \le -1 \\ 0.2x + 0.2 & ,-1 < x \le 0 \\ 0.2 + 0.2x + 0.6x^2 & ,0 < x \le 1 \\ 1 & ,x > 1 \end{cases}$$

（注意：記得要加前一組的末端機率值）

(3) $f(0 \le x \le 0.5) = F(0.5) - F(0) = 0.25$

由本題可以看出來，求某個區間範圍內的機率，用累積分配函數特別容易推求，當然本題亦可直接對機率函數積分求得，即

$$f(0 \le x \le 0.5) = \int_{0}^{0.5} (0.2 + 1.2x)dx = 0.25$$

5.3 機率分配的重要參數

5.3.1 期望值（expected value）

回想在敘述統計單元中，在計算組距型資料的平均數時，所引用的公式為 $\mu = \dfrac{1}{N}\sum_{i=1}^{N} f_i m_i$，其中 f_i 為組次數，m_i 為組中點。因為每一組的組中點都不同，因此我們可以用隨機變數 x_i 來替代組中點 m_i。於是可以將平均數的公式改寫成 $\mu = \sum_{i=1}^{N} x_i \dfrac{f_i}{N}$，又 $\dfrac{f_i}{N}$ 代表 x_i 占全體之相對次數，正好為機率之定義，因此可令 $\dfrac{f_i}{N} = f(x_i)$，故平均數被改寫成 $\sum_{i=1}^{N} x_i f(x_i)$，因為此式帶有隨機變數 x，我們另外命名稱此式為期望值，事實上期望值就是平均數。底下分別針對離散型隨機變數與連續型隨機變數之期望值下定義。

1. 離散型隨機變數之期望值

   若隨機變數 X 為離散分佈且具有質量函數 $f(x)$，則期望值為：

   $$E(x) = \sum_x x f(x)$$

 例 5-10

已知隨機變數 X 之機率分配表如下：

x	1	2	3	4
$f(x)$	0.2	0.1	0.4	0.3

求隨機變數 X 的期望值。

 解 $E(x) = \sum_x x f(x) = 1 \times 0.2 + 2 \times 0.1 + 3 \times 0.4 + 4 \times 0.3 = 2.8$

2. 連續型隨機變數之期望值

   已知隨機變數 X 為連續分佈且機率密度函數為 $f(x)$，則 X 之期望值為：

   $$E(X) = \int_{-\infty}^{\infty} x f(x) dx$$

例 **5-11**

試求下列機率函數的期望值 $E(x)$。

(1) $f(x) = \dfrac{x^2}{14}, \quad x = 1,2,3$

(2) $f(x) = 3x^2, \quad 0 \le x \le 1$

解 (1) $E(x) = \displaystyle\sum_{i=1}^{3} xf(x) = 1 \times f(1) + 2 \times f(2) + 3 \times f(3) = \dfrac{1}{14} + \dfrac{8}{14} + \dfrac{27}{14} = \dfrac{18}{7}$

(2) $E(x) = \displaystyle\int_{-\infty}^{\infty} xf(x)dx = \int_{0}^{1} x \times 3x^2 dx = \dfrac{3}{4}$

5.3.2 變異數與標準差

回想敘述統計單元中，變異數的定義為 $\sigma^2 = \dfrac{1}{N}\displaystyle\sum_{i=1}^{N}(m_i - \mu)^2 f_i$ 或 $\sigma^2 = \dfrac{1}{N}\displaystyle\sum_{i=1}^{N} m_i^2 f_i - \mu^2$，

同樣的若引進隨機變數則可以將變異數改寫成 $\sigma^2 = \displaystyle\sum_{i=1}^{N}(x_i - \mu)^2 f(x_i) = E\left[(x - \mu)^2\right]$ 或

$\sigma^2 = \displaystyle\sum_{i=1}^{N} x_i^2 f(x_i) - \mu^2 = E(x^2) - \left[E(x)\right]^2$，底下我們分別針對離散型隨機變數與連續型隨機變數

之變異數下定義。

1. **離散型隨機變數之變異數**

    設 X 為離散隨機變數，其機率質量函數為 $f(x)$，期望值為 $E(x)$，則 X 之變異數為：

$$V(x) = E[(x - E(x))^2] = \sum_{x}(x_i - \mu)^2 f(x_i)$$

    或

$$V(x) = E(x^2) - [E(x)]^2$$

    其中 $E(x^2) = \displaystyle\sum_{x} x^2 f(x)$，一般而言，採用第二式的定義求期望值較為簡單。

例 **5-12**

已知隨機變數 X 之機率分配表如下：

x	1	2	3	4
$f(x)$	0.2	0.1	0.4	0.3

求隨機變數 X 的變異數。

 由例題 10 知 $E(x)=2.8$

$$E(x^2) = \sum_x x^2 f(x) = 1^2 \times 0.2 + 2^2 \times 0.1 + 3^2 \times 0.4 + 4^2 \times 0.3 = 9$$

故 $V(x) = E(x^2) - [E(x)]^2 = 9 - 2.8^2 = 1.16$

 5-13

試求擲出三個骰子，點數總和之機率分配表、期望值與變異數。

 設 X 為三個骰子點數和，依題意列出機率分配表

x	3	4	5	6	7	8	9	10	11	12	13	14	15	16	17	18
$f(x)$	$\frac{1}{216}$	$\frac{3}{216}$	$\frac{6}{216}$	$\frac{10}{216}$	$\frac{15}{216}$	$\frac{21}{216}$	$\frac{25}{216}$	$\frac{27}{216}$	$\frac{27}{216}$	$\frac{25}{216}$	$\frac{21}{216}$	$\frac{15}{216}$	$\frac{10}{216}$	$\frac{6}{216}$	$\frac{3}{216}$	$\frac{1}{216}$

期望值：

$$E(x) = \sum xf(x) = \frac{1}{216}(3 \times 1 + 4 \times 3 + \cdots + 17 \times 3 + 18 \times 1) = 10.5$$

因為期望值等於平均數，本題亦可利用平均數的概念去推求，我們可以想像把 1 到 6 點均勻的分配到骰子的 6 個面，故每一個面的平均點數為 $\frac{1+2+3+\cdots+6}{6} = 3.5$，也就是說投擲一粒骰子平均可得 3.5 點，故投擲 3 粒骰子可得點數 $3.5 \times 3 = 10.5$。

變異數：

$$E(x^2) = \sum x^2 f(x) = \frac{1}{216}(3^2 \times 1 + 4^2 \times 3 + \cdots + 18^2 \times 1) = 119$$

$$\therefore V(x) = E(x^2) - [E(x)]^2 = 119 - (10.5)^2 = 8.75$$

2. 連續型隨機變數之變異數

若 X 為連續隨機變數，其機率密度函數為 $f(x)$，期望值為 $E(x)$，則 X 之變異數為：

$$V(x) = E\left[(x - E(x))^2\right] = \int_x (x-\mu)^2 f(x)dx$$

或

$$V(x) = E(x^2) - [E(x)]^2$$

其中 $E(x^2) = \int_x x^2 f(x)dx$，同樣一般而言求變異數採取第二式的定義較為簡單。

3. 標準差

標準差等於變異數開根號，故標準差為 $\sigma = \sqrt{V(X)}$ 。

 例 5-14

已知隨機變數 x 之機率密度函數如下：

$$f(x) = \begin{cases} 6x(1-x), & 0 < x < 1 \\ 0, & o.w. \end{cases}$$

試求期望值與變異數。

 解 　期望值 $E(x) = \int\limits_x xf(x)dx = \int\limits_0^1 x \times 6x(1-x)dx = \dfrac{1}{2}$

$V(x) = E(x^2) - \left[E(x)\right]^2$

其中 $E(x^2) = \int\limits_x x^2 f(x)dx = \int\limits_0^1 x^2 \times 6x(1-x)dx = \dfrac{3}{10}$

$\therefore$ 變異數 $V(x) = E(x^2) - \left[E(x)\right]^2 = \dfrac{3}{10} - (\dfrac{1}{2})^2 = \dfrac{1}{20}$

1. 試判斷下列各變數何者為隨機變數：

   (1) 從一副撲克牌中隨機抽取五張，設 X 為抽中 A 的個數。

   (2) 連續投擲一枚硬幣 10 次，設 Y 為正面出現次數。

   (3) 選取五個小孩的家庭中，Z 為男生的數目。

2. 試寫出下列隨機變數的可能值？

   (1) 從一副撲克牌中任選 5 張，X 表選出紅心 J 的個數。

   (2) 從一副撲克牌中任選 5 張，Y 表選點數為 J 的個數。

   (3) 某十字路口紅綠燈每 50 秒轉換一次（不考慮黃燈），Z 表某人等待紅燈的時間。

   (4) 連續投擲一枚硬幣 100 次，W 表正面出現次數。

   (5) 同時投擲兩粒骰子，V 表出現點數的差。

   (6) T 代表某十字路口平均拍到違規車輛的間隔時間。

3. 設 X 為擲二公正骰子之點數差，試分別用機率分配函數、機率分配線條圖、機率分配列舉表，求 X 的機率分配。

4. 下列函數何者為機率分配函數？

   (1) $f(x) = \dfrac{x}{6}, x = 1, 2, 3$

   (2) $f(x) = \dfrac{x^2}{25}, x = 1, 2, 3, 4$

   (3) $f(x) = \dfrac{x^2 - 1}{10}, x = 0, 1, 2, 3$

5. 已知 $f(x) = C_x^{10}(0.4)^x(0.6)^{10-x}, x = 0, 1, 2, \cdots, 10$，請問 $f(x)$ 是否為一離散型的機率分配函數？

6. 說明以下的函數是否可以作為機率密度函數，如果可以，請找出適當的 c 值。

   (1) $f(x) = \begin{cases} c, & \text{for } 0 \le x \le 2 \\ 0, & \text{for } x < 0 \text{ or } x > 2 \end{cases}$

   (2) $f(x) = cx^2 e^{-cx}, x \ge 0$

7. (1) 已知 $f(x) = 1, x = 2$，試求累積分配函數 $F(x)$。

   (2) 已知 $f(x) = \dfrac{x}{15}, x = 1, 2, 3, 4, 5$，試求累積分配函數 $F(x)$。

8. 一個麻袋中裝有註記 1 號球 1 個，2 號球 2 個，3 號球 3 個，.....，n 號球 n 個，且袋中的球大小、重量皆相同。從此袋中抽取一顆球並以此球上註記之號碼做為變量，請問其機率分配與期望值各為何？

9. 考慮一個有 4 個選項的複選題，若完全答對可得 5 分。為了避免答題者亂猜答案而僥倖得分，則答錯時應倒扣多少分才公平？

10. 令隨機變數 Y 為擲十個均勻骰子的點數和，請問：

   (1) $E(y)$　　(2) $V(y)$

11. 台北市某路線的捷運每班車每趟的載客人數的機率分配如下：

人數 x	200	300	400	500	600	700	800	900
$f(x)$	0.05	0.1	0.1	0.1	0.25	0.25	0.1	0.05

   (1) 求每一趟載客人數的期望值 $E(x)$ 及變異數 $V(x)$。
   (2) 若每位乘客投幣 10 元，且 Y 表每趟載客的收入，求 $E(y)$ 及 $V(y)$。

12. 已知台灣的勞工每月平均薪資為新台幣 19000 元，每月薪資之變異數為新台幣 10000 元，假如新台幣 1 元等於日幣 4 元，試問台灣勞工每月平均薪資及標準差，以日幣表示各為多少？

13. 根據某年台灣地區人口資料顯示，在有子女的家庭中，依子女人數分類之家庭分配比例如下表所示：

子女人數	1	2	3	4	5
家庭比例	0.05	0.1	0.2	0.35	0.30

   試求台灣家庭子女平均數與變異數。

14. 某電子公司生產的 PC 電腦每月市場的需求量變化很大。根據過去數年的統計資料，該公司生產的 PC 電腦每月市場需求的機率分配如下：

需求台數	300	400	500	600
機率	0.1	0.2	0.5	0.2

   (1) 若該電子公司每月的生產量等於每月需求量的期望值，則該公司每月生產多少台 PC 電腦？
   (2) 若每台 PC 電腦的生產成本為 25,000 元，售價為 30,000 元，且該公司於上個月賣出 421 台 PC 電腦，試問該公司上月份的盈虧為何？

15. 若隨機變數 X 的機率密度函數為：

$$f(x) = \begin{cases} \dfrac{c}{x} & , \dfrac{1}{e} < x < e \\ 0 & , o.w. \end{cases}$$ ，求 c 之值。

16. 若隨機變數 X 的累積分配函數為：

$$F(x) = \begin{cases} 0 & , x < 0 \\ x^3 & , 0 \le x < 1 \\ 1 & , x \ge 1 \end{cases}$$ ，求 $f(0.1 \le x \le 0.5)$。

17. 假設 X 為整數且為離散型隨機變數，其累積分配函數為：

$$F(x) = \begin{cases} 0 & , x < 1 \\ \dfrac{1}{6} & , 1 \le x < 2 \\ \dfrac{3}{6} & , 2 \le x < 3 \\ 1 & , x \ge 3 \end{cases}$$ ，試求：

(1) $f(1 \le x \le 4)$　(2) $f(0 < x < 3)$　(3) $f(2 < x)$　(4) $f(x \le 2)$　(5) $f(0.5 < x < 3.5)$

18. 設隨機變數 X 之累積分配函數如下所示：

$$F(x) = \begin{cases} 0 & , x < -1 \\ \dfrac{1}{4} & , -1 \le x < 1 \\ \dfrac{1}{2} & , 1 \le x < 3 \\ \dfrac{3}{4} & , 3 \le x < 5 \\ 1 & , x \ge 5 \end{cases}$$

試求 (1) $f(x \le 3)$　(2) $f(3)$　(3) $f(x < 3)$　(4) $f(x > 3)$

(5) $f(0.5 < x < 3.5)$　(6) $f(5)$　(7) $f(6)$

19. 假設隨機變數 X 的機率質量函數為：

$$f(x) = \begin{cases} \dfrac{x}{6} & , x = 1, 2, 3 \\ 0 & , o.w. \end{cases}$$

試求累積分配函數 $F(x)$。

20. 假設隨機變數 X 表連續投一枚硬幣四次，出現正面與反面個數的差，求：

    (1) $f(2) = ?$　(2) 期望值 $E(x)$。

21. 一袋中有 6 個白球 4 個黑球，現從此袋中以取出不放回的方式隨機抽取一球，直到取出一個白球或者已經連續取三球後才停止。假設 X 表取出球的個數。

    (1) 求 X 的機率質量函數。

    (2) 求 X 的期望值。

22. 已知隨機變數 X 之機率質量函數如下：

x	−1	0	1	3
$f(x)$	0.5	0.3	0.1	0.1

    求 (1) 累積分配函數。　(2) 期望值。　(3) 變異數。

23. 設隨機變數 x 的機率密度函數如下：

    $$f(x) = \begin{cases} 2x/21 & ,0 \le x < 3 \\ 1/2 - x/14 & ,3 \le x \le 7 \\ 0 & ,o.w. \end{cases}$$

    試求：

    (1) 隨機變數 x 的期望值與變異數。

    (2) $f(1), f(3), f(5)$ 的機率各為何？

    (3) $f(1 \le x \le 5)$。

CHAPTER 06

常用的離散型機率分配

6.1 均勻分配

6.2 二項分配

6.3 百努力試驗

6.4 超幾何分配

6.5 Poisson 分配

在第五章中介紹了機率分配函數的基本概念，接著在本章中，我們將介紹一些常用的離散型機率分配函數，這些機率函數有離散均勻分配、二項分配、百努力分配、超幾何分配與 Poisson 分配。

⊙ 6.1 均勻分配

所謂均勻分配（uniform distribution）係指不論隨機變數如何變化，其機率值永遠為固定常數。例如：投擲一枚骰子一次，不論點數為何機率值永遠都是 $\frac{1}{6}$，符合這種特性的分配就稱為均勻分配。底下我們以較嚴謹的數學模式來定義均勻分配的機率函數。

設 X 為離散型隨機變數，若其機率質量函數滿足下列函數之定義：

$$f(x) = \begin{cases} \dfrac{1}{n} & , x = 1, 2, 3, \ldots, n \\ 0 & , \text{其他} \end{cases}$$

則稱 $f(x)$ 為具有參數 n 之均勻分配。

均勻分配之重要統計參數：

1. 期望值

$$E(x) = \frac{n+1}{2}$$

2. 變異數

$$V(x) = \frac{n^2 - 1}{12}$$

證明：

1. $E(x) = \sum_{x=1}^{n} x f(x) = \sum_{x=1}^{n} x \frac{1}{n} = \frac{1}{n} \sum_{x=1}^{n} x = \frac{1}{n} \times \frac{n(n+1)}{2} = \frac{n+1}{2}$

2. $E(x^2) = \sum_{x=1}^{n} x^2 f(x) = \sum_{x=1}^{n} x^2 \frac{1}{n} = \frac{1}{n} \times \frac{n(n+1)(2n+1)}{6} = \frac{(n+1)(2n+1)}{6}$

$V(x) = E(x^2) - \left[E(x)\right]^2 = \frac{(n+1)(2n+1)}{6} - (\frac{n+1}{2})^2 = \frac{n^2 - 1}{12}$

6-1

丟擲一公正骰子，求出現點數的期望值與變異數。

 丟一骰子其出現點數的機率函數為

$$f(x) = \begin{cases} \dfrac{1}{6} & , x = 1,2,3,4,5,6 \\ 0 & , o.w. \end{cases}$$

(1) $\therefore E(x) = \displaystyle\sum_{x=1}^{6} x f(x) = 1 \times \dfrac{1}{6} + 2 \times \dfrac{1}{6} + 3 \times \dfrac{1}{6} + 4 \times \dfrac{1}{6} + 5 \times \dfrac{1}{6} + 6 \times \dfrac{1}{6} = \dfrac{21}{6}$

期望值亦可用平均數的概念求得：$E(x) = \dfrac{1+2+\cdots+6}{6} = \dfrac{21}{6}$

(2) $E(x^2) = \displaystyle\sum_{x=1}^{6} x^2 f(x) = 1^2 \times \dfrac{1}{6} + 2^2 \times \dfrac{1}{6} + 3^2 \times \dfrac{1}{6} + 4^2 \times \dfrac{1}{6} + 5^2 \times \dfrac{1}{6} + 6^2 \times \dfrac{1}{6} = \dfrac{91}{6}$

$\therefore V(x) = E(x^2) - [E(x)]^2 = \dfrac{91}{6} - (\dfrac{21}{6})^2 \approx 2.92$

註：級數和公式 $\displaystyle\sum_{x=1}^{n} x = \dfrac{1}{2} n(n+1), \sum_{x=1}^{n} x^2 = \dfrac{1}{6} n(n+1)(2n+1)$

 6-2

假設隨機變數 X 在 $\{0,1,2,\cdots,N\}$ 呈均勻分配，求隨機變數 X 的期望值與變異數。

 X 的機率函數為

$$f(x) = \begin{cases} \dfrac{1}{N+1} & , x = 0,1,2,...,N \\ 0 & , o.w. \end{cases}$$

$E(x) = \displaystyle\sum_{x=0}^{n} x f(x) = (0+1+2+....+N)\dfrac{1}{N+1} = \dfrac{N}{2}$

$E(x^2) = \displaystyle\sum_{x=0}^{n} x^2 f(x) = (0^2+1^2+2^2+....+N^2)\dfrac{1}{N+1} = \dfrac{N(2N+1)}{6}$

$\therefore V(x) = E(x^2) - [E(x)]^2 = \dfrac{N(2N+1)}{6} - (\dfrac{N}{2})^2 = \dfrac{N(N+2)}{12}$

6.2 二項分配

所謂二項分配（binomial distribution）是指在成功與失敗的機率不變的情況下，不斷地重複二項試驗（binomial experiment）所得到的機率分配函數，即稱為二項分配，二項試驗必須滿足下列四個條件：

(1) 重複進行 n 次相同的試驗。

(2) 每一次試驗皆僅有兩種可能結果—成功與失敗。

(3) 每一次試驗中，出現成功的機率皆為 p，失敗機率為 q，且 $p+q=1$。

(4) 每一次試驗均為獨立事件。

二項分配之所以取名為二項分配之原因在於，二項分配的機率函數與二項式展開十分相像，故取名為二項分配。二項式展開為

$$(y+z)^n = \sum_{x=0}^{n} C_x^n y^x z^{n-x}$$

底下我們將由一個例子來推導二項分配的機率函數。

假設有一箱子裝有 3 個紅球與 7 個白球，今從此箱中以放回抽樣方式抽出 3 個球，令 X 表所抽出的紅球個數，試求 X 的機率分配。

 設 W 表取出白球的事件，R 表取出紅球的事件，我們將機率函數以表格的方式呈現如下表所示：

隨機變數 X	樣本空間	$f(x)$
0	WWW	$f(0)=(0.7)^3 = C_0^3 (0.3)^0 (0.7)^3$
1	WWR WRW RWW	$f(1)=\dfrac{3!}{2!1!} \times (0.3)^1 (0.7)^2 = C_1^3 (0.3)^1 (0.7)^2$
2	WRR RWR RRW	$f(2)=\dfrac{3!}{2!1!} \times (0.3)^2 (0.7)^1 = C_2^3 (0.3)^2 (0.7)^1$
3	RRR	$f(3)=(0.3)^3 = C_3^3 (0.3)^3 (0.7)^0$

若假設 X 表出現紅球的次數，則上表格中的機率可用一個通式來表示，即

$$f(x) = C_x^3 (0.3)^x (0.7)^{3-x}$$

若將上面推廣至 n 次相同的實驗，把上式的 3 以 n 取代即可推得二項分配的機率函數之通式，底下我們將針對二項分配下一較嚴謹的定義。

6.2.1 二項分配

假設進行 n 次相同的試驗，每次試驗成功機率均為 p，隨機變數 X 表 n 次試驗中成功之次數，則稱為機變數 X 為二項隨機變數（binomial random variable），其機率分配稱為二項分配，以 $X \sim B(n, p)$（X 服從二項分配）表示。若二項隨機變數 X 之機率函數為 $f(x)$ 則二項分配為：

$$f(x) = C_x^n p^x q^{n-x}, \quad x = 0,1,2,\cdots,n$$

其中 p 為成功機率，$q = 1-p$ 為失敗機率。

6.2.2 二項分配的期望值與變異數

二項分配的期望值為 $E(x) = np$

二項分配的變異數為 $V(x) = npq$

證明：

證明二項分配的期望值與變異數時，需用到下列 3 個工具：

$$C_x^n = \frac{n}{x} C_{x-1}^{n-1} = \frac{n(n-1)}{x(x-1)} C_{x-2}^{n-2} \ \text{與} \ \sum_{x=0}^{n} C_x^n p^x q^{n-x} = (p+q)^x = 1 \ \text{及}$$

$$V(x) = E(x^2) - \left[E(x)\right]^2 - E\left[x(x-1)\right] + E(x) - \left[E(x)\right]^2$$

1. 期望值

$$E(x) = \sum_{x=0}^{n} x f(x) = \sum_{x=0}^{n} x C_x^n p^x q^{n-x}$$

$$= \sum_{x=0}^{n} x \times \frac{n}{x} C_{x-1}^{n-1} p^x q^{n-x} = n \times \sum_{x=0}^{n} C_{x-1}^{n-1} p^x q^{n-x}$$

$$= np \times \sum_{x=0}^{n} C_{x-1}^{n-1} p^{x-1} q^{n-x} = np(p+q)^{n-1} = np$$

註 $\sum_{x=0}^{n} C_{x-1}^{n-1} p^{x-1} q^{n-x}$ 的展開式與 $\sum_{x=0}^{n-1} C_x^{n-1} p^x q^{n-1-x}$ 是相等的。

2. 變異數

$$V(x) = E(x^2) - [E(x)]^2 = E[x(x-1)+x] - [E(x)]^2$$
$$= E[x(x-1)] + E(x) - [E(x)]^2$$

其中

$$E[x(x-1)] = \sum_{x=0}^{n} x(x-1)f(x) = \sum_{x=0}^{n} x(x-1)C_x^n p^x q^{n-x}$$
$$= \sum_{x=0}^{n} x(x-1)\frac{n(n-1)}{x(x-1)} C_{x-2}^{n-2} p^x q^{n-x} = n(n-1)p^2 \sum_{x=0}^{n} C_{x-2}^{n-2} p^{x-2} q^{n-x}$$
$$= n(n-1)p^2 (p+q)^{n-2} = n(n-1)p^2$$

故變異數：

$$V(x) = E[x(x-1)] + E(x) - [E(x)]^2 = n(n-1)p^2 + np - (np)^2$$
$$= np^2 - np = np(1-p) = npq$$

> 註 $\sum_{x=0}^{n} C_{x-2}^{n-2} p^{x-2} q^{n-x}$ 的展開式與 $\sum_{x=0}^{n-2} C_x^{n-2} p^x q^{n-2-x}$ 是相等的。

6.2.3 二項分配的圖形

下圖分別為 $p = 0.3, p = 0.5, p = 0.7$ 之分佈狀況，從圖形中我們可以看出若成功機率 $p = 0.5$ 則為對稱分配，當 $p > 0.5$ 呈現左偏分配，$p < 0.5$ 則為右偏分配。

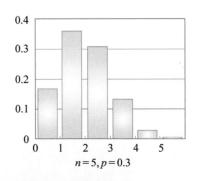

$n = 5, p = 0.3$

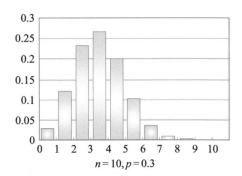

$n = 10, p = 0.3$

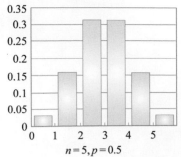

$n = 5, p = 0.5$

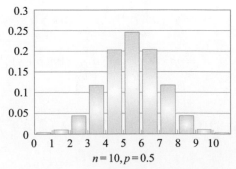

$n = 10, p = 0.5$

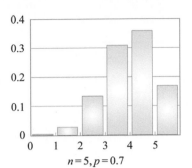

$n = 5, p = 0.7$

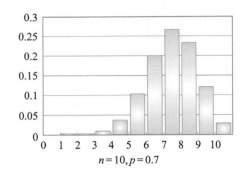

$n = 10, p = 0.7$

例 6-3

擲一公正骰子 5 次

(1) 求恰好出現 3 次 2 點的機率。

(2) 求期望值、變異數與標準差。

解

(1) $\because f(x) = C_x^5 (\frac{1}{6})^x (\frac{5}{6})^{5-x}$

$\therefore f(3) = C_3^5 (\frac{1}{6})^3 (\frac{5}{6})^2 = 0.032$

(2) $E(x) = np = 5 \times \frac{1}{6} = \frac{5}{6}$

$V(x) = npq = 5 \times \frac{1}{6} \times \frac{5}{6} = \frac{25}{36}$

$\sigma = \sqrt{V(x)} = \frac{5}{6}$

例 6-4

假設某保險業務員每次推銷的成功機率為 0.2，現在他隨機向 10 個人推銷，請問期望值為何？代表什麼含意？

解

$E(x) = np = 10 \times 0.2 = 2$ 人，表示每推銷 10 人，平均有 2 人會購買保險。

◎ 6.3 百努力試驗

當進行二項試驗不論成功或失敗，只做一次時 $(n=1)$，稱為百努力試驗（Bernoulli trials），又稱為點二項試驗（point binomial trials），故百努力試驗可以說是二項試驗的一個特例。其機率函數為：

$$f(x) = C_x^1 P^x q^{1-x}, x = 0,1$$

百努力試驗的期望值與變異數為：

1. 期望值

   $E(x) = p$

2. 變異數

   $Var(x) = pq$

◎ 6.4 超幾何分配

在高中時代的機率課程中，我們曾經計算從一副撲克牌以取出不放回的方式任意抽出五張計算恰 3 張點數為 A 的機率；或從一袋中任取 5 球，求取出恰 3 個紅球 2 個綠球的機率。像這種取出不放回的實驗就是一種超幾何實驗。

6.4.1 超幾何實驗的性質

一個超幾何實驗必須滿足下列三個條件：

1. 從一含有 N 物的有限母體中，採不放回抽樣抽出大小為 n 的隨機樣本。

2. N 物中有 S 個成功，$N-S$ 個失敗。

3. 超幾何實驗中成功次數 X 稱為超幾何隨機變數（hyper geometric random variable），X 的機率分配稱為超幾何分配（hyper geometric distribution），以 $X \sim HG(N, S, n)$（X 服從超幾何分配）表示。

由於超幾何分配採取出不放回的方式抽取樣本，因此每次試驗成功的機率受前次結果所影響，故每次試驗為非獨立試驗。底下我們以一個簡單的例子來說明，並推導超幾何分配的機率函數。

設有一箱子裝有 3 個紅球與 7 個白球，今從此箱中以不放回抽樣抽出 3 個球，令 X 表所抽出的紅球個數，試求 X 的機率函數。

 設 X 表紅球的個數，$x=0,1,2,3$

底下分別為取出 0、1、2、3 個紅球的機率：

$$f(0) = \frac{C_0^3 C_3^7}{C_3^{10}} = \frac{7}{24}, f(1) = \frac{C_1^3 C_2^7}{C_3^{10}} = \frac{21}{40}, f(2) = \frac{C_2^3 C_1^7}{C_3^{10}} = \frac{7}{40}, f(3) = \frac{C_3^3 C_0^7}{C_3^{10}} = \frac{1}{120},$$

觀察其規則，我們可以獲得通式如下：

$$\Rightarrow f(x) = \frac{C_x^3 C_{3-x}^7}{C_3^{10}}, x = 0,1,2,3$$

6.4.2 超幾何機率函數

從上面的說例中，若假設全部有 N 個球，其中紅球個數為 S 個，不是紅球的個數有 $N-S$ 個。若取出 n 個球中含有 x 個紅球的機率可表為：

$$f(x) = \frac{C_x^S C_{n-x}^{N-S}}{C_n^N}, \quad 0 \le x \le \min(n,S)$$

上式稱為超幾何機率分配函數。

 6-5

從 6 男 3 女中隨機抽出四人組成委員會，求此委員會中男性人數與女性人數的機率分配。

 設 X 表委員會中男性人數，Y 表委員會中女性人數

$$f(x) = \frac{C_x^6 C_{4-x}^3}{C_4^9}, x = 1,2,3,4$$

$$f(y) = \frac{C_y^3 C_{4-y}^6}{C_4^9}, y = 0,1,2,3$$

 例 6-6

一批產品共有 10 件，其中含有 2 件不良品，求隨機抽取 3 件，其均為良品的機率。

解 令 X 表不良品件數，$f(x) = \dfrac{C_x^2 C_{3-x}^8}{C_3^{10}}, x = 0,1,2$

均為良品的機率：$f(0) = \dfrac{C_0^2 C_3^8}{C_3^{10}} = \dfrac{7}{15}$

6.4.3 超幾何分配的期望值與變異數

設 X 為超幾何隨機變數，則其期望值與變異數分別為

$$E(x) = np$$
$$V(x) = \frac{N-n}{N-1} npq$$

其中：$p = \dfrac{S}{N}$，$\dfrac{N-n}{N-1}$ 稱為有限母體修正因子（finite population correction）。

由於超幾何實驗採取出不放回的方式抽樣，因此每次抽取的機率都會受前一次所影響。我們從變異數的公式中可以看出來，若母體總數 N 趨近於無窮大的時候，$\dfrac{N-n}{N-1}$ 會趨近於 1，即 $\lim\limits_{N \to \infty} \dfrac{N-n}{N-1} = 1$。因此當我們在抽取樣本時，只要母體非常的大，那麼每次抽樣成功的機率都可視作定值，這時超幾何分配與二項分配就十分的接近，變異數 $V(x) \approx npq$。因此只有在母體總數不大的時候才需要考慮加入修正因子 $\dfrac{N-n}{N-1}$，一般而言，只要母體總數與樣本個數的比值 $\dfrac{n}{N} \le 0.05$ 時，$\dfrac{N-n}{N-1}$ 可以忽略不計，也就是說當 $\dfrac{n}{N} \le 0.05$ 時，超幾何分配的變異數可用 $V(x) \approx npq$。由於超幾何分配的期望值與變異數證明比較困難，有興趣的讀者可翻閱作者寫的另一本統計學書籍。

 例 6-7

設有一箱子裝有 3 個紅球與 7 個白球，今從此箱中以不放回抽樣抽出 3 個球，令 X 表所抽出的紅球個數，求期望值與變異數，並驗證公式。

解 $f(x) = \dfrac{C_x^3 C_{3-x}^7}{C_3^{10}}, x = 0,1,2,3$

x	0	1	2	3
$f(x)$	$\frac{7}{24}$	$\frac{21}{40}$	$\frac{7}{40}$	$\frac{1}{120}$

期望值：$E(x) = \sum xf(x) = 0 \times \frac{7}{24} + 1 \times \frac{21}{40} + 2 \times \frac{7}{40} + 3 \times \frac{1}{120} = \frac{9}{10}$

$np = 3 \times \frac{3}{10} = \frac{9}{10} = E(x)$，兩者答案相同

$E(x^2) = \sum x^2 f(x) = 0^2 \times \frac{7}{24} + 1^2 \times \frac{21}{40} + 2^2 \times \frac{7}{40} + 3^2 \times \frac{1}{120} = \frac{13}{10}$

變異數：$V(x) = E(x^2) - \left[E(x)\right]^2 = \frac{13}{10} - (\frac{9}{10})^2 = \frac{49}{100}$

又 $npq\frac{N-n}{N-1} = 3 \times \frac{3}{10} \times (1-\frac{3}{10}) \times \frac{10-3}{10-1} = \frac{49}{100}$，兩者答案相同

6.4.4 超幾何分配與二項分配之比較

底下我們將二項分配與超幾何分配間的關聯性整理如下表，以方便比較兩者間的差異。

	超幾何分配	二項分配
選取方式	取後不放回	取後放回
是否獨立	否	是
期望值	np	np
變異數	$npq\dfrac{N-n}{N-1}$	npq

6.4.5 近似分配

由於超幾何分配的期望值 $E(x) = np$ 與變異數 $V(x) = npq\frac{N-n}{N-1}$ 和二項分配的期望值與變異數十分接近，且當 $\frac{n}{N} \leq 0.05$ 時，$\frac{N-n}{N-1}$ 趨近於 1。因此通常只要 $\frac{n}{N} \leq 0.05$ 時，就可使用二項分配來近似超幾何分配，使用二項分配來近似的好處是求機率值的時候，少了許多組合公式，畢竟某些情況下稍許的誤差並不會產生太嚴重的後果。例如：明天降雨機率 30% 與 31% 對於是否改變攜帶雨具影響不大。

$$\text{超幾何分配} \xrightarrow[\text{趨近於}]{\frac{n}{N} \leq 0.05} \text{二項分配}$$

例 6-8

設一袋中有 10 個球，其中 4 個紅球，6 個黑球，今做一實驗如下：「自此袋中隨機抽取一球，連抽四次」，令隨機變數 X 為實驗做完後，紅球之個數。考慮下列二種抽法：

(1) 抽了放回：

    A. 求 X 之機率分配

    B. 求至少有 2 個紅球的機率

    C. 計算 X 之期望值與變異數

(2) 抽了不放回，重做上述問題

解 (1) 抽了放回 $\Rightarrow$ 二項分配，取出紅球的機率 $p = 0.4$

    A. $f(x) = C_x^4 (0.4)^x (0.6)^{4-x}$ ，$x = 0,1,2,3,4$

    B. $f(x \geq 2) = \sum_{x=2}^{4} f(x) = C_2^4 (0.4)^2 (0.6)^2 + C_3^4 (0.4)^3 (0.6)^1 + C_4^4 (0.4)^4 (0.6)^0 = 0.5248$

    C. $E(x) = np = 4 \times 0.4 = 1.6$

    $V(x) = npq = 4 \times 0.4 \times 0.6 = 0.96$

(2) 抽了不放回 $\Rightarrow$ 超幾何分配

    A. $f(x) = \dfrac{C_x^4 C_{4-x}^6}{C_4^{10}}$ ，$x = 0,1,2,3,4$

    B. $f(x \geq 2) = f(2) + f(3) + f(4) = \dfrac{C_2^4 C_2^6}{C_4^{10}} + \dfrac{C_3^4 C_1^6}{C_4^{10}} + \dfrac{C_4^4 C_0^6}{C_4^{10}} = 0.5476$

    C. $E(x) = n\dfrac{S}{N} = np = 4 \times \dfrac{4}{10} = 1.6$

    $V(x) = npq \dfrac{N-S}{N-1} = 4 \times \dfrac{4}{10} \times \dfrac{6}{10} \times \dfrac{10-4}{10-1} = 0.64$

例 6-9

由一副 52 張的撲克牌中任意抽出 5 張，假設隨機變數 X 表抽出的梅花張數，試求下列各小題：

(1) 恰選出 3 張梅花的機率。

(2) 所選出的 5 張撲克牌中至多 3 張梅花的機率。

(3) 若現在從 1000 副撲克牌中任選 5 張，重做第 (2) 小題。

解 $\because X \sim HG(52,13,5)$　$\therefore f(x) = \dfrac{C_x^{13} C_{5-x}^{39}}{C_5^{52}}$, $x = 0,1,2,3,4,5$

(1)　$f(3) = \dfrac{C_3^{13} C_2^{39}}{C_5^{52}} = 0.0815$

(2)　$f(x \le 3) = 1 - f(x \ge 4) = 1 - f(4) - f(5) = 1 - \dfrac{C_4^{13} C_1^{39}}{C_5^{52}} - \dfrac{C_5^{13} C_0^{39}}{C_5^{52}} = 0.9888$

(3)　1000 副撲克牌共 52000 張，其中有 1300 張梅花，因此選出 5 張至多含 3 張梅花的
　　機率為

$$f(x \le 3) = 1 - f(x \ge 4) = 1 - f(4) - f(5) = 1 - \dfrac{C_4^{13000} C_1^{39000}}{C_5^{52000}} - \dfrac{C_5^{13000} C_0^{39000}}{C_5^{52000}}$$

　　很顯然上面的式子很難計算，$\because \dfrac{n}{N} = \dfrac{5}{52000} \le 0.05$，故本題可用二項分配近似，

　　$f(x) = C_x^n p^x q^{n-x}$，因為梅花占全體的 $\dfrac{1}{4}$，故 $p = \dfrac{1}{4}, q = \dfrac{3}{4}$，所求為

$$f(x \le 3) = 1 - f(x \ge 4) = 1 - f(4) - f(5) = 1 - C_4^5 (\tfrac{1}{4})^4 (\tfrac{3}{4}) - C_5^5 (\tfrac{1}{4})^5 (\tfrac{3}{4})^0 = 0.9844$$

🎯 6.5　Poisson 分配

　　Poisson 分配主要用來描述一個特定空間或特定時間中發生次數的現象，例如：十字路口一小時內發生車禍的次數、某銀行 10 分鐘內進入之客戶數等，皆可用 Poisson 分配來描述。

6.5.1　Poisson 分配與其重要參數

1.　Poisson 試驗

　　在每一連續的區間內（例如：時間、長度、面積），觀察某一事件的隨機試驗，令 X 為此事件發生的次數，若此隨機實驗滿足下列的條件，則此試驗為 Poisson 試驗。

(1)　任兩不重疊的區間內，事件發生的次數為獨立事件。

(2)　在每一單位區間內，事件發生的機率很小且發生的機率維持不變。

(3)　在每一單位區間內，事件發生次數為二次或以上的機率微乎其微，視作 0。

(4)　事件發生之平均次數與區間長度成正比。

2. Poisson 分配的機率質量函數

假設 X 表示在單位時間內發生之次數，且其平均次數為 λ 次，根據 Poisson 試驗的特性，我們可以推導出 Poisson 分配的機率質量函數為：

$$f(x) = \frac{e^{-\lambda}\lambda^x}{x!}, \quad x = 0,1,2,\cdots$$

因此我們只要知道單位時間內發生的平均次數 λ 代入上式，即可求得 Poisson 分配的機率值。要特別注意 λ 與區間長度成正比，故解題時 λ 需按題意進行適當的縮放。

 例 **6-10**

假設單位時間內進入加油站的汽車數目服從 Poisson 分配，平均每小時有 6 輛車。試問：

(1) 1 小時之內有 2 輛或 2 輛以上車子進入的機率？

(2) 半小時之內剛好有 3 輛車子進入的機率？

(3) 20 分鐘之內沒有車子進入的機率？

(4) 過去已經有 1 小時沒有車子進入，則接下來 20 分鐘，仍沒有車子進入的機率？

 解

$$f(x) = \frac{e^{-\lambda}\lambda^x}{x!}, \quad x = 0,1,2,\cdots$$

(1) $\lambda=6$ 輛／小時

$$f(x \geq 2) = 1 - f(x \leq 1) = 1 - f(0) - f(1) = 1 - \frac{e^{-6}6^0}{0!} - \frac{e^{-6}6^1}{1!} = 1 - 7e^{-6} = 0.983$$

(2) $\lambda=3$ 輛／半小時

$$f(3) = \frac{e^{-3}3^3}{3!} = \frac{9}{2}e^{-3} = 0.224$$

(3) $\lambda=2$ 輛／20 分鐘

$$f(0) = \frac{e^{-2}2^0}{0!} = e^{-2} = 0.135$$

(4) 因為 Poisson 分配假設每個區間彼此獨立，故其發生的機率與前面的 1 小時無關，故本題答案與第 (3) 題一樣為 $e^{-2} = 0.135$。

3. Poisson 分配的重要參數

(1) 期望值

$E(x) = \lambda$

(2) 變異數

$$V(x) = \lambda$$

證明：

本題需用到自然指數的馬克勞林展開式 $\sum_{n=0}^{\infty} \frac{x^n}{n!} = \sum_{n=0}^{\infty} \frac{x^{n-1}}{(n-1)!} = \sum_{n=0}^{\infty} \frac{x^{n-2}}{(n-2)!} = e^x$

期望值：

$$E(x) = \sum_{x=0}^{\infty} xf(x) = \sum_{x=0}^{\infty} x \frac{e^{-\lambda}\lambda^x}{x!} = \lambda e^{-\lambda} \sum_{x=0}^{\infty} \frac{\lambda^{x-1}}{(x-1)!} = \lambda e^{-\lambda} \cdot e^{\lambda} = \lambda$$

變異數：

$$V(x) = E(x^2) - [E(x)]^2 = E[x(x-1)] + E(x) - [E(x)]^2$$

其中

$$E[x(x-1)] = \sum_{x=0}^{\infty} x(x-1)f(x) = \sum_{x=0}^{\infty} x(x-1)\frac{e^{-\lambda}\lambda^x}{x!} = \lambda^2 e^{-\lambda} \sum_{x=0}^{\infty} \frac{\lambda^{x-2}}{(x-2)!} = \lambda^2 e^{-\lambda} \cdot e^{\lambda} = \lambda^2$$

$$\therefore V(x) = \lambda^2 + \lambda - \lambda^2 = \lambda$$

6.5.2 近似分配

當二項分配成功機率 $p \to 0$ 且 $n \to \infty$ 時，二項分配會趨近於 Poisson 分配。由於 Poisson 分配的機率計算較二項分配簡單，所以當二項分配的成功機率很小時，我們可以用 Poisson 分配來近似模擬，只要將 $\lambda = np$ 代入 Poisson 分配的機率函數中，即可計算出二項分配的機率。至於二項分配成功機率要多小才可以 Poisson 分配近似模擬，並沒有特別的門檻，因此只要在解題時詳細說明使用方法即可。

 例 6-11

假設某工廠生產的不良品率為 0.001，隨機抽取 4 個，請分別以二項分配（真實分配）與 Poisson 分配模擬，求全部皆為良品的機率？

解 假設 X 表取出不良品的個數，本題因取出情況只有良品、不良品兩種，故屬於二項分配：$f(x) = C_x^n p^x q^{n-x}, x = 0,1,2,\cdots$

$$f(0) = C_0^4 (0.001)^0 (0.999)^4 = 0.996$$

以 Poisson 分配推求：

$\lambda = np = 4 \times 0.001 = 0.004$ 代入 Poisson 分配中

$$f(0) = \frac{e^{-0.004}(0.004)^0}{0!} = 0.996$$

由本題可以看出，當 $p \to 0$ 時，二項分配很接近 Poisson 分配，本題的 n 並未 $\to \infty$，但兩個方法所獲得的答案幾乎一樣，因此何時二項分配可用 Poisson 分配模擬，無法確切的明訂一個臨界值。

課·後·練·習

1. 試求投擲二粒骰子點數和的機率分配，並求期望值與變異數。

2. 一袋中有編號 1 到 10 號的球，現隨機自袋中抽取一球，求取出球號碼的期望值與變異數。

3. 假設 X 表投擲二枚硬幣出現正面的次數，Y 表投擲一粒骰子出現的點數，試求
   (1) $|X - Y|$ 的機率分配。
   (2) 承上題，期望值與變異數。

4. 考慮如下的二項試驗，$n = 10, p = 0.5$
   (1) 求 $f(2)$。
   (2) 求至少成功一次的機率。
   (3) 求期望值與變異數。

5. 假設工廠每日上、下午各隨機抽驗產品 25 件，若產品不良率一直保持為 0.02，令每日抽驗產品中所含不良品件數為隨機變數，則 X 分配的期望值 $E(x)$ 及變異數 $V(x)$ 各為何？

6. 假設隨機變數 X 滿足二項分配，$n = 10, p = 0.4$
   (1) 求 $P(x \leq 2)$。
   (2) 求 $P(x \geq 3)$
   (3) 求期望值與變異數。

7. 假設某推銷員推銷成功的機率為 0.2，現在他向 10 位顧客推銷，試求
   (1) 恰兩位成功的機率。
   (2) 至少 1 人成功的機率。
   (3) 期望值與變異數，並解釋期望值的意義。

8. 投擲一枚十元硬幣，出現正面的機率為 1/2，沒有出現正面的機率也是 1/2；一次投擲兩枚十元硬幣，出現兩個正面的機率為 1/4，出現一個正面的機率為 1/2，沒有出現正面的機率是 1/4；一次投擲三枚十元硬幣，出現三個正面的機率為 1/8，出現兩個正面的機率為 3/8，出現一個正面的機率也是 3/8，沒有出現正面的機率為 1/8…。請問一次投擲九枚十元硬幣，出現六個正面的機率為何？出現三個正面的機率為何？

9. 一家賣種子的公司向消費者保證，購買該公司種子之發芽率若小於 90% 時，則退還消費者購買種子的費用。李太太購買一盒種子，內有 10 顆種子，若每顆種子發芽率皆為 0.9，請問李太太不會獲得公司退費的機率為何？

10. 數學班有 15 位同學，其中 10 位同學習慣課前預習，另外 5 位則無此習慣。現在李老師在班上隨機抽取 5 位學生，請問當中至少有 2 位做過課前預習的機率為何？

11. 甲電子公司徵才，由 5 個應徵者選出 2 人，恰好選到 2 個最差的應徵者之機率為何？

12. 好朋友商店正以 5000 元促銷某品牌定價為 7500 之相機，且該相機之進貨成本為 4500 元。若好朋友商店之服務員對詢問顧客，具有 50% 的銷售能力，且假設該專櫃平均每小時有 3 位顧客上門。請問：

    (1) 該專櫃平均每小時有 5 名顧客蒞臨的機率。

    (2) 若該專櫃 1 小時內有 5 位顧客蒞臨，且營業額為 10000 元之機率。

    (3) 該專櫃一天（營業時間為 10 小時）預期利潤有多少？

13. 設逢甲夜市賣拉茶的小姐自誇在星期例假日人潮洶湧的時候，每分鐘可賣出 5 杯拉茶。試求：

    (1) 3 分鐘內，至少賣出 1 杯拉茶的機率。

    (2) 5 分鐘內，至多賣出 8 杯拉茶的機率（列式即可）。

    (3) 15 分鐘內，賣出 15 杯拉茶的機率。

14. 飛宏公司向飛利浦工廠訂購 80 支刮鬍刀，交貨之日該公司派人隨意抽查其中 15 支。依照契約規定，若所查的 15 支刮鬍刀均合規定則付款，如其中有 3 支或 3 支以上不合規定，則全部退貨。假設在 80 支刮鬍刀中有 5 支不合規定，令 X 表抽查的 15 支刮鬍刀中不合規定者之數量，試求：

    (1) X 之機率分配為何？寫出其機率函數。

    (2) 全部退貨的機率。

    (3) 試分別以二項分配與 Poisson 分配來估計題 (2) 之機率，並比較所得之結果。

15. 台灣省每年七、八月間颱風來襲，發生率為每星期 1 件。假設七月和八月各有 4 個半星期。試求：

    (1) 七月沒有發生颱風的機率。

    (2) 這兩個月皆沒有發生颱風的機率。

    (3) 七月與八月分別發生 3 個與 5 個颱風的機率。

    (4) 七、八月間共發生 9 件颱風的機率。

16. 一袋中有 10 個黃球、8 個藍球、5 個白球。

    (1) 若以取出放回的方式抽取 6 次，試問每種顏色各抽出 2 次的機率。

    (2) 續題 (1)，若以取出不放回的方式抽取，機率又是多少。

    (3) 若以取出放回的方式抽取 5 次，已知其中恰有 2 次為黃球，試問剩下 3 次中，1 藍 2 白的機率。

    (4) 續題 (3)，若以取出不放回的方式抽取，機率又是多少。

17. A 學生想得到英檢證書，其通過每次英檢的機率為 0.6，令 X 表 A 學生考英檢的次數，試問：

    (1) X 之機率分配為何？寫出其機率函數。

    (2) A 學生預期要考幾次英檢才能拿到證書。

    (3) A 學生於第 3 次英檢考試才拿到證書的機率。

    (4) 一英檢補習班保證學員最多考 2 次即可得到英檢證書，A 學生為這家補習班的學員，請問 A 學生不砸這家補習班招牌的機率。

18. 設台大醫院中 70 歲以上的男性老人得中風的機率為 27%，70 歲以上的女性老人得中風的機率為 21%。若該醫院上星期共收到 40 名男性老人與 60 女性老人，試問：

    (1) 任一老人得到中風的機率。

    (2) 各有一名男性老人與女性老人得到中風的機率。

19. 假設查號台平均每 2 分鐘有一通電話詢問電話號碼，呈 Poisson 分配。

    (1) 試求每小時平均有幾通電話打入詢問電話號碼。

    (2) 6 分鐘內有 3 通電話詢問電話號碼的機率。

    (3) 6 分鐘內沒有任何電話詢問電話號碼的機率。

20. 從一副撲克牌中隨機抽取 5 張牌，求

    (1) 恰有兩張 A 的機率。

    (2) 至少有一張 A 的機率。

    (3) 沒有 A 的機率。

21. 某製造過程中，已知平均每 100 個產品中有一個不良品。那麼在一個不良品發現之前 (1) 檢驗 5 個產品的機率。　(2) 期望值為何？　(3) 其意義為何？

22. 三個死黨聚餐，以擲銅板決定付帳者，規定三者中不同者付帳，其餘情況就再擲，則第一次擲即成功的機率為何？至少需擲三次才能作決定的機率為何？

23. 某單位正在做一項試驗，該項試驗要一直做到成功為止。假設所有的試驗之間彼此獨立（independent），且每次試驗需花費 $ 100,000，但是若試驗失敗了，則該單位需要額外支出 $ 20,000，來準備下一個試驗。假設在單一試驗中，其成功機率為 0.12，試問該單位執行此項試驗時，其期望值成本為何？

CHAPTER 07

常見的連續型機率分配

7.1 連續均勻分配

7.2 常態分配

7.3 指數分配

在前一章節中我們介紹了常見的離散型機率分配，在本章節我們將要介紹常見的連續型機率分配，常用的連續型機率分配有均勻分配、常態分配與指數分配三種。

7.1 連續均勻分配

若隨機變數在某連續區間 (a,b) 內所發生的機率皆相同時，其機率分配稱為均勻分配，例如：等待公車到達機率、或者約會碰面機率等都可視作一種均勻分配。

7.1.1 均勻分配之機率密度函數

假設隨機變數 X 的可能值之範圍區間為 $[a,b]$，且呈均勻分配，則其機率函數為：

$$f(x) = \frac{1}{b-a}, \quad a \leq x \leq b$$

其機率密度函數圖形如下所示：

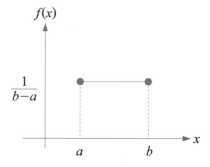

從圖形中我們可以看出其密度函數為一條水平直線，其面積大小即代表機率值。由於在計算均勻分配的機率時，其面積永遠維持矩形且高度相同，故我們也可以利用線段長的比值來計算均勻分配的機率值，後面我們會舉例說明。

7.1.2 均勻分配的期望值與變異數

1. 期望值

    均勻分配的期望值為 $E(x) = \dfrac{a+b}{2}$。

2. 變異數

    均勻分配的變異數為 $V(x) = \dfrac{(b-a)^2}{12}$。

證明：

期望值：

$$E(x) = \int_a^b xf(x)dx = \int_a^b x \times \frac{1}{b-a}dx = \frac{1}{b-a} \times \frac{1}{2}x^2 \Big|_a^b = \frac{b^2 - a^2}{2(b-a)} = \frac{a+b}{2}$$

變異數：

$$E(x^2) = \int_a^b x^2 f(x)dx = \frac{1}{b-a}\int_a^b x^2 dx = \frac{1}{b-a} \times \frac{1}{3}x^3 \Big|_a^b = \frac{a^2 + ab + b^2}{3}$$

$$\therefore V(x) = E(x^2) - \left[E(x)\right]^2 = \frac{a^2 + ab + b^2}{3} - (\frac{a+b}{2})^2 = \frac{(b-a)^2}{12}$$

 例 7-1

已知台北捷運系統大約每隔 5 分鐘發一班車，且為均勻分配。假設某人欲到站搭乘捷運，若此人完全不知道任何列車到站時間的訊息，請問：

(1) 此人等待時間小於 2 分鐘的機率？

(2) 此人至少等待 3 分鐘以上的機率？

(3) 此人等待時間介於 1 分鐘到 4 分鐘的機率？

(4) 此人平均等待時間為何？

(5) 此人等待時間的變異數為何？

 解 (1) ＜方法一＞因為每五分鐘發一班車，故密度函數：$f(x) = \frac{1}{5}, 0 \le x \le 5$

此人等待小於 5 分鐘的機率：$f(x \le 2) = \int_0^2 \frac{1}{5}dx = \frac{2}{5}$

＜方法二＞以幾何機率求解

每五分鐘發一班車，故母體之線段長為 5，某人於 A 時間在捷運站，捷運於 $A \sim C$ 時間內抵達，如下圖所示：

$$A \qquad\qquad C \qquad\qquad B$$

故等待小於兩分鐘的機率為：$\dfrac{\overline{AC}}{\overline{AB}} = \dfrac{2}{5}$

(2) 如下圖所示：

$$A \qquad\qquad D \qquad\qquad B$$

故至少等待 3 分鐘以上的機率為：$\dfrac{\overline{DB}}{\overline{AB}} = \dfrac{2}{5}$

(3) 如下圖所示：

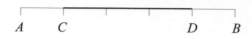

$$A \quad C \qquad\qquad D \quad B$$

故等待時間介於 1 分鐘到 4 分鐘的機率為：$\dfrac{\overline{CD}}{\overline{AB}} = \dfrac{3}{5}$

(4) 平均等待時間：$E(x) = \dfrac{a+b}{2} = \dfrac{0+5}{2} = \dfrac{5}{2}$ 分鐘。

(5) 等待時間的變異數：$V(x) = \dfrac{(b-a)^2}{12} = \dfrac{(5-0)^2}{12} = \dfrac{25}{12}$

🎯 7.2 常態分配

7.2.1 常態分配及其性質

1. 常態分配

在連續型的機率分配模型中，常態分配（normal distribution）最為重要且用途最廣，大凡描述存在於大自然間的各種現象或狀態，如人類的身高、體重、智商等，我們都可以大膽假設母體為常態分配。常態分配其次數分配曲線呈鐘型（bell shaped），此曲線為常態曲線（normal curve）。

常態曲線最早由法國數學家 De Moiver 於 1773 年提出，隨後高斯（Carl Gauss, 1777-1855）在重複測量的誤差研究中，亦導出此曲線的方程式，故有人將常態分配稱為高斯分配。常態分配之機率密度函數為：

$$f(x) = \frac{1}{\sqrt{2\pi}\sigma} e^{-\frac{1}{2}\frac{(x-\mu)^2}{\sigma^2}}, \quad -\infty < x < \infty$$

其中：μ 為常態分配的平均數，σ 為標準差。通常以符號 $X \sim N(\mu, \sigma^2)$ 表示隨機變數 X 為具平均數 μ 標準差 σ 之常態分配。

2. 常態曲線的特性

根據常態分配之機率密度函數，我們可以獲得下列之性質：

(1) 常態分配為一機率密度函數，故曲線與 x 軸所圍面積等於 1，即

$$\int_{-\infty}^{\infty} \frac{1}{\sqrt{2\pi}\sigma} e^{-\frac{1}{2}\frac{(x-\mu)^2}{\sigma^2}} dx = 1$$

(2) 常態曲線對稱於 $x=\mu$，μ 為常態分配之平均數。

(3) 以 μ 為中心，兩邊加減一個標準差之處，即 $(\mu+\sigma, f(\mu+\sigma))$ 與 $(\mu-\sigma, f(\mu-\sigma))$ 為常態曲線的兩個反曲點（infection point）。

(4) 常態隨機變數 X 的值範圍 $-\infty < x < \infty$，並以 x 軸為漸近線。

(5) 常態分配曲線為單峰對稱分配，平均數、中位數、眾數三個數值相等，即 $\mu = Me = Mo$。

(6) 以 μ 為中心，左右各加減 1 個標準差的區間 $[\mu-\sigma, \mu+\sigma]$ 占全體的 68.3%；左右各加減 2 個標準差區間 $[\mu-2\sigma, \mu+2\sigma]$ 占全體的 95.4%；左右各加減 3 個標準差區間 $[\mu-3\sigma, \mu+3\sigma]$ 占全體的 99.7%。從上述三個值可以看出來，經驗法則為常態分配之近似值。

(7) 常態分配的偏態係數等於 0，峰度係數等於 3。

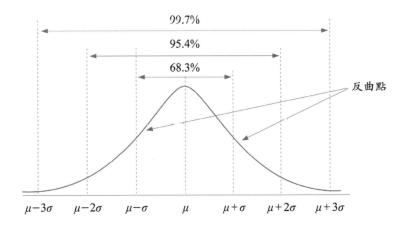

(8) 常態分配的 μ 表示分配的中央位置，μ 越大表示圖形越靠右側。而 σ 表分配的集中程度，σ 越小代表越集中。

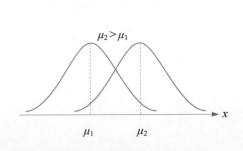
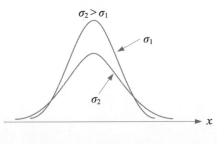

✿7.2.2 標準常態分配

1. 標準常態分配的意義（standard normal distribution）

　　如果我們要求常態分配的機率，就必須對常態分配機率密度函數進行積分。儘管有許多方法可以求出積分值，但並非每個人都有此能力去求算此積分值。由於常態分配太重要了，於是有數學家想出了一種方法，可以針對不同平均數、標準差的常態分配，不需經過複雜的積分運算就能輕鬆的利用查表的方式求出所對應的機率值，這種方法就是將隨機變數標準化。這種標準化的技巧有點類似高中時代所學的對數表與三角函數表一樣，針對不同變數值都可以用一個簡單的表格查出所需要的數值。所謂標準化就是將隨機變數 X 減去平均數再除以標準差的過程，即

$$z = \frac{x - \mu}{\sigma}$$

　　隨機變數 z 稱為標準常態隨機變數，標準化後的常態分配稱為標準常態分配。標準常態分配的的期望值為 0，標準差為 1，其常態機率密度函數為

$$f(z) = \frac{1}{\sqrt{2\pi}} e^{-\frac{z^2}{2}}, \quad -\infty < z < \infty$$

　　下圖為常態隨機變數 X 轉換成標準常態隨機變數 Z 之對應關係。

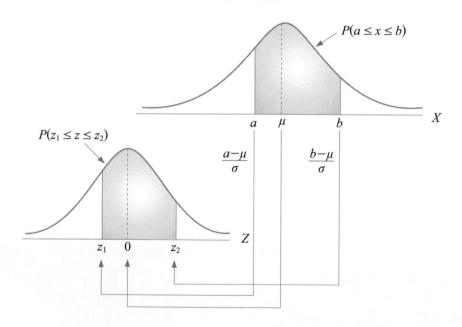

2. **標準常態分配的特性與查表**

一般而言，標準常態分配表的呈現方式有 2 大類共 3 種：第 1 類稱為半表，它是從原點出發，y 軸與 $Z=z$ 所圍的面積代表其機率。第 2 類稱為全表，全表又分為以上累積分配表與以下累積分配表，所謂以下累積分配表是 $-\infty$ 到 $Z=z$ 所圍的面積代表其機率；而以上累積分配表則剛好相反，是 $Z=z$ 到 ∞ 所圍的面積代表其機率，一般檢定系統所用的常態分配表多屬於這類。

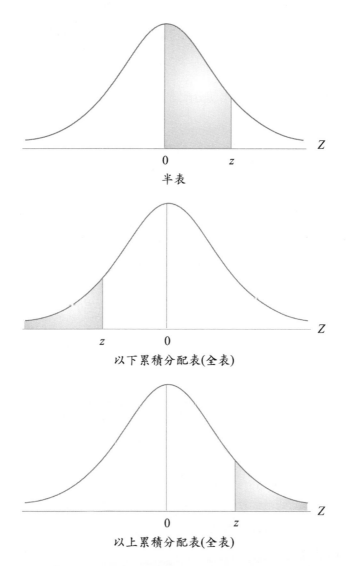

半表

以下累積分配表(全表)

以上累積分配表(全表)

為了和後面的檢定系統能夠相互連貫以及與隨後的 t 分配、F 分配與卡方分配一致，本書本將採用全表系統中的以上與以下累積分配混用模式，本書的符號規定如下圖所示：

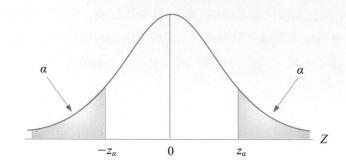

下列為檢定系統中常用到之標準常態分配表的值與其對應的機率。

(1) $z_{0.025} = 1.96$

(2) $z_{0.05} = 1.645$

(3) $z_{0.1} = 1.28$

有關母體為常態分配的機率求值問題，只要掌握住下列三個步驟，必定能迎刃而解。

(1) 列式：依照題意列出欲求之式子，一般而言，所列出式子如 $P(a \leq x \leq b)$ 型式。

(2) 標準化：不等式兩邊同時減掉平均數並除以標準差，即

$$P(a \leq x \leq b) = P(\frac{a - \mu}{\sigma} \leq z \leq \frac{b - \mu}{\sigma})$$

(3) 查表：可能為正向查表或反向查表。

 例 7-2

（查表練習）試利用標準常態分配表求下列各小題之機率：

(1) $P(z > 1.2)$ (2) $P(z < 2)$ (3) $P(z > -1)$

(4) $P(z < -0.5)$ (5) $P(-1 < z < 2)$

 解 表格見附錄，機率即灰色區域面積。

(1) $P(z > 1.2) = 0.1151$

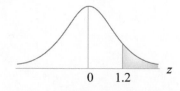

(2) $P(z < 2) = 0.9772$

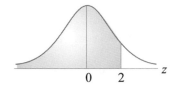

(3) $P(z > -1) = 0.8413$

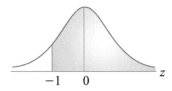

(4) $P(z < -0.5) = 0.3085$

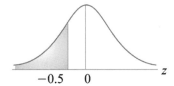

(5) $P(-1 < z < 2) = 0.8185$

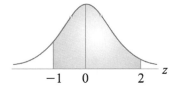

例 7-3

（反查表練習）試利用標準常態分配表求下列各小題之 a 值。

(1) $P(z > a) = 0.0778$　　(2) $P(z > a) = 0.8238$　　(3) $P(z < a) = 0.0749$

(4) $P(z < a) = 0.8023$　　(5) $P(-a < z < a) = 0.95$

 解 (1) $a = 1.42$

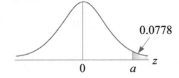

(2) $a = -0.93$

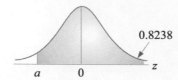

(3) $a = -1.44$

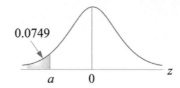

(4) $a = 0.85$

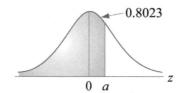

(5) $a = 1.96$

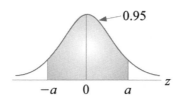

 例 7-4

已知某機器所生產之產品重量分配為一常態分配,平均重 200 公克,標準差 4 公克。

(1) 若此產品的規格要求重量必須在 195 到 203 公克之間,超出此範圍皆不合格,試問此機器所生產的產品不合格率為多少?

(2) 若標準差維持 4 公克,欲使其重量超過 210 公克之機率等於 5%,則平均重量應訂多少?

解 (1) 不合格率

$$= P(x < 195) + P(x > 203) = P(z < \frac{195 - 200}{4}) + P(z > \frac{203 - 200}{4})$$

$$= P(z < -1.25) + P(z > 0.75) = 0.1056 + 0.2266 = 0.3322$$

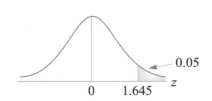

(2) $P(x > 210) = 0.05 \Rightarrow P(z > \dfrac{210 - \mu}{4}) = 0.05$

反查表知 $P(z > 1.645) = 0.05$

故 $\dfrac{210 - \mu}{4} = 1.645 \Rightarrow \mu = 203.42$ 公克

例 7-5

假設某次統計學考試成績服從常態分配，全班的平均分數是 70 分，標準差是 5 分。某一學生至少要考幾分才能落在班上的 5% 的高分群內？

解 假設必須考 a 分才能落在班上 5% 以內

由題意可知：$P(x > a) = 0.05 \Rightarrow P(x > \dfrac{a - 70}{5}) = 0.05$

反查表知 $P(z > 1.645) = 0.05 \Rightarrow \dfrac{a - 70}{5} = 1.645$

$\therefore a = 70 + 5 \times 1.645 = 78.225$

故必須考 79 分以上才能落在班上的 5% 的高分群內。

7.2.3 二項分配與 Poisson 分配的常態分配近似法

1. 二項份配的常態分配近似法

　　在上一章我們曾經提到二項分配的圖形，當成功機率 $p < \dfrac{1}{2}$ 呈現右偏分配，$p > \dfrac{1}{2}$ 呈現左偏分配，$p = \dfrac{1}{2}$ 時二項分配呈現對稱分配。但隨著試驗的次數 n 增加時，不論 p 的大小，二項分配會逐漸趨近於對稱分配，此時我們便可以利用常態分配來近似二項分配的機率。由下圖為 $p = 0.3$ 針對四個不同 n 值的機率分配情形，可發現圖形隨著 n 值的增加，圖形從右偏逐漸趨近於對稱分配。

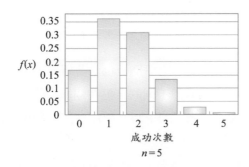

$n = 5$

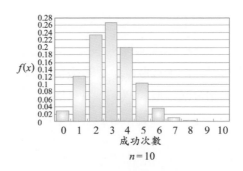

$n = 10$

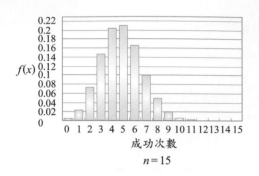

成功次數
$n = 15$

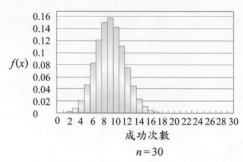

成功次數
$n = 30$

至於需要多大的 n 值才可利用常態分配來近似，並無定論，在實際的應用上只要二項分配滿足 $np \geq 5$ 且 $nq \geq 5$ 我們就可利用常態分配來近似了，故當 $np \geq 5$ 且 $nq \geq 5$ 時：

$$B(n; p) \sim N(\mu = np, \sigma^2 = npq)$$

由於二項分配為離散型的機率分配，而常態分配為連續型的機率分配，因此若利用常態分配來近似二項分配必須加上連續修正因子，這裡所謂的連續修正因子與之前作直方圖的連續修正因子是相同的，我們只要將每一項 $\pm \frac{1}{2}$ 最小單位之後，就可以利用連續機率模型來求算離散機率模型的機率值了。至於為何要 $\pm \frac{1}{2}$ 最小單位，從下面的兩個圖中我們可以很明顯得看出來，假設要求 $P(2 \leq x \leq 4)$ 的機率，在二項分配中只要計算 $f(2) + f(3) + f(4)$ 即可求出。但若改用連續分配模型我們就必須計算 $P(1.5 \leq x \leq 4.5)$，也就是把從 1.5 到 4.5 間的三塊矩形面積加起來，剛好就等於離散機率分配中的 $P(2 \leq x \leq 4)$ 機率。

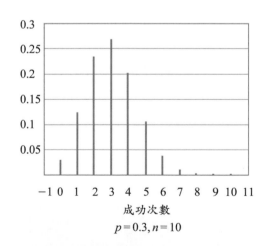

成功次數
$p = 0.3, n = 10$

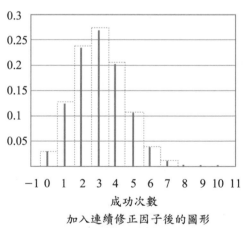

成功次數
加入連續修正因子後的圖形

用常態分配來近似離散型的機率分配必須注意原分配的機率是否包含著邊界，因為在離散型的機率分配模型，$P(a \leq x \leq b)$ 與 $P(a < x < b)$ 答案是截然不同的，但在連續型的機率分配模型中邊界是否有等號不會影響答案，因此在加入連續修正因子時必須注意原分配模型的式

子是否包含邊界，再利用 $+\dfrac{1}{2}$ 單位或 $-\dfrac{1}{2}$ 單位來作連續性的調整。底下我們將連續修正因子的調整情形作一整理。

原機率模型	加入連續修正因子	轉換成常態分配
$P(a \le x \le b)$	$P(a - \dfrac{1}{2} \le x \le b + \dfrac{1}{2})$	$P(\dfrac{a - \dfrac{1}{2} - np}{\sqrt{npq}} \le z \le \dfrac{b + \dfrac{1}{2} - np}{\sqrt{npq}})$
$P(a \le x < b)$	$P(a - \dfrac{1}{2} \le x \le b - \dfrac{1}{2})$	$P(\dfrac{a - \dfrac{1}{2} - np}{\sqrt{npq}} \le z \le \dfrac{b - \dfrac{1}{2} - np}{\sqrt{npq}})$
$P(a < x \le b)$	$P(a + \dfrac{1}{2} \le x \le b + \dfrac{1}{2})$	$P(\dfrac{a + \dfrac{1}{2} - np}{\sqrt{npq}} \le z \le \dfrac{b + \dfrac{1}{2} - np}{\sqrt{npq}})$
$P(a < x < b)$	$P(a + \dfrac{1}{2} \le x \le b - \dfrac{1}{2})$	$P(\dfrac{a + \dfrac{1}{2} - np}{\sqrt{npq}} \le z \le \dfrac{b - \dfrac{1}{2} - np}{\sqrt{npq}})$

事實上，上面表格只要記住第 1 式即可，因為左邊 $-\dfrac{1}{2}$ 右邊 $+\dfrac{1}{2}$ 很合乎左右的正負規則。對於二項分配而言，成功次數 $x = 0,1,2,\cdots$，故若求 $P(3 < x \le 6)$ 將其轉換成 $P(4 \le x \le 6)$，求 $P(2 < x < 7)$ 將其轉換成 $P(3 \le x \le 6)$，其他情況依此類推。

2. Poisson 分配的常態分配近似法

同樣的在 Poisson 分配中，當 λ 很大，則 Poisson 分配會趨近於近似常態分配，即：

$$Poi(\lambda) \sim N(\mu = \lambda, \sigma^2 - \lambda)$$

至於 λ 要多大，並沒有一定的標準，故按照題目的意思進行計算即可。

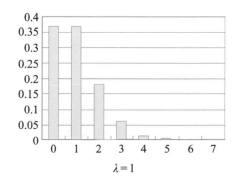

$\lambda = 1$

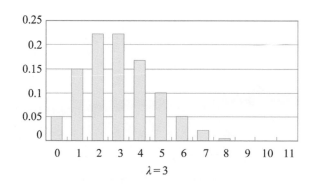

$\lambda = 3$

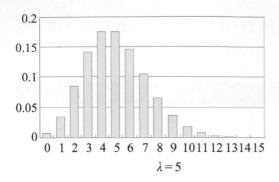

$\lambda = 5$

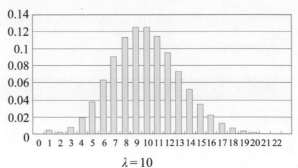

$\lambda = 10$

例 **7-6**

　　假設輪胎公司所生產的輪胎有 5% 的輪胎壽命低於六個月，現在有一汽車出租公司買了 20 個輪胎，請問這 20 個輪胎中若壽命低於六個月的至多 2 個，試分別以下列方式計算其機率值：

(1) 真實的機率分配模式。

(2) 以 Poisson 分配近似。

(3) 以常態分配近似。

 設 X 表購買 20 個輪胎中，壽命小於 6 個月之個數

(1) 真實分配為二項分配，故機率為

$$P(x \le 2) = \sum_{x=0}^{2} C_x^{20}(0.05)^x(0.95)^{20-x} = 0.9245$$

(2) $\lambda = np = 20 \times 0.05 = 1$

$$P(x \le 2) = \sum_{x=0}^{2} \frac{e^{-1}1^x}{x!} = 0.9197$$

(3) $\mu = np = 20 \times 0.05 = 1, \sigma^2 = npq = 20 \times 0.05 \times 0.95 = 0.95$

$$P(x \le 2) = P(z \le \frac{2 + \frac{1}{2} - 1}{\sqrt{0.95}}) \approx P(z \le 1.54) = 0.9382$$

例 **7-7**

　　假設某網站上網人數服從帕松分配（Poisson Distribution），平均上網人數為每 5 分鐘 20 人。假設該網站在 1 分鐘之內進入的人數超過 8 人，該網站就會產生網路壅塞的現象。請問若你現在進入該網站，請分別以 Poisson 分配與常態分配近似模擬，計算你會碰到網路壅塞的機率為何？

解 (1) 每 5 分鐘 20 人 $\therefore \lambda = \dfrac{20}{5} = 4$ 人 / 分鐘

設 X 為每分鐘進入人數，所求為：

$$P(x > 8) = 1 - P(x \le 8) = 1 - f(0) - f(1) - f(2) - \ldots - f(8)$$

$$= 1 - \frac{e^{-4}4^0}{0!} + \frac{e^{-4}4^1}{1!} + \frac{e^{-4}4^2}{2!} + \cdots + \frac{e^{-4}4^8}{8!} \approx 0.0267$$

(2) 以常態分配近似，$X \sim N(\mu = \lambda = 4, \sigma^2 = \lambda = 4)$

$$P(x > 8) = P(z > \frac{8 + \dfrac{1}{2} - 4}{\sqrt{4}}) = P(z > 2.25) \approx 0.0122$$

7.3 指數分配

7.3.1 指數分配的機率密度函數

指數隨機變數所描述的情況恰與 Poisson 隨機變數相反，Poisson 隨機變數描述某一特定時間內某事發生的次數，而指數隨機變數則描述連續兩件事發生的間隔時間。下表為 Poisson 隨機變數與指數隨機變數間的關聯。

Poisson 隨機變數	指數隨機變數
1 小時內，平均 20 部車子開進停車場 （$\lambda = 20$ 輛 / 小時）	平均每隔 3 分鐘有一部車子開進停車場 （$\beta = 3$ 分鐘 / 輛）
高速公路上每 1 公里平均種 10 棵樹 （$\lambda = 10$ 棵 / 公里）	高速公路上平均每隔 100 公尺有 1 棵樹 （$\beta = 100$ 公尺 / 棵）
血液中每 1cm³ 中有 1000 個紅血球 （$\lambda = 1000$ 個 /cm³）	血液中每 0.001cm³ 中有 1 個紅血球 （$\beta = 0.001$cm³/ 個）

從上面的表格中，我們可以發現 Poisson 分配與指數分配（exponential distribution）有密切的關係，Poisson 分配的平均數 λ 恰為為指數分配的平均數 β 的倒數，因此 $\lambda = \dfrac{1}{\beta}$ 或 $\beta = \dfrac{1}{\lambda}$，故指數分配可由 Poisson 分配的觀念推導出來，推導過程請參考作者的另一本統計書籍。指數分配的機率密度函數如下所示：

$$f(x) = \frac{1}{\beta} e^{-\frac{x}{\beta}}, x \ge 0$$

其中：$\beta =$ 事件發生的平均時間

$x =$ 第一次發生事件所需時間

 7-8

已知進入銀行客戶的時間 X 呈指數分配，平均每 5 分鐘有一個人進入，試問隨機變數 X 的機率密度函數為何？

解 $\beta = 5$ 分鐘 / 人

$\therefore f(x) = \dfrac{1}{5} e^{-\frac{x}{5}}, x \geq 0$

7.3.2 常用之指數分配計算公式

由於計算指數分配的機率值必需用到積分，為了避免有讀者對積分感到恐慌，因此在此介紹一個十分有用的公式，藉此公式便可求解所有的指數分配機率問題，此公式為：

$$P(x > a) = \int_a^\infty \frac{1}{\beta} e^{-\frac{x}{\beta}} dx = e^{-\frac{a}{\beta}}$$

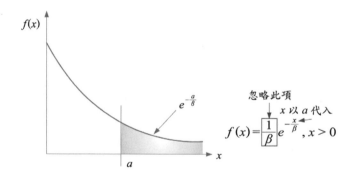

欲求 $x = a$ 右側的機率，只要將 $x = a$ 代入指數分配的機率函數中，並忽略前面的係數。有了這個好用的公式，我們即可不需要積分就可以計算指數分配的各種題型了，例如：

1. $P(x < a) = 1 - e^{-\frac{a}{\beta}}$

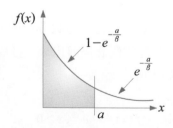

2. $P(a < x < b) = e^{-\frac{a}{\beta}} - e^{-\frac{b}{\beta}}$

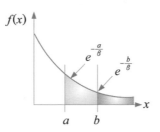

7.3.3 指數分配的重要參數

指數分配的期望值與變異數分別如下所示：

1. 期望值

   $E(x) = \beta$

2. 變異數

   $V(x) = \beta^2$

 7-9

某一廠牌彩色電視機其壽命時間呈指數分配，且平均壽命為 10 年。試求下列各題之機率。

(1) 壽命長達 12 年以上。

(2) 1 年內即發生故障而報廢

(3) 壽命時間介於 2 至 10 年。

(4) 求電視壽命的變異數。

 設 X 表該電視機之壽命時間，且平均壽命 $\beta = 10$

由指數分配知機率密度函數為：$f(x) = \frac{1}{10} e^{-\frac{x}{10}}$ ， $x > 0$

(1) $P(x > 12) = e^{-\frac{12}{10}} = e^{-\frac{6}{5}}$

(2) $P(x < 1) = 1 - e^{-\frac{1}{10}}$

(3) $P(2 < x < 10) = e^{-\frac{2}{10}} - e^{-\frac{10}{10}} = e^{-\frac{1}{5}} - e^{-1}$

(4) $V(x) = \beta^2 = 100$

 7-10

假設台灣地區發生地震的次數呈 Poisson 分配，且平均每天發生兩次地震，求下列各題之機率：

(1) 求未來 2 天內地震發生至少 3 次的機率。

(2) 求從現在起直到下一次發生地震的時間機率分配函數。

(3) 已知現在發生地震，求下次地震發生至少在 5 天以後的機率？

解 (1) 設 X 表在未來兩天發生地震的次數，$\lambda = 4$ 次 /2 天

Poisson 機率分配函數為 $f(x) = \dfrac{e^{-\lambda}\lambda^x}{x!}$

$\therefore P(x \geq 3) = 1 - f(x \leq 2) = 1 - f(0) - f(1) - f(2) = 1 - \sum_{x=0}^{2}\dfrac{e^{-4}4^x}{x!} = 1 - 13e^{-4}$

(2) 由題意知此機率分配模型為指數分配，且 $\beta = \dfrac{1}{\lambda} = \dfrac{1}{2}$

故時間機率分配函數為 $f(x) = \dfrac{1}{\beta}e^{-\frac{x}{\beta}} = 2e^{-2x}, x > 0$

(3) $P(x \geq 5) = e^{-10}$

總整理：

分配	機率函數	期望值	變異數
均勻	$f(x) = \dfrac{1}{b-a}$	$\dfrac{a+b}{2}$	$\dfrac{(b-a)^2}{12}$
常態	$f(x) = \dfrac{1}{\sqrt{2\pi}\sigma}e^{-\frac{1}{2}\frac{(x-\mu)^2}{\sigma^2}}$	μ	σ^2
標準常態	$f(z) = \dfrac{1}{\sqrt{2\pi}}e^{-\frac{z^2}{2}}$	0	1
指數	$f(x) = \dfrac{1}{\beta}e^{-\frac{x}{\beta}}$	β	β^2

課·後·練·習

1. 已知隨機變數 X 為一連續型均勻分配，且 X 介於 $0 \sim 10$ 之間，求：

   (1) $P(x = 3)$

   (2) $P(2 \leq x \leq 3.5)$

   (3) $P(x \leq 1.5)$

   (4) $P(x \geq 2.4)$

2. 已知隨機變數 X 為一連續型均勻分配，且介於 $10 \sim 20$ 之間，求：

   (1) $P(x \leq 15)$

   (2) $E(x), V(x)$

3. 假定某班火車抵達車站的時間在 8 點至 8 點 20 分之間，且在此時段中任何時刻到站的可能性均相同。試求

   (1) 某乘客在 8 點 10 分抵達車站，可搭上火車的機率？

   (2) 某乘客在 8 點 10 分抵達車站，火車已開走的機率？

   (3) 求期望值與變異數，並解釋期望值意義。

4. 假設 z 為標準常態分配，利用常態機率分配表，試求下列之機率值。

   (1) $P(0 \leq z \leq 1)$ (2) $P(z \geq 1)$ (3) $P(-2 \leq z \leq 0)$

   (4) $P(z \leq -2)$ (5) $P(-2.1 \leq z \leq 1.2)$ (6) $P(z \geq -1.5)$

   (7) $P(z \leq 2.2)$

5. 假設 z 為標準常態分配，利用常態機率分配表，試求下列之 a 值。

   (1) $P(0 \leq z \leq a) = 0.475$ (2) $P(z \geq a) = 0.1314$

   (3) $P(z \leq a) = 0.67$ (4) $P(z \leq a) = 0.2119$

   (5) $P(z \geq a) = 0.6915$ (6) $P(-a \leq z \leq a) = 0.903$

   (7) $P(-a \leq z \leq a) = 0.2052$

6. 假設摩托車的壽命 X 為一常態分配，平均值為 10 年，標準差為 2.3 年，製造商於保證期內會免費修理摩托車的任何毛病。

   (1) 如果保證期為 3 年，製造商將免費修理多少摩托車？

   (2) 如果製造商只願免費修理 8% 的摩托車，則保證期必須定為多久？

7. 假設某校三年級學生學測模擬考全班分數呈一常態分配，平均數為 40 級分，標準差為 5 級分。

   (1) 該學校的校長決定發獎學金給模擬考分數落在最前面 10% 以內的學生。若一學生可領獎學金，其模擬考分數最少需要幾級分？

(2) 若模擬考分數低於 32 級分的學生共有 157 人，試問該學校共有多少三年級學生？

8. 根據一項調查，台北市的家庭中，25% 的家庭平常不下廚。現若隨機抽取台北市 550 個家庭，試以常態分配近似求：

(1) 至少有 150 個家庭平常不下廚的機率。

(2) 恰有 150 個家庭平常不下廚的機率。

9. 學生李小明每天須先去早餐店買早餐再到學校上課。他從家裡到早餐店的時間呈一常態分配，平均數為 12 分鐘，標準差為 5 分鐘；他從早餐店到學校的時間也呈常態分配，平均數為 30 分鐘，標準差為 12 分鐘。試問：

(1) 他每天從家裡到學校須費時 50 分鐘以上之機率為何？

(2) 若上課從八點十分開始，李小明於七點二十五分出門，則他遲到的機率為何？

(3) 若上課從八點十分開始，李小明的班導告訴他，遲到的時間超過 10 分鐘要記過。若李小明不想被記過，每天最晚須於幾時出門？（假設 $P(z \geq 3.1) = 0$）

10. 設 $X \sim N(2,1)$，求 X 的第 95 個百分位數。

11. 博碩大學招考 500 名新生，其應考人數為 3151 人，其考試總分為 400 分，而應考者全體平均分數為 126 分，標準差為 64 分，假設全體應考成績為常態分配，試求：

(1) 成績 280 分者在成績上排第幾名？

(2) 最低錄取分數是多少分？

12. 某次月考，假設學生作答時間成常態分配，平均費時 80 分鐘，標準差 10 分鐘，試求

(1) 學生在一小時內可以作答完成的機率是多少？

(2) 學生在 60~70 分鐘內可作答完成的機率是多少？

(3) 假設共有 100 位學生參加此次月考，考試時間為 90 分鐘，請預估大約會有多少學生無法全部作答完畢。

13. 若台灣地區男性平均月薪為 30000 元女性為 25000 元，假設男性與女性薪水呈常態分配，且標準差皆為 5000 元。求

(1) 男性月薪超過 40000 的機率？

(2) 女性月薪超過 30000的機率？

(3) 某男性主管若要比 99% 的男性薪水高，其每個月的薪水至少需多少？

14. 假設隨機變數 X 呈指數分配，且機率密度函數為：$f(x) = \dfrac{1}{5} e^{-\frac{x}{5}}$，$x \geq 0$，試求：

(1) $f(x \leq 5)$

(2) $f(x \geq 5)$

(3) $f(3 \leq x \leq 6)$

15. 已知 X 為隨機變數且為指數分配，其機率密度函數為：$f(x) = \dfrac{1}{8} e^{-\frac{x}{8}}$ ，$x \geq 0$ ，試求：

    (1) $f(x \leq 5)$

    (2) $f(x \geq 5)$

    (3) $f(3 \leq x \leq 6)$

16. 假設某燈泡壽命呈指數分配，平均壽命為 12 年，試求：

    (1) 燈泡壽命不到 12 年的機率。

    (2) 燈泡在 6 年內即壞掉的機率。

    (3) 燈泡壽命超過 15 年以上的機率。

17. 假設超久公司出產的電池有 1% 的壽命少於 10 小時。若小趙買了 100 個超久電池，請問最多有 2 個電池壽命少於 10 小時的機率為何？（請使用 Poisson 分配計算上述機率近似值）。

18. 假設好用螺絲生產商所生產螺絲的不良率為 0.2，且不良螺絲發生之機率為相互獨立。現好用公司宣稱：凡其所出貨之三顆裝螺絲盒中，只要有一顆有瑕疵，消費者便可退貨。試問：

    (1) 每盒售出螺絲被退貨之機率為何？

    (2) 若小強買了四盒螺絲，且正好退貨一盒之機率為何？

    (3) 若小白買了一百盒螺絲，則退貨數少於二十盒之機率為何？試分別以真實分配（列式即可）與常態分配求之。

19. 甲聖誕品製造廠商所製造之產品不良率為 2%。若由甲產品中，隨機抽取 100 件產品做品質調查，試問在 100 件中，3 件或 3 件以下不良品的機率為何？，試分別以常態分配近似，Poisson 分配近似，以及真實分配計算答案，又以常態分配近似，Poisson 分配近似那個答案較準確，為何？

20. 假設隨機變數 X 為某事件每 15 分鐘的發生次數，在等長的時間區間，事件發生的機率相等，在不相重疊的時間區間，事件發生或不發生不會互相影響，又平均每 15 分鐘事件發生 3 次。請問：

    (1) X 之最適當機率分配為何？請寫出此名稱。

    (2) 求 X 的期望值。

    (3) 求在 15 分鐘內事件恰發生 4 次的機率？

    (4) 若 Y 為相鄰兩事件發生的間隔時間（分鐘），求 Y 的期望值。

    (5) 求機率 $P(5 \leq y \leq 10)$ 。

21. 高速公路收費站服務員觀察發現，進入收費站的車輛是隨機且獨立，平均每小時有 420 輛車子經過。試計算下一個半分鐘內沒有車輛進入的機率。

CHAPTER 08

抽樣與抽樣分配

8.1 抽樣的基本概念

8.2 母體分配、樣本分配與抽樣分配

8.3 Z 分配

8.1 抽樣的基本概念

身處在現今的社會中，不論是商業上的行為或是政府施政的方針，都需要某些數據來協助企業做決策或者讓政府了解民眾對某項政策的滿意程度，而取得這些數據的有效方法之一便是透過抽樣調查。所謂抽樣（sampling）就是指自母體取得樣本的程序或方法。因此抽樣過程不僅需要注意進行的程序之外，還必須探討抽樣的方法。常見的抽樣方法，若以是否與機率有關可分為隨機抽樣（random sampling）與非隨機抽樣（non-random sampling）。所謂「隨機」必須滿足下列三個條件：

1. 母體中的任一元素皆有被抽出的可能性。

2. 任一組樣本被抽出的機率皆為已知的（或可以計算）。

3. 各組樣本被抽出的過程是獨立的。

常見的隨機抽樣方法有：簡單隨機抽樣（sample random sampling）、系統抽樣（systematic sampling）、分層抽樣（stratified sampling）與部落抽樣（cluster sampling）等四種。至於常見的非隨機抽樣有：便利抽樣（convenience sampling）、判斷抽樣（judgment sampling）與滾雪球抽樣（snowball sampling）等三種。

8.1.1 非隨機抽樣方法

1. 便利抽樣

所謂便利抽樣是指樣本的選取，只考慮方便性，例如：調查全國大專學生信用卡使用情形，調查者為博碩大學的學生，故以博碩大學的學生為抽樣對象。

2. 判斷抽樣

所謂判斷抽樣是根據研究者主觀意識來判斷如何選擇樣本，判斷抽樣調查法又稱為立意式的抽樣法，在人文社會的研究中，問卷的發放經常採用這種方法進行抽樣。

3. 滾雪球抽樣

在某些情況下，調查的對象本身稀少，甚至有時候不曉樣本在何處。例如：原住民的研究或者有關同性戀的研究，這時候我們可以利用已知的少數樣本，再從這些樣本所提供的訊息取得其他樣本，就如同滾雪球般越滾越大。

8.1.2 隨機抽樣方法

隨機抽樣法在國中數學已經介紹過了，因此在本節中僅就分層抽樣法的 3 種理論進行詳細的介紹，其餘點到為止。

1. **簡單隨機抽樣**

簡單隨機抽樣的方法是利用亂數表抽取樣本，因此母體中的每個元素被抽中的機率皆相等。抽取的樣本依是否放回，又可分成取出放回與取出不放回兩種。

2. **系統抽樣**

系統抽樣法的實施方式是將母體中所有樣本依序排列，以等距離或等間隔方式抽取樣本。例如：欲調查公路上汽車的排放廢氣是否符合標準，我們可以每隔 50 部車或 100 部車攔下來臨檢。系統抽樣的優點在於：使用方便，尤其特別適用於具有通訊錄或電話簿的抽樣。而其缺點則有：(1) 採取出放回的抽樣方式不適合此法。(2) 母體具週期性時，會造成嚴重的誤差，例如：小學生的座號若以身高排列，以系統抽樣法抽取每班的 1 號來估計全校身高，就會造成嚴重的誤差。(3) 無完整的母體名冊較不適合此法。

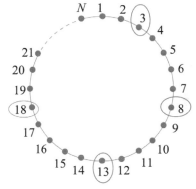

以 3 為起始點，每間隔 5 抽取一個樣本

3. **分層抽樣**

分層抽樣必須先將母體依某些標準區分成若干不重疊的層，再從各分層中隨機抽取若干樣本，最後由各層所取得的樣本集合成一個總樣本。而分層原則應按 "層內差異小，層外差異大" 之原則來分層。例如：有關教育研究方面，若有能力分班的學校宜採用分層抽樣法。分層抽樣的優點有：(1) 可以方便比較各層間的差異，亦可獲得有關各層的資訊。(2) 可提高估計的精確度。其主要缺點則為作業及計算比較複雜一些。

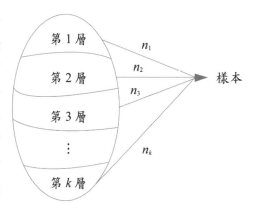

至於每一層應該取樣多少，並無最好的定論，下列有三種方法是最常被採用的方法：

(1) 比例配置法（proportional allocation）或稱 Fisher 抽樣法：由於每一層的母體數不盡相同，有時甚至差異很大，個數較多的層應該抽取的樣本較多，個數少的層抽取的樣本較少，故各層所抽取的樣本數，與每一層之母體總數成正比。因此若每一層的母體個數為 $N_1, N_2, \cdots, N_k$ 時，則每一層按 $N_1 : N_2 : \cdots : N_k$ 來抽取樣本，故每一層應抽取的樣本數為：

$$n_i = \frac{N_i}{N} \times n \quad , i = 1, 2, ..., k$$

其中：N 為母體總數，N_i 為第 i 層母體數，n 為欲選取之樣本數。

(2) 非比例配置法（disproportional allocation）或稱 Neyman 抽樣：非比例配置法是將各層的標準差亦考慮進去，差異程度小之層，因為資料較為一致，因此少量的樣本即可代表該層的母體情形，故標準差越小抽出樣本可以較少些，差異程度大之層，因為資料較為分散，因此需要抽取較多的樣本。簡而言之，每一層抽取的樣本按 $N_i \times \sigma_i$ 的比例去抽取樣本，也就是說每一層選取的樣本數按 $N_1\sigma_1 : N_2\sigma_2 : \cdots : N_k\sigma_k$ 抽取樣本，故每一層需要抽取樣本數的公式定義如下：

$$n_i = (\frac{N_i \sigma_i}{\sum_{j=1}^{k} N_j \sigma_j}) \times n \quad , i = 1, 2, 3, ..., k \quad \sigma_i : 第 i 層標準差$$

(3) Deming 配置法：Deming 配置法則除了上述所考慮的因素之外，另外將成本因素考慮進去，若花費成本較高的可以考慮減少抽取樣本數，而花費較少的則樣本可以多取一些，故選取的樣本數和花費成反比，但因為費用的因素不是那麼重要，因此 Deming 配置法將費用開根號再併入上兩種方法抽取樣本，簡而言之，即按 $\frac{N_i \sigma_i}{\sqrt{C_i}}$ 的比例去抽取樣本，也就是說每一層選取的樣本數按 $\frac{N_1\sigma_1}{\sqrt{C_1}} : \frac{N_2\sigma_2}{\sqrt{C_2}} : \cdots : \frac{N_k\sigma_k}{\sqrt{C_k}}$ 抽取樣本，故每一層需要抽取樣本數公式定義如下：

$$n_i = (\frac{\dfrac{N_i \sigma_i}{\sqrt{C_i}}}{\sum_{j=1}^{k} \dfrac{N_j \sigma_j}{\sqrt{C_j}}}) \times n \quad , i = 1, 2, 3, ..., k$$

其中 C_i 表抽取 i 層樣本所需的費用。

例 8-1

教育部為瞭解並研究大學教育問題，於是決定在台灣地區以隨機抽樣法選取 1000 名學生作為樣本。若已知大學生中各年級之人數及其資料如下表：

年 級	大一	大二	大三	大四
人數	22000	19500	16300	15000
學業成績平均	85	82	80	78
學業成績變異數	16	25	36	49
單位調查費用	100	225	400	625

試問：

(1) 以分層比例抽樣法選取樣本，各年級應抽取多少人？

(2) 以 Neyman 配置法選取樣本，各年級抽取多少人？

(3) 以 Deming 配置法選取樣本，各年度應抽取多少人？

 (1) 全部母體總數：$N=2200+19500+16300+15000=72800$

比例配置法每層按 $22000:19500:16300:15000=220:195:163:150$ 抽取樣本，分母為 $200+195+163+150=728$ 故每一年級需取樣：

$$大一：\frac{220}{728}\times1000\approx302 \text{ 人}$$

$$大二：\frac{195}{728}\times1000\approx268 \text{ 人}$$

$$大三：\frac{163}{728}\times1000\approx224 \text{ 人}$$

因前三個年級選取人數經四捨五入，為滿足全部樣本數為 1000，故四年級選取人數為：

$$大四：1000-302-268-224=206 \text{ 人}$$

(2) Neyman 配置法需考慮標準差，故每一年級按

$$22000\times\sqrt{16}:19500\times\sqrt{25}:16300\times\sqrt{36}:15000\times\sqrt{49}=880:975:978:1050$$

選取樣本，分母為：$880+975+978+1050=3883$

故每一年級需取樣：

$$大一：\frac{880}{3883}\times1000=227 \text{ 人}$$

$$大二：\frac{975}{3883}\times1000=251 \text{ 人}$$

$$大三：\frac{1050}{3883}\times1000=252 \text{ 人}$$

$$大四：n_4=1000-227-251-252=270 \text{ 人}$$

(3) Deming 配置法除考慮上兩因素外，另外考慮費用，故每一年級按

$$\frac{22000 \times \sqrt{16}}{\sqrt{100}} : \frac{19500 \times \sqrt{25}}{\sqrt{225}} : \frac{16300 \times \sqrt{36}}{\sqrt{400}} : \frac{15000 \times \sqrt{49}}{\sqrt{625}} = 88 : 65 : 48.9 : 42$$

選取樣本，分母為：$88 + 65 + 48.9 + 42 = 243.9$，故每一年級需取樣：

大一：$\dfrac{88}{243.9} \times 1000 = 361$ 人

大二：$\dfrac{65}{243.9} \times 1000 = 267$ 人

大三：$\dfrac{48.9}{243.9} \times 1000 = 200$ 人

大四：$1000 - 361 - 267 - 200 = 172$ 人

4. 部落抽樣

部落抽樣是先將母體分成若干群，接著利用隨機亂數抽取其中一或數群為樣本。分群原則為：使群與群之間差異儘量小，而群內之個別資料差異大。例如：有關教育研究方面的抽樣，常態編班的學校，可採用此法抽樣。

例 8-2

某項調查欲以隨機抽樣的方式，調查某國中學生之平均身高，請問下列進行的方式是屬於哪種隨機抽樣方法？

(1) 於上學時間時，在校內任意選出 50 個學生。

(2) 選取每班學號最後兩位數為 20 的學生。

(3) 任意選出 2 個班級學生。

(4) 分別從一到三年級隨機分別選出 30、40、50 位學生。

解 (1) 簡單隨機抽樣　(2) 系統抽樣　(3) 部落抽樣　(4) 分層抽樣

◎8.2　母體分配、樣本分配與抽樣分配

　　所謂母體分配是指母體資料的機率分配，常見的母體分配有常態分配、二項分配、均勻分配、Poisson 分配、指數分配等。而樣本分配是指從母體中抽取若干樣本，這些樣本資料的機率分配稱為樣本分配。至於抽樣分配則為樣本統計量的抽樣分配，所謂樣本統計量是指描述樣本資料特性或用來推論母體參數的實數函數。例如：從母體抽取 100 筆資料計算其平均數 $\bar{x}$，如此不斷地反覆抽取，由於採隨機取樣的方式抽取樣本，所以每一次取出的 100 筆資料所計算出的平均數不一定相同，因此樣本平均數 $\bar{x}$ 可視作是一種隨機變數。將每一次抽取出來的 100 筆資料的平均數統計後，計算每一個 $\bar{x}$ 所對應的機率值，並寫成機率函數 $y = f(\bar{x})$ 的形式，像這樣的機率分配就是抽樣分配的一種。由此可知，母體分配與樣本分配只是描述其資料的機率分配情形，而抽樣分配則為樣本統計量（需經過計算）的機率分配情形。常態母體分配下的重要抽樣分配有：Z 分配、卡方分配（χ^2 distribution）、t 分配（student's t distribution）與 F 分配（Fisher's distribution）四種。

　　影響抽樣分配的因素有：母體本身的分配形狀、是何種樣本統計量與樣本大小三種。至於如何計算抽樣分配呢？一般抽樣分配的計算方式依樣本數的大小可分成二大類：

1.　母體及抽樣個數很小時

　　(1)　列出所有可能出現的樣本結果。

　　(2)　計算每一組可能的樣本結果及對應統計量的值。

　　(3)　列出所有統計值所構成之相對次數分配。

2.　抽樣個數很大時

　　(1)　變數變換法。

　　(2)　分配函數法。

　　(3)　動差母函數法。

　　由於抽樣個數很大的時候，牽涉到較多數學知識，因此在本書中不介紹，若對此單元有興趣的人，可參考作者的另一本統計書籍。藉由抽樣分配我們可測量統計推論中不確定性程度的大小，同時我們可利用抽樣分配之機率原理來說明統計推論之結果可靠度。在後面章節所探討的區間估計與假設檢定就是利用抽樣分配理論所發展出來的一套主觀式機率理論。

8.3 Z 分配

在本章節中我們要介紹四大抽樣分配，分別為 Z 分配、卡方分配、F 分配與 t 分配。凡是探討有關平均數的問題大都屬於 Z 分配或者 t 分配，Z 分配與 t 分配最大的差別在於：Z 分配使用在母體常態且母體變異數已知（大小樣本皆可），或者大樣本且母體變異數已知（母體變異數未知亦可使用）的情況。t 分配則使用在母體常態且母體變異數未知的情況下（小樣本或大樣本皆可使用，但前提是查表可以查得到）。至於卡方分配則主要探討單母體變異數的相關問題，F 分配則主要用於兩母體變異數比的相關問題。當然除了上述的主要用途之外，這四種分配還有其他功用，後面我們會逐一遇到。

8.3.1 Z 分配

當母體服從常態分配情況下，許多種類的抽樣分配皆可轉化成 Z 分配，甚至在大樣本情況下，不論母體呈現何種分配，某些抽樣分配經過數學轉換也服從 Z 分配，例如：樣本平均數的抽樣分配、樣本和的抽樣分配、兩母體樣本平均數差的抽樣分配等等，皆可轉換成 Z 分配。讀者要特別小心，本單元所說的 Z 分配與母體標準常態分配在意義上是不同的，這裡的 Z 分配是一種抽樣分配，是由樣本平均數的抽樣分配、樣本比例的抽樣分配…等不同型態的抽樣分配，經過標準化後所形成的分配，例如：樣本平均數的抽樣分配標準化過程：

$$z = \frac{\overline{x} - \mu}{\sigma_{\overline{x}}} = \frac{\overline{x} - \mu}{\sqrt{\dfrac{\sigma^2}{n}}}$$

下面是 Z 分配示意圖（橫座標改變大小，但縱座標不變）：

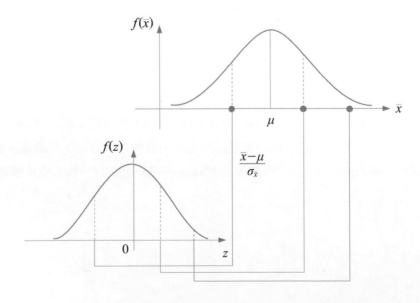

接下來在本單元的小節中，將陸續介紹可轉換成 Z 分配的一些常見的抽樣分配，這些抽樣分配有：樣本平均數 $(\overline{x})$ 的抽樣分配、樣本比例 $(\hat{p})$ 的抽樣分配、兩獨立樣本平均數差 $(\overline{x}_1 - \overline{x}_2)$ 的抽樣分配以及兩獨立樣本比例差 $(\hat{p}_1 - \hat{p}_2)$ 的抽樣分配等。。

8.3.2 樣本平均數的抽樣分配

1. 原理

樣本平均數的抽樣分配又稱為 $\overline{x}$ 的抽樣分配。假設母體隨機變數 X，其機率分配為 $f(x)$，若自母體中隨機抽取 n 個元素為一組樣本，令 $\overline{x} = \sum\limits_{i=1}^{n} \dfrac{x_i}{n}$，其機率分配函數為 $f(\overline{x})$，此機率函數的分佈情形，即稱為樣本平均數的抽樣分配。簡單而言就是所有 n 個元素為一組樣本的平均數之分配情形。抽取樣本依是否可重複選取，又可區分為取出不放回與取出放回兩種抽樣方式。下圖為取出不放回的樣本平均數示意圖。

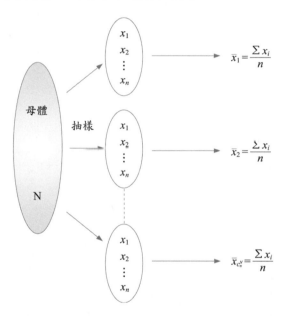

樣本平均數的抽樣分配可用來發展估計單母體平均數的信賴區間，與單母體平均數的假設檢定，在後面的章節中會陸續介紹。

例 8-3

設投擲骰子 2 次（等於抽取樣本數為 2 的樣本），令 x_i 表示第 i 次骰子出現的點數，$i=1,2$，則樣本平均數為 $\overline{x} = \dfrac{x_1 + x_2}{2}$，試求 $\overline{x}$ 的機率分配、平均數與變異數。

 (1) 所謂 $\overline{x}$ 的抽樣分配即求 $f(\overline{x})$，本題為離散型隨機變數，故我們可用機率分配表來表示 $f(\overline{x})$，全部有 $6^2 = 36$ 種情形，我們把這 36 種情形一一列出，並計算每一種情形的平均數，再按照平均數值整理，並求出每一種情形的相對次數，如下表所示，粗線框部分即為本題之解答。

樣本	$\overline{x}$	$f(\overline{x})$
(1,1)	1	1/36
(1,2)(2,1)	3/2	2/36
(1,3)(3,1)(2,2)	4/2	3/36
(1,4)(4,1)(2,3)(3,2)	5/2	4/36
(1,5)(5,1)(2,4)(4,2)(3,3)	6/2	5/36
(1,6)(6,1)(2,5)(5,2)(3,4)(4,3)	7/2	6/36
(2,6)(6,2)(3,5)(5,3)(4,4)	8/2	5/36
(3,6)(6,3)(4,5)(5,4)	9/2	4/36
(4,6)(6,4)(5,5)	10/2	3/36
(5,6)(6,5)	11/2	2/36
(6,6)	12/2	1/36

(2) $E(\overline{x}) = \sum \overline{x} f(\overline{x}) = 1 \times \dfrac{1}{36} + \dfrac{3}{2} \times \dfrac{2}{36} + \dfrac{4}{2} \times \dfrac{3}{36} + \cdots + \dfrac{12}{2} \times \dfrac{1}{36} = \dfrac{7}{2}$

(3) $V(\overline{x}) = \sum \left[\overline{x} - E(\overline{x}) \right]^2 f(\overline{x})$

$= (1 - \dfrac{7}{2})^2 \times \dfrac{1}{36} + (\dfrac{3}{2} - \dfrac{7}{2})^2 \times \dfrac{2}{36} + (\dfrac{4}{2} - \dfrac{7}{2})^2 \times \dfrac{3}{36} + \cdots + (\dfrac{12}{2} - \dfrac{7}{2})^2 \times \dfrac{1}{36}$

$= 1.458$

 例 8-4

以下是五名學生的統計學考試成績：30，50，60，60，80，今自其中隨機抽取二名學生（不放回），試求平均成績的抽樣分配、期望值與變異數。

 (1) 全部情形有 $C_2^5 = 10$ 種

可能樣本	$\overline{x}$	可能樣本	$\overline{x}$
(30,50)	40	(50,60)	55
(30,60)	45	(50,80)	65
(30,60)	45	(60,60)	60
(30,80)	55	(60,80)	70
(50,60)	55	(60,80)	70

統計上面表格做成相對次數分配表，故 $\bar{x}$ 的機率分配為：

$\bar{x}$	40	45	55	60	65	70
$f(\bar{x})$	1/10	2/10	3/10	1/10	1/10	2/10

(2) 期望值：$E(\bar{x}) = \sum \bar{x} f(\bar{x}) = 40 \times \dfrac{1}{10} + 45 \times \dfrac{2}{10} + \cdots + 70 \times \dfrac{2}{10} = 56$

(3) 變異數：$V(\bar{x}) = \sum \left[\bar{x} - E(\bar{x}) \right]^2 f(\bar{x})$

$$= (40-56)^2 \times \dfrac{1}{10} + (45-56)^2 \times \dfrac{2}{10} + \cdots + (70-56)^2 \times \dfrac{2}{10} = 99$$

2. $\bar{x}$ 抽樣分配的期望值與變異數

從上面兩個例子我們可以看出來，如果只是單純的計算樣本平均數的期望值與變異數，若每次都得先推導出機率分配，那將是一份十分繁瑣的工作。由於抽樣的樣本來自於母體，因此抽樣分配的統計量與母體參數應該存在某種關係，若我們知道是何種的關係，那麼就不用這麼辛苦的計算機率分配了。我們由期望值的定義知：

$$E(\bar{x}) = E(\frac{1}{n}\sum_{i=1}^{n} x_i) = \frac{1}{n} E(\sum_{i=1}^{n} x_i) = \frac{1}{n}\left[E(x_1) + E(x_2) + \cdots + E(x_n) \right]$$

$$= \frac{1}{n}[\mu + \mu + \cdots + \mu] = \frac{1}{n} \times n\mu = \mu$$

由此我們可以知道樣本平均數的期望值恰等於母體平均數，即

$$E(\bar{x}) = \mu$$

同理我們亦可利用變異數的基本定義來推導樣本平均數的變異數，我們由變異數的定義知：

$$V(\bar{x}) = V(\sum_{i=1}^{n} \frac{x_i}{n}) = \frac{1}{n^2} V(\sum_{i=1}^{n} x_i) = \frac{1}{n^2} V(x_1 + x_2 + \cdots + x_n)$$

$$= \frac{1}{n^2}\left[V(x_1) + V(x_2) + \cdots + V(x_n) \right]$$

$$= \frac{1}{n^2}(\sigma^2 + \sigma^2 + \cdots + \sigma^2) = \frac{1}{n^2}(n\sigma^2) = \frac{\sigma^2}{n}$$

由此可知樣本平均數的變異數為：

$$\sigma_{\bar{x}}^2 = V(\bar{x}) = \frac{\sigma^2}{n}$$

這裡要注意的是，上面所推導出來的變異數是採取出放回的方式抽取樣本，或者母體為無限母體的時候。若抽取樣本的時候採用取出不放回且母體為有限母體時，變異數必須加上有限母體修正因子，亦即：

$$\sigma_{\bar{x}}^2 = V(\bar{x}) = \frac{\sigma^2}{n} \times \frac{N-n}{N-1}$$

 例 8-5

請利用公式計算例題 8-3 與例題 8-4 的期望值與變異數，並比較答案是否相同。

 例題 8-3： $E(\bar{x}) = \mu = \dfrac{1+2+3+\cdots+6}{6} = \dfrac{7}{2}$

本題因骰子點數可重複出現，故屬於取出放回抽樣

$$\sigma^2 = \frac{1}{N}\sum_{i=1}^{N} x_i^2 - \mu^2 = \frac{1}{6}(1^2 + 2^2 + \cdots + 6^2) - 3.5^2 = \frac{35}{12}$$

$$V(\bar{x}) = \frac{\sigma^2}{n} = \frac{35/12}{2} = 1.458$$

例題 8-4： $E(\bar{x}) = \mu = \dfrac{30+50+60+60+80}{5} = 56$

$$\sigma^2 = \frac{1}{N}\sum_{i=1}^{N} x_i^2 - \mu^2 = \frac{1}{5}(30^2 + 50^2 + \cdots + 80^2) - 56^2 = 264$$

本題為有限母體且取出不放回抽樣

$$V(\bar{x}) = \frac{\sigma^2}{n} \times \frac{N-n}{N-1} = \frac{264}{2} \times \frac{5-2}{5-1} = 99$$

由公式所得之答案與前面答案相同。

 例 8-6

投擲骰子三次，求點數平均數的期望值與變異數。

 先求母體期望值與變異數

骰子的機率質量函數為 $f(x) = \dfrac{1}{6}, x = 1,2,3,4,5,6$

母體期望值 $\mu = E(x) = \sum_{i=1}^{6} x_i f(x_i) = \frac{1}{6}(1+2+3+4+5+6) = 3.5$

母體變異數 $\sigma^2 = V(x) = E\left[(x-\mu)^2\right] = \sum_{i=1}^{6}(x_i - \mu)^2 f(x_i)$

$$= \frac{1}{6}\left[(1-3.5)^2 + (2-3.5)^2 + \cdots + (6-3.5)^2\right] \approx 2.917$$

投骰子三次相當於一個骰子重複投三次，為取出放回抽樣

故期望值：$E(\overline{x}) = \mu = 3.5$

變異數：$V(\overline{x}) = \dfrac{\sigma^2}{n} = \dfrac{2.917}{3} \approx 0.9723$

 例 8-7

已知某廠牌梯子 100 個，其高度為隨機變數，平均高度為 200 公分，標準差為 5 公分。某人購買 10 個梯子，請問這 10 個梯子平均高度之期望值與變異數為何？

 期望值：$E(\overline{x}) = \mu = 200$ 公分

$\because \dfrac{n}{N} = \dfrac{10}{100} = 0.1 > 0.05$　為有限母體

故變異數：$V(\overline{x}) = \dfrac{\sigma^2}{n} \times \dfrac{N-n}{N-1} = \dfrac{5^2}{10} \times \dfrac{100-10}{100-1} \approx 2.273$

 例 8-8

已知隨機變數與其機率分配如下表所示：

x	0	1	2
$f(x)$	0.2	0.5	0.3

現從此隨機變數中任取二個樣本 x_1, x_2，並定義 $\overline{x} = \dfrac{x_1 + x_2}{2}$，試求 $E(\overline{x})$ 及 $V(\overline{x})$。

 此題型為返回式抽樣

$$\mu = E(x) = \sum_{x=0}^{2} xf(x) = 0 \times 0.2 + 1 \times 0.5 + 2 \times 0.3 = 1.1$$

$$\sigma^2 = V(x) = E(x^2) - [E(x)]^2 = \sum_{x=0}^{2} x^2 f(x) - 1.1^2$$

$$= (0^2 \times 0.2 + 1^2 \times 0.5 + 2^2 \times 0.3) - 1.1^2 = 0.49$$

$$\therefore E(\bar{x}) = \mu = 1.1$$

$$V(\bar{x}) = \frac{\sigma^2}{n} = \frac{0.49}{2} = 0.245$$

8.3.3 大數法則與中央極限定理

在上一部份有關樣本平均數的抽樣分配並沒有特別強調母體分配為何種分配，也未強調樣本數的大小關係，一旦樣本數太大時在計算上會變得十分複雜。因此，在此單元我們將介紹大數法則與中央極限定理來協助處理大樣本問題。

1. 大數法則（law of large number）

假設一母體的平均數為 μ，若從該母體隨機抽取 n 個樣本，當樣本數 n 夠大時，則樣本平均數會趨近於母體平均數，即

$$\bar{x} = \frac{x_1 + x_2 + \cdots + x_n}{n} \approx \mu$$

大數法則主要的含意代表著，當抽樣的樣本數愈多，所獲得的結論會愈可靠。

2. 中央極限定理（central limit theorem, C.L.T.）

假設一母體的平均數為 μ，變異數為 σ^2，若自該母體隨機抽取 n 個樣本，當樣本數夠大時（ $n \geq 30$ ），則樣本平均數 $\bar{x}$ 的抽樣分配會近似常態分配，即

$$\bar{x} \sim N(\mu, \frac{\sigma^2}{n}) \quad \text{或} \quad \frac{\bar{x} - \mu}{\sqrt{\dfrac{\sigma^2}{n}}} \sim N(0,1)$$

此定理適用於母體為任何分配的形狀，但若母體分配為常態分配時，則不論 n 的大小，$\bar{x}$ 的抽樣分配皆為常態分配。在實用上，當樣本數 $n \geq 30$ 則中央極限定理便成立。由上面的公式可知，抽樣分配的形狀受樣本數 n 所影響，當 n 越大，則 $\bar{x}$ 的分配越集中，當 $n = N$ 的時候，因每一次抽樣所計算出來的 $\bar{x}$ 皆相同且等於 μ，故此時圖形成為高度為 1 的線條圖，且 $V(\bar{x}) = 0$。

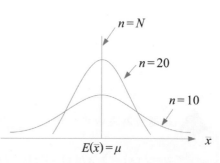

例 8-9

假設某廠牌的罐裝奶粉每罐平均重量為 500 公克，變異數為 120，現品管人員抽取 30 罐檢驗其重量，試問：

(1) 抽取之 30 罐的樣本平均重量與母體平均數之差在 3 公克之內的機率為何？

(2) 以母體平均數為中心，涵蓋 95% 的樣本平均數的區間為何？

 因為抽取樣本數 $n=30$，根據中央極限定理，平均數的抽樣分配呈常態分配，有關常態分配求機率值問題 3 個步驟：列式、標準化、查表

(1) $P(497 \leq \overline{x} \leq 503) = P(\dfrac{497-500}{\sqrt{\dfrac{120}{30}}} \leq z \leq \dfrac{503-500}{\sqrt{\dfrac{120}{30}}})$

$$= P(-1.5 \leq z \leq 1.5) = 0.8664$$

(2) $P(\mu - a \leq \overline{x} \leq \mu + a) = 0.95$

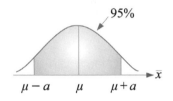

$\Rightarrow P(\dfrac{500-a-500}{\sqrt{\dfrac{120}{30}}} \leq z \leq \dfrac{500+a-500}{\sqrt{\dfrac{120}{30}}}) = 0.95$

$\Rightarrow P(\dfrac{-a}{2} \leq z \leq \dfrac{a}{2}) = 0.95$

查表得 $P(-1.96 \leq z \leq 1.96) = 0.95$

$\therefore \dfrac{a}{2} = 1.96 \Rightarrow a = 3.92$

$\therefore \overline{x} = [500 - 3.92, 500 + 3.92] = [496.08, 503.92]$

8.3.4 樣本比例的抽樣分配

樣本比例的抽樣分配可用來發展估計單母體比例的信賴區間，與單母體比例的假設檢定，在正式介紹前，我們先介紹母體比例與樣本比例。

1. **母體比例與樣本比例**

所謂母體比例是指 A 類別的總數在母體中所佔的比例，稱為 A 類別的母體比例，即

$$p = \frac{K}{N}$$

其中 N：母體個數

K：母體中 A 類別的總個數

所謂樣本比例樣本比例是指 A 類別在抽取的樣本中所佔的比例，即

$$\hat{p} = \frac{k}{n}$$

其中 n：樣本個數

k：樣本中 A 類別的個數

2. 抽樣誤差

所謂抽樣誤差的定義為真實母體參數與樣本統計量之差的絕對值，即

抽樣誤差＝｜母體參數 − 樣本統計量｜

 8-10

假設台灣區男女生的比例為 5：4，現以隨機取樣的方式抽取 100 人，這 100 人中有 40 位女性。試問台灣區女性的母體比例為何？樣本比例又為何？抽樣誤差為何？

 女性的母體比例為 $p = \dfrac{4}{9}$

女性的樣本比例為 $\hat{p} = \dfrac{k}{n} = \dfrac{40}{100} = \dfrac{2}{5}$

抽樣誤差為 $|p - \hat{p}| = \left|\dfrac{4}{9} - \dfrac{2}{5}\right| = \dfrac{2}{45}$

3. 樣本比例的抽樣分配

(1) 採取出放回或無限母體：所謂樣本比例的抽樣分配是指，從一母體比例為 p 的母體中隨機取出 n 個樣本，假設 n 個樣本中 A 類佔了 x 個，根據二項分配取出 n 個樣本中含 x 個 A 類的機率為 $f(x) = C_x^n p^x q^{n-x}$，而樣本比例為 $\hat{p} = \dfrac{x}{n}$，由此可得 $x = n\hat{p}$，代入二項分配機率函數即可獲得樣本比例抽樣分配的機率質量函數為：

$$f(\hat{p}) = C_{n\hat{p}}^n p^{n\hat{p}} q^{n(1-\hat{p})}, \quad \hat{p} = 0, \frac{1}{n}, \frac{2}{n}, ..., 1$$

A. 期望值：樣本比例抽樣分配的期望值為 $E(\hat{p}) = p$

B. 變異數（標準誤）：樣本比例抽樣分配的變異數為 $V(\hat{p}) = \sigma_{\hat{p}}^2 = \dfrac{pq}{n}$

證明：

$$E(\hat{p}) = E(\frac{x}{n}) = \frac{1}{n}E(x) = \frac{1}{n}(np) = p$$

$$\sigma_{\hat{p}}^2 = V(\hat{p}) = V(\frac{x}{n}) = \frac{1}{n^2}V(x) = \frac{1}{n^2}(npq) = \frac{pq}{n}$$

(2) 採取出不放回且有限母體：若採取出不放回的方式取樣，那麼從母體中取出 n 個樣本中含 x 個 A 類的機率為 $f(x) = \dfrac{C_x^k C_{n-x}^{N-k}}{C_n^N}$，故樣本比例抽樣分配的機率質量函數為：

$$f(\hat{p}) = \frac{C_{n\hat{p}}^k C_{n-n\hat{p}}^{N-k}}{C_n^N}, \quad \hat{p} = 0, \frac{1}{n}, \frac{2}{n}, \cdots, 1$$

A. 期望值：$E(\hat{p}) = p$

B. 變異數：根據超幾何分配可知，樣本比例抽樣分配的變異數為

$$V(\hat{p}) = \frac{pq}{n} \times \frac{N-n}{N-1}$$

 8-11

　　設一母體包含 5 個球，其中 3 個白球，2 個紅球。採放回抽樣與不放回抽樣，抽出 2 個球，試分別就此二抽樣方式求出紅球比例的抽樣分配，並分別以定義及樣本比例抽樣分配的公式，求 $\hat{p}$ 的期望值與變異數。

 (1) 取出放回

　　所有可能樣本點有 $5^2 = 25$ 種，設 x 表取出紅球的個數

　　$x = 0 \Rightarrow 3^2 = 9$ 種

　　$x = 1 \Rightarrow 2 \times 3 \times 2! = 12$ 種

　　$x = 2 \Rightarrow 2^2 = 4$ 種

x	0	1	2
$\hat{p}$	0	1/2	1
$f(\hat{p})$	9/25	12/25	4/25

　　粗線框部分即為本題之解答。

期望值與變異數：

以定義求解：

期望值為 $E(\hat{p}) = \sum_{\hat{p}} \hat{p}f(\hat{p}) = 0 \times \dfrac{9}{25} + \dfrac{1}{2} \times \dfrac{12}{25} + 1 \times \dfrac{4}{25} = \dfrac{2}{5} = p$

$E(\hat{p}^2) = \sum_{\hat{p}} \hat{p}^2 f(\hat{p}) = 0^2 \times \dfrac{9}{25} + (\dfrac{1}{2})^2 \times \dfrac{12}{25} + 1^2 \times \dfrac{4}{25} = \dfrac{7}{25}$

故變異數為 $V(\hat{p}) = E(\hat{p}^2) - [E(\hat{p})]^2 = \dfrac{7}{25} - (\dfrac{2}{5})^2 = \dfrac{3}{25}$

以公式求解

期望值為 $E(\hat{p}) = p = \dfrac{2}{5}$

變異數為 $V(\hat{p}) = \dfrac{pq}{n} = \dfrac{\dfrac{2}{5} \times \dfrac{3}{5}}{2} = \dfrac{3}{25}$

(2) 取出不放回

所有可能樣本點有 $C_2^5 = 10$ 種

$x = 0 \Rightarrow C_2^3 = 3$ 種

$x = 1 \Rightarrow C_1^2 C_1^3 = 6$ 種

$x = 2 \Rightarrow C_2^2 = 1$ 種

x	0	1	2
$\hat{p}$	0	1/2	1
$f(\hat{p})$	3/10	6/10	1/10

粗線框部分即為本題之解答。

期望值與變異數：

以定義求解：

期望值為 $E(\hat{p}) = \sum_{\hat{p}} \hat{p}f(\hat{p}) = 0 \times \dfrac{3}{10} + \dfrac{1}{2} \times \dfrac{6}{10} + 1 \times \dfrac{1}{10} = \dfrac{2}{5} = p$

$E(\hat{p}^2) = \sum_{\hat{p}} \hat{p}^2 f(\hat{p}) = 0^2 \times \dfrac{3}{10} + (\dfrac{1}{2})^2 \times \dfrac{6}{10} + 1^2 \times \dfrac{1}{10} = \dfrac{5}{20}$

故變異數為 $V(\hat{p}) = E(\hat{p}^2) - [E(\hat{p})]^2 = \dfrac{5}{20} - (\dfrac{2}{5})^2 = \dfrac{9}{100}$

以公式求解

期望值為 $E(\hat{p}) = p = \dfrac{2}{5}$

變異數為 $V(\hat{p}) = \dfrac{pq}{n} \dfrac{N-n}{N-1} = \dfrac{\frac{2}{5} \times \frac{3}{5}}{2} \times \dfrac{5-2}{5-1} = \dfrac{9}{100}$

 例 8-12

假設某班級 50 位學生中有 30 位男生 20 位女生，現在從這個班級中隨機抽取 10 人，試求樣本中女生比例的期望值與變異數為多少？

 解
∵ $\dfrac{n}{N} = \dfrac{10}{50} = 0.2 > 0.05$ 為有限母體

樣本比例的期望值為：$E(\hat{p}) = p = \dfrac{2}{5}$

樣本比例的變異數為：$V(\hat{p}) = \dfrac{0.4 \times 0.6}{10} \times \dfrac{50-10}{50-1} \approx 0.0196$

 例 8-13

例題 8-12 中，若題目改成已知某校女生占全體的 $\dfrac{2}{5}$，從該校隨機抽取 10 人，試求樣本中女生比例的期望值與變異數為多少？

 解 本題因未說明母體個數，故母體視作無限母體

樣本比例的期望值為：$E(\hat{p}) = p = \dfrac{2}{5}$

樣本比例的變異數為：$V(\hat{p}) = \dfrac{0.4 \times 0.6}{10} = 0.024$

4. 大樣本時的樣本比例抽樣分配

當取出的樣本數很大時（ $np \geq 5$ 且 $nq \geq 5$ ），根據中央極限定理，樣本比例的抽樣分配會趨近於常態分配，若採取出放回或者為無限母體($\dfrac{n}{N} \leq 0.05$) 時，樣本比例的抽樣分配可由常態分配近似模擬，即

$$\hat{p} \sim N(p, \dfrac{pq}{n})$$

若採取出不放回或為有限母體 ($\frac{n}{N} > 0.05$) 時，樣本比例的抽樣分配以常態分配近似模擬時，其變異數必須再乘以有限母體修正因子，即

$$\hat{p} \sim N(p, \frac{pq}{n} \times \frac{N-n}{N-1})$$

這裡尚須注意一點，由於二項分配為離散型的機率分配，而常態分配為連續性的分配，故一般建議，當 $n < 100$ 時，利用常態分配求 $\hat{p}$ 在某範圍之機率時，必須做連續性調整，即

$$p(a \le \hat{p} \le b) \Rightarrow p(a - \frac{1}{2n} \le \hat{p} \le b + \frac{1}{2n})$$

其中 $\frac{1}{n}$ 為 $\hat{p}$ 之單位長。若記不住何時可以不用補連續修正因子，那麼就不用去死記，只要記得離散型隨機變數以常態分配模擬近似時，加上連續修正因子準沒錯。補上連續修正因子時，何時該用加、何時該用減，這部份請讀者參考前面的單元。

 例 8-14

某燈泡製造商宣稱其產品之瑕疵率為 0.1，某建築公司訂購了 500 個燈泡。雙方約定於驗貨時，採簡單隨機抽樣隨機抽取 50 套，若發現瑕疵產品比例大於 0.15 時則退貨，問此批燈泡被退貨的機率為何？

 解

$\because \dfrac{n}{N} = \dfrac{50}{500} = 0.1 > 0.05 \Rightarrow$ 為有限母體，需加有限母體修正因子

$np = 50 \times 0.1 \ge 5$ 且 $nq = 50 \times 0.9 \ge 5 \Rightarrow$ 為大樣本，故可以常態分配近似

又 $n < 100 \Rightarrow$ 需做連續性調整

$$P(\hat{p} > 0.15) = P(z > \frac{0.15 - 0.1 + \dfrac{1}{2 \times 50}}{\sqrt{\dfrac{0.1 \times 0.9}{50} \times \dfrac{500 - 50}{500 - 1}}}) = P(z > 1.49) = 0.0681$$

 例 8-15

根據一項調查顯示，台灣地區約有 15% 的人反對興建核四，若現在再次抽樣調查是否興建核四，隨機抽取 200 個人，則在此 200 人中反對的比例在 16%~20% 的機率為何？

 解 母體總數未知，此題屬無限母體

$np = 200 \times 0.15 \ge 5$ 且 $nq = 200 \times 0.85 \ge 5$ 為大樣本，故可以常態分配近似

又 $n > 100 \Rightarrow$ 不需做連續性調整

$$P(0.16 \le \hat{p} \le 0.2) = P(\frac{0.16 - 0.15}{\sqrt{\frac{0.15 \times 0.85}{200}}} \le z \le \frac{0.2 - 0.15}{\sqrt{\frac{0.15 \times 0.85}{200}}})$$

$$= P(0.4 \le z \le 1.98) = 0.3207$$

8.3.5 兩樣本平均數差 $(\bar{x}_1 - \bar{x}_2)$ 的抽樣分配

自二母體隨機抽取兩獨立的隨機樣本 $(x_{11}, x_{12}, ..., x_{1n_1}), (x_{21}, x_{22}, ..., x_{2n_2})$，已知兩母體平均數分別為 μ_1, μ_2，變異數為 σ_1^2, σ_2^2，則 $\bar{x}_1 - \bar{x}_2$ 的抽樣分配期望值與變異數為：

$$E(\bar{x}_1 - \bar{x}_2) = \mu_1 - \mu_2 \ , \ V(\bar{x}_1 - \bar{x}_2) = \frac{\sigma_1^2}{n_1} + \frac{\sigma_2^2}{n_2}$$

根據中央極限定理，當樣本很大時（$n_1 \ge 30$ 且 $n_2 \ge 30$），樣本平均數差的抽樣分配會趨近於常態分配，即

$$\bar{x}_1 - \bar{x}_2 \sim N(\mu_1 - \mu_2, \frac{\sigma_1^2}{n_1} + \frac{\sigma_2^2}{n_2})$$

兩樣本平均數差的抽樣分配，可用來發展兩獨立母體平均差的推論方法，有關兩樣本平均數差的抽樣分配求解機率的步驟與樣本平均數的抽樣分配完全一樣，將隨機變數減去平均數再除以標準差即可轉換成標準常態分配，即

$$P(a \le \bar{x}_1 - \bar{x}_2 \le b) = P(\frac{a - (\mu_1 - \mu_2)}{\sqrt{\frac{\sigma_1^2}{n_1} + \frac{\sigma_2^2}{n_2}}} \le z \frac{b - (\mu_1 - \mu_2)}{\sqrt{\frac{\sigma_1^2}{n_1} + \frac{\sigma_2^2}{n_2}}})$$

例 8-16

若 A 廠牌每支的燈管壽命均服從於平均數 7.2 月，標準差為 3 月之均勻分配（Uniform distribution）。B 廠牌每支燈管壽命則服從於平均數 7 月，標準差為 4 月之指數分配（Exponential distribution）。且 A、B 兩廠牌燈管壽命獨立。今某人若購買 A 廠牌 81 支、B 廠牌 100 支。求：

(1) 此人所購買 B 廠牌燈管之平均壽命至少為 7.2 月的機率為何？

(2) A 廠牌樣本比 B 廠牌樣本平均壽命長 0.1 個月以上的機率為何？

(3) A、B 至少有一廠牌的平均壽命超過 7.4 月的機率為何？

解 設 $\bar{x}_A, \bar{x}_B$ 分別表 A、B 兩廠牌之平均壽命，因為來自兩廠牌的樣本均為大樣本，根據中央極限定理知 $\bar{x}_A, \bar{x}_B$ 趨近於常態分配

$$\bar{x}_A \sim N(7.2, \frac{9}{81}), \bar{x}_B \sim N(7, \frac{16}{100}) \text{ 且 } \bar{x}_A - \bar{x}_B \sim N(7.2 - 7, \frac{9}{81} + \frac{16}{100}) = N(0.2, 0.271)$$

(1) $P(\bar{x}_B \geq 7.2) = P(z \geq \dfrac{7.2 - 7}{\sqrt{\dfrac{16}{100}}}) = P(z \geq 0.5) = 0.3085$

(2) $P(\bar{x}_A - \bar{x}_B > 0.1) = P(z > \dfrac{0.1 - 0.2}{\sqrt{0.271}}) = P(z > -0.19) = 0.5753$

(3) $P(\bar{x}_A > 7.4 \cup \bar{x}_B > 7.4)$

$= P(\bar{x}_A > 7.4) + P(\bar{x}_B > 7.4) - P(\bar{x}_A > 7.4 \cap \bar{x}_B > 7.4)$

$= P(z > \dfrac{7.4 - 7.2}{\sqrt{\dfrac{9}{81}}}) + P(z > \dfrac{7.4 - 7}{\sqrt{\dfrac{16}{100}}}) - P(z > \dfrac{7.4 - 7.2}{\sqrt{\dfrac{9}{81}}}) \times P(z > \dfrac{7.4 - 7}{\sqrt{\dfrac{16}{100}}})$

$= P(z > 0.6) + P(z > 1) - P(z > 0.6) \times P(z > 1) = 0.3895$

8.3.6 兩樣本比例差 $\hat{p}_1 - \hat{p}_2$ 的抽樣分配

自二個點二項母體中分別抽取二組隨機樣本 $(X_1, X_2, ..., X_{n1})$ $(Y_1, Y_2, ..., Y_{n2})$，已知兩母體比例分別為 p_1, p_2，同樣的我們也可以推導出 $\hat{p}_1 - \hat{p}_2$ 的抽樣分配期望值與變異數分別為

$$E(\hat{p}_1 - \hat{p}_2) = p_1 - p_2$$

$$V(\hat{p}_1 - \hat{p}_2) = \frac{p_1 q_1}{n_1} + \frac{p_2 q_2}{n_2}$$

根據中央極限定理，當樣本數很大時 $\hat{p}_1 - \hat{p}_2$ 的抽樣分配會趨近於常態分配，即

$$\hat{p}_1 - \hat{p}_2 \sim N(p_1 - p_2, \frac{p_1 q_1}{n_1} + \frac{p_2 q_2}{n_2})$$

例 8-17

假設 A 工廠所生產的電視映像管不良率為 0.05，B 工廠所生產的電視映像管不良率為 0.03。現自兩個工廠分別抽出 100 支映像管，試問 A 工廠的映像管不良率大於 B 工廠映像管 0.01 以上的機率為何？兩工廠所生產的映像管不良率相差在 0.01 以上的機率又為何？

設 1 表 A 工廠，2 表 B 工廠

根據中央極限定理知 $\hat{p}_1 - \hat{p}_2 \sim N(p_1 - p_2, \frac{p_1 q_1}{n_1} + \frac{p_2 q_2}{n_2})$ ，$\hat{p}_2 - \hat{p}_1 \sim N(p_2 - p_1, \frac{p_1 q_1}{n_1} + \frac{p_2 q_2}{n_2})$

(1) $P(\hat{p}_1 - \hat{p}_2 > 0.01) = P(z > \dfrac{0.01 - (0.05 - 0.03)}{\sqrt{\dfrac{0.05 \times 0.95}{100} + \dfrac{0.03 \times 0.97}{100}}})$

$\qquad\qquad\qquad\quad = P(z > -0.36) = 0.6406$

(2) $P(|\hat{p}_1 - \hat{p}_2| > 0.01) = P(\hat{p}_1 - \hat{p}_2 > 0.01) + P(\hat{p}_2 - \hat{p}_1 > 0.01)$

$\qquad\qquad\qquad = P(z > -0.36) + P(z > \dfrac{0.01 - (0.03 - 0.05)}{\sqrt{\dfrac{0.05 \times 0.95}{100} + \dfrac{0.03 \times 0.97}{100}}})$

$\qquad\qquad\qquad = P(z > -0.36) + P(z > 1.08) = 0.7807$

⊙ 8.4 χ^2 分配、F 分配與 t 分配

前面所探討的抽樣分配，不論其母體分配形狀如何，只要滿足大樣本，根據中央極限定理，我們皆可利用常態分配近似之。但使用 z 分配的前提是必須知道母體變異數，可是實際情形我們並不知道母體變異數的值，因此為了克服此一問題，在本章節中將介紹已知母體為常態且母體變異數未知的情況下如何求算機率（t 分配）。在應用上，有時候我們對母體平均數或母體比例並不感興趣，我們希望獲得的是有關母體變異數或標準差的訊息，例如：製造螺絲的機器穩定度，填充奶粉的機器穩定度等等，為了解決這類的問題，另外發展了卡方分配與 F 分配，這兩種分配可以處理變異數方面的相關問題。在本節中我們將介紹卡方分配、F 分配與 t 分配。

8.4.1 卡方分配

1. 卡方分配的原理（chi-square distribution）

假設 $x_1, x_2, \cdots, x_n$ 為來自同一個常態母體 $N \sim (\mu, \sigma^2)$ 的 n 個隨機樣本，將此 n 個樣本減去母體平均數再除以標準差之後平方再加總起來，所得到的式子稱為卡方統計量，即

$$\chi_n^2 = \sum_{i=1}^{n} \left(\frac{x_i - \mu}{\sigma} \right)^2$$

由於每次取出的 n 個樣本不盡相同,因此 χ^2 變數亦為隨機變數,且與樣本大小有關,因此我們稱此抽樣分配為具自由度 n 之卡方分配。

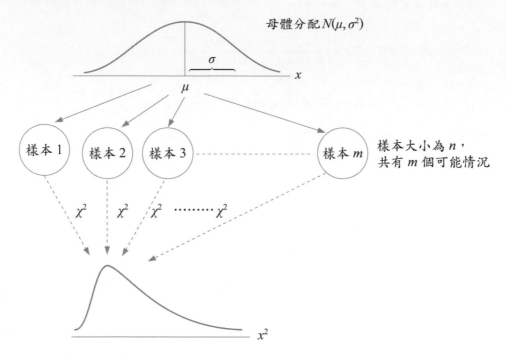

在實際的應用上母體平均數為未知,可用樣本平均數 $\bar{x}$ 來取代母體平均數。由於使用了樣本平均數,使得自由度少 1,於是卡方分配變成

$$\chi^2_{n-1} = \sum_{i=1}^{n} \left(\frac{x_i - \bar{x}}{\sigma} \right)^2$$

我們稱上式為具自由度 $n-1$ 之卡方分配,又已知樣本變異數為 $s^2 = \dfrac{1}{n-1} \sum_{i=1}^{n} (x_i - \bar{x})^2$,於是上式又可改寫成:

$$\chi^2_{n-1} = \sum_{i=1}^{n} \left(\frac{x_i - \bar{x}}{\sigma} \right)^2 = \frac{(n-1)s^2}{\sigma^2}$$

觀察上式,卡方值 χ^2_{n-1} 已有數學家幫我們推導出來,而樣本變異數與樣本數可由樣本訊息得知,故利用卡方分配可以發展單一母體變異數或標準差的統計估計。事實上卡方分配有好幾種表示法,但在實用上大部分都從此式出發,即

$$\chi^2_{n-1} = \frac{(n-1)s^2}{\sigma^2}$$

2. 卡方分配的性質

卡方分配具有下列之特性：

(1) 卡方分配為右偏分配曲線，偏態係數 $\beta_1 = \sqrt{\dfrac{8}{\nu}}$，其中 ν 為自由度，且隨著自由度 ν 的增加偏態係數趨近於 0，故當樣本數很大時，卡方分配會趨近於常態分配。

(2) 卡方值必為正數。

(3) 卡方分配的變異數恰等於其自由度的 2 倍，即 $V(\chi_\nu^2) = 2\nu$，故卡方分配曲線隨著自由度的增加，其變異數逐漸增大。

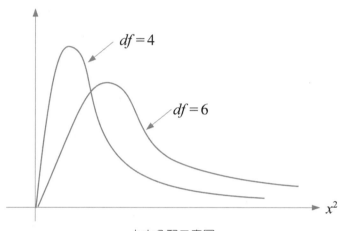

卡方分配示意圖

(4) 卡方分配的期望值恰等於其自由度，即 $E(\chi_\nu^2) = \nu$。

(5) 卡方分配具加法性。設有兩個獨立的卡方統計量 χ_{1,ν_1}^2 及 χ_{2,ν_2}^2，其自由度分別為 ν_1, ν_2，若 $\chi^2 = \chi_1^2 + \chi_2^2$，則 χ^2 為具自由度 $\nu_1 + \nu_2$ 之卡方統計量。

(6) 卡方分配的峰度係數 $\beta_2 = 3 + \dfrac{12}{\nu}$

3. 卡方分配的用途

(1) 卡方分配可進行常態母體變異數 σ^2 的統計推論。

(2) 可用來做適合度檢定（goodness-of-fit test）、獨立性檢定（test of independence）與齊一性檢定（test of homogeneity）等，此三種檢定可參考作者另一本著作。

4. 卡方分配的查表法

先找自由度，鎖定自由度後，最上一列代表卡方分配右邊陰影部分面積，也就是陰影部分的機率。中央的數字代表橫座標所對應的卡方變數值。如下圖所示，若以符號表示為：$\chi_{0.1,5}^2 = 9.236$，代表自由度 5，在卡方變數 9.236 右邊的機率為 0.1，若以機率表示為 $P(\chi_5^2 > 9.236) = 0.1$。

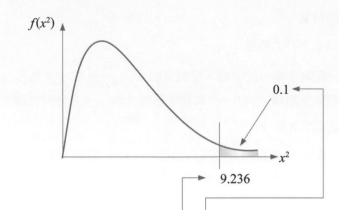

| | 右尾面積 | | | | | | | | |
自由度	**.995**	**.99**	**.975**	**.95**	**.90**	**.10**	**.05**	**.025**	**.01**	**.005**
1	.000	.000	.001	.004	.016	2.706	3.841	5.024	6.635	7.879
2	.010	.020	.051	.103	.211	4.605	5.991	7.378	9.210	10.597
3	.072	.115	.216	.352	.584	6.251	7.815	9.348	11.345	12.838
4	.207	.297	.484	.711	1.064	7.779	9.488	11.143	13.277	14.860
5	.412	.554	.831	1.145	1.610	9.236	11.070	12.832	15.086	16.750
6	.676	.872	1.237	1.635	2.204	10.645	12.592	14.449	16.812	18.548
7	.989	1.239	1.690	2.167	2.833	12.017	14.067	16.013	18.475	20.278
8	1.344	1.647	2.180	2.733	3.490	13.362	15.507	17.535	20.090	21.955
9	1.735	2.088	2.700	3.325	4.168	14.684	16.919	19.023	21.666	23.589
10	2.156	2.558	3.247	3.940	4.865	15.987	18.307	20.483	23.209	25.188

有關卡方分配的機率求解問題，一樣大致可分成三個步驟：列式、轉換成卡方分配與查表。一般而言，列出來的式子形如：$P(a \leq s^2 \leq b)$，接著兩邊同乘 $(n-1)$ 再除以 σ^2，即可把中間的隨機變數轉換成卡方隨機變數，即 $P(\frac{(n-1)a}{\sigma^2} \leq \chi^2_{n-1} \leq \frac{(n-1)b}{\sigma^2})$，最後再查表或反向查表即可求出正確的答案。

 例 **8-18**

（查表練習）在卡方分配中，求

(1) $P(\chi^2_5 > 11.07)$

(2) $P(\chi^2_{30} < 13.787)$

(3) $P(2.558 < \chi^2_{10} < 15.987)$

(1) $P(\chi_5^2 > 11.07) = 0.05$

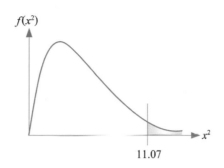

(2) $P(\chi_{30}^2 < 13.787) = 1 - 0.995 = 0.005$

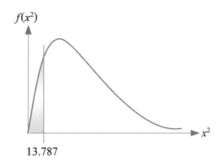

(3) $P(2.558 < \chi_{10}^2 < 15.987) = 0.99 - 0.1 = 0.89$

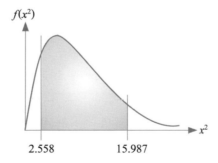

例 8-19

（反查表練習）在卡方分配中，求

(1) $P(\chi_{12}^2 > a) = 0.95$，求 $a=?$

(2) $P(\chi_{15}^2 < b) = 0.9$，求 $b=?$

解 (1) $P(\chi^2_{12} > a) = 0.95 \Rightarrow a = 5.226$

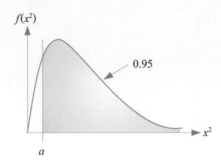

(2) $P(\chi^2_{15} < b) = 0.9 \Rightarrow b = 22.307$

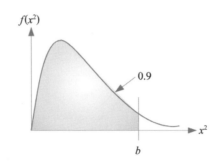

例 8-20

由常態母體 $N(\mu, 6)$ 抽出一組樣本數為 25 的隨機樣本，問：

(1) 它的樣本變異數會超過 9.1 的機率為多少？

(2) 樣本變異數介於 3.462 與 10.745 之間的機率為多少？

解 (1) $P(s^2 > 0.91) = P(\chi^2_{24} > \dfrac{(25-1) \times 9.1}{6}) = P(\chi^2_{24} > 36.4) = 0.05$

(2) $P(3.462 < s^2 < 10.745) = P(\dfrac{(25-1) \times 3.462}{6} < \chi^2_{24} < \dfrac{(25-1) \times 10.745}{6})$

$\qquad\qquad\qquad\qquad\quad = P(13.848 < \chi^2_{24} < 42.98) = 0.94$

8.4.2 F 分配

1. F 分配原理

假設有兩個來自不同常態母體的隨機變數 X_1, X_2，於其中隨機抽取，樣本數大小為 n_1, n_2，分別計算卡方統計量 $\chi^2_{1,n_1-1} = \dfrac{(n_1-1)s_1^2}{\sigma_1^2}$，$\chi^2_{2,n_2-1} = \dfrac{(n_2-1)s_2^2}{\sigma_2^2}$，令

$$F = \frac{\chi_1^2/v_1}{\chi_2^2/v_2}$$

其中 $v_1 = n_1 - 1, v_2 = n_2 - 1$

上式則稱為具自由度為 (v_1, v_2) 之 F 分配，記做 $F \sim F_{v_1, v_2}$，其中 v_1 稱分子自由度，v_2 為分母自由度。

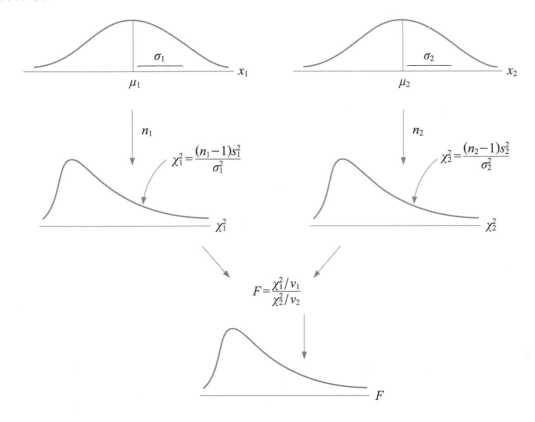

一般在實務上很少使用上式之定義，我們將 $\chi_1^2 = \frac{(n_1-1)s_1^2}{\sigma_1^2}$，$\chi_2^2 = \frac{(n_2-1)s_2^2}{\sigma_2^2}$ 代入上式，可進一步化簡得

$$F_{v_1, v_2} = \frac{s_1^2/\sigma_1^2}{s_2^2/\sigma_2^2}$$

觀察上式，數學家已經幫我們求出 F 分配在不同自由度下所對應的值，而樣本變異數可利用樣本求得，故我們可以藉由 F 分配推導有關兩母體變異數比之統計估計。有關 F 分配求機率值問題，一般而言所列出的式子形如 $P(a \le \frac{s_1^2}{s_2^2} \le b)$，只要將不等式兩邊的分子分母分別除以 σ_1^2, σ_2^2，中央部分即可轉換成 F 隨機變數，即 $P(\frac{a/\sigma_1^2}{1/\sigma_2^2} \le F \le \frac{b/\sigma_1^2}{1/\sigma_2^2})$，接著再利用查表或反向查表即可求出對應的數值。

2. F 分配的用途

F 分配的主要用途有：(1) 變異數分析。(2) 迴歸分析中的總檢定。(3) 檢定兩個常態母體變異數是否相等。

3. F 分配的查表法

有關 F 分配的表格設計一般可分成兩類，一類按機率分類，另一種則將自由度、機率等匯總在同一個表格中。不論採用哪種表格，查表的方式大同小異，這裡我們以全部匯總在一起的表格來做說明。首先要找分子與分母的自由度，鎖定自由度之後，再分別找出機率值或者 F 變數值。如下圖所示，最左一行代表分母自由度，最上一列數字代表分子自由度，中央的數字代表橫座標所對應的 F 變數值，左邊算起第二行則代表右邊陰影面積，即機率值。若以符號表示為：$F_{0.025,8,6} = 5.60$，代表分母自由度 6、分子自由度 8，在 F 變數 5.60 右邊的機率為 0.025，若以機率表示為 $P(F_{8,6} > 5.60) = 0.025$。

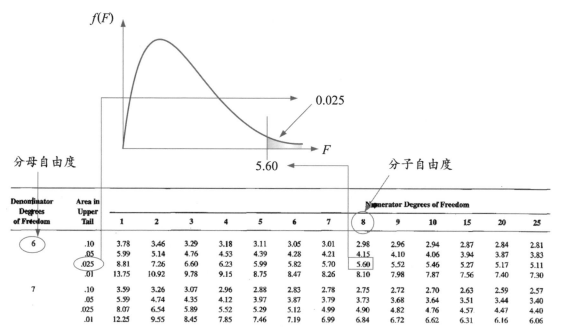

Denominator Degrees of Freedom	Area in Upper Tail	1	2	3	4	5	6	7	8	9	10	15	20	25
6	.10	3.78	3.46	3.29	3.18	3.11	3.05	3.01	2.98	2.96	2.94	2.87	2.84	2.81
	.05	5.99	5.14	4.76	4.53	4.39	4.28	4.21	4.15	4.10	4.06	3.94	3.87	3.83
	.025	8.81	7.26	6.60	6.23	5.99	5.82	5.70	5.60	5.52	5.46	5.27	5.17	5.11
	.01	13.75	10.92	9.78	9.15	8.75	8.47	8.26	8.10	7.98	7.87	7.56	7.40	7.30
7	.10	3.59	3.26	3.07	2.96	2.88	2.83	2.78	2.75	2.72	2.70	2.63	2.59	2.57
	.05	5.59	4.74	4.35	4.12	3.97	3.87	3.79	3.73	3.68	3.64	3.51	3.44	3.40
	.025	8.07	6.54	5.89	5.52	5.29	5.12	4.99	4.90	4.82	4.76	4.57	4.47	4.40
	.01	12.25	9.55	8.45	7.85	7.46	7.19	6.99	6.84	6.72	6.62	6.31	6.16	6.06

註：本圖取自 Anderson Statistics for Business and Economics。

4. F 分配的重要查表公式

由於製作 F 分配表需要用到 2 個自由度，因此不可能將所有的情況一一列出，通常當遇到所附的表格查不到對應的數值時，可利用下列的公式加以轉換，即可順利查出。

$$F_{\alpha,v_1,v_2} = \frac{1}{F_{1-\alpha,v_2,v_1}}$$

8-21

（查表練習）利用 F 分配表求下列各值。

(1) $F_{0.05,10,15}$　(2) $F_{0.95,10,15}$

 (1) $F_{0.05,10,15} = 2.54$

(2) $F_{0.95,10,15} = \dfrac{1}{F_{0.05,15,10}} = \dfrac{1}{2.85} = 0.351$

 8-22

（反查表練習）利用 F 分配表求下列各值。

(1) 已知 $P(F_{8,9} > a) = 0.05$，求 $a = $?

(2) 已知 $P(F_{15,10} < b) = 0.95$，求 $b = $?

(3) 已知 $P(F_{15,10} > c) = 0.975$，求 $c = $?

 (1) $a = F_{0.05,8,9} = 3.23$

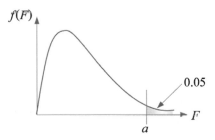

(2) $P(F_{15,10} < b) = 0.95 \Rightarrow P(F_{15,10} \geq b) = 0.05 \quad \therefore b = F_{0.05,15,10} = 2.85$

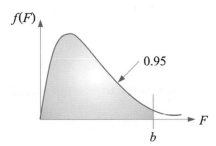

(3) $F_{0.975,15,10} = \dfrac{1}{F_{0.025,10,15}} = \dfrac{1}{3.06} = 0.327$

 8-23

假設 s_1^2, s_2^2 分別是由常態分配 $N(\mu_1, 10), N(\mu_2, 16)$ 隨機抽出之兩組獨立樣本的樣本變異數，其樣本大小分別為 $n_1=31, n_2=41$，試求

(1) s_1^2 / s_2^2 會超過 1.09 的機率？

(2) s_1^2 / s_2^2 介於 1.21 與 1.38 之間的機率？

 根據題意可列式：

(1) $P(\dfrac{s_1^2}{s_2^2} > 1.09) = P(\dfrac{s_1^2/\sigma_1^2}{s_2^2/\sigma_2^2} > \dfrac{1.09/\sigma_1^2}{1/\sigma_2^2}) = P(F_{30,40} > \dfrac{1.09/10}{1/16})$

$\qquad\qquad = P(F_{30,40} > 1.74) = 0.05$

(2) $P(1.21 < \dfrac{s_1^2}{s_2^2} < 1.38) = P(\dfrac{1.21/\sigma_1^2}{1/\sigma_2^2} < \dfrac{s_1^2/\sigma_1^2}{s_2^2/\sigma_2^2} < \dfrac{1.38/\sigma_1^2}{1/\sigma_2^2})$

$\qquad\qquad\qquad = P(\dfrac{1.21/10}{1/16} < F_{30,40} < \dfrac{1.38/10}{1/16}) = P(1.94 < F_{30,40} < 2.21)$

$\qquad\qquad\qquad = 0.015$（註：本題須跨頁查表）

8.4.3 t 分配（student-t distribution）

t 分配是在 1908 由英格蘭化學家 W. S. Gosset 所提出，他將 Z 分配與卡方分配結合創造了 t 分配。在大部分的情況下，我們並不知道母體變異數的情形，因此才有 t 分配的產生，t 分配主要的用途在於取代 Z 分配。只要母體為常態分配且母體變異數未知，都可以使用 t 分配來估計母體平均數。但由於 t 分配與樣本數有關，必須針對不同的自由度去建構相對的表格以供查表，因此一般在初等統計學當中，根據中央極限定理，當樣本數足夠大的時候，即便母體變異數未知，我們仍然可以使用 Z 分配來近似估計母體平均數。

1. t 分配的原理

假設 X 為來自母體為常態分配之隨機變數 $X \sim N(\mu, \sigma^2)$，自其中隨機抽取 n 個樣本 $x_1, x_2, \cdots, x_n$，由前面單元知：$z = \dfrac{\bar{x} - \mu}{\sqrt{\dfrac{\sigma^2}{n}}}, \chi_{n-1}^2 = \dfrac{(n-1)s^2}{\sigma^2}$。我們可以計算出每一次取出的 n 個樣本之 z 值與卡方值。現在將隨機變數 Z 與卡方變數除以自由度 $v=n-1$ 開根號之比值所得的式子令其等於 t，即

$$t = \frac{Z}{\sqrt{\dfrac{\chi^2}{v}}}$$

上式稱為具自由度 v 之 t 分配。下圖為 t 分配之抽樣計算過程之示意圖。

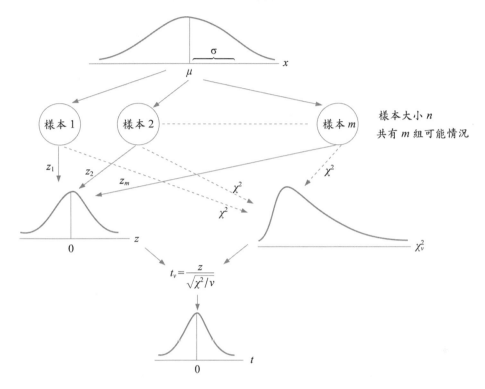

上面 t 分配的定義式，必須分別先求出 Z 與卡方變數值方能求出 t 值，因此實用性不高。在實用上，由於 $z = \dfrac{\overline{x} - \mu}{\sqrt{\dfrac{\sigma^2}{n}}}, \chi^2_v = \dfrac{(n-1)s^2}{\sigma^2}$ ，將這兩個關係式代入 t 分配的定義式中，

可得到另一個較實用的公式，即

$$t_{n-1} = \frac{\overline{x} - \mu}{\sqrt{\dfrac{s^2}{n}}}$$

我們稱上式為具自由度 $n-1$ 之 t 分配。由上式可以看出來，t 分配與 Z 分配最大的不同在於：Z 分配使用母體變異數，而 t 分配使用樣本變異數。因此在實用的價值上，t 分配比 Z 分配更具實用性。

2. t 分配之重要相關性質

設隨機變數 X 為具自由度 v 之 t 分配，則

(1) t 分配的期望值

$$E(x) = 0, v > 1$$

(2) t 分配的變異數：由變異數的公式可知，自由度越大 t 分配越集中。

$$V(x) = \frac{v}{v-2}, v > 2$$

(3) 偏態係數：t 分配呈現中央對稱分配

$$\beta_1 = 0$$

(4) 峰態係數：t 分配屬高峽峰。

$$\beta_2 = \frac{3(v-2)}{v-4}, v > 4$$

(5) 當 $n \to \infty$ 時，t 分配趨近於標準常態分配 $N(0,1)$。

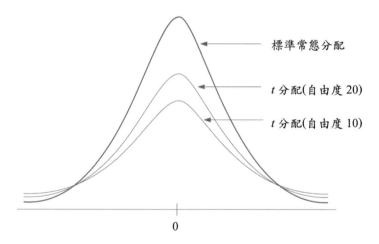

3. t 分配的用途與使用時機

當樣本抽自常態母體且母體變異數未知時，可利用 t 分配來估計母體平均數方面的問題，故 t 分配的主要用途有下列幾項：

(1) 用來發展當常態母體變異數未知的情況下，平均數 μ 的推論方法。

(2) 用來發展當兩個常態母體變異數未知，且樣本皆為小樣本情況下，兩母體平均數差 $\mu_1 - \mu_2$ 的推論方法。

(3) 可用於變異數分析之事後檢定，以及相關分析、迴歸係數之推論。

4. t 分配之查表法

　　t 分配之表大部分屬以上累積分配表，也就是後面檢定系統常用的表格。一般而言，t 分配表的最左一行為自由度，最上一列數字代表陰影的面積，即機率，中央部分則代表橫座標變數的值。由於 t 分配受樣本數所影響，因此查表時必須先決定自由度，接著再查出變數值或者機率值。若以符號表示為：$t_{0.025,5} = 2.571$，代表自由度 5，在 t 變數 2.571 右邊的機率為 0.025，若以機率表示為 $P(t_5 > 2.571) = 0.025$

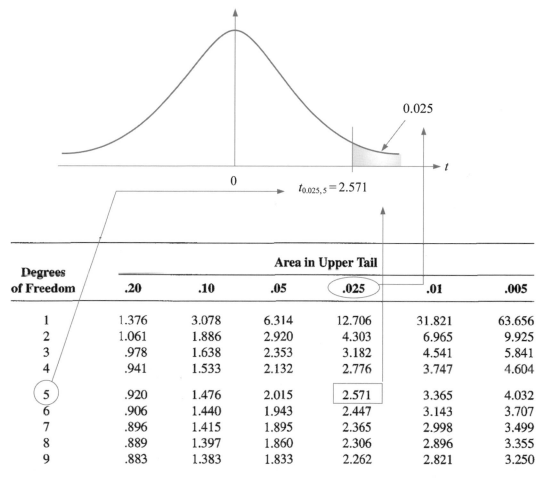

Degrees of Freedom	Area in Upper Tail					
	.20	**.10**	**.05**	**.025**	**.01**	**.005**
1	1.376	3.078	6.314	12.706	31.821	63.656
2	1.061	1.886	2.920	4.303	6.965	9.925
3	.978	1.638	2.353	3.182	4.541	5.841
4	.941	1.533	2.132	2.776	3.747	4.604
5	.920	1.476	2.015	2.571	3.365	4.032
6	.906	1.440	1.943	2.447	3.143	3.707
7	.896	1.415	1.895	2.365	2.998	3.499
8	.889	1.397	1.860	2.306	2.896	3.355
9	.883	1.383	1.833	2.262	2.821	3.250

註：本圖取自 Anderson Statistics for Business and Economics。

5. 卡方分配、F 分配、t 分配的共同特性

　　卡方分配、F 分配、t 分配三者皆為小樣本分配且皆為連續分配，同時三者所來自的母體皆為常態分配且三者的母數皆與自由度有關。下表為三者之定義公式與實用公式之整理。

統計量	定義公式	實用公式之一
卡方	$\chi_n^2 = \sum_{i=1}^{n}(\frac{x_i - \mu}{\sigma})^2$	$\chi_{n-1}^2 = \frac{(n-1)s^2}{\sigma^2}$
F	$F_{n_1, n_2} = \dfrac{\dfrac{\chi_1^2}{n_1}}{\dfrac{\chi_2^2}{n_2}}$	$F_{n_1-1, n_2-1} = \dfrac{\dfrac{s_1^2}{\sigma_1^2}}{\dfrac{s_2^2}{\sigma_2^2}}$
t	$t_n = \dfrac{z}{\sqrt{\dfrac{\chi_n^2}{n}}}$	$t_{n-1} = \dfrac{\overline{x} - \mu}{\sqrt{\dfrac{s^2}{n}}}$

 例 8-24

請利用 t 分配表求下列各機率值。

(1) 自由度 $=15$, $P(t < 1.074)$。

(2) 自由度 $=21$, $P(-1.063 < t < 1.323)$。

 解 (1) $P(t < 1.074) = 1 - 0.15 = 0.85$

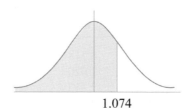

1.074

(2) $P(-1.063 < t < 1.323) = 1 - 0.15 - 0.1 = 0.75$

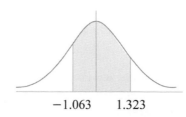

-1.063 1.323

8-25

請利用 t 分配表求下列各值。

(1) 自由度 $=10$, $P(t < a) = 0.05$，求 $a=?$

(2) 自由度 $=20$, $P(-b < t < b) = 0.90$，求 $b=?$

 (1) $a = -t_{0.05,10} = -1.812$

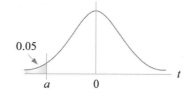

(2) $b = t_{0.05,20} = 1.725$

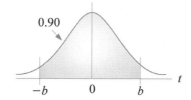

 8-26

設 X 代表某班級統計學成績，已知其為常態分配，$X \sim N(80, \sigma^2)$，現自該班級抽出 10 位學生，算出其標準差等於 8.63，求此 10 位學生之平均成績在 85 分以上的機率是多少？

 本題為常態母體且母體變異數未知，故使用 t 分配求機率值

$$P(\bar{x} > 85) = P(t_9 > \frac{85-80}{\sqrt{\frac{8.63^2}{10}}}) = P(t_9 > 1.83) = 0.05$$

課·後·練·習

1. 「先將所有母體裡的個體編號（如選舉名冊中所有選民皆已編號），再根據母體總數與預計抽出的樣本數計算抽樣比率（如名冊中記有選民 2600 人，預計在此名冊中抽取 200 個樣本，故抽樣比率為 1：13，即每 13 個人抽出 1 人），以抽樣比率分組（每 13 個人一組），先隨機抽出第一組之某一號（如 6 號），此後每隔 13 號抽出 1 人（即 6，19，32，45...）」這樣的抽樣方法稱為？

   (A) 簡單隨機抽樣　(B) 系統抽樣　(C) 分層隨機抽樣　(D) 部落抽樣　(E) 滾雪球抽樣

2. 李氏企業有員工 8500 人，在某次「員工意向調查」中，研究者預定抽出 500 人為調查樣本，於是將所有員工進行編號，計算出抽樣比率為 1：17，再以抽樣比率分組（每 17 個人一組），先隨機抽出第一組之某一號（結果是 6 號），此後每隔 17 號抽出 1 人，最後得到的樣本是 6，23，40，57...，8472，8489。請問該研究者所使用之抽樣方法為？

   (A) 簡單隨機抽樣　(B) 系統抽樣　(C) 分層隨機抽樣　(D) 部落抽樣　(E) 配額抽樣。

3. 下列何者不是機率式的抽樣法？

   (A) 簡單隨機抽樣　(B) 系統抽樣　(C) 分層隨機抽樣　(D) 部落抽樣　(E) 方便抽樣

4. 下列哪一種抽樣方法的特性為「層間差異大、層內差異小」？

   (A) 分層抽樣　(B) 部落抽樣　(C) 系統抽樣　(D) 方便抽樣　(E) 隨機抽樣。

5. 下列哪一種抽樣方法的特性為「層間差異小、層內差異大」

   (A) 分層抽樣　(B) 部落抽樣　(C) 系統抽樣　(D) 方便抽樣　(E) 隨機抽樣。

6. 以下是五名學生的統計學考試成績：40，60，70，70，80，今自其中隨機抽取二名學生（不放回），試求平均成績的機率分配、期望值與變異數。

7. 投擲骰子 5 次，求點數平均數的期望值與變異數。

8. 已知隨機變數與其機率分配如下表所示：

x	0	1	2
$f(x)$	0.2	0.5	0.3

   現從此隨機變數中任取三個樣本 x_1, x_2, x_3，並定義 $\bar{x} = \dfrac{x_1 + x_2 + x_3}{3}$，試求 $E(\bar{x})$ 及 $V(\bar{x})$。

9. 假設台灣地區抽煙人口占全體人口的 45%，現以隨機取樣的方式抽取 1000 人，這 1000 人中有 490 位抽煙。試問台灣地區抽煙人口的母體比例為何？樣本比例又為何？抽樣誤差為何？

10. 設一母體包含 5 個球，其中 3 個白球，2 個紅球。採放回抽樣與不放回抽樣，抽出 2 個球，試分別就此二抽樣方式求出白球比例的抽樣分配，並求 $\hat{p}$ 的期望值與變異數。

11. 假設母體平均數為 400，標準差為 24。若從母體中隨機抽取 144 個樣本，求取出之樣本平均數小於 402 的機率？

12. 假設 $X_1, X_2,..., X_n$ 為從常態分配抽出之一組隨機樣本，已知母體平均數為 μ，母體變異數為 σ^2，試求樣本平均數的期望值與標準差。

13. 從一常態母體中隨機抽出 25 個樣本，若已知母體平均數為 30，變異數為 9，試求樣本平均數的期望值與標準差。

14. 已知一常態母體全體總數為 500，平均數 40、標準差 15。現從此母體隨機抽出 100 個樣本，試求樣本平均數的期望值與標準差。

15. 假設某人的每天的花費呈常態分配，已知每天平均花費 279 元，標準差 79 元。隨機抽取 30 天，試求此人 30 天的全部花費超過 8500 元的機率？

16. 已知母體平均數為 100，標準差 16，隨機抽取 50 個，求樣本平均數會落在母體平均數 ±2 的範圍內之機率是多少？

17. 假設有兩家製作燈泡的公司 A 公司與 B 公司，兩家公司所生產的燈泡壽命服從常態分配。若 A 公司生產的燈泡平均壽命為 800 小時、變異數 14400；B 公司生產的燈泡平均壽命為 850 小時、變異數 2500。現從兩家公司隨機抽取一個燈泡測試，直到燒毀為止。求 A 公司燈泡壽命超過 B 公司燈泡至少 15 小時的機率？

18. 分別自兩常態母體隨機抽取 4 個樣本，假設 $\bar{x}$ 為來自母體 $N(4,9)$ 的 4 個樣本平均數，$\bar{y}$ 為來自母體 $N(7,16)$ 的 4 個樣本平均數，，試求 $\bar{x} < \bar{y}$ 的機率。

19. 已知一常態母體共有 200 個元素，平均數為 60，標準差 10。現從母體抽出 25 個樣本，求樣本平均數小於 56 的機率？

20. 已知母體比例 $p = 0.4$，現隨機抽取 100 個樣本，試求樣本比例 $\hat{p}$ 的期望值與變異數。

21. 假設母體比例 $p = 0.4$，現隨機抽取 200 個樣本，試求樣本比例落在母體比例 ±0.05 的機率是多少？

22. 假設某地區女性佔全體的 70%，現隨機抽取 400 個樣本，試求樣本比例超過 75% 的機率是多少？

23. 假設 A 工廠所生產的電視映像管不良率為 0.05，B 工廠所生產的電視映像管不良率為 0.03。現自 A 工廠抽出 100 支映像管，B 工廠抽出 400 支映像管，試問 A 工廠的映像管不良率大於 B 工廠映像管 0.045 以上的機率為何？

24. 求下列有關 t 分配的機率。

(1) $P(t_{12} < 1.782)$　(2) $P(t_{12} > -1.365)$　(3) $P(-2.179 \leq t_{12} \leq 1.782)$

25. 求下列之 a 值。

(1) $P(t_{18} > a) = 0.05$　(2) $P(t_{22} < a) = 0.1$

(3) $P(t_{20} > a) = 0.90$　(4) $P(-a \leq t_{28} \leq a) = 0.95$

26. 試求下列之卡方值。

(1) $\chi^2_{0.05,5}$　(2) $\chi^2_{0.01,10}$　(3) $\chi^2_{0.975,20}$　(4) $\chi^2_{0.95,18}$

27. 試求下列之 F 值。

(1) $F_{0.05,12,10}$　(2) $F_{0.025,20,15}$　(3) $F_{0.975,10,20}$　(4) $F_{0.95,10,20}$

28. 由常態母體 $N(\mu,10)$ 抽出一組樣本數為 101 的隨機樣本，問：

(1) 它的樣本變異數會超過 12.4342 的機率為多少？

(2) 樣本變異數介於 11.8498 與 13.5807 之間的機率為多少？

29. 設 s_1^2, s_2^2 分別是由常態分配 $N(\mu_1,25), N(\mu_2,36)$ 隨機抽出之兩組獨立樣本的樣本變異數，其樣本大小分別為 $n_1 = 11, n_2 = 16$，試求 s_1^2 / s_2^2 會超過 1.764 的機率？

30. 設 X 代表某班級統計學成績，已知其為常態分配，$X \sim N(80, \sigma^2)$，現自該班級抽出 21 位學生，算出其標準差等於 $\sqrt{21}$，求此 21 位學生之平均成績在 82.528 分以上的機率是多少？

估計

9.1 點估計

9.2 估計式的評斷標準

9.3 區間估計

9.4 單一母體的區間估計

9.5 兩個母體之區間估計

9.1 點估計

9.1.1 點估計的概念

在日常生活中我們經常使用點估計的概念去估計母體，例如：某候選人的支持度為 80%，107 學年度大學聯考錄取率大約為 99% 等，這些都是點估計的應用例子。估計（estimation）又稱為推估，所謂估計是指利用樣本統計量來推測母體中未知母數的方法，一般估計的表示方法有點估計與區間估計兩種。所謂點估計（point estimation）是指，由母體抽取一組樣本數為 n 的隨機樣本，並計算此 n 個樣本的統計量，如樣本平均數、樣本標準差等，並以此統計量做為母體參數的估計值。顧名思義，點估計所估計出來的為一個單一的數值。例如：我們抽取 10 個樣本來估計母體平均數，假設這十個樣本的平均數為 80，那麼 80 就是就是母體平均數的點估計值。

9.1.2 估計式

估計式（estimator）也有人稱為估計子，所謂估計式是指：用來估計母體參數的統計量，通常以 $\hat{\theta}$ 表示。例如：以樣本平均數 $\bar{x}$ 估計母體平均數 μ，則 $\bar{x}$ 即為 μ 之估計式。若以樣本標準差 s 估計母體標準差 σ，則 s 即為 σ 之估計式。而將樣本觀察值代入估計式中所求得的數值，稱為估計值（estimate），通常以 $\hat{\theta}_0$ 表示。

9.1.3 點估計的步驟

點估計的步驟一般可以分成下列 4 個步驟：

步驟 1：抽取具代表性的樣本。適當的樣本可以更準確的估計母體參數。

步驟 2：選擇一個較佳的樣本統計量作為估計式。例如：我們在估計母體變異數時，可以利用公式 $s^2 = \dfrac{1}{n}\sum_{i=1}^{n}(x_i - \bar{x})^2$ 去估計，也可以用 $s^2 = \dfrac{1}{n-1}\sum_{i=1}^{n}(x_i - \bar{x})^2$ 去估計，或者利用算術平均數去估計母體平均數，也可以利用加權平均數去估計母體平均數。好的估計式可以更有效的估計母體參數，不好的估計式可能所得到的結果與實際差異很大。

步驟 3：計算樣本統計量的值。選好估計式之後，將收集到的樣本觀察值代入估計式中計算求得估計值。

步驟 4：最後以樣本統計量的值來推論母體參數值，並做決策。

例 9-1

某候選人在選舉前舉辦民意調查，隨機抽選 1000 位選民當樣本，詢問選民對自己的支持度，結果詢問的結果有 350 位的選民願意支持該候選人，請問該候選人的支持率的點估計值為多少？

解 $\hat{p} = \dfrac{350}{1000} = 35\%$，該候選人的民意支持率的點估計值為 35%。

9.2 估計式的評斷標準

本節中所介紹的估計式評斷標準有點偏向於數理統計，可視需求跳過此單元。點估計的主要目的在於以樣本統計量來估計母體參數，但估計式的選取方式並非唯一。例如：我們可以隨機抽取五個樣本，以 $\bar{x} = \dfrac{x_1 + x_2 + x_3 + x_4 + x_5}{5}$ 的方式來估計母體平均數，我們也可以以 $\bar{x} = \dfrac{x_1 + 2x_2 + 2x_3 + 2x_4 + x_5}{8}$ 的方式來估計母體平均數。但上面兩個估計式哪一種比較好呢？為了能夠判斷估計式的好壞，我們需要一些準則來衡量。一般在統計上衡量估計式的好壞有下列 6 種準則，其中以不偏性與有效性被使用最多，這 6 個衡量準則分別為：

(1) 不偏性（unbiasedness）。

(2) 有效性（efficiency）。

(3) 最小變異不偏性（best unbiasedness）。

(4) 漸進不偏性（asymptotic unbiasedncss）。

(5) 一致性（consistency）。

(6) 充分性（sufficiency）。

9.2.1 不偏性

當我們以樣本統計量來估計母體參數時，估計值與母體參數間會有某種程度上的差異，有時可能高估，有時可能低估低。若樣本統計量的期望值等於母體參數，那麼表示在做估計時比較不會產生偏差，也就是說產生偏差的可能性比較小。

我們可以從底下的圖形看出，以 $\hat{\theta}_1$ 來估計母體參數 θ 比 $\hat{\theta}_2$ 來估計母體參數要佳，因為 $\hat{\theta}_1$ 的期望值等於母體參數，此時我們稱 $\hat{\theta}_1$ 估計具有个偏性，為一不偏估計式；而 $\hat{\theta}_2$ 則具偏誤性，為一偏誤估計式。

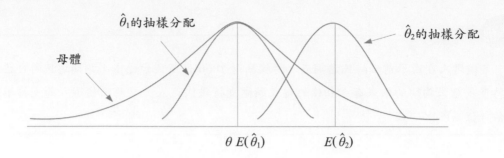

故不偏性的定義為：設 θ 為隨機變數的母體參數，$\hat{\theta}$ 表 θ 的估計式。若估計式的期望值等於母體參數值，則稱該估計式為不偏估計式，否則稱偏誤估計式，即

$$E(\hat{\theta}) = \theta \text{，} \hat{\theta} \text{為} \theta \text{的不偏估計式}$$

$$E(\hat{\theta}) \neq \theta \text{，} \hat{\theta} \text{為} \theta \text{的偏誤估計式}$$

其中偏誤的定義為：$Bias(\hat{\theta}) = E(\hat{\theta}) - \theta$，若 $Bias(\hat{\theta}) > 0$ 為正偏估計式，表示 $\hat{\theta}$ 高估母體參數，若 $Bias(\hat{\theta}) < 0$ 為負偏估計式，表示 $\hat{\theta}$ 低估母體參數。由於不偏性的定義為樣本統計量的期望值等於母體參數，故不偏性與樣本的多寡無關。有一點必須注意的是，並非所有母體皆有不偏估計式，例如：均勻分配找不到不偏估計式。但若某一母數存在不偏估計式，有時不偏估計式的數量不只一個，如 $\bar{x} = \dfrac{x_1 + x_2 + x_3 + x_4 + x_5}{5}$ 與 $\bar{x} = \dfrac{x_1 + 2x_2 + 2x_3 + 2x_4 + x_5}{8}$ 皆具不偏性。在前一章節所提到的樣本平均數、樣本變異數與樣本比例皆具有不偏性。不偏估計式只是一種評斷標準的方式，並不一定是最優良的估計式。有時候不偏估計式所估計出來的準確性不一定比具偏誤估計式所估計出來的準確。

例 9-2

試證 $\bar{x}$ 是 μ 的不偏估計式。

解 證明：$E(\bar{x}) = E\left(\dfrac{1}{n}\sum_{i=1}^{n} x_i\right) = \dfrac{1}{n}E\left(\sum_{i=1}^{n} x_i\right) = \dfrac{1}{n}\sum_{i=1}^{n} E(x_i) = \dfrac{1}{n}(n\mu) = \mu$

故 $\bar{x}$ 是 μ 的不偏估計式

例 9-3

試證 $s^2 = \dfrac{1}{n-1}\sum_{i=1}^{n}(x_i - \bar{x})^2$ 為 σ^2 的不偏估計式。

證明：$E(s^2) = \dfrac{1}{n-1} E\left(\sum_{i=1}^{n}(x_i - \overline{x})^2\right) = \dfrac{1}{n-1} E\left(\sum_{i=1}^{n} x_i^2 - n\overline{x}^2\right)$

$$= \dfrac{1}{n-1}\left\{ E\left[\sum_{i=1}^{n}(x_i^2)\right] - nE(\overline{x}^2)\right\}$$

$$= \dfrac{1}{n-1}\left\{ \sum_{i=1}^{n} E(x_i^2) - nE(\overline{x}^2)\right\}$$

$$= \dfrac{1}{n-1}\left\{ \sum_{i=1}^{n}\left[V(x_i) + \left[E(x_i)\right]^2\right] - n\left[V(\overline{x}) + \left(E(\overline{x})\right)^2\right]\right\}$$

$$= \dfrac{1}{n-1}\left\{ \sum_{i=1}^{n}\left[\sigma_i^2 + \mu_i^2\right] - n\left[\dfrac{\sigma^2}{n} + \mu^2\right]\right\}$$

$$= \dfrac{1}{n-1}\left\{ n\sigma^2 + n\mu^2 - \sigma^2 - n\mu^2\right\} = \sigma^2$$

故 s^2 為 σ^2 的不偏估計式

註：$\because V(x) = E(x^2) - [E(x)]^2 \Rightarrow E(x^2) = V(x) + [E(x)]^2$

例 9-4

假設 $\{y_1, y_2, y_3\}$ 為自母體指數分配所抽出的隨機樣本，且已知母體平均數為 θ，考慮底下的四個估計式用來估計母體平均數 θ：

$$\hat{\theta} = y_1, \hat{\theta}_2 = \dfrac{y_1 + y_2}{2}, \hat{\theta}_3 = \dfrac{y_1 + y_2}{3}, \hat{\theta}_4 = \dfrac{y_1 + y_2 + y_3}{3}$$

請問哪一個估計式具有不偏性？

解 $\hat{\theta}_1 = y_1 \Rightarrow E(\hat{\theta}) = E(y_1) = \theta$

$\hat{\theta}_2 = \dfrac{y_1 + y_2}{2} \Rightarrow E(\hat{\theta}_2) = \dfrac{E(y_1) + E(y_2)}{2} = \dfrac{\theta + \theta}{2} = \theta$

$\hat{\theta}_3 = \dfrac{y_1 + 2y_2}{3} \Rightarrow E(\hat{\theta}_3) = \dfrac{E(y_1) + 2E(y_2)}{3} = \dfrac{\theta + 2\theta}{3} = \theta$

$\hat{\theta}_4 = \dfrac{y_1 + y_2 + y_3}{3} \Rightarrow E(\hat{\theta}_4) = \dfrac{E(y_1) + E(y_2) + E(y_3)}{3} = \dfrac{\theta + \theta + \theta}{3} = \theta$

四個估計式皆具不偏性。

9.2.2 有效性

由於不偏估計式不具唯一性，若我們想從數個不偏估計式中再挑選一個較佳的估計式來估計母體參數，就必須再利用其他的準則來衡量。在眾多準則中，除了不偏性之外，有效性亦是被廣為使用的準則之一。如下圖，$\hat{\theta}_1, \hat{\theta}_2$ 均具不偏性，但很明顯的 $\hat{\theta}_1$ 較為集中，因此我們認為 $\hat{\theta}_1$ 比 $\hat{\theta}_2$ 佳，因為越集中的資料在進行抽樣時，越能準確的估中母體參數。

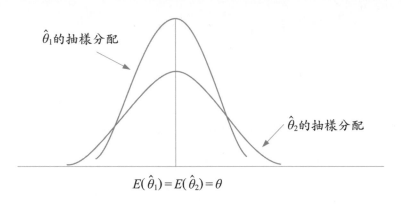

$$E(\hat{\theta}_1) = E(\hat{\theta}_2) = \theta$$

有效性又可分為二種：分別為絕對有效性與相對有效性。

1. 絕對有效性

設 $\hat{\theta}$ 為 θ 之估計式，若 $\hat{\theta}$ 的均方差 $MSE(\hat{\theta}) = E[(\hat{\theta} - \theta)^2]$，為所有估計式中最小者，則稱 $\hat{\theta}$ 在估計 θ 時具絕對有效性。從均方差的定義可以看出來，它是用來衡量全體資料與母體參數間距離的平方之期望值，若 $\theta = E(\hat{\theta})$ 時，$MSE(\hat{\theta})$ 正好與變異數 $V(\hat{\theta})$ 的定義完全一樣，由不偏性得知，當 $E(\hat{\theta}) = 0$ 時表示估計式具不偏性，故欲比較不偏估計式的 $MSE(\hat{\theta})$ 大小，可改用計算較簡單的 $V(\hat{\theta})$ 來比較，後面會有更詳細的說明。

2. 相對有效性

我們在比較兩數的大小除了直接求出數值比大小，或者兩者相減計算其值為正或負來比較大小外，還可利用比值的方式來比較兩數大小，因 $MSE(\hat{\theta}) \geq 0$，故我們可利用兩者之間的比值是否大於或小於 1 來比較兩數的大小，相對有效性就是利用這種概念所發展出來的方法。

設 $\hat{\theta}_1, \hat{\theta}_2$ 均為 θ 的估計式，若 $\hat{\theta}_1$ 的均方差相對 $\hat{\theta}_2$ 的均方差小，即

$$\frac{MSE(\hat{\theta}_1)}{MSE(\hat{\theta}_2)} < 1$$

則稱 $\hat{\theta}_1$ 相對 $\hat{\theta}_2$ 在估計 θ 時具相對有效性。

　　在比較估計式的好壞時，一般而言，我們會先驗證估計式是否具不偏性，若估計式本身已經具有不偏性時，我們在比較何者具相對有效性可以再進一步把 $MSE(\hat{\theta})$ 簡化。在進行簡化前我們先介紹一個有關均方差的特性：均方差恰等於估計式的變異數 $V(\hat{\theta})$ 加上估計式的偏誤的平方，即

$$MSE(\hat{\theta}) = V(\hat{\theta}) + [bias(\hat{\theta})]^2$$

證明：

$$MSE(\hat{\theta}) = E[(\hat{\theta} - \theta)^2] = E(\hat{\theta}^2 - 2\hat{\theta}\theta + \theta^2) = E(\hat{\theta}^2) - 2\theta E(\hat{\theta}) + \theta^2$$
$$= V(\hat{\theta}) + \{[E(\hat{\theta})]^2 - 2\theta E(\hat{\theta}) + \theta^2\} = V(\hat{\theta}) + [E(\hat{\theta}) - \theta]^2$$
$$= V(\hat{\theta}) + [bias(\hat{\theta})]^2$$

　　由於不偏估計式的偏誤 $Bias(\hat{\theta}) = 0$，因此對一個已經具不偏性的估計式而言，$MSE(\hat{\theta}) = V(\hat{\theta})$，因此在證明相對有效性的時候可以化簡成：若 $\dfrac{V(\hat{\theta}_1)}{V(\hat{\theta}_2)} < 1$，則 $\hat{\theta}_1$ 相對 $\hat{\theta}_2$ 在估計 θ 時具相對有效性。

 例 9-5

　　假設有兩個估計式，g_1 與 g_2。g_1 的觀察值離 θ 較為離散，但是 $E(g_1) = \theta$，g_2 的觀察值離 θ 較為集中，但是 $E(g_2) = \theta + \varepsilon$，請問在尋求 θ 的估計式時，你會選擇哪一個估計式。

 我們一般在選取估計式時會以具不偏性的估計式優先選取，但不偏估計式所估計出來的母體參數未必較準確，若 ε 是一個很小的數，表示 g_2 的偏誤可以忽略時，我們可進一步比較兩者有效性。

$\because MSE(\hat{\theta}) = V(\hat{\theta}) + [bias(\hat{\theta})]^2$

　　$MSE(g_1) = V(g_1) + 0^2 = V(g_1)$

　　$MSE(g_2) = V(g_2) + \varepsilon^2$

當 $V(g_2) + \varepsilon^2 < V(g_1) \Rightarrow MSE(g_2) < MSE(g_1)$　此時選 g_2

當 $V(g_2) + \varepsilon^2 > V(g_1) \Rightarrow MSE(g_2) > MSE(g_1)$　此時選 g_1

 9-6

從平均數 μ，變異數 σ^2 的母體中，隨機抽取 n 個樣本，$(n > 4)$, $x_1, x_2, \ldots, x_n$，若

$$T_1 = \frac{x_1 + 2x_2 + x_3}{4}, T_2 = \frac{1}{4}x_1 + \frac{x_2 + \cdots + x_{n-1}}{2(n-2)} + \frac{1}{4}x_n, T_3 = \frac{x_1 + \cdots + x_n}{n} = \bar{x},$$

為 μ 的三個估計式，問此三個估計式何者最具有效性？（三者均為不偏估計式）

 因為三者均為不偏估計式，故只要比較變異數大小即可決定何者最具有效性

$$V(T_1) = V(\frac{x_1 + 2x_2 + x_3}{4}) = \frac{1}{16}\big[V(x_1) + 4V(x_2) + x(X_3)\big] = \frac{1}{16} \cdot 6\sigma^2 = \frac{3}{8}\sigma^2$$

$$V(T_2) = V\left[\frac{1}{4}x_1 + \frac{x_2 + \cdots + x_{n-1}}{2(n-2)} + \frac{1}{4}x_n\right] = \frac{\sigma^2}{16} + \frac{(n-2)\sigma^2}{4(n-2)^2} + \frac{\sigma^2}{16} = \frac{1}{8}\sigma^2 + \frac{\sigma^2}{4(n-2)}$$

$$V(T_3) = V(\frac{x_1 + \cdots + x_n}{n}) = \frac{n\sigma^2}{n^2} = \frac{\sigma^2}{n}$$

$$\because \frac{V(T_3)}{V(T_1)} = \frac{8}{3n} < 1 \quad ,(n > 4) \Rightarrow V(T_3) < V(T_1)$$

$$又 \ V(T_2) - V(T_3) = \frac{(n-4)^2\sigma^2}{8n(n-2)} > 0, (n > 4) \Rightarrow V(T_3) < V(T_2)$$

故 T_3 最具有效性

9.2.3 最小變異不偏性

　　若某個不偏估計式，它的變異數是所有不偏估計式中最小的，則稱此估計式為最小變異不偏估計式，這部分的證明比較適合數學系的同學研讀，因此略過。

9.2.4 漸近不偏性

　　漸近不偏性主要在描述大樣本的情況，若某估計式會隨著樣本的增加而減少偏誤，那麼我們就說此估計式具有漸近不偏性。

　　設 $\hat{\theta}_n$ 為樣本數 n 時之 θ 估計式，若滿足

$$\lim_{n \to \infty} E(\hat{\theta}_n) = \theta$$

則稱 $\hat{\theta}_n$ 為 θ 之漸近不偏估計式。由上式可以看出具漸近不偏性的估計式，其偏誤大小會隨著樣本數的增加而減小，若某一估計式在小樣本情況已經滿足不偏性的估計式，在大樣本的情況下必然具不偏性。

 例 9-7

設 $\hat{\mu} = \dfrac{1}{n+1}\displaystyle\sum_{i=1}^{n} x_i$ 為母體參數 μ 的估計式，試問 $\hat{\mu}$ 是否為 μ 的漸近不偏估計式？

解

$\because E(\hat{\mu}) = E(\dfrac{1}{n+1}\sum x) = \dfrac{1}{n+1}E(\sum x) = \dfrac{1}{n+1}(n\mu)$

令 $n \to \infty$ 並取極限：$\displaystyle\lim_{n\to\infty} E(\hat{\mu}) = \lim_{n\to\infty}\dfrac{n}{n+1}\mu = \mu$

故 $\hat{\mu}$ 為 μ 的漸近不偏估計式

9.2.5 一致性

所謂一致性是指：當樣本增加時，估計式所產生之估計值接近母體參數的機率會相對的提高，具備此性質之估計式稱為一致估計式，對於估計式一致性的要求可分兩種；一種不允許有誤差，稱為強則；一種允許些微誤差，稱為弱則，分述於后：

1. 強則

   設 $\hat{\theta}_n$ 為樣本數 n 時之 θ 估計式，若滿足

   $$P(\lim_{n\to\infty}\hat{\theta}_n = \theta) = 1$$

   則稱 $\hat{\theta}_n$ 為 θ 之一致估計式

2. 弱則

   設 $\hat{\theta}_n$ 為樣本數 n 時之 θ 估計式，若

   $$\lim_{n\to\infty} P(\left|\hat{\theta}_n - \theta\right| < \varepsilon) = 1, \forall \varepsilon > 0$$

   則稱 $\hat{\theta}_n$ 為 θ 之一致估計式，其中 ε 為給定的任意小誤差。

由一致性的定義可知，一致性與樣本大小有關，且為大樣本時才具有的性質。同時一致性與不偏性無關，符合不偏性的估計式，不一定滿足一致性，反之亦然，通常抽樣的樣本為大樣本時估計式強調注重一致性，而小樣本則注重不偏性。一般我們若用一致性的定義去證明某估計式是否具一致性十分困難，底下有兩個定理可以協助證明。

定理一

若 $\hat{\theta}_n$ 為 θ 之估計式，若 $\lim\limits_{n\to\infty}(\hat{\theta}_n-\theta)^2=0$，則 $\hat{\theta}_n$ 為 θ 的一致估計式（或稱均方差一致性）

定理二

若 $\hat{\theta}_n$ 為不偏估計式或漸近不偏估計式，且當 n 趨於無窮大時，其變異數趨近於 0，即 $\lim\limits_{n\to\infty}V(\hat{\theta}_n)=0$，則 $\hat{\theta}_n$ 為 θ 的一致估計式。

 9-8

試證明 $\bar{x}$ 與 s^2 分別為 μ、σ^2 的一致估計式。

註：$V(s)=\dfrac{2\sigma^4}{n-1}$

 $\because \bar{x}$ 為 μ 的不偏估計式，故我們可以用定理二來證明

又已知 $V(\bar{x})=\dfrac{\sigma^2}{n}$ $\qquad \therefore \lim\limits_{n\to\infty}V(\bar{x})=\lim\limits_{n\to\infty}\dfrac{\sigma^2}{n}=0$

故 $\bar{x}$ 為 μ 的一致估計式

同理：s^2 為 σ^2 的不偏估計式，已知 $V(s)=\dfrac{2\sigma^4}{n-1}$

$\therefore \lim\limits_{n\to\infty}V(s^2)=\lim\limits_{n\to\infty}\dfrac{2\sigma^4}{n-1}=0$，故 s^2 為 σ^2 的一致估計式

9.2.6 充分性

假設 $x_1,x_2,\cdots,x_n$ 為一組樣本，若 $x_1,x_2,\cdots,x_n$ 的分配與母體參數無關，那麼由這組樣本所求得的統計量稱為充分統計量（sufficient statistic）。我們就拿樣本平均數來說明，假設 $x_1,x_2,\cdots,x_n$ 為來自母體平均數為 μ 的樣本，其樣本平均數為：$\bar{x}=\dfrac{x_1+x_2+\cdots+x_n}{n}$，它的值並不會因為 μ 較大而變大或變小，因此樣本平均數就是一個充分統計量。因充分性的證明十分艱澀難懂，因此有興趣的讀者可參考作者寫的另一本書籍。

⊙ 9.3 區間估計

　　在本節中將介紹區間估計，所謂區間估計是指以樣本估計母體時，估計值為一個區間的形式。在日常生活中我們經常可以看到區間估計的例子，例如：人類的血壓、氣溫預測等都屬於區間估計。由於點估計並不能夠準確的估中母體參數，同時有些變數會隨時改變數值，如溫度、血壓，因此比較保險的作法就是利用抽取的樣本計算出來的樣本統計量再形成一個範圍區間，這樣涵蓋母體參數的機率會比單一的值來得大，因此區間估計比點估計來的保險。但如何形成一個估計的區間呢？這就得建立在抽樣分配的理論下，這樣才能夠預估所形成的區間涵蓋母體參數的機會有多大，後面我們會詳細的介紹。在本章中將會介紹單一母體下的母體平均數、母體比例、母體變異數的信賴區間，同時也會介紹兩母體情況下的兩母體平均數差、兩母體比例差與兩母體變異數比的信賴區間。下面為本章接下來的內容大綱。

1. 單母體

   (1) 母體平均數的信賴區間

   (2) 母體比例的信賴區間

   (3) 母體變異數的信賴區間

2. 二母體

   (1) 兩母體平均數差的信賴區間（獨立樣本）

   (2) 兩母體平均數差的信賴區間（成對樣本）

   (3) 兩母體比例差的信賴區間

   (4) 兩母體變異數比的信賴區間

⚬ 9.3.1 區間估計

　　所謂區間估計（interval estimation）是指對一母體隨機抽取一組樣本，然後利用此組隨機樣本的統計量（如樣本平均數、樣本變異數等）形成一個區間 $[L,U]$ 來估計母體參數，我們稱 $[L,U]$ 為母體參數 θ 的區間估計量。區間估計是以點估計為基礎，建構一個具上下限的區間，它的形式有兩種，第一種為對稱型態，例如：母體平均數的信賴區間、母體比例的信賴區間等等，即

$$點估計值 - 誤差 \leq 母體參數 \leq 點估計值 + 誤差$$

第二種為非對稱型態，例如：母體變異數的信賴區間，它的區間型態如下所示：

$$\frac{點估計值}{係數\,1} \leq 母體參數 \leq \frac{點估計值}{係數\,2}$$

至於誤差或係數要如何決定，端賴我們對於此區間估中母體可靠度的大小來決定，這個可靠度稱為信賴水準（confidence level）。

9.3.2 信賴水準

所謂信賴水準是指區間包含母體參數的信心或可靠度，故信賴水準 $1-\alpha$ 的意義為：從母體取出若干組樣本，利用這些樣本統計量產生的區間，平均有 $1-\alpha$ 的區間將包含母體參數 θ，其中 α 稱為顯著水準。也就是說若信賴水準為 95%，表示重複抽樣 100 次，針對這 100 次樣本所構成的信賴區間，若 $\alpha=0.05$，平均會有 95 次包含母體參數。

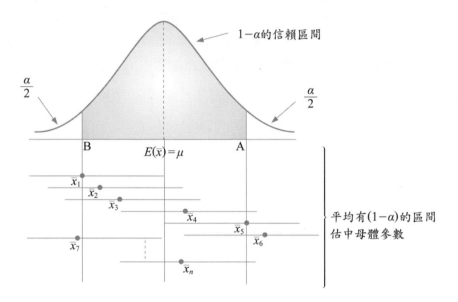

9.3.3 信賴區間

所謂信賴區間（confidence interval）是指，在一個給定的信賴水準 $(1-\alpha)$ 下所構成的一個區間。它是由樣本統計量以及抽樣誤差所構成的一個包含上下限的區間，且它的誤差與信賴水準有關，故取名為信賴區間。它的其中一種形式可以寫成：

樣本統計量 ± 誤差

信賴區間又可分為單尾信賴區間與雙尾信賴區間。所謂單尾信賴區間指信賴區間的構成只有上限或下限，而雙尾信賴區間則同時包含上限與下限，雙尾信賴區間由於具有上、下限，故區間長度等於信賴區間上限－信賴區間下限。影響信賴區間長度的因素有：點估計式的選擇、樣本數大小、信賴水準大小等三種，隨後章節會詳細介紹。

◎ 9.4 單一母體的區間估計

　　區間估計若按母體數區分，可分成單一母體區間估計與二母體區間估計及多母體區間估計（變異數分析）等三種。若以區間所涵蓋的範圍，可分為雙尾信賴區間與單尾信賴區間二種，其中單尾信賴區間又可分成左尾信賴區間與右尾信賴區間。若按抽樣分配的形狀又可分成對稱型的信賴區間與非對稱型的信賴區間。本節將介紹單一母體的區間估計，包括母體平均數、母體比例、母體變異數等 3 種類別的區間估計。

9.4.1　一個母體平均數之區間估計

　　假如想要知道全國成年男子平均身高大約多少公分，我們可以隨機抽取 n 個樣本，計算此 n 個樣本的平均數 $\bar{x} = \dfrac{1}{n}\sum_{i=1}^{n}x_i$，並利用樣本平均數去估計全國成年男子平均身高 $\mu = \bar{x}$，這種估計方式稱為點估計。但由於不同樣本會產生不同的 $\bar{x}$，因此每次抽樣所獲得的樣本平均數並非是一個固定常數，而是一個隨機變數，因此我們利用機率的方式制訂一個人為的區間，且這個區間範圍會隨著給定的機率不同而變動，此人為的區間稱為信賴區間，用此區間估計母體參數會比單一數值來得可靠。信賴區間來自於主觀的意見，隨後介紹的統計理論皆屬於主觀式的機率。

1. 雙尾信賴區間的產生

　　設 $x_1, x_2, \cdots, x_n$ 為來自具平均數 μ、變異數 σ^2 的常態母體之獨立隨機樣本，故樣本平均數的抽樣分配滿足 $\bar{x} \sim N(\mu, \dfrac{\sigma^2}{n})$，$\bar{x}$ 的抽樣分配如下圖所示：

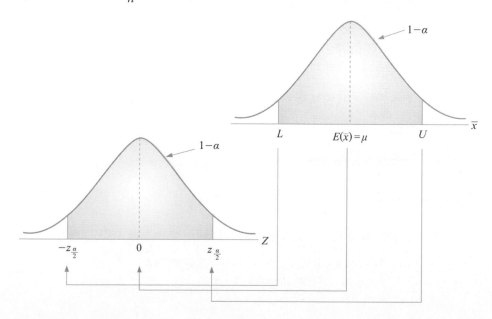

見上圖右，我們希望由樣本統計量所建立的區間涵蓋整個抽樣分配的 $1-\alpha$（灰色部分），此區間以數學式子可以表示成：

$$P(L \leq \overline{x} \leq U) = 1 - \alpha$$

將其標準化後可得

$$P\left(\frac{L-\mu}{\sqrt{\frac{\sigma^2}{n}}} \leq \frac{\overline{x}-\mu}{\sqrt{\frac{\sigma^2}{n}}} \leq \frac{U-\mu}{\sqrt{\frac{\sigma^2}{n}}}\right) = 1 - \alpha$$

上式對應至標準常態分配為

$$P\left(-z_{\frac{\alpha}{2}} \leq \frac{\overline{x}-\mu}{\sqrt{\frac{\sigma^2}{n}}} \leq z_{\frac{\alpha}{2}}\right) = 1 - \alpha$$

求解不等式 $-z_{\frac{\alpha}{2}} \leq \dfrac{\overline{x}-\mu}{\sqrt{\frac{\sigma^2}{n}}} \leq z_{\frac{\alpha}{2}}$ 可得

$$\overline{x} - z_{\frac{\alpha}{2}}\sqrt{\frac{\sigma^2}{n}} \leq \mu \leq \overline{x} + z_{\frac{\alpha}{2}}\sqrt{\frac{\sigma^2}{n}}$$

上式即為母體平均數 $1-\alpha$ 的信賴區間。其中 $\sqrt{\dfrac{\sigma^2}{n}}$ 稱為標準誤（standard error）。上面的式子是基於母體常態分配且母體變異數已知的情形。根據前面的抽樣分配理論，我們知道母體是否常態、母體變異數是否已知、是否為大樣本以及是否取出放回等不同條件，有可能須改用 t 分配，同時有可能需要加上有限母體修正因子。下面我們就針對何時該用哪種統計工具做詳細的介紹。

2. 母體平均數的信賴區間

(1) 利用 z 分配求信賴區間：當滿足下列兩種情況，母體平均數的信賴區間使用 z 分配推求：

A. 母體為常態分配，且母體變異數已知。

B. 母體非常態，但必須為大樣本 $(n \geq 30)$，母體變異數已知或未知皆可。

母體平均數的信賴區間為：

$$\overline{x} - z_{\frac{\alpha}{2}}\sqrt{\frac{\sigma^2}{n}} \leq \mu \leq \overline{x} + z_{\frac{\alpha}{2}}\sqrt{\frac{\sigma^2}{n}}$$

若母體變異數未知，可用樣本變異數 s^2 取代母體變異數，即

$$\overline{x} - z_{\frac{\alpha}{2}}\sqrt{\frac{s^2}{n}} \leq \mu \leq \overline{x} + z_{\frac{\alpha}{2}}\sqrt{\frac{s^2}{n}}$$

若為有限母體且採「不放回式」抽樣，上兩式需加有限母體修正因子，即

$$\overline{x} - z_{\frac{\alpha}{2}}\sqrt{\frac{\alpha^2}{n} \times \frac{N-n}{N-1}} \leq \mu \leq \overline{x} + z_{\frac{\alpha}{2}}\sqrt{\frac{\alpha^2}{n} \times \frac{N-n}{N-1}}$$

$$\text{或 } \overline{x} - z_{\frac{\alpha}{2}}\sqrt{\frac{s^2}{n} \times \frac{N-n}{N-1}} \leq \mu \leq \overline{x} + z_{\frac{\alpha}{2}}\sqrt{\frac{s^2}{n} \times \frac{N-n}{N-1}}$$

 例 9-9

某班級統計學期中考成績若服從常態分配，且知其母體標準差 10 分，經抽樣結果得知部份學生成績如下：70，60，80，60，70，50，試求平均成績的 95% 信賴區間？

 解 母體常態，標準差已知 ⇒ 採用 z 分配

$$\overline{x} = \frac{70+60+80+60+70+50}{6} = 65$$

故平均成績之 95% 信賴區間：$\mu = \overline{x} \pm z_{0.025}\sqrt{\frac{\sigma^2}{n}} = 65 \pm 1.96\sqrt{\frac{10^2}{6}} = [57, 73]$ 分

 例 9-10

某校統計學舉行期中考，現自此校學生隨機抽取 40 位學生成績如下：

90 50 66 87 56 85 22 34 92 65

66 98 78 91 62 36 41 30 22 18

55 87 49 76 38 95 64 53 51 78

10 56 87 55 36 98 54 63 78 83

試求該校統計學平均成績之 90% 信賴區間？

 解 本題母體分配未知，但為大樣本 $(n \geq 30)$，根據中央極限定理 ⇒ 採用 z 分配，$\alpha = 0.1$

$$\overline{x} = \frac{1}{40}(90+50+66+87+\cdots+83) = 61.375$$

$$s^2 = \frac{1}{40-1}\sum_{i=1}^{40}(x_i - \overline{x})^2 = 584.91$$

$$\mu = \overline{x} \pm z_{0.05}\sqrt{\frac{s^2}{n}} = 61.375 \pm 1.645\sqrt{\frac{584.91}{40}} = [55.085, 67.665]$$

$$\Rightarrow 55.085 \leq \mu \leq 67.665 \text{ （分）}$$

(2) 利用 t 分配求信賴區間：若母體為常態分配、小樣本且母體變異數未知的情況，$\bar{x}$ 的抽樣分配會服從自由度 $(n-1)$ 的 t 分配，此時改用 t 分配來估計母體平均數的信賴區間，即

$$\bar{x} - t_{\frac{\alpha}{2},n-1}\sqrt{\frac{s^2}{n}} \leq \mu \leq \bar{x} + t_{\frac{\alpha}{2},n-1}\sqrt{\frac{s^2}{n}}$$

實務上，只要滿足母體為常態分配，母體變異數未知，就應該使用 t 分配推求，但因為 t 分配與自由度有關，樣本數太大查表會查不到。因此只要滿足大樣本，根據中央極限定理，我們依然可以使用 z 分配來近似估計。

若採「取出不放回」的方式抽取樣本，且滿足 $\dfrac{n}{N} > 0.05$ 時，必須考慮有限母體修正因子，修正 $\bar{x}$ 抽樣分配的變異數，加入有限母體修正因子後的信賴區間變成：

$$\bar{x} - t_{\frac{\alpha}{2},n-1}\sqrt{\frac{s^2}{n} \times \frac{N-n}{N-1}} \leq \mu \leq \bar{x} + t_{\frac{\alpha}{2},n-1}\sqrt{\frac{s^2}{n} \times \frac{N-n}{N-1}}$$

3. 最大誤差

以 $\bar{x}$ 估計 μ，在的 $1-\alpha$ 信賴水準下其最大誤差為

$$E = \left|\bar{x} - \mu\right| = z_{\frac{\alpha}{2}}\sqrt{\frac{\sigma^2}{n}} \quad \text{或} \quad E = \left|\bar{x} - \mu\right| = t_{\frac{\alpha}{2},n-1}\sqrt{\frac{s^2}{n}}$$

若採「取出不放回」的方式抽樣，且滿足 $\dfrac{n}{N} > 0.05$ 時，記得需把有限母體修正因子考慮進去。

4. 區間長度

區間長度的定義為：最大上限 – 最小下限，因此信賴區間長度恰等於 2 倍的誤差，即

$$\text{區間長} = 2z_{\frac{\alpha}{2}}\sqrt{\frac{\sigma^2}{n}} \quad \text{或} \quad = 2t_{\frac{\alpha}{2},n-1}\sqrt{\frac{s^2}{n}}$$

在計算信賴區間長時，若需加上有限母體修正因子時，也應一併考慮進去。我們可由區間長度的定義看出，影響區間長度的主要因素有底下三個：

(1) 信賴水準：信賴水準越高，區間長越長度。雖然區間越長包含母數的信心越大，但過大的信賴區間長度是無意義的，因此好的估計式應該符合高信賴度且信賴區間小。

(2) 樣本數：由信賴區間長度的公式可以看出，樣本數越大信賴區間越小，也就是說較多的樣本較能符合實際的情形，但受限於經費等等因素限制條件下，不可能做全面性的普查，此時若使用較好、較合適的抽樣方法一樣可改善估計的精確度。

(3) 估計式的選擇：好的估計式可以有效的估計母數，如同前面章節所說的，我們在估計母體平均數時，可以利用樣本平均數來估計母體平均數，也可以利用加權樣本平均數來估計母體平均數，但這兩種估計式所估計出來的信賴區間長度截然不同，若要改善估計的精確度，應選擇較好的估計式。

 9-11

全班人數為 50 人，某次統計學期中考成績假設服從常態分配，隨機抽查 10 名學生得到成績為：70,50,30,80,75,95,50,60,75,60，試求平均成績之 95% 信賴區間？

 因為母體呈常態，母體變異數未知，小樣本 ⇒ 採用 t 分配

又 $\dfrac{n}{N} = \dfrac{10}{50} > 0.05$ 為有限母體，需加有限母體修正因子

$$\bar{x} = \frac{1}{10}(70 + 50 + \cdots + 60) = 64.5$$

$$s^2 = \frac{1}{10-1}\sum_{i=1}^{10}(x_i - \bar{x})^2 = 341.39$$

$$\mu = \bar{x} \pm t_{0.025,9}\sqrt{\frac{s^2}{n} \times \frac{N-n}{N-1}} = 64.5 \pm 2.262\sqrt{\frac{341.39}{10} \times \frac{50-10}{50-1}} = [52.559, 76.441]$$

$$\Rightarrow 52.559 \le \mu \le 76.441 \ (\text{分})$$

 9-12

已知 4 個觀測值：2, 5, 3, 8

(1) 求樣本平均數與變異數。

(2) 假設這 4 個觀測值是從一個具平均數 μ、變異數 σ^2 的常態母體的隨機樣本，試利用這 4 個樣本求母體平均數 90% 的信賴區間。

(3) 若已知母體變異數為 7，請利用上述 4 個樣本重新計算母體平均數 90% 的信賴區間。

(4) 觀察 (2)(3) 題的結果，你有何結論？

 (1) 樣本平均數 $\bar{x} = \dfrac{2+5+3+8}{4} = 4.5$

樣本變異數 $s^2 = \dfrac{1}{4-1}\left[(2-4.5)^2 + \cdots + (8-4.5)^2\right] = 7$

(2) 因為母體常態，母體變異數未知，小樣本 $\Rightarrow$ 採用 t 分配

$$\mu = \bar{x} \pm t_{0.05,3}\sqrt{\frac{s^2}{n}} = 4.5 \pm 2.3534 \times \sqrt{\frac{7}{4}} = [1.387, 7.613]$$

$$\Rightarrow 1.387 \leq \mu \leq 7.613$$

(3) 母體變異數已知 $\Rightarrow$ 採用 z 分配

$$\mu = \bar{x} \pm z_{\frac{\alpha}{2}}\sqrt{\frac{\sigma^2}{n}} = 4.5 \pm 1.645\sqrt{\frac{7}{4}} = [2.324, 6.676]$$

$$\Rightarrow 2.324 \leq \mu \leq 6.676$$

(4) 很明顯地在同樣的信賴水準下，已知母體平變異數的信賴區間較短，故在估計母體參數時，若母體訊息知道的越多，估計會更加精確。

5. 估計 μ 所需樣本數

欲決定所需樣本數，必須在已知最大誤差 E 及顯著水準固定的條件下方可決定所需的樣本數，由最大誤差 $E = z_{\frac{\alpha}{2}}\sqrt{\frac{\sigma^2}{n}}$ 可求得樣本數為：

$$n = (z_{\frac{\alpha}{2}}\frac{\sigma}{E})^2 \quad \text{或} \quad n = (t_{\frac{\alpha}{2},n-1}\frac{s}{E})^2$$

由於給定的條件為不得大於最大誤差 E，因此若有小數，必須無條件進 1。因為 t 分配與自由度有關，必須透過電腦數值的方法迭代運算方可求出樣本數 n，因此在實務上我們都直接假設取樣為大樣本，在估計所需樣本數時，都以 z 分配來計算樣本大小。但在實務上，經常不知道母體變異數是多少，卻知道全距的大小，例如：我們知道全世界最高、最矮的人身高，此時可以用全距 $\div 4$ 來近似母體標準差，即

$$\sigma \approx \frac{R}{4}$$

在這裡要特別強調的是，有一些作者使用 $\sigma \approx \frac{R}{6}$ 來近似母體標準差（因為單峰對稱分配平均數左右各 3 個標準差佔全體的 99.7%），但以保守估計的角度而言，這個近似值比較不好。因為我們希望樣本數越多越好，越能滿足我們所設定的最低誤差限制，因此以 $\sigma \approx \frac{R}{4}$ 來近似母體標準差所得的樣本數較多，相對的結果比較好。

例 9-13

已知某大學有 8000 位學生，根據過去的一項調查，發現這些學生每月平均零用錢為 8200 元，標準差為 1200 元。現欲進行抽樣調查，要求誤差在 95% 的信賴水準下，不超過 $\pm5\%$ 的時候，至少應抽選多少樣本數？

母體平均數 95% 信賴區間：$8200 \pm 5\%$，5% 為相對誤差，必須換成絕對誤差，故

$E = 8200 \times 0.05 = 410$，$\alpha = 0.05$

$$n = (z_{\frac{\alpha}{2}} \times \frac{\sigma}{E})^2 = (\frac{1.96 \times 1200}{410})^2 = 32.9 \approx 33$$

至少取樣 33 個

 例 9-14

有一消費團體針對基本配備的個人電腦調查其價格，他們發現這些電腦的價格在美金 260 元到 380 元之間，假設電腦價格呈常態分配。現欲進行抽樣調查，要求誤差在 95% 的信賴水準下，不超過美金 10 元的時候，至少應抽選多少樣本數？

 本題不知道母體或樣本變異數，但已知全距，故以全距來計算變異數

$$\because \sigma \approx \frac{R}{4} = \frac{380 - 260}{4} = 30$$

$$n = (z_{\frac{\alpha}{2}} \frac{\sigma}{E})^2 = (\frac{1.96 \times 30}{10})^2 = 34.57 \approx 35$$

至少取樣 35 個

6. **單尾信賴區間**

在某些情況我們只關心母數的上限或下限，在估計時僅需瞭解上限或下限即可，例如：2017 年經濟成長至少 2%，或某罐裝飲料填充機器填充的標準差小於 1 cc，某未婚女性的結婚條件為至少每月收入超過 10 萬元…等，像這種情形我們可以利用單尾信賴區間來估計母體參數。單尾信賴區間又可分為左尾信賴區間與右尾信賴區間。只存在下限的信賴區間稱為左尾信賴區間，下圖灰色區域為左尾信賴區間，即

$$\bar{x} - z_\alpha \sqrt{\frac{\sigma^2}{n}} \leq \mu$$

$$\alpha$$

$$\bar{x} - z_\alpha \sqrt{\frac{\sigma^2}{n}} \qquad \bar{x}$$

同樣的只存在上限的信賴區間稱為右尾信賴區間，即

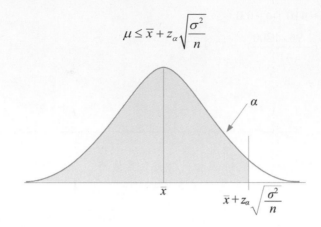

$$\mu \le \bar{x} + z_\alpha \sqrt{\frac{\sigma^2}{n}}$$

左右尾的判斷並非看信賴區間位置，而是看區間存在上限或下限，若以圖形來看，顧名思義，左尾表示尾巴在左邊，所以正常情況，左尾的圖形左側的區域較小，而右尾表右側的區域較小。單尾信賴區間的計算方式與雙尾完全相同，何時該用 z 分配、何時該用 t 分配、何時該加有限母體修正因子，其判斷法則完全一樣，因此在這裡不再冗述。唯一要特別注意的是，雙尾區間是用 $\frac{\alpha}{2}$ 去查表，而單尾信賴區間必須改用 α 去查表。

例 9-15

有一個生產數百萬支燈泡的工廠，假設他們所生產的燈泡壽命呈常態分配，且平均數為 14000 小時，標準差 2000 小時。現在從一個新的製造中隨機抽取 25 個樣本，這 25 個樣本的平均數 $\bar{x}=14740$ 小時，標準差不變仍為 2000 小時，請建立母體平均數單尾的 95％ 信賴區間，以表現此一新的製造過程有較長的平均壽命。

解 母體呈常態分配，母體變異數已知 ⇒ 採用 z 分配

因為要表現較佳的平均壽命 ⇒ 左尾信賴區間

$$\mu \ge \bar{x} - z_\alpha \sqrt{\frac{\sigma^2}{n}} = 14740 - 1.645 \sqrt{\frac{2000^2}{25}} = 14082 \text{ 小時}$$

9.4.2 一個母體比例的區間估計

母體比例的估計常用於某候選人的支持率，某生產線的瑕疵率或良率等。在前面章節中我們曾經介紹有關母體比例的點估計式，而區間估計即利用此點估計值配合機率理論造出一個範圍，這個範圍就稱為母體比例的信賴區間。其原理與母體平均數的信賴區間大同小異。

1. 母體比例的區間估計的產生

　　樣本比例的抽樣分配按抽樣是否放回，可區分成取出放回與取出不放回兩種抽樣模式。未必免讀者在初次學習產生混淆，我們僅就取出放回的抽樣方式介紹。

由第八之章知，當 $n \to \infty$ 根據中央極限定理知樣本比例 $\hat{p}$ 的抽樣分配趨近於常態分配，即

$$\hat{p} \sim N(p, \frac{pq}{n})$$

一般在實務上，只要滿足 $np \geq 5$ 且 $nq \geq 5$ 即可使用常態分配近似。母體比例的信賴區間推導過程與母體平均數的信賴區間十分相似，觀察下圖陰影部分占全體的 $1-\alpha$，若以數學式子可表為 $P(L \leq \hat{p} \leq U) = 1-\alpha$，標準化後可得：

$$P(\frac{L-p}{\sqrt{\frac{pq}{n}}} \leq \frac{\hat{p}-p}{\sqrt{\frac{pq}{n}}} \leq \frac{U-p}{\sqrt{\frac{pq}{n}}}) = 1-\alpha$$

上式的下限與上限值與標準常態分配表對應為

$$P(-z_{\frac{\alpha}{2}} \leq \frac{\hat{p}-p}{\sqrt{\frac{pq}{n}}} \leq z_{\frac{\alpha}{2}}) = 1-\alpha$$

求解不等式 $-z_{\frac{\alpha}{2}} \leq \frac{\hat{p}-p}{\sqrt{\frac{pq}{n}}} \leq z_{\frac{\alpha}{2}}$，可獲得母體比例的信賴區間為

$$\hat{p} - z_{\frac{\alpha}{2}}\sqrt{\frac{pq}{n}} \leq p \leq \hat{p} + z_{\frac{\alpha}{2}}\sqrt{\frac{pq}{n}}$$

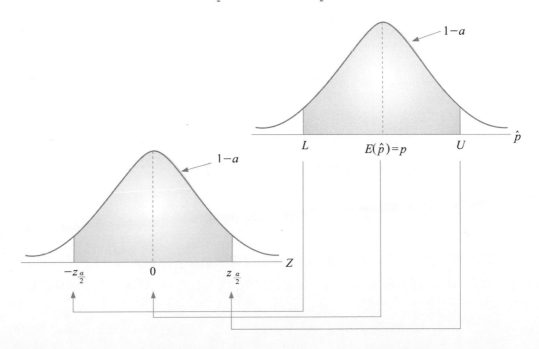

大部分情況下母體變異數為未知（若已知就不需要估計了），因此我們以樣本變異數來取代母體變異數，即

$$\hat{p} - z_{\frac{\alpha}{2}}\sqrt{\frac{\hat{p}\hat{q}}{n}} \le p \le \hat{p} + z_{\frac{\alpha}{2}}\sqrt{\frac{\hat{p}\hat{q}}{n}}$$

 例 9-16

已知某罐頭填充機器在填充罐頭時，會有部分罐頭沒有正確的填充，但不曉得比例為何。現從從此機器所填充的罐頭中，隨機抽取 80 個罐頭，結果發現有 9 個沒有正確的填充，試求此機器未填充比例的 99% 信賴區間。

解 $\hat{p} = \dfrac{9}{80}$ $\therefore \hat{p} - z_{0.005}\sqrt{\dfrac{\hat{p}(1-\hat{q})}{n}} \le p \le \hat{p} + z_{0.005}\sqrt{\dfrac{\hat{p}(1-\hat{q})}{n}}$

$$\frac{9}{80} - 2.57\sqrt{\frac{\frac{9}{80}(1-\frac{9}{80})}{80}} \le p \le \frac{9}{80} + 2.57\sqrt{\frac{\frac{9}{80}(1-\frac{9}{80})}{80}}$$

$$\Rightarrow 0.0217 \le p \le 0.203$$

2. 最大誤差

(1) 最大誤差：信賴區間的最大誤差為

$$E = z_{\frac{\alpha}{2}}\sqrt{\frac{\hat{p}\hat{q}}{n}}$$

(2) 區間長：信賴區間長度恰等於 2 倍的誤差，即

$$區間長 = 2E = 2z_{\frac{\alpha}{2}}\sqrt{\frac{\hat{p}\hat{q}}{n}}$$

3. 估計 p 所需樣本數

在大部分的情況下，隨機抽取樣本數與母體總數比較起來，我們都視母體為無限母體，故在給定誤差的條件下，所需的樣本數至少為

$$n = \frac{z_{\frac{\alpha}{2}}^2 pq}{E^2}$$

若母體比例不知，可用樣本比例 $\hat{p}$ 取代，若採保守估計，由於 $\hat{p} + \hat{q} = 1$，希望樣本數越多越好，當 $\hat{p} = \hat{q} = \dfrac{1}{2}$ 時，$\hat{p}\hat{q}$ 有最大值，故可令 $\hat{p} = \dfrac{1}{2}$ 代入上式中，以求出至少取樣個數。

9-17

(1) 某校依照過去經驗知，大約有 10% 的學生反對學費上漲，現欲抽樣以確認反對學費上漲的比例，試問希望誤差在 5% 以內的機率為 0.99 時，至少應抽取幾個樣本？

(2) 在上題中，若無任何有關反對的資訊時，那麼這時候應取樣多少，才可滿足上題誤差之條件？

解 (1) $\alpha = 0.01$，根據誤差之定義：$E = z_{\frac{\alpha}{2}} \sqrt{\dfrac{\hat{p}\hat{q}}{n}} \Rightarrow 0.05 = 2.57 \sqrt{\dfrac{0.1 \times 0.9}{n}}$

解上列之方程式得 $n = (\dfrac{2.57}{0.05})^2 \times 0.1 \times 0.9 \approx 237.8$

至少取樣 238 個樣本。

(2) 無任何資訊時，採用保守估計，令 $\hat{p} = \hat{q} = \dfrac{1}{2}$

故取樣 $n = (\dfrac{2.57}{0.05})^2 \times 0.5 \times 0.5 \approx 660.5$

至少取樣 661 個樣本。

9.4.3 單母體變異數之區間估計

在前述單元我們介紹了母體平均數與母體比例的信賴區間，但有時候我們對母體平均數或母體比例不感興趣。例如：一個保守型的投資人，當他在投資股市時，他希望能夠知道股票的變動（變異）情形，此時就需要估計母體變異數給這位保守型的投資人當參考。接下來我們來推導單母體變異數的信賴區間。

假設隨機樣本 $x_1, x_2, \cdots, x_n$ 來自常態母體 $N(\mu, \sigma^2)$，母體變異數 σ^2 未知，由前面的單元知 $\dfrac{(n-1)s^2}{\sigma^2} \sim \chi_{n-1}^2$。下圖右上方為樣本變異數的抽樣分配，假設灰色的區域占全體的 $1-\alpha$，若以數學可表示成 $P(L \le s^2 \le U) = 1 - \alpha$，將不等式部分同乘以 $\dfrac{n-1}{\sigma^2}$，可得

$$P(\chi_{1-\frac{\alpha}{2}, n-1}^2 \le \frac{(n-1)s^2}{\sigma^2} \le \chi_{\frac{\alpha}{2}, n-1}^2) = 1 - \alpha$$

求解不等式 $\chi_{1-\frac{\alpha}{2}, n-1}^2 \le \dfrac{(n-1)s^2}{\sigma^2} \le \chi_{\frac{\alpha}{2}, n-1}^2$，可以獲得 σ^2 的 $1-\alpha$ 信賴區間為：

$$\frac{(n-1)s^2}{\chi_{\frac{\alpha}{2}, n-1}^2} \le \sigma^2 \le \frac{(n-1)s^2}{\chi_{1-\frac{\alpha}{2}, n-1}^2}$$

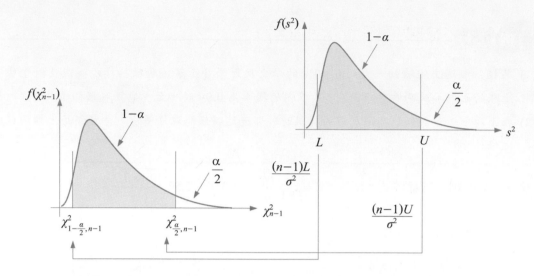

觀察母體變異數的信賴區間公式，可知母體變異數的信賴區間相當於利用樣本變異數乘（或除）一個係數所形成的一個區間。這裡要注意的是，由於卡方為非對稱分配，σ^2 信賴區間並非以 s^2 為中心，故不能表示成「$s^2 \pm$ 抽樣誤差」的方式。若欲求母體標準差的信賴區間，只需將變異數的信賴區間開根號即可，即

$$\sqrt{\frac{(n-1)s^2}{\chi^2_{\frac{\alpha}{2},n-1}}} \leq \sigma \leq \sqrt{\frac{(n-1)s^2}{\chi^2_{1-\frac{\alpha}{2},n-1}}}$$

 例 9-18

隨機抽取 5 位學生的統計學生成績如下所示：

70, 80, 60, 90, 75

請根據這 5 個樣本估計，統計學成績變異數與標準差 95% 的信賴區間。

解

∵ $\dfrac{(n-1)s^2}{\chi^2_{\frac{\alpha}{2},n-1}} \leq \sigma^2 \leq \dfrac{(n-1)s^2}{\chi^2_{1-\frac{\alpha}{2},n-1}}$

五位學生的樣本平均數：$\bar{x} = \dfrac{70+80+60+90+75}{5} = 75$

樣本變異數：$s^2 = \dfrac{1}{n-1}\displaystyle\sum_{i=1}^{5}(x_i - \bar{x})^2 = 125$

∴ $\dfrac{(n-1)s^2}{\chi^2_{0.025,4}} \leq \sigma^2 \leq \dfrac{(n-1)s^2}{\chi^2_{0.975,4}}$

⇒ $\dfrac{4 \times 125}{11.143} \leq \sigma^2 \leq \dfrac{4 \times 125}{0.484}$ ⇒ $44.87 \leq \sigma^2 \leq 1033.05$

標準差：$\sqrt{44.87} \leq \sigma^2 \leq \sqrt{1033.05}$ ⇒ $6.70 \leq \sigma \leq 32.14$ 分

◎ *9.5* 兩個母體之區間估計

⸰⸰**9.5.1 兩個母體平均數差之區間估計－獨立樣本**

在現實生活中，我們常常比較來自兩個母體平均數的差異，例如：男生統計學成績比女生成績高多少？甲機器每小時比乙機器每小時多製造多少的產品？針對這類問題，可利用兩母體平均數差的信賴區間作估計。由於取樣過程中，樣本的選取可能彼此獨立，亦可能具某種相關性。隨機變數是否獨立會影響到共變異數的值，因此針對這兩種情形我們必須分開討論。本節先針對獨立樣本做討論，隨後會再介紹相依樣本的情形。

兩個獨立樣本之母體平均數差的區間估計，一般可區分成下列三種情形：

(1) 母體變異數已知且母體為常態或母體為大樣本。

(2) 母體為常態且母體變異數未知、小樣本。

(3) 母體為常態且母體變異數未知但已知相等、小樣本。

1. 母體分配的形狀

假設母體皆為常態分配，其相關樣本統計量如下所示：

第一個母體：$X_1 \sim N(\mu_1, \sigma_1^2)$

樣本數：n_1

樣本平均數：$\bar{x}_1$

樣本變異數：$s_1^2 = \dfrac{1}{n_1 - 1}\displaystyle\sum_{i=1}^{n}(x_{1i} - \bar{x}_1)^2$

第二個母體：$x_2 \sim N(\mu_2, \sigma_2^2)$

樣本數：n_2

樣本平均數：$\bar{x}_2$

樣本變異數：$s_2^2 = \dfrac{1}{n_2 - 1}\displaystyle\sum_{i=1}^{n}(x_{2i} - \bar{x}_2)^2$

兩樣本平均數差的抽樣分配服從期望值為 $\mu_1 - \mu_2$，變異數為 $\dfrac{\sigma_1^2}{n_1} + \dfrac{\sigma_2^2}{n_2}$ 之常態分配，即

$$\bar{x}_1 - \bar{x}_2 \sim N(\mu_1 - \mu_2, \frac{\sigma_1^2}{n_1} + \frac{\sigma_2^2}{n_2})$$

2. 信賴區間的產生

參考下圖，假設陰影部分占全體的 $1-\alpha$，若以數學方式可表示成：

$$P(L \leq \overline{x}_1 - \overline{x}_2 \leq U) = 1-\alpha$$

標準化後可得：

$$P(-z_{\frac{\alpha}{2}} \leq \frac{(\overline{x}_1 - \overline{x}_2) - (\mu_1 - \mu_2)}{\sqrt{\dfrac{\sigma_1^2}{n_1} + \dfrac{\sigma_2^2}{n_2}}} \leq z_{\frac{\alpha}{2}}) = 1-\alpha$$

解不等式 $-z_{\frac{\alpha}{2}} \leq \dfrac{(\overline{x}_1 - \overline{x}_2) - (\mu_1 - \mu_2)}{\sqrt{\dfrac{\sigma_1^2}{n_1} + \dfrac{\sigma_2^2}{n_2}}} \leq z_{\frac{\alpha}{2}}$，即可求得信賴區間為：

$$(\overline{x}_1 - \overline{x}_2) - z_{\frac{\alpha}{2}}\sqrt{\frac{\sigma_1^2}{n_1} + \frac{\sigma_2^2}{n_2}} \leq \mu_1 - \mu_2 \leq (\overline{x}_1 - \overline{x}_2) + z_{\frac{\alpha}{2}}\sqrt{\frac{\sigma_1^2}{n_1} + \frac{\sigma_2^2}{n_2}}$$

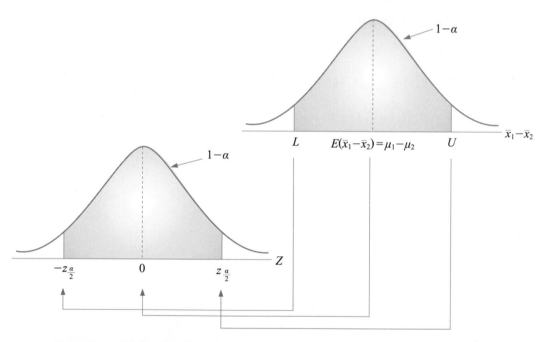

上面的推導為兩常態母體平均數差之信賴區間的推導過程，下面我們再詳細介紹，三種不同情況下的信賴區間。

3. 二母體平均數差的信賴區間之三種情形

(1) 母體變異數已知、母體為常態或大樣本 ⇒ 採用 z 分配：根據上面所推得的結果，$\mu_1 - \mu_2$ 的 $1-\alpha$ 信賴區間為

$$(\overline{x}_1 - \overline{x}_2) - z_{\frac{\alpha}{2}}\sqrt{\frac{\sigma_1^2}{n_1} + \frac{\sigma_2^2}{n_2}} \le \mu_1 - \mu_2 \le (\overline{x}_1 - \overline{x}_2) + z_{\frac{\alpha}{2}}\sqrt{\frac{\sigma_1^2}{n_1} + \frac{\sigma_2^2}{n_2}}$$

若母體為大樣本情況 $(n_1 \ge 30, n_2 \ge 30)$，且母體變異數未知，此時可用樣本變異數取代之，即

$$(\overline{x}_1 - \overline{x}_2) - z_{\frac{\alpha}{2}}\sqrt{\frac{s_1^2}{n_1} + \frac{s_2^2}{n_2}} \le \mu_1 - \mu_2 \le (\overline{x}_1 - \overline{x}_2) + z_{\frac{\alpha}{2}}\sqrt{\frac{s_1^2}{n_1} + \frac{s_2^2}{n_2}}$$

有關上式要特別注意，若母體為常態、母體變異數未知時，若 t 分配可以求出（查得到表）應以 t 分配優先使用。但因為大樣本情況 t 分配會趨近於 z 分配，因此在求計算方便上，我們採用 z 分配來近似估計並無不妥。

 例 9-19

欲了解兩家保險公司對保全車險客戶平均理賠金額的差異情況。現在從甲公司抽出 10 位客戶，得其理賠金額為服從標準差 6000 元的常態分配，且此 10 位客戶之平均理賠金額為 45000 元。從乙公司抽出 12 位客戶，得其理賠金額為服從標準差 5000 元的常態分配，且此 12 位客戶之平均理賠金額為 38900 元。設 μ_1 為甲公司的平均理賠金額，μ_2 為乙公司的平均理賠金額，求 $\mu_1 - \mu_2$ 的 95% 信賴區間。

 母體為常態、且母體變異數已知 $\Rightarrow$ 採用 z 分配

$$(\overline{x}_1 - \overline{x}_2) - z_{0.025}\sqrt{\frac{\sigma_1^2}{n_1} + \frac{\sigma_2^2}{n_2}} \le \mu_1 - \mu_2 \le (\overline{x}_1 - \overline{x}_2) + z_{0.025}\sqrt{\frac{\sigma_1^2}{n_1} + \frac{\sigma_2^2}{n_2}}$$

$$\mu_1 - \mu_2 = (45000 - 38900) \pm 1.96\sqrt{\frac{6000^2}{10} + \frac{5000^2}{12}} = [1427.41, 10772.59] \, 元$$

(2) 母體為常態 σ_1^2, σ_2^2 未知但已知相等，小樣本 $(n_1 < 30, n_2 < 30)$：若母體為常態分配，母體變異數未知但已知相等，且為小樣本抽樣，則採用 t 分配進行信賴區間的估計，並且以 s_p^2 替代 σ_1^2, σ_2^2。

其中 $s_p^2 = \dfrac{(n_1 - 1)s_1^2 + (n_2 - 1)s_2^2}{n_1 + n_2 - 2}$，稱為共同樣本變異數，其值恰為取兩樣本變異數之加權平均值，自由度為 $n_1 + n_2 - 2$。此時兩母體平均數差的 $1 - \alpha$ 信賴區間為：

$$(\overline{x}_1 - \overline{x}_2) - t_{\frac{\alpha}{2}, n_1 + n_2 - 2}\sqrt{\frac{s_p^2}{n_1} + \frac{s_p^2}{n_2}} \le \mu_1 - \mu_2 \le (\overline{x}_1 - \overline{x}_2) + t_{\frac{\alpha}{2}, n_1 + n_2 - 2}\sqrt{\frac{s_p^2}{n_1} + \frac{s_p^2}{n_2}}$$

例 9-20

從甲、乙兩班分別抽出 5 人，得統計學期中考成績如下所示：

甲班	60	85	74	66	90
乙班	61	75	90	71	50

若已知兩班統計學成績變異數相同且服從常態分配，試求甲乙兩班統計學期中考平均成績差的 95% 信賴區間。

解 常態分配、小樣本且母體變異數未知 ⇒ 採 t 分配

假設 1 表示甲班、2 表示乙班，分別求出甲、乙兩班成績之平均數與變異數得：

$$\bar{x}_1 = 75, s_1^2 = 158 \ ; \ \bar{x}_2 = 69.4, s_2^2 = 226.3$$

已知母體變異數相等

$$\Rightarrow s_p^2 = \frac{(n_1-1)s_1^2 + (n_2-1)s_2^2}{n_1 + n_2 - 2} = \frac{4 \times 158 + 4 \times 226.3}{8} = 192.15$$

$\mu_1 - \mu_2$ 的 95% 信賴區間為：

$$\mu_1 - \mu_2 = (\bar{x}_1 - \bar{x}_2) \pm t_{0.025,8} \sqrt{\frac{s_p^2}{n_1} + \frac{s_p^2}{n_2}}$$

$$\Rightarrow \mu_1 - \mu_2 = (75 - 69.4) \pm 2.306 \sqrt{\frac{192.15}{5} + \frac{192.15}{5}} = [-14.62, 25.82] \text{ 分}$$

(3) 母體為常態 σ_1^2, σ_2^2 未知且 $\sigma_1^2 \neq \sigma_2^2$，小樣本 $(n_1 < 30, n_2 < 30) \Rightarrow$ 採 t 分配：由於兩母體不具同質性（變異數不相等），因此無法將兩組樣本混合，此時自由度需透過下列公式計算，相關證明請自行參閱數理統計方面書籍。

$$自由度 \ \varphi = \frac{\left(\dfrac{s_1^2}{n_1} + \dfrac{s_2^2}{n_2}\right)^2}{\dfrac{\left(\dfrac{s_1^2}{n_1}\right)^2}{n_1 - 1} + \dfrac{\left(\dfrac{s_2^2}{n_2}\right)^2}{n_2 - 1}}$$

採無條件捨去法取到整數[1]。

1　國內大部分的中文書籍皆採用四捨五入法，我認為不住。因為信賴區間越大越容易到達所指定的信賴水準，t 值隨自由度減少而增加，若以保守估計角度來看，應該捨去小數點較佳。

故 $\mu_1 - \mu_2$ 的 $1 - \alpha$ 信賴區間為：

$$(\overline{x}_1 - \overline{x}_2) - t_{\frac{\alpha}{2}, \varphi} \sqrt{\frac{s_1^2}{n_1} + \frac{s_2^2}{n_2}} \le \mu_1 - \mu_2 \le (\overline{x}_1 - \overline{x}_2) + t_{\frac{\alpha}{2}, \varphi} \sqrt{\frac{s_1^2}{n_1} + \frac{s_2^2}{n_2}}$$

 例 9-21

隨機從兩個常態母體各取出 20 與 25 個樣本，其資料如下：

樣本 1	樣本 2
$n_1 = 20$	$n_2 = 25$
$\overline{x}_1 = 29.8$	$\overline{x}_2 = 34.7$
$s_1 = 4$	$s_2 = 5$

試求 $\mu_1 - \mu_2$ 的 95% 的信賴區間。

 解 常態且為小樣本，母體變異數未知 $\Rightarrow$ 採 t 分配

$$自由度\ \varphi = \frac{\left(\dfrac{s_1^2}{n_1} + \dfrac{s_2^2}{n_2}\right)^2}{\dfrac{\left(\dfrac{s_1^2}{n_1}\right)^2}{n_1 - 1} + \dfrac{\left(\dfrac{s_2^2}{n_2}\right)^2}{n_2 - 1}} = \frac{\left(\dfrac{4^2}{20} + \dfrac{5^2}{25}\right)^2}{\dfrac{\left(\dfrac{4^2}{20}\right)^2}{20 - 1} + \dfrac{\left(\dfrac{5^2}{25}\right)^2}{25 - 1}} = 42.99 \approx 42$$

$$(\overline{x}_1 - \overline{x}_2) - t_{0.025, 42} \sqrt{\frac{s_1^2}{n_1} + \frac{s_2^2}{n_2}} \le \mu_1 - \mu_2 \le (\overline{x}_1 - \overline{x}_2) + t_{0.025, 42} \sqrt{\frac{s_1^2}{n_1} + \frac{s_2^2}{n_2}}$$

$$\mu_1 - \mu_2 = (29.8 - 34.7) \pm 2.018 \sqrt{\frac{16}{20} + \frac{25}{25}}$$

$$\mu_1 - \mu_1 = [-7.607, -2.193]$$

9.5.2 兩個母體平均數差的統計推論－成對樣本

所謂成對樣本（paired samples）又稱相依樣本（dependent samples），是指兩組樣本間存在某種關聯，可能是時間先後次序的關係，也可能是左右對稱關係，他們是彼此兩兩配對的，因此兩組成對樣本的樣本數必定相同。例如：30 個人減肥前與減肥後的體重、來自不同廠牌的鞋子分別穿在左右腳測量磨損程度，這些都屬於成對樣本。因此成對樣本有次序的關係，彼此兩兩配對，不可以任意交換次序。

1. 成對樣本信賴區間的產生

成對樣本由於在推導變異數時會有共變異數的產生，即

$$V(\overline{x} - \overline{y}) = V(\overline{x}) - 2Cov(\overline{x}, \overline{y}) + V(\overline{y})$$

如此將會使估計兩母體平均數差時變得較複雜，為了避免另外計算共變異項，我們可以先將兩組成對的樣本相減，再以此相減後所得的資料去估計母體平均數差的信賴區間，如此可將估計式變得較易計算且答案相同。從這個地方我們可以得知，故進行成對樣本在估計母體時，我們把兩組樣本配對後再計算相關數值。

假設隨機樣本觀測值為：$(x_1, y_1), (x_2, y_2), ..., (x_n, y_n)$

令 $d_i = x_i - y_i$：稱為樣本成對差

$\mu_d = \mu_1 - \mu_2$：母體平均數的成對差

定義樣本成對差的平均數為：

$$\overline{d} = \frac{1}{n}\sum_{i=1}^{n}(x_i - y_i) = \frac{1}{n}\sum_{i=1}^{n}d_i$$

樣本成對差的變異數定義為：

$$s_d^2 = \frac{1}{n-1}\sum_{i=1}^{n}(d_i - \overline{d})^2 = \frac{1}{n-1}\sum_{i=1}^{n}d_i^2 - \frac{n}{n-1}\overline{d}^2$$

其計算過程與一般資料完全相同，根據抽樣分配理論 $\overline{d}$ 的抽樣分配亦服從常態分配 $\overline{d} \sim N(\mu_d, \sigma_d^2)$。見下圖所示，陰影部分為 $1-\alpha$ 的信賴區間，以數學符號表示為：

$$P(L \leq \overline{d} \leq U) = 1 - \alpha$$

標準化後可得：

$$P(-z_{\frac{\alpha}{2}} \leq \frac{\overline{d} - \mu_d}{\sqrt{\frac{\sigma_d^2}{n}}} \leq z_{\frac{\alpha}{2}}) = 1 - \alpha$$

解不等式 $-z_{\frac{\alpha}{2}} \leq \frac{\overline{d} - \mu_d}{\sqrt{\frac{\sigma_d^2}{n}}} \leq z_{\frac{\alpha}{2}}$，即可求得兩母體平均數差的信賴區間為：

$$\overline{d} - z_{\frac{\alpha}{2}}\sqrt{\frac{\sigma_d^2}{n}} \leq \mu_d \leq \overline{d} + z_{\frac{\alpha}{2}}\sqrt{\frac{\sigma_d^2}{n}}$$

母體平均數差的變異數 σ_d^2 是未知的，故我們以樣本成對差的變異數來取代，在實際上我們皆以下式來計算成對樣本的母體平均數差的信賴區間，即：

$$\overline{d} - z_{\frac{\alpha}{2}}\sqrt{\frac{s_d^2}{n}} \le \mu_d \le \overline{d} + z_{\frac{\alpha}{2}}\sqrt{\frac{s_d^2}{n}}$$

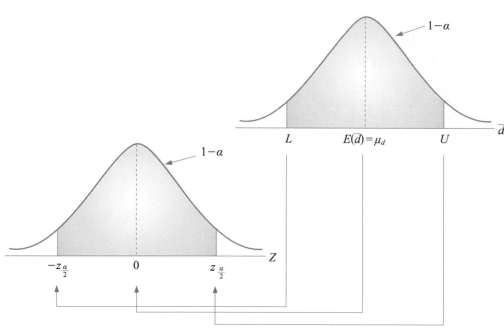

2. 母體平均數差的信賴區間

(1) 母體為常態分配，大樣本 $(n \ge 30) \Rightarrow$ 採 z 分配（若 t 分配表可查出應優先使用 t 分配）：$\mu_1 - \mu_2$ 的 $1 - \alpha$ 信賴區間

$$\overline{d} - z_{\frac{\alpha}{2}}\sqrt{\frac{s_d^2}{n}} \le \mu_d \le \overline{d} + z_{\frac{\alpha}{2}}\sqrt{\frac{s_d^2}{n}}$$

(2) 母體為常態，小樣本 $(n < 30) \Rightarrow$ 採 t 分配：$\mu_1 - \mu_2$ 的 $1 - \alpha$ 信賴區間

$$\overline{d} - t_{\frac{\alpha}{2}, n-1}\sqrt{\frac{s_d^2}{n}} \le \mu_d \le \overline{d} + t_{\frac{\alpha}{2}, n-1}\sqrt{\frac{s_d^2}{n}}$$

例 9-22

有一個汽車製造商發明了一種汽車省油裝置，為了要瞭解這種省油裝置的裝設是否確實有省油的功效，隨機抽出 8 輛有裝設這種省油裝置的汽車，並記錄他們裝設這種省油裝置前後行駛 100 公里的耗油量如下（單位：1 加侖）

車輛編號	1	2	3	4	5	6	7	8
裝設前	3.2	4.6	3.6	5.3	6.2	3.2	3.6	4.5
裝設後	2.9	4.7	3.2	5.0	5.7	3.3	3.4	4.3

假設每輛汽車耗油量皆呈常態分配，求裝設這種省油裝置之前與之後行駛 100 公里平均耗油量差的 90% 信賴區間。

 此題為小樣本 ⇒ 採用 t 分配

$d_i = 0.3, -0.1, 0.4, 0.3, 0.5, -0.1, 0.2, 0.2$

$\bar{d} = 0.2125, s_d = 0.2167$

$$\bar{d} - t_{0.05,7}\sqrt{\frac{s_d^2}{n}} \leq \mu_d \leq \bar{d} + t_{0.05,7}\sqrt{\frac{s_d^2}{n}}$$

$$\mu_d = 0.2125 \pm 1.895\sqrt{\frac{0.2167^2}{8}} = [0.0673, 0.3577] \text{ 加侖}$$

9.5.3 兩獨立母體比例差之區間估計

假設分別從二個母體隨機抽取 2 組獨立樣本，其個數分別為 n_1, n_2，母體比例分別為 p_1, p_2，樣本比例分別為 $\hat{p}_1, \hat{p}_2$。若滿足 $n_1 p_1 \geq 5, n_1 q_1 \geq 5, n_2 p_2 \geq 5, n_2 q_2 \geq 5$ 稱為大樣本，則根據中央極限定理 $\hat{p}_1, \hat{p}_2$ 的抽樣分配會趨近於常態分配，即

$$\hat{p}_1 - \hat{p}_2 \sim (p_1 - p_2, \frac{p_1 q_1}{n_1} + \frac{p_2 q_2}{n_2})$$

由前面幾個章節的觀念可知，涵蓋 $\hat{p}_1, \hat{p}_2$ 抽樣分配 $1-\alpha$ 的區域若以數學方式可表為：

$$P(L \leq \hat{p}_1 - \hat{p}_2 \leq U) = 1 - \alpha$$

將上式標準化後可得：

$$P(-z_{\frac{\alpha}{2}} \leq \frac{(\hat{p}_1 - \hat{p}_2) - (p_1 - p_2)}{\sqrt{\frac{p_1 q_1}{n_1} + \frac{p_2 q_2}{n_2}}} \leq z_{\frac{\alpha}{2}}) = 1 - \alpha$$

求解不等式 $-z_{\frac{\alpha}{2}} \le \dfrac{(\hat{p}_1 - \hat{p}_2) - (p_1 - p_2)}{\sqrt{\dfrac{p_1 q_1}{n_1} + \dfrac{p_2 q_2}{n_2}}} \le z_{\frac{\alpha}{2}}$，即得 p_1-p_2 的 $1-\alpha$ 信賴區間為：

$$(\hat{p}_1 - \hat{p}_2) - z_{\frac{\alpha}{2}} \sqrt{\frac{p_1 q_1}{n_1} + \frac{p_2 q_2}{n_2}} \le p_1 - p_2 \le (\hat{p}_1 - \hat{p}_2) + z_{\frac{\alpha}{2}} \sqrt{\frac{p_1 q_1}{n_1} + \frac{p_2 q_2}{n_2}}$$

但在實際上的情形我們並不知道母體比例是多少，因此上式變異數的部分可用樣本比例來取代母體比例，即

$$(\hat{p}_1 - \hat{p}_2) - z_{\frac{\alpha}{2}} \sqrt{\frac{\hat{p}_1 \hat{q}_1}{n_1} + \frac{\hat{p}_2 \hat{q}_2}{n_2}} \le p_1 - p_2 \le (\hat{p}_1 - \hat{p}_2) + z_{\frac{\alpha}{2}} \sqrt{\frac{\hat{p}_1 \hat{q}_1}{n_1} + \frac{\hat{p}_2 \hat{q}_2}{n_2}}$$

兩母體比例差的信賴區間與獨立樣本估計兩母體平均數差的信賴區間一樣，受母體變異數是否相等而有所不同，當已知母體變異數相等時我們必須以混合樣本比例來做估計，我們將這兩種情形分述於後：

1. **兩母體變異數不相等** $(p_1 \ne p_2)$

   p_1-p_2 的 $1-\alpha$ 信賴區間

   $$(\hat{p}_1 - \hat{p}_2) - z_{\frac{\alpha}{2}} \sqrt{\frac{\hat{p}_1 \hat{q}_1}{n_1} + \frac{\hat{p}_2 \hat{q}_2}{n_2}} \le p_1 - p_2 \le (\hat{p}_1 - \hat{p}_2) + z_{\frac{\alpha}{2}} \sqrt{\frac{\hat{p}_1 \hat{q}_1}{n_1} + \frac{\hat{p}_2 \hat{q}_2}{n_2}}$$

例 9-23

某大製藥廠欲比較兩種藥錠被接受的程度，此二種藥錠使用相同的有效劑量，但其大小、形狀、附加內容物質不同，從兩種藥錠各抽出一百錠為樣本，樣本實驗結果被分為接受與不接受兩種結果，調查後的結果如下表，利用此實驗結果了解兩種藥錠被接受程度百分比的差異 p_1-p_2，計算 p_1-p_2 之 95% 信賴區間。

藥錠	接受數	不接受數	樣本數
1	84	16	100
2	95	5	100

解 已知 $n_1 = n_2 = 100, \hat{p}_1 = 0.84, \hat{p}_2 = 0.95$

∵ $n_1\hat{p}_1 \ge 5, n_1\hat{q}_1 \ge 5$ 且 $n_2\hat{p}_2 \ge 5, n_2\hat{q}_2 \ge 5$ ⇒ 採用 z 分配

$$p_1 - p_2 = (0.84 - 0.95) \pm 1.96 \sqrt{\frac{0.84 \times 0.16}{100} + \frac{0.95 \times 0.05}{300}} = [-0.15, -0.067]$$

2. 兩母體變異數相等 $(p_1 = p_2)$

此時採共同樣本比例 $\bar{p} = \dfrac{n_1\hat{p}_1 + n_2\hat{p}_2}{n_1 + n_2}$ 來取代個別的樣本比例。

$p_1 - p_2$ 的 $1 - \alpha$ 信賴區間為

$$(\hat{p}_1 - \hat{p}_2) - z_{\frac{\alpha}{2}}\sqrt{\frac{\overline{pq}}{n_1} + \frac{\overline{pq}}{n_2}} \le p_1 - p_2 \le (\hat{p}_1 - \hat{p}_2) + z_{\frac{\alpha}{2}}\sqrt{\frac{\overline{pq}}{n_1} + \frac{\overline{pq}}{n_2}}$$

 例 9-24

> 某項研究針對國內男女性別抽煙比例進行調查,隨機抽取 200 位女性以及 300 位男性,發現有 20 位女性及 45 位男性吸煙,假設已知抽煙人口變異數男女性別相等,試求女性與男性抽煙比例差的 95% 信賴區間。

 解 女性抽煙比例: $\hat{p}_1 = \dfrac{20}{200} = 0.1$,男性抽煙比例: $\hat{p}_2 = \dfrac{45}{300} = 0.15$

$\because n_1\hat{p}_1 \ge 5, n_1\hat{q}_1 \ge 5$ 且 $n_2\hat{p}_2 \ge 5, n_2\hat{q}_2 \ge 5 \Rightarrow$ 採用 z 分配,又已知母體變異數相等

故需使用共同樣本比例: $\bar{p} = \dfrac{n_1\hat{p}_1 + n_2\hat{p}_2}{n_1 + n_2} = \dfrac{200 \times 0.1 + 300 \times 0.15}{200 + 300} = 0.13$

$p_1 - p_2$ 的 95% 信賴區間為:

$$(\hat{p}_1 - \hat{p}_2) - z_{\frac{\alpha}{2}}\sqrt{\frac{\overline{pq}}{n_1} + \frac{\overline{pq}}{n_2}} \le p_1 - p_2 \le (\hat{p}_1 - \hat{p}_2) + z_{\frac{\alpha}{2}}\sqrt{\frac{\overline{pq}}{n_1} + \frac{\overline{pq}}{n_2}}$$

$$\Rightarrow p_1 - p_2 = (0.1 - 0.15) \pm 1.96\sqrt{\frac{0.13 \times 0.87}{200} + \frac{0.13 \times 0.87}{300}} = [-0.010, 0.110]$$

註:求共同樣本比例時,亦可由:「吸煙總數 / 總人數」求得,即

$$\bar{p} = \frac{20 + 45}{200 + 300} = 0.13$$

一般初學者在計算有關母體比例的區間估計或下一個章節的假設檢定,常常在計算變異數時,不曉得何時使用母體比例、何時使用樣本比例,底下提供一個法則,按下列的法則採用就不會發生錯誤:

(1) 若母體比例已知,母體比例第一優先使用。

(2) 若母體比例未知,則以樣本比例取代母體比例。

(3) 若母體與樣本比例皆未知,則採保守估計取 $p = \dfrac{1}{2}$。

例 9-25

假設要估計兩母體比例差 90% 信賴區間，誤差要控制在 3% 以內，已知兩個母體比例大約是 0.4，若從兩母體所取出的樣本數相同，請問從兩個母體中應該至少各取樣多少？

解 最大誤差：$E = z_{\frac{\alpha}{2}}\sqrt{\dfrac{p_1 q_1}{n_1} + \dfrac{p_2 q_2}{n_2}}$，$p_1 = p_2 = 0.4, n_1 = n_2$

$$n = (\frac{z_{0.05}}{E})^2 (p_1 q_1 + p_2 q_2) = (\frac{1.645}{0.03})^2 \left[0.4(1-0.4) + 0.4(1-0.4)\right] \approx 1443.21 \approx 1444$$

每個母體至少需取樣 1444 個樣本。

9.5.4 兩母體變異數比的區間估計

假設二母體為常態分配分別服從 $N(\mu_1, \sigma_1^2), N(\mu_2, \sigma_2^2)$，現分別自此兩母體隨機抽取 n_1 與 n_2 個樣本，根據 F 的抽樣分配知：

$$\frac{s_1^2/\sigma_1^2}{s_2^2/\sigma_2^2} \sim F_{n_1-1, n_2-1}$$

參考下圖為 s_1^2/s_2^2 抽樣分配，假設陰影部分占全體的 $1-\alpha$，若以數學式子可表示成：

$$P(L \le \frac{s_1^2}{s_2^2} \le U) = 1 - \alpha$$

將不等式部分同時除以 σ_1^2/σ_2^2 可得：

$$P(F_{1-\alpha/2, n_1-1, n_2-1} \le \frac{s_1^2/\sigma_1^2}{s_2^2/\sigma_2^2} \le F_{\alpha/2, n_1-1, n_2-1}) = 1 - \alpha$$

求解不等式 $F_{1-\alpha/2, n_1-1, n_2-1} \le \dfrac{s_1^2/\sigma_1^2}{s_2^2/\sigma_2^2} \le F_{\alpha/2, n_1-1, n_2-1}$，即可求得兩母體變異數比的 $1-\alpha$ 信賴區間為：

$$\frac{s_1^2/s_2^2}{F_{\alpha/2, n_1-1, n_2-1}} \le \frac{\sigma_1^2}{\sigma_2^2} \le \frac{s_1^2/s_2^2}{F_{1-\alpha/2, n_1-1, n_2-1}}$$

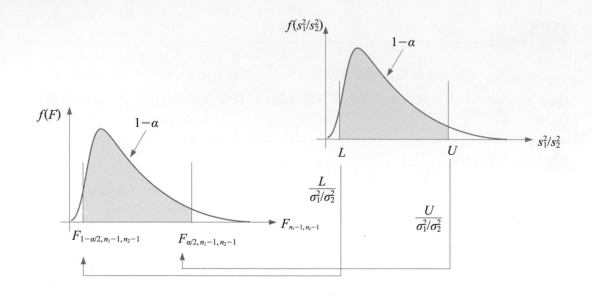

 例 9-26

檢查 A、B 兩個生產線隨機抽取之產品,得

$\bar{x}_A = 260, s_A^2 = 250, \bar{x}_B = 240, s_B^2 = 160, n_A = n_B = 25$,假使兩母體皆為常態分配。

求 $\dfrac{\sigma_A^2}{\sigma_B^2}$ 之 95% 信賴區間。

解 由 $\dfrac{s_A^2 / s_B^2}{F_{\alpha/2, n_1-1, n_2-1}} \leq \dfrac{\sigma_A^2}{\sigma_B^2} \leq \dfrac{s_A^2 / s_B^2}{F_{1-\alpha/2, n_1-1, n_2-1}}$

$\Rightarrow \dfrac{250/160}{F_{0.025,24,24}} \leq \dfrac{\sigma_A^2}{\sigma_B^2} \leq \dfrac{250/160}{F_{0.975,24,24}} \Rightarrow \dfrac{250/160}{2.27} \leq \dfrac{\sigma_A^2}{\sigma_B^2} \leq \dfrac{250/160}{1/2.27}$

故 $\dfrac{\sigma_A^2}{\sigma_B^2}$ 之 95% 信賴區間為:$0.688 \leq \dfrac{\sigma_A^2}{\sigma_B^2} \leq 3.547$

課·後·練·習

1. 一個來自樣本的統計量，用來估計母體參數，稱之為：

   (A) 區間估計　(B) 點估計　(C) 統計參數　(D) 良好的猜測。

2. 利用數值的範圍估計母體參數，稱之為：

   (A) 範圍區間　(B) 區間估計　(C) 點估計　(D) 統計參數。

3. 針對 250 位應屆畢業生的調查中發現，畢業生平均花 45.9 天找到工作，且標準差為 126 天，求畢業生找到工作平均時間的 99% 信賴區間？

4. 已知勞工每週平均工作時數的 95% 信賴區間為 35.6 到 37.6 小時，樣本數為 36，假設工作時數為常態分配，試求樣本平均數與標準差。

5. 隨機取樣 160 枚硬幣，平均重量為 14.51 公克，標準差 0.09。求平均重量之 90% 信賴區間。

6. 假設樣本平均數 $\bar{x}=100$，若母體平均數之 90% 的信賴區間上限為 112，求該信賴區間的下限為何？

7. 由常態分配中，隨機抽出四筆資料，其樣本平均數為 10，已知母體標準差為 5，求在 95% 信賴水準下，母體平均數 μ 的信賴區間？

8. 從一常態母體隨機取樣，已知 $n=16, \bar{x}=50, s=12$，試求下列二小題：

   (1) 試求母體平均數的 95% 信賴區間。

   (2) 若母體標準差已知 $\sigma=10$，此時母體平均數的 95% 信賴區間為何？

9. 若已知：$z_{0.025}=1.96, z_{0.05}=1.645, z_{0.1}=1.29$，假設從某一母體抽出一大樣本，求得此母體平均數 μ 之近似 95% 信賴區間為 9.8 ± 0.07，則 μ 之近似 80% 信賴區間為何？

10. 下列資料是從常態母體隨機選取的一組樣本：

    10，8，12，16，18，20，24，26

    試求：

    (1) 母體平均數的點估計值。

    (2) 母體標準差的點估計值。

    (3) 母體平均數的 95% 的信賴區間。

11. 從一常態母體隨機抽取 20 個樣本，已知樣本平均數 20，標準差為 5，求母體平均數 95% 的信賴區間。

12. 從總數 400 個項目的母體中，隨機抽取 64 個樣本，已知樣本平均數為 200，標準差為 48，求母體平均數的 95% 信賴區間。

13. 某研究機構針對博碩員工使用電子郵件的比例，隨機抽取 200 位員工，發現有 30% 的員工會使用電子郵件，試求使用電子郵件的母體比例 90% 的信賴區間。

14. 某項研究為調查家庭主婦使用博碩牌洗衣粉的比例為何，隨機抽取 1400 位家庭主婦，發現有 420 位使用該品牌洗衣粉，試求 99% 的信賴水準下，使用博碩牌洗衣粉的母體比例為何？

15. 抽樣調查台北至台南之自強號 100 班次，結果有 25 班次誤點，試求自強號誤點率之 95% 信賴區間？

16. 有兩罐頭填充機器，分別自兩台機器隨機抽取所填充的罐頭樣本，已知第一台樣本數 21，變異數 $s_1^2 = 0.25$，第二台樣本數 16，變異數 $s_2^2 = 0.08$。假設母體呈常態分配，試求兩母體變異數比 σ_1^2/σ_2^2 的 95% 信賴區間。.

17. 博碩傢俱工廠的裝配員上午及下午各工作 4 小時，該工廠的領班想知道下午裝配員的裝配速度是否較慢；已知他所帶領的 8 位裝配員當天裝配件數如下：

時間 ＼ 人員編號	1	2	3	4	5	6	7	8
上午	24	28	30	27	29	31	22	25
下午	21	27	28	27	30	33	20	22

假設裝配員的件數成常態分配。試求上、下午平均裝配件數差的 95% 信賴區間。

18. 已知某燈泡工廠所生產之燈泡的壽命呈常態分配，若燈泡壽命的標準差為 42 小時。隨機抽取 36 個燈泡，計算得樣本平均數為 780 小時。

(1) 求燈泡平均壽命的 95% 信賴區間。

(2) 若要求抽樣誤差小於 12 小時的機率為 95%，則至少需抽樣幾個燈泡？

$(z_{0.025} \approx 2)$

19. 經濟部商業司想瞭解物流公司推動 e 化的效果，調查發現 500 家公司中有 400 家的成效良好，試求：

(1) 估計母體比例的 95% 信賴區間為何？

(2) 若使母體比例的 95% 信賴區間之區間長度不超過 0.03，其所需樣本數為何？

20. 分別自兩母體隨機抽取二獨立隨機樣本，已知 $n_1 = 10, \bar{x}_1 = 12, s_1 = 2.2$；$n_2 = 15, \bar{x}_2 = 10, s_2 = 3.0$，試求：

(1) 兩母體平均數差的點估計值。

(2) 兩母體平均數差的 95% 信賴區間。

(3) 若已知兩母體變異數相等，重新計算 (2)。

21. 隨機抽取國小學童，分別記錄男生與女生的體重如下所示（假設體重呈常態分配）：

   男生：25,17,22,21,19,23,19,16,21,23

   女生：18,22,26,24,26,17,24,21

   (1) 試求兩母體平均數差的點估計值。

   (2) 求兩母體平均數差的 95% 信賴區間。

22. 下列資料為取自兩母體之成對樣本：

   母體 1：21,28,18,20,26

   母體 2：20,26,18,20,24

   試求兩成對母體平均數差的 95% 信賴區間。

23. 隨機抽取某螺絲工廠所生產的螺絲 18 個樣本，得到樣本變異數為 0.36，試求此螺絲工廠所生產的螺絲變異數與標準差的 95% 信賴區間

24. 隨機抽取某國中生 8 人測量其體重，分別為 47,50,53,46,40,43,39,37（公斤）。試求

   (1) 樣本變異數與標準差。

   (2) 求母體變異數的 95% 信賴區間。

25. 今隨機抽取 A 公司 10 個樣本，已知其樣本平均收入 =10 萬元，標準差 =15 萬元，隨機抽取 B 公司 16 個樣本，已知其樣本平均收入 =16 萬元，標準差 =10 萬元，試求 $\dfrac{\sigma_A^2}{\sigma_B^2}$ 之 95% 信賴區間？（設兩樣本獨立，且收入為常態分配）

CHAPTER **10**

假設檢定

10.1 假設檢定的步驟

10.2 單尾檢定與雙尾檢定

10.3 一個母體平均數的假設檢定

10.4 錯誤與檢定力

10.5 兩個母體平均數差之假設檢定 - 獨立樣本

10.6 兩母體平均數差的假設檢定－成對樣本

10.7 一個母體比例的假設檢定

10.8 兩獨立母體比例差的假設檢定

10.9 一個母體變異數之檢定

10.10 兩獨立母體變異數之檢定

10.1 假設檢定的步驟

10.1.1 假設檢定的步驟

假設檢定是對母體參數提出一個二分法的假設，再利用樣本的訊息與機率的原理，決定不拒絕該假設或拒絕該假設的統計方法，故假設檢定包含兩種程序：(1) 設立假設。(2) 檢定假設的真偽。假設檢定的步驟一般可區分成下列五個步驟：

1. 設立兩個假設：$\begin{cases} H_0：虛無假設 \\ H_1：對立假設 \end{cases}$。

2. 選擇檢定統計量，如母體平均數的檢定、母體比例的檢定…等。

3. 選擇顯著水準並決定決策法則。

4. 計算檢定統計量或 P-value。

5. 下結論。

上面第一個步驟中提到兩個假設，這兩個假設的意義分別為：

1. **虛無假設（null hypothesie）**

    檢定者認為錯誤或希望被否定的假設，通常以 H_0 表示。

2. **對立假設**

    檢定者認為對的假設，通常以 H_1 表示。

    假設檢定根據對立假設的不同，可分為三種：

    (1) 左尾檢定：$\begin{cases} H_0：\mu \geq \mu_0 \\ H_1：\mu < \mu_0 \end{cases}$

    (2) 右尾檢定：$\begin{cases} H_0：\mu \leq \mu_0 \\ H_1：\mu > \mu_0 \end{cases}$

    (3) 雙尾檢定：$\begin{cases} H_0：\mu = \mu_0 \\ H_1：\mu \neq \mu_0 \end{cases}$

並非當我們設立兩個假設之後，就必須要做檢定，什麼情況需要檢定？例如：針對市面上淨重一公斤的袋裝奶粉，某家廠商宣稱他們的產品包裝全都符合標準，貨真價實沒有偷斤減兩，重量絕對足一公斤。如果你是消基會的檢驗員，懷疑這家公司的產品是否如他們所宣稱的，於是你設立了兩個假設 $\begin{cases} \mu \geq 1\ kg \\ \mu < 1\ kg \end{cases}$。假設你隨機抽取該公司產品 20 個樣本，發現樣本

平均重量為 1.12 公斤，毫無疑問的，該公司的宣稱正確，此時不需要做任何檢定。但如果這 20 個樣本平均重量為 0.98 公斤，此時才需要檢定，由此處可以看出來，對立假設與樣本訊息有關，樣本提供什麼樣的訊息，對立假設就朝這方面假設。由於統計研究的是一個不確定性的問題，因此容許錯誤的存在，像上例 0.98 是否足以推翻廠商的宣稱，端賴你所設立的最大容忍錯誤，這個錯誤與顯著水準 α 有關，隨後會再進一步介紹。

10.1.2 拒絕域與接受域

當我們設立了兩個假設之後，為了推翻虛無假設，會根據虛無假設將抽樣分配區分為兩個區域，這兩個區域分別為拒絕域與不拒絕域。如下圖所示：

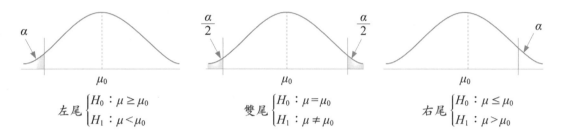

其中陰影部分稱為拒絕域，代表有充分的理由拒絕虛無假設，白色部分稱為不拒絕域，代表無充分的證據拒絕虛無假設。從中央 μ_0 到陰影的臨界線就是我們對於虛無假設所允許的誤差，可以看出來與給定的顯著水準有關，顯著水準越大表示允許誤差越小，越容易拒絕虛無假設。在醫學統計方面的顯著水準一般假設 $\alpha=0.01$，人文社會類研究一般假設 $\alpha=0.05$，事實上也可以任意給定。為何拒絕域遠比接受域小，這是因為我們先站在採取相信他人說法的立場，然後要找到很充分的證據才能推翻他人說詞。這好比法官判案，犯人宣稱他無罪，這是虛無假設，法官為了審案持相反立場設立他有罪。一開始法官必須先相信他無罪，所以不能一開始就把犯人關起來，接著收集足夠的證據推翻犯人的說詞，因此拒絕域必須遠比接受域小，以免產生冤獄。因為法律採取的是寧可錯放，也萬萬不能錯殺的立場。從上面的敘述可以看出來，法官在判決前是先站在保護犯人的立場，然後再蒐集證據推翻犯人說詞。統計的假設檢定亦是如此，先站在虛無假設的立場，因此我們會先根據虛無假設建立一個抽樣分配的模型，根據抽樣分配理論，拒絕域與不拒絕域也是由這個虛無假設所建構的模型所決定，我們並不曉得實際上的母體情況如何，如果由虛無假設所建構的抽樣分配模型與實際母體所建構的抽樣分配模型相去不遠的話，那麼樣本統計量就無法推翻它，相反的若與實際分配差異很大的話，那麼就能夠很容易的推翻虛無假設。是否容易推翻與檢定力大小有關，而檢定力大小則與實際母體情形有關，後面會做更詳細的介紹。

這裡必須注意一件事情，等號一定要放在虛無假設中，以左尾檢定來說，虛無假設為 $H_0：\mu \geq \mu_0$，這是一種複合式的假設，此種假設把所有大於 μ_0 的可能情形放在一起，因此實際上根據這種假設所建立的抽樣分配有無限多個，如下圖所示：

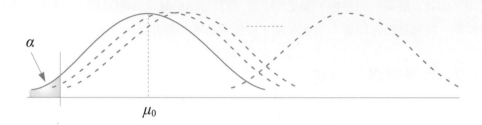

由上圖我們可以很容易看出來，當最左邊的分配，也就是 $\mu = \mu_0$ 的情形被拒絕時，其他的分配也都會被拒絕。但如果反過來，等號放在對立假設的話，那麼我們就無法判定 μ 等於哪一個值的分配屬於最左邊的分配，於是會造成有些虛無假設無法被拒絕的情形。

10.1.3 假設檢定的方法

假設檢定的決策法則是先設定顯著水準 α，再根據 α 決定拒絕域的臨界值。假設檢定的方法共可分為下面四種方法，四種方法其實都源自於同一個式子。

1. 傳統檢定法

所謂傳統檢定法，是指較適合以人工方式計算的方法。傳統檢定法有三種：

(1) 臨界值法：在給定的顯著水準下，計算出臨界值，決定拒絕域與不拒絕域，進而決定是否拒絕虛無假設的方法。

(2) 標準檢定統計量法：樣本統計量轉換成標準檢定統計量，再進行檢定，這個方法是所有方法中最快速的，若沒指定檢定方法，盡量以此方法進行檢定。

(3) 信賴區間法：在給定的信賴水準下，計算出信賴區間，再檢查此區間是否包含虛無假設值。

2. P 值法（P-value）

利用標準檢定法所求出的檢定統計量，在換算成機率值（P 值），再利用此機率值與顯著水準 α 比較進行檢定。由於大部分的 P 值無法由查表中獲得，因此此類方法較適合利用電腦求解。

⊙ 10.2 單尾檢定與雙尾檢定

根據對立假設的不同，我們可以將檢定分為單尾檢定與雙尾檢定，其中單尾檢定又可分為左尾檢定與右尾檢定。

⚙ 10.2.1 單尾檢定

1. 左尾檢定

   拒絕域在左端的檢定，對立假設寫成 $\theta < \theta_0$，其中 θ 為母體參數，θ_0 為宣稱的某常數值。

   (1) 左尾檢定的兩個假設為：$\begin{cases} H_0 : \theta \geq \theta_0 \\ H_1 : \theta < \theta_0 \end{cases}$

   (2) 決策法則：根據給定的顯著水準，我們建立了兩個區域，這兩個區域分別為拒絕域（拒絕虛無假設），與不拒絕域（無法拒絕虛無假設），至於兩個區域的分界線如何求出，在隨後的單元會詳細介紹。

   若 $\theta^* \geq C \Rightarrow$ 不拒絕 H_0

   若 $\theta^* < C \Rightarrow$ 拒絕 H_0

   其中 θ^* 為檢定統計量，C 為臨界值，滿 $P(\hat{\theta} \leq C) = \alpha$，$\hat{\theta}$ 為估計母體參數之抽樣分配隨機變數。

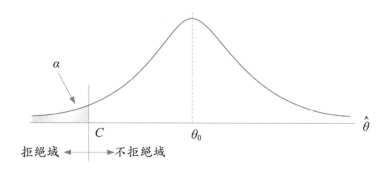

2. 右尾檢定

   拒絕域在右端的檢定，對立假設寫 $\theta > \theta_0$。

   (1) 右尾檢定的兩個假設為：$\begin{cases} H_0 : \theta \leq \theta_0 \\ H_1 : \theta > \theta_0 \end{cases}$

(2) 決策法則

若 $\theta^* \le C \Rightarrow$ 不拒絕 H_0

若 $\theta^* > C \Rightarrow$ 拒絕 H_0

其中 θ^* 為檢定統計量，C 為臨界值，滿足 $P(\hat{\theta} \ge C) = \alpha$，$\hat{\theta}$ 為估計母體參數之抽樣分配隨機變數。

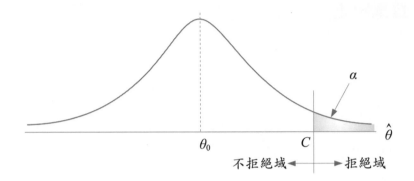

⚙10.2.2 雙尾檢定

在左右兩端各有一個拒絕域的檢定，對立假設寫成 $\theta \ne \theta_0$。

(1) 雙尾檢定的兩個假設為：$\begin{cases} H_0 : \theta = \theta_0 \\ H_1 : \theta \ne \theta_0 \end{cases}$

(2) 決策法則

若 $C_L \le \theta^* \le C_U \Rightarrow$ 不拒絕 H_0

若 $\theta^* > C_U$ 或 $\theta^* < C_L \Rightarrow$ 拒絕 H_0

其中 θ^* 為檢定統計量，C_L 為臨界值的下限，C_U 為臨界值的上限，滿足

$$P(\hat{\theta} \le C_L) = \frac{\alpha}{2} \text{，} P(\hat{\theta} \ge C_U) = \frac{\alpha}{2}$$

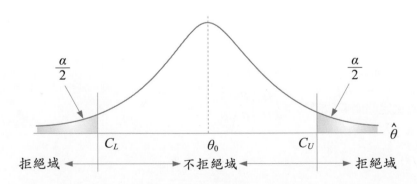

🎯 10.3 一個母體平均數的假設檢定

　　本節將介紹一個母體平均數的假設檢定，由於檢定統計量公式隨著已知的條件會有所不同，筆者在教授統計學時發現學生常常記不清楚何時該用樣本變異數、何時該用 t 檢定、何時該用 z 檢定，因此在隨後的章節中，一開始會先將檢定法中的檢定統計量整理，讓讀者一開始可以先知道整個檢定系統的輪廓，學習起來會比較輕鬆。有關檢定法共有四種，分別為：臨界值檢定法、信賴區間檢定法、標準檢定法、P 值法。底下為有關一個母體平均數的檢定統計量（標準檢定法）：

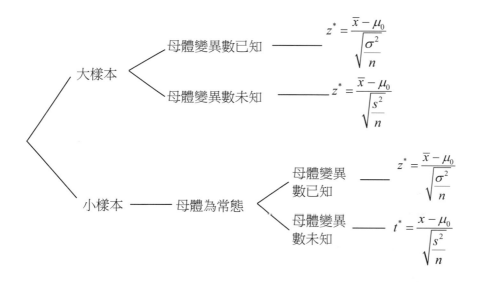

註 若母體為常態且母體變異數未知，不論大樣本或小樣本，只要有提供對應的 t 值，應以 t 檢定為優先，若無提供 t 值才改用 z 檢定。

注意：若為有限母體，需引進有限母體修正因子。

⚙ 10.3.1 z 檢定

　　當符合下列條件之一時使用 z 檢定：

(1) 母體為常態分配且母體變異數已知。

(2) 母體為常態大樣本但母體變異數未知。

(3) 母體非常態、大樣本。

檢定時若母體變異數已知優先使用，母體變異數未知則以樣本變異數取代，下面則分別針對右尾檢定、左尾檢定以及雙尾檢定做一詳細的介紹。

1. 右尾檢定：$\begin{cases} H_0 : \mu \le \mu_0 \\ H_1 : \mu > \mu_0 \end{cases}$

    (1) 臨界值法：檢定的原理是先站在虛無假設的立場，假設虛無假設是正確的，根據抽樣分配理論，抽樣分配的正中央為母體平均數 μ_0，其抽樣分配如下圖所示。（圖示為不拒絕 H_0 的情況）

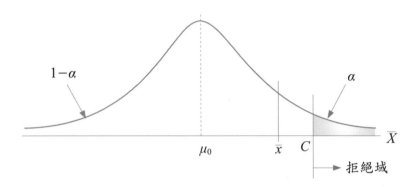

由於抽樣會產生誤差，因此我們容許誤差的存在，這個誤差的界限稱為臨界值，如上圖中的 C 值。若取出的樣本所求出的樣本平均數，落於灰色區域，那麼代表樣本平均數遠大於虛無假設所宣稱的母體平均數 μ_0，因此我們就可以說有充分的證據推翻虛無假設。若樣本平均數落於灰色區域外，代表樣本平均數還不足夠大到可以推翻虛無假設，因此只好說無充分證據可以拒絕虛無假設。至於臨界值如何推求。觀察上面的圖形，因為灰色區域機率為 α，因此可列式 $P(\bar{x} > C) = \alpha$，現在把它標準化轉成標準常態可得 $P(z > \dfrac{C - \mu_0}{\sqrt{\dfrac{\sigma^2}{n}}}) = \alpha$，又已知標準常態隨機變數 $P(z > z_\alpha) = \alpha$，

前後兩式是相等的，故求解方程式 $\dfrac{C - \mu_0}{\sqrt{\dfrac{\sigma^2}{n}}} = z_\alpha$，即可求得臨界值 $C = \mu_0 + z_\alpha \sqrt{\dfrac{\sigma^2}{n}}$。

其中 $z_\alpha \sqrt{\dfrac{\sigma^2}{n}}$ 便是前面提到的容許誤差。隨後其他的型態的檢定，其觀念完全一樣，因此我們就不再浪費篇幅介紹，請讀者們依樣畫葫蘆自行推導。

決策法則：若 $\bar{x} > C$ 則拒絕虛無假設 H_0，$\bar{x}$ 為樣本平均數。

    (2) 標準檢定法：標準檢定法是把臨界值法的分配情形標準化，從一般的常態分配轉換成標準常態分配。根據臨界值檢定法的拒絕法則，當 $\bar{x} > C$ 時拒絕虛無假設，又臨界值 $C = \mu_0 + z_\alpha \sqrt{\dfrac{\sigma^2}{n}}$，把這個式子代入不等式中可得 $\bar{x} > \mu_0 + z_\alpha \sqrt{\dfrac{\sigma^2}{n}}$ 時拒絕虛無假設，

把兩邊同時減 μ_0 再除以 $\sqrt{\dfrac{\sigma^2}{n}}$，此時決策法則就變成當 $\dfrac{\overline{x}-\mu_0}{\sqrt{\dfrac{\sigma^2}{n}}} > z_\alpha$ 時拒絕虛無假設，

接著我們再令 $z^* = \dfrac{\overline{x}-\mu_0}{\sqrt{\dfrac{\sigma^2}{n}}}$，最後就可以得到一般教科書上所介紹的標準檢定法右尾

的決策法則：當 $z^* > z_\alpha$ 時拒絕虛無假設。由虛無假設所建構的 $\overline{x}$ 的抽樣分配，與標準化後的 z 分配之間的關係如下圖所示。

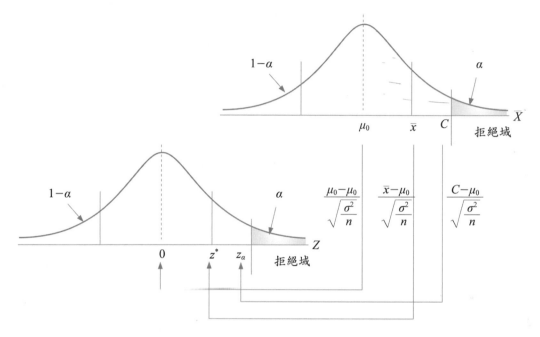

故標準檢定的決策法則為：

檢定統計量： $z^* = \dfrac{\overline{x}-\mu_0}{\sqrt{\dfrac{\sigma^2}{n}}}$

決策法則：若 $z^* > z_\alpha \Rightarrow$ 拒絕 H_0

(3) P 值法：P 值法是將標準檢定法中的橫座標值改以機率（右側面積）的方式判斷，所謂 P-value 是指 z^* 右側的面積，如下圖所示表斜線面積，α 則為 z_α 右側面積（陰影面積），P-value 以數學的方式可以表示成：P-value$=P(z > z^*)$，當 P-value$< \alpha$ 時表示 z^* 位於 z_α 的右側，此時有足夠證據拒絕虛無假設。下面的圖形為示意圖，為不拒絕虛無假設的情形。

決策法則：若 P-value$< \alpha \Rightarrow$ 拒絕 H_0

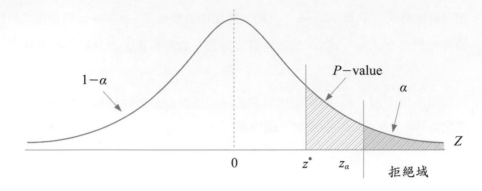

(4) 信賴區間法：參考下圖，我們可以很清楚的看出臨界值法與信賴區間法的關聯性。

我們繼續從 $\bar{x} > \mu_0 + z_\alpha\sqrt{\dfrac{\sigma^2}{n}}$ 此式出發，移項之後變成：$\mu_0 < \bar{x} - z_\alpha\sqrt{\dfrac{\sigma^2}{n}}$，左式是拒絕虛無假設的情形，我們知道信賴區間為 $\mu \geq \bar{x} - z_\alpha\sqrt{\dfrac{\sigma^2}{n}}$，因此決策法則為：若 μ_0 未落入信賴區間則拒絕虛無假設，這就是信賴區間法。故信賴區間的決策法則為：

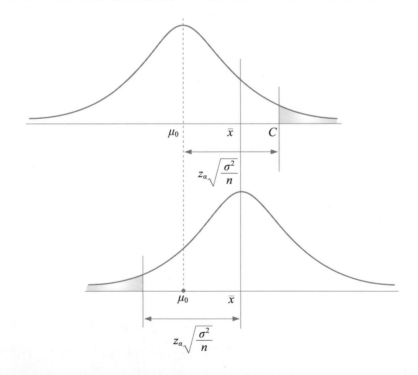

信賴區間：$\mu \geq \bar{x} - z_\alpha\dfrac{\sigma}{\sqrt{n}}$

決策法則：若 μ_0 落在信賴區間外 $\Rightarrow$ 拒絕 H_0

接著我們把上述的四種關係圖畫在一起，將會更明瞭四種檢定法之間的關聯性。

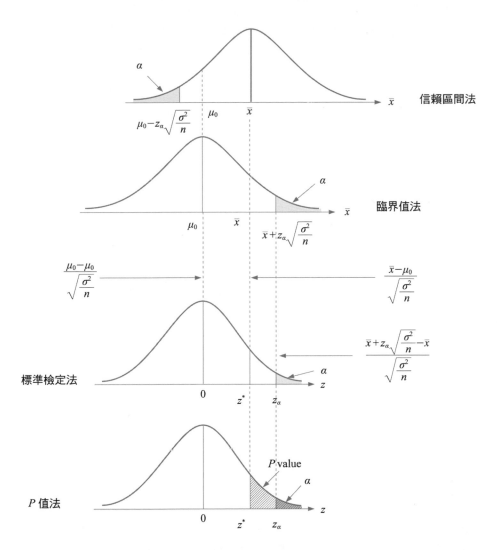

上圖中，最上面的兩個圖形經平移會重合，而最下面兩個圖形也會重合，上面所繪的圖形皆為不拒絕虛無假設的情形。一般教科書很少對 P-value 做正式的定義，在結束此單元前為 P-value 做一正式的定義。

P-value＝檢定過程中，用來衡量拒絕虛無假設的強弱指標。當 P-value＜α 時可拒絕虛無假設且 P-value 越小，拒絕的強度越強。有了上述的基本概念後，後面我們將加快腳步介紹左尾與雙尾的情形。

2. 左尾檢定：$\begin{cases} H_0 : \mu \ge \mu_0 \\ H_1 : \mu < \mu_0 \end{cases}$

(1) 臨界值法

臨界值：$C = \mu_0 - z_\alpha \sqrt{\dfrac{\sigma^2}{n}}$

決策法則：若 $\bar{x} < C \Rightarrow$ 拒絕 H_0

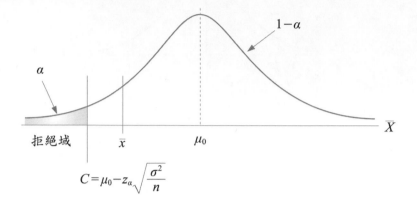

$$C = \mu_0 - z_\alpha \sqrt{\frac{\sigma^2}{n}}$$

(2) 標準檢定法

檢定統計量：$z^* = \dfrac{\bar{x} - \mu_0}{\sqrt{\dfrac{\sigma^2}{n}}}$

決策法則：若 $z^* < -z_\alpha \Rightarrow$ 拒絕 H_0

(3) P 值法

$$P\text{-value} = P(z < z^*)$$

決策法則：若 $P\text{-value} < \alpha \Rightarrow$ 拒絕 H_0

(4) 信賴區間法

信賴區間：$\mu \le \bar{x} + z_\alpha \dfrac{\sigma}{\sqrt{n}}$

決策法則：若 μ_0 落在信賴區間外 $\Rightarrow$ 拒絕 H_0

3. 雙尾檢定：$\begin{cases} H_0 : \mu = \mu_0 \\ H_1 : \mu \ne \mu_0 \end{cases}$

(1) 臨界值法：由於雙尾檢定有兩個拒絕域，故有兩個臨界值分別為

$$C_U = \mu_0 + z_{\frac{\alpha}{2}} \sqrt{\frac{\sigma^2}{n}}, C_L = \mu_0 - z_{\frac{\alpha}{2}} \sqrt{\frac{\sigma^2}{n}}$$

在雙尾檢定下，樣本平均數 $\bar{x}$ 可能大於 μ_0，也可能小於 μ_0，故決策法則需視 $\bar{x}$ 的值再決定與臨界值上限或臨界值下限比較。

決策法則：若 $\bar{x} > C_U$ 或 $\bar{x} < C_L \Rightarrow$ 拒絕 H_0

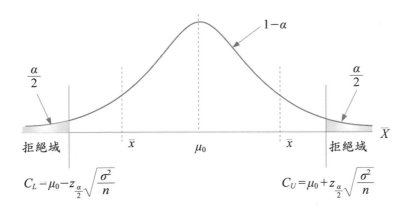

$$C_L = \mu_0 - z_{\frac{\alpha}{2}}\sqrt{\frac{\sigma^2}{n}} \qquad\qquad C_U = \mu_0 + z_{\frac{\alpha}{2}}\sqrt{\frac{\sigma^2}{n}}$$

> 註 檢定要訣：當 $\bar{x} > \mu_0$ 與臨界值上限比較，$\bar{x} < \mu_0$ 與臨界值上限比較即可。

註：

(2) 標準檢定法：在雙尾檢定的檢定統計量 z^* 可能為正值亦可能為負值，若為正值則與 $z_{\frac{\alpha}{2}}$ 比較，若為負值則與 $-z_{\frac{\alpha}{2}}$ 比較，但一般我們都將 z^* 取絕對值與 $z_{\frac{\alpha}{2}}$ 比較。

檢定統計量：$z^* = \dfrac{\bar{x} - \mu_0}{\sqrt{\dfrac{\sigma^2}{n}}}$

決策法則：若 $\left|z^*\right| > z_{\frac{\alpha}{2}} \Rightarrow$ 拒絕 H_0

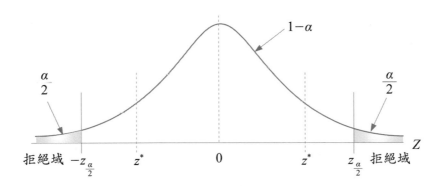

(3) P 值法：由於雙尾檢定有兩個拒絕域，因此一般 P 值檢定法都將斜線部分面積乘以 2 之後再與顯著水準 α 比較，決定拒絕或接受，故

$$P\text{-value} = 2P(z > \left|z^*\right|)$$

決策法則：若 $P\text{-value} < \alpha \Rightarrow$ 拒絕 H_0

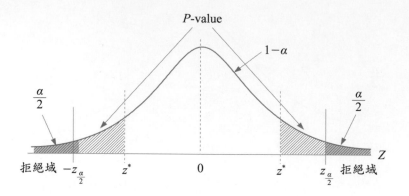

(4) 信賴區間法：由於樣本平均數 $\bar{x}$ 可能大於 μ_0 或小於 μ_0，故信賴區間有兩種情形，下圖實線部分為 $\bar{x} > \mu_0$ 的情形，虛線則為 $\bar{x} < \mu_0$ 的情形，在此我們以 $\bar{x} > \mu_0$ 的情形來說明。

信賴區間：$\bar{x} - z_{\frac{\alpha}{2}}\sqrt{\dfrac{\sigma^2}{n}} \leq \mu \leq \bar{x} + z_{\frac{\alpha}{2}}\sqrt{\dfrac{\sigma^2}{n}}$

決策法則：若 μ_0 落在信賴區間外 $\Rightarrow$ 拒絕 H_0

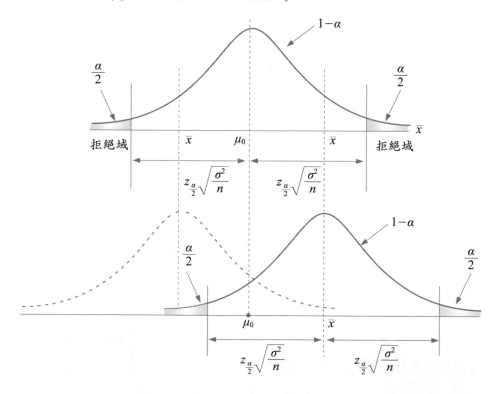

若上述之檢定，母體變異數 σ^2 未知，且大樣本，則以樣本變異數 s^2 取代母體變異數 σ^2，其餘完全相同。尚有一點必須注意，若抽樣方式採用取出不放回且為有限母體 $(\dfrac{n}{N} > 0.05)$，則變異數的部分必須再加上有限母體修正項，也就是上述公式 $\sqrt{\dfrac{\sigma^2}{n}}$ 或 $\sqrt{\dfrac{s^2}{n}}$ 的地方必須改用 $\sqrt{\dfrac{\sigma^2}{n}\cdot\dfrac{N-n}{N-1}}$ 或 $\sqrt{\dfrac{s^2}{n}\cdot\dfrac{N-n}{N-1}}$，其餘部分則完全一樣。

整理

種類	臨界值法	信賴區間法	標準檢定法	P 值法
雙尾	$C_U = \mu_0 + z_{\frac{\alpha}{2}}\sqrt{\dfrac{\sigma^2}{n}}$ $C_L = \mu_0 - z_{\frac{\alpha}{2}}\sqrt{\dfrac{\sigma^2}{n}}$ 若 $\bar{x}>C_U$ 或 $\bar{x}<C_L$ $\Rightarrow$ 拒絕 H_0	$\mu = \bar{x} \pm z_{\frac{\alpha}{2}}\sqrt{\dfrac{\sigma^2}{n}}$ 若 μ_0 落在信賴區間外 $\Rightarrow$ 拒絕 H_0	$z^* = \dfrac{\bar{x}-\mu_0}{\sqrt{\dfrac{\sigma^2}{n}}}$ 若 $|z^*| > z_{\frac{\alpha}{2}} \Rightarrow$ 拒絕 H_0	$P\text{-value}$ $=2P(z>|z^*|)<\alpha$ $\Rightarrow$ 拒絕 H_0
右尾	$C = \mu_0 + z_{\alpha}\sqrt{\dfrac{\sigma^2}{n}}$ 若 $\bar{x}>C \Rightarrow$ 拒絕 H_0	$\mu \geq \bar{x} - z_{\alpha}\sqrt{\dfrac{\sigma^2}{n}}$ 若 μ_0 落在信賴區間外 $\Rightarrow$ 拒絕 H_0	$z^* = \dfrac{\bar{x}-\mu_0}{\sqrt{\dfrac{\sigma^2}{n}}}$ 若 $z^*>z_{\alpha} \Rightarrow$ 拒絕 H_0	$P\text{-value}$ $=P(z>z^*)<\alpha$ $\Rightarrow$ 拒絕 H_0
左尾	$C = \mu_0 - z_{\alpha}\sqrt{\dfrac{\sigma^2}{n}}$ 若 $\bar{x}<C \Rightarrow$ 拒絕 H_0	$\mu \leq \bar{x} + z_{\alpha}\sqrt{\dfrac{\sigma^2}{n}}$ 若 μ_0 落在信賴區間外 $\Rightarrow$ 拒絕 H_0	$z^* = \dfrac{\bar{x}-\mu_0}{\sqrt{\dfrac{\sigma^2}{n}}}$ 若 $z^*<-z_{\alpha} \Rightarrow$ 拒絕 H_0	$P\text{-value}$ $=P(z>z^*)<\alpha$ $\Rightarrow$ 拒絕 H_0

註 1：母體變異數未知以樣本變異數取代。
註 2：若為有限母體需加有限母體修正項。

 例 10-1

隨機選取 50 個樣本，已知樣本平均數為 875，標準差為 21。試以此樣本檢定母體平均數是否等於 880，假設顯著水準 $\alpha=0.05$，請你分別用四種方法各檢定一次。

 大樣本 $\Rightarrow z$ 檢定，母體變異數未知，以 s^2 取代 σ^2

設立兩個假設 $\begin{cases} H_0 : \mu = 880 \\ H_1 : \mu \neq 880 \end{cases}$

(1) 臨界值法：因為 $\bar{x} = 875 < \mu_0 = 880$，僅需與臨界值下限比較即可

臨界值下限：$C_L = \mu_0 - z_{\frac{\alpha}{2}}\sqrt{\dfrac{s^2}{n}} = 880 - 1.96\dfrac{21}{\sqrt{50}} = 874.179$

$\because \bar{x} > C_L \Rightarrow$ 不拒絕虛無假設

(2) 標準檢定法

檢定統計量：$z^* = \dfrac{\overline{x} - \mu_0}{\sqrt{\dfrac{s^2}{n}}} = \dfrac{875 - 880}{\dfrac{21}{\sqrt{50}}} = -1.6836$

$\because |z^*| = 1.6836 < z_{0.025} = 1.96 \Rightarrow$ 不拒絕虛無假設

(3) P 值法

$P\text{-value} = 2P(z > |z^*|) = 2P(z > 1.6836) \approx 2 \times 0.0465 = 0.093 > \alpha = 0.05$

$\Rightarrow$ 不拒絕虛無假設

(4) 信賴區間法

信賴區間：$\mu = \overline{x} \pm z_{\frac{\alpha}{2}} \sqrt{\dfrac{s^2}{n}} = 875 \pm 1.96 \dfrac{21}{\sqrt{50}} = [869.179, 880.821]$

$\because \mu_0 = 880 \in [869.179, 880.821] \Rightarrow$ 不拒絕虛無假設

 例 10-2

已知母體變異數 $\sigma^2 = 4$，隨機抽取 50 個樣本，樣本平均數 $\overline{x} = 19.4$，試分別以四種方法檢定 $H_0 : \mu \geq 20 , H_1 : \mu < 20$，顯著水準 $\alpha = 0.05$。

 左尾檢定，大樣本 $\Rightarrow z$ 檢定

(1) 臨界值法

臨界值：$C = \mu_0 - z_\alpha \sqrt{\dfrac{\sigma^2}{n}} = 20 - 1.645 \sqrt{\dfrac{4}{50}} = 19.535$

$\because \overline{x} = 19.4 < C = 19.535 \Rightarrow$ 拒絕虛無假設

(2) 標準檢定法

檢定統計量：$z^* = \dfrac{\overline{x} - \mu_0}{\sqrt{\dfrac{\sigma^2}{n}}} = \dfrac{19.4 - 20}{\sqrt{\dfrac{4}{50}}} = -2.12$

$\because z^* = -2.12 < -z_{0.05} = -1.645 \Rightarrow$ 拒絕虛無假設

(3) P 值法

$P\text{-value} = P(z > |z^*|) = P(z > 2.12) \approx 0.017 < \alpha = 0.05 \Rightarrow$ 拒絕虛無假設

(4) 信賴區間法

信賴區間：$\mu < \overline{x} + z_\alpha \sqrt{\dfrac{\sigma^2}{n}} = 19.4 + 1.645 \sqrt{\dfrac{4}{50}} = 19.865$

$\mu_0 = 20$ 沒有落在信賴區間內 $\Rightarrow$ 拒絕虛無假設

10-3

已知母體變異數 $\sigma^2=36$，隨機抽取 40 個樣本，樣本平均數 $\bar{x}=26.4$，試分別以四種方法檢定 $H_0: \mu \leq 25, H_1: \mu > 25$，顯著水準 $\alpha=0.05$。

 右尾檢定，大樣本 $\Rightarrow z$ 檢定

(1) 臨界值法

臨界值：$C = \mu_0 + z_\alpha \sqrt{\dfrac{\sigma^2}{n}} = 25 + 1.645 \sqrt{\dfrac{36}{40}} = 26.561$

$\because \bar{x} = 26.4 < C = 26.561 \Rightarrow$ 不拒絕虛無假設

(2) 標準檢定法

檢定統計量：$z^* = \dfrac{\bar{x} - \mu_0}{\sqrt{\dfrac{\sigma^2}{n}}} = \dfrac{26.4 - 25}{\sqrt{\dfrac{36}{40}}} = 1.48$

$\because z^* = 1.48 < z_{0.05} = 1.645 \Rightarrow$ 不拒絕虛無假設

(3) P 值法

$P\text{-value} = P(z > z^*) = P(z > 1.48) \approx 0.0694 > \alpha = 0.05 \Rightarrow$ 不拒絕虛無假設

(4) 信賴區間法

信賴區間：$\mu > \bar{x} - z_\alpha \sqrt{\dfrac{\sigma^2}{n}} = 26.4 - 1.645 \sqrt{\dfrac{36}{40}} = 24.84$

$\mu_0 = 25$ 落在信賴區間內 $\Rightarrow$ 不拒絕虛無假設

 10-4

若已知母體總數為 400，請重作上一題。

 右尾檢定，大樣本 $\Rightarrow z$ 檢定

本題 $\because \dfrac{n}{N} = \dfrac{40}{400} = 0.1 > 0.05$，故需加上有限母體修正項

(1) 臨界值法

臨界值：$C = \mu_0 + z_\alpha \sqrt{\dfrac{\sigma^2}{n} \times \dfrac{N-n}{N-1}} = 25 + 1.645 \sqrt{\dfrac{36}{40} \times \dfrac{400-40}{400-1}} = 26.482$

$\because \bar{x} = 26.4 < C = 26.482 \Rightarrow$ 不拒絕虛無假設

(2) 標準檢定法

檢定統計量：$z^* = \dfrac{\overline{x} - \mu_0}{\sqrt{\dfrac{\sigma^2}{n} \times \dfrac{N-n}{N-1}}} = \dfrac{26.4 - 25}{\sqrt{\dfrac{36}{40} \times \dfrac{400-40}{400-1}}} = 1.554$

$\because z^* = 1.554 < z_{0.05} = 1.645 \Rightarrow$ 不拒絕虛無假設

(3) P 值法

$P\text{-value} = P(z > z^*) = P(z > 1.554) \approx 0.12 > \alpha = 0.05 \Rightarrow$ 不拒絕虛無假設

(4) 信賴區間法

信賴區間：$\mu > \overline{x} - z_\alpha \sqrt{\dfrac{\sigma^2}{n} \times \dfrac{N-n}{N-1}} = 26.4 - 1.645\sqrt{\dfrac{36}{40} \times \dfrac{400-40}{400-1}} = 24.918$

$\mu_0 = 25$ 落在信賴區間內 $\Rightarrow$ 不拒絕虛無假設

 例 10-5

　　一投幣式的紙杯式液態咖啡販賣機製造廠商宣稱其所製造之販賣機每杯咖啡的填充量至少 7 盎司，標準差為 0.4 盎司。消基會的稽查員隨機抽檢 16 台由該製造廠所生產的咖啡販賣機，發現每杯咖啡重量平均為 6.8 盎司，試問該公司宣稱是否屬實？假設填充重量成常態分配，顯著水準 $\alpha = 0.05$。

 解　因為母體呈常態分配、母體變異數已知 $\Rightarrow z$ 檢定

本題將以標準檢定法進行檢定，根據題意設立兩個假設：$\begin{cases} H_0 : \mu \geq 7 \\ H_1 : \mu < 7 \end{cases}$

檢定統計量 $z^* = \dfrac{\overline{x} - \mu_0}{\sqrt{\dfrac{\sigma^2}{n}}} = \dfrac{6.8 - 7}{\dfrac{0.4}{\sqrt{16}}} = -2$

$\because z^* = -2 < -z_{0.05} = -1.645 \Rightarrow$ 拒絕 H_0

故在 $\alpha = 0.05$ 的條件下，平均每杯飲料重量少於 7 盎司，該公司宣稱不實。

註：若讀者不清楚如何設立假設，在此教授一個小訣竅，本題 $\overline{x} = 6.8 < 7$，故根據樣本訊息，對立假設應假設為 $\mu(\overline{x}) < 7$，採左尾檢定法。

♣10.3.2 t 檢定

符合下列任一條件則使用 t 檢定：

1. 母體常態且母體變異數 σ^2 未知，且小樣本 $(n < 30)$。

2. 母體常態且母體變異數 σ^2 未知，大樣本 $(n \geq 30)$，但前提是 t 值可以查得到表。

t 檢定的主要用途是當母體變異數未知時取代 z 檢定，所以 t 檢定與 z 檢定的原理幾乎一樣。

1. 右尾檢定：$\begin{cases} H_0 : \mu \leq \mu_0 \\ H_1 : \mu > \mu_0 \end{cases}$

   (1) 臨界值法

   臨界值：$C = \mu_0 + t_{\alpha, n-1}\sqrt{\dfrac{s^2}{n}}$

   決策法則：若 $\bar{x} > C \Rightarrow$ 拒絕 H_0

   (2) 標準檢定法

   檢定統計量：$t^* = \dfrac{\bar{x} - \mu_0}{\sqrt{\dfrac{s^2}{n}}}$

   決策法則：若 $t^* > t_{\alpha, n-1} \Rightarrow$ 拒絕 H_0

   (3) 信賴區間法

   信賴區間：$\mu \geq \bar{x} - t_{\alpha, n-1}\sqrt{\dfrac{s^2}{n}}$

   若 μ_0 落在信賴區間外 $\Rightarrow$ 拒絕 H_0

   (4) P 值法

   $P\text{-value} = P(t_{n-1} > t^*)$

   決策法則：若 $P\text{-value} < \alpha \Rightarrow$ 拒絕 H_0

2. 左尾檢定：$\begin{cases} H_0 : \mu \geq \mu_0 \\ H_1 : \mu < \mu_0 \end{cases}$

   (1) 臨界值法

   臨界值：$C = \mu_0 - t_{\alpha, n-1}\sqrt{\dfrac{s^2}{n}}$

   決策法則：若 $\bar{x} < C \Rightarrow$ 拒絕 H_0

(2) 標準檢定法

檢定統計量：$t^* = \dfrac{\overline{x} - \mu_0}{\sqrt{\dfrac{s^2}{n}}}$

決策法則：若 $t^* < -t_{\alpha,n-1}$ ⇒ 拒絕 H_0

(3) 信賴區間法

信賴區間：$\mu \leq \overline{x} + t_{\alpha,n-1}\sqrt{\dfrac{s^2}{n}}$

決策法則：若 μ_0 落在信賴區間外 ⇒ 拒絕 H_0

(4) P 值法

$P\text{-value} = P(t_{n-1} < t^*)$

決策法則：若 $P\text{-value} < \alpha$ ⇒ 拒絕 H_0

3. 雙尾檢定：$\begin{cases} H_0 : \mu = \mu_0 \\ H_1 : \mu \neq \mu_0 \end{cases}$

(1) 臨界值法

臨界值：$C_U = \mu_0 + t_{\frac{\alpha}{2},n-1}\sqrt{\dfrac{s^2}{n}}, C_L = \mu_0 - t_{\frac{\alpha}{2},n-1}\sqrt{\dfrac{s^2}{n}}$

決策法則：若 $\overline{x} > C_U$ 或 $\overline{x} < C_L$ ⇒ 拒絕 H_0

(2) 標準檢定法

檢定統計量：$t^* = \dfrac{\overline{x} - \mu_0}{\sqrt{\dfrac{s^2}{n}}}$

決策法則：若 $\left| t^* \right| > t_{\frac{\alpha}{2},n-1}$ ⇒ 拒絕 H_0

(3) 信賴區間法

信賴區間：$\overline{x} - t_{\frac{\alpha}{2},n-1}\sqrt{\dfrac{s^2}{n}} \leq \mu \leq \overline{x} + t_{\frac{\alpha}{2},n-1}\sqrt{\dfrac{s^2}{n}}$

決策法則：若 μ_0 落在信賴區間外 ⇒ 拒絕 H_0

(4) P 值法

$P\text{-value} = 2P(t_{n-1} > \left| t^* \right|)$

決策法則：若 $P\text{-value} < \alpha$ ⇒ 拒絕 H_0

整理

種類	臨界值法	信賴區間法	標準檢定法	P 值法
雙尾	$C_U = \mu_0 + t_{\frac{\alpha}{2},n-1}\sqrt{\dfrac{s^2}{n}}$ $C_L = \mu_0 - t_{\frac{\alpha}{2},n-1}\sqrt{\dfrac{s^2}{n}}$ 若 $\bar{x} > C_U$ 或 $\bar{x} < C_L$ $\Rightarrow$ 拒絕 H_0	$\mu = \bar{x} \pm t_{\frac{\alpha}{2},n-1}\sqrt{\dfrac{s^2}{n}}$ 若 μ_0 落在信賴區間外 $\Rightarrow$ 拒絕 H_0	$t^* = \dfrac{\bar{x} - \mu_0}{\sqrt{\dfrac{s^2}{n}}}$ 若 $\left| t^* \right| > t_{\frac{\alpha}{2},n-1}$ $\Rightarrow$ 拒絕 H_0	P-value= $2P(t_{n-1} > \left| t^* \right|) < \alpha$ $\Rightarrow$ 拒絕 H_0
右尾	$C = \mu_0 + t_{\alpha,n-1}\sqrt{\dfrac{s^2}{n}}$ 若 $\bar{x} > C \Rightarrow$ 拒絕 H_0	$\mu \geq \bar{x} - t_{\alpha,n-1}\sqrt{\dfrac{s^2}{n}}$ 若 μ_0 落在信賴區間外 $\Rightarrow$ 拒絕 H_0	$t^* = \dfrac{\bar{x} - \mu_0}{\sqrt{\dfrac{s^2}{n}}}$ 若 $t^* > t_{\alpha,n-1} \Rightarrow$ 拒絕 H_0	P-value= $P(t_{n-1} > t^*) < \alpha$ $\Rightarrow$ 拒絕 H_0
左尾	$C = \mu_0 - t_{\alpha,n-1}\sqrt{\dfrac{s^2}{n}}$ 若 $\bar{x} < C \Rightarrow$ 拒絕 H_0	$\mu \leq \bar{x} + t_{\alpha,n-1}\sqrt{\dfrac{s^2}{n}}$ 若 μ_0 落在信賴區間外 $\Rightarrow$ 拒絕 H_0	$t^* = \dfrac{\bar{x} - \mu_0}{\sqrt{\dfrac{s^2}{n}}}$ 若 $t^* < -t_{\alpha,n-1} \Rightarrow$ 拒絕 H_0	P-value= $P(t_{n-1} < t^*) < \alpha$ $\Rightarrow$ 拒絕 H_0

 例 10-6

　　隨機從台北到嘉義的旅客中抽出 25 個行李秤重，得行李平均重量為 43.5 磅，標準差 6 磅，假設從台北到嘉義的旅客行李重呈常態分配，在顯著水準 $\alpha = 0.05$ 下，請問平均行李重是否低於 45 磅重？

 解 母體常態、變異數未知且小樣本 $\Rightarrow$ 採用 t 分配

由於樣本平均重量為 43.5 磅，故採用左尾檢定（從題意亦可知本題應採左尾檢定）

設立兩個假設：$\begin{cases} H_0 : \mu \geq 45 \\ H_1 : \mu < 45 \end{cases}$

檢定統計量：$t^* = \dfrac{\bar{x} - \mu}{\sqrt{\dfrac{s^2}{n}}} = \dfrac{43.5 - 45}{\sqrt{\dfrac{6^2}{25}}} = -1.25$

$\because t^* = -1.25 > -t_{0.05,24} = -1.711$

不拒絕 H_0，故在 $\alpha = 0.05$ 下，旅客行李平均重量沒有明顯低於 45 磅

例 10-7

某學者宣稱居住在寒帶國家的人平均體溫為華氏 98.6 度。現隨機抽取八位居住在寒帶國家的人，測量他們的體溫分別為：

98.4, 97.8, 98.6, 98.3, 97.9, 98.4, 98.7, 98.0

請問根據這八個樣本是否有足夠的證據顯示，居住在寒帶國家的人其平均體溫為 98.6 度。假設母體為常態分配，顯著水準 $\alpha = 0.05$，請使用信賴區間法與標準檢定法檢定。

解 母體常態、變異數未知且小樣本 ⇒ 採用 t 分配

根據題意為雙尾檢定，故兩個假設為：$\begin{cases} H_0 : \mu = 98.6 \\ H_1 : \mu \neq 98.6 \end{cases}$

樣本平均數：$\bar{x} = 98.2625$，樣本標準差：$s = 0.329$

(1) 信賴區間法：95% 信賴區間

$$\bar{x} - t_{0.025,7}\sqrt{\frac{s^2}{n}} \leq \mu \leq \bar{x} + t_{0.025,7}\sqrt{\frac{s^2}{n}}$$

$$\Rightarrow 98.2625 - 2.3646\frac{0.329}{\sqrt{8}} \leq \mu \leq 98.2625 + 2.3646\frac{0.329}{\sqrt{8}}$$

$$\therefore 97.9874 \leq \mu \leq 98.5375$$

$\because \mu_0 = 98.6$ 不在信賴區間內，故拒絕虛無假設，平均體溫不為 98.6

(2) 標準檢定法：

$$t^* = \frac{\bar{x} - \mu}{\sqrt{\frac{s^2}{n}}} = \frac{98.2625 - 98.6}{\frac{0.329}{\sqrt{8}}} = -2.9$$

$\because |t^*| = 2.9 > t_{0.025,7} = 2.3646 \Rightarrow$ 拒絕 H_0，平均體溫不為 98.6

◎ 10.4 錯誤與檢定力

∘ 10.4.1 錯誤

當利用樣本去推論母體參數時，由於抽樣所產生的偏差，導致決策錯誤的風險稱為錯誤（error），檢定所產生的錯誤有下列兩種：

1. 型 I 的錯誤（type I error）

當 H_0 為真（H_1 為偽），拒絕 H_0 所發生的錯誤，稱為型 I 的錯誤（type I error）。發生型 I 錯誤中最大的機率值稱為 α 錯誤、α 風險、顯著水準（significant level），其值等於 α。

$$\alpha = Max\ P\ （拒絕\ H_0 | H_0\ 為真）$$

以左尾檢定來看，虛無假設 $H_0 : \mu \geq \mu_0$，為一複合式的假設，包含所有大於等於 μ_0 的一切母體可能情形，由下圖知，當 $\mu = \mu_0$ 時發生型 I 錯誤的機率達最大值，恰等於 α（陰影之機率），故型 I 錯誤中最大者又稱為 α 錯誤。

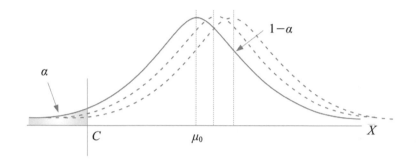

2. 型 II 的錯誤（type II error）

當 H_1 為真（H_0 為偽），拒絕 H_1 所發生的錯誤，稱為型 II 的錯誤（type II error），又稱為 β 錯誤、β 風險，其值等於 β。

$$\beta = P\ （拒絕\ H_1 | H_1\ 為真）$$

從上面的定義可以看出來，只有在 H_0 為真的情況下才會犯型 I 錯誤，同樣的只有在 H_1 為真的情況下才會犯型 II 錯誤。因此欲判斷所犯錯誤為何種型態，只要能夠判斷 H_0 與 H_1 何者為真即可，當然前提是得犯了錯誤才會有型 I 或型 II 錯誤的產生。下表為型 I 與型 II 錯誤的整理：

真實狀況	決策	
	拒絕 H_1	拒絕 H_0
H_0 為真	正確　機率：$1-\alpha$	型 I 錯誤　機率：α
H_1 為真	型 II 錯誤　機率：β	正確　機率：$1-\beta$

例 10-8

有一強烈颱風正迅速接近台灣，但不確定是否會登陸，彰化縣長需要決定明天是否放颱風假，於是他設立了兩個假設，其假設為 H_0：颱風會經過彰化縣，H_1：颱風不會經過彰化縣。若型 I 錯誤（Type I Error）以 α 表示，而型 II 錯誤（Type II Error）以 β 表示，試求下列各小題。

(1)「該放而不放假」犯何種型態錯誤。

(2)「不該放而放假」為型 II 錯誤。

(3)「寧可放錯假」，請問 α 增加或減少？β 增加或減少？

 欲判斷犯哪一種型態的錯誤，只要知道真實情況是站在 H_0 或站在 H_1 的假設上

(1)「該放」表示颱風會經過彰化縣，故真實情況是站在 H_0 的假設上，而「不放假」表示有錯誤產生，H_0 為真的情況下所犯的錯誤為型 I 錯誤。

(2)「不該放」表示颱風不會經過彰化縣，故真實情況是站在 H_1 的假設上。而「放假」表示有錯誤產生，H_1 為真的情況下所犯的錯誤為型 II 錯誤。

(3)「寧可放錯假」表示「不該放而放假」為犯型 II 錯誤，故增加 β，與 α 無關。

10.4.2 型 II 錯誤 β 的推導

錯誤的產生來主要自於錯誤的樣本訊息或者錯誤的假設，α 與 β 的關係詳述於后：

1. 左尾檢定

左尾檢定的兩個假設為 $\begin{cases} H_0 : \mu \geq \mu_0 \\ H_1 : \mu < \mu_0 \end{cases}$，假設母體真實的平均數為 μ_1，根據虛無假設與真實母體所產生的抽樣分配如下圖所示：

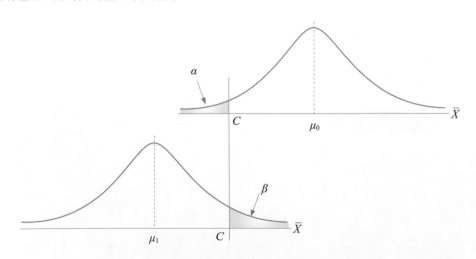

　　型 II 錯誤發生於當對立假設為真卻拒絕對立假設，上圖中左下方為真實母體的抽樣分配情形，我們隨機取樣所取出的樣本是來自於真實母體，因此若抽中上圖左下方的陰影部分的樣本，在我們的虛無假設條件下，會讓我們做出不拒絕虛無假設的結論，此陰影部分的面積即為型 II 錯誤 β。

　　由於不論真實母體為何，決策法則是固定的。好比法官判案，不論實際上犯人的犯罪情況為何，法官在法律規範上定罪的條件是固定的。因此不論是由虛無假設所建構的抽樣分配或由真實母體所產生的抽樣分配，它們的臨界值是相同的，即

$$C = \mu_0 - z_\alpha \sqrt{\frac{\sigma^2}{n}} = \mu_1 + z_\beta \sqrt{\frac{\sigma^2}{n}}$$

利用上式求出 z_β 後再查表即可求出型 II 錯誤 β。若利用定義去推求，即

$$\beta = P（拒絕 H_1 | H_1 為真）= P（不拒絕 H_0 | H_0 為偽）$$

　　一般而言，若抽樣分配呈常態分配我們以臨界值相等的性質即可求出型 II 錯誤，若抽樣分配不為常態分配，才需要使用到定義來求 β 值。

　　由上圖我們亦可以看出，當臨界值變動時，α, β 互為消長，因此 α 越小，所犯的 β 錯誤越大。若臨界值固定，則 α 固定，此時 β 會隨著真實母體平均數的增加而增加，當 $\mu_1 \geq \mu_0$ 時，檢定不復存在（虛無假設自動成立），此時僅會犯型 I 錯誤。

2. **右尾檢定**

　　右尾檢定的兩個假設為 $\begin{cases} H_0 : \mu \leq \mu_0 \\ H_1 : \mu > \mu_0 \end{cases}$，假設母體真實的平均數為 μ_1，由虛無假設與真實母體所產生的抽樣分配如下圖所示：

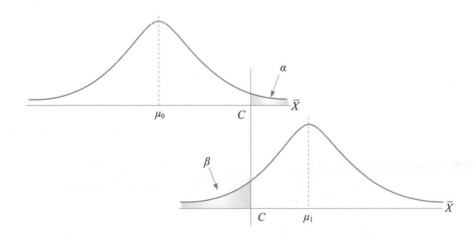

利用臨界值相等，即可求出型 II 錯誤，即

$$C = \mu_0 + z_\alpha \sqrt{\frac{\sigma^2}{n}} = \mu_1 - z_\beta \sqrt{\frac{\sigma^2}{n}}$$

3. 雙尾檢定

雙尾檢定的兩個假設為 $\begin{cases} H_0 : \mu = \mu_0 \\ H_1 : \mu \neq \mu_0 \end{cases}$，假設母體真實的平均數為 μ_1，由於真實母體平均數可能大於 μ_0 也可能小於 μ_0，故有兩種情形，由虛無假設與真實母體所產生的抽樣分配如下圖所示：

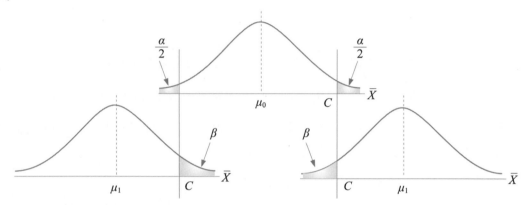

利用臨界值相等，可求出型 II 錯誤，即

$$C = \mu_0 + z_{\frac{\alpha}{2}} \sqrt{\frac{\sigma^2}{n}} = \mu_1 - z_\beta \sqrt{\frac{\sigma^2}{n}}, \mu_1 > \mu_0$$

或

$$C = \mu_0 - z_{\frac{\alpha}{2}} \sqrt{\frac{\sigma^2}{n}} = \mu_1 + z_\beta \sqrt{\frac{\sigma^2}{n}}, \mu_1 < \mu_0$$

利用上二式中任一個求出 z_β 後再查表，即可求出型 II 錯誤的機率 β。

例 10-9

考慮兩個假設：$\begin{cases} H_0 : \mu \geq 10 \\ H_1 : \mu < 10 \end{cases}$，已知樣本數 120，母體變異數 25，顯著水準 $\alpha = 0.05$。

若已知真實母體平均數為 9，請問在這種假設情況下，檢定所犯的型 II 錯誤為何？

 解 因為大樣本，母體變異數已知 ⇒ 採用 z 分配

臨界值 $C = \mu_0 - z_\alpha \sqrt{\frac{\sigma^2}{n}} = \mu_1 + z_\beta \sqrt{\frac{\sigma^2}{n}}$

$10 - 1.645 \sqrt{\frac{25}{120}} = 9 + z_\beta \sqrt{\frac{25}{120}}$ $\quad \Rightarrow z_\beta = 0.55$，查表得 $\beta = 0.2912$

例 10-10

考慮兩個假設：$\begin{cases} H_0 : \mu = 20 \\ H_1 : \mu \neq 20 \end{cases}$，已知樣本數 200，母體變異數 100，顯著水準 $\alpha = 0.05$。

若已知真實母體平均數為 18，請問在這種假設情況下，檢定所犯的型 II 錯誤為何？

 因為大樣本，母體變異數已知 $\Rightarrow$ 採用 z 分配

臨界值 $C = \mu_0 - z_{\frac{\alpha}{2}} \sqrt{\dfrac{\sigma^2}{n}} = \mu_1 + z_\beta \sqrt{\dfrac{\sigma^2}{n}}$

$20 - 1.96 \sqrt{\dfrac{100}{200}} = 18 + z_\beta \sqrt{\dfrac{100}{200}}$ $\qquad \Rightarrow z_\beta = 0.87$，查表得 $\beta = 0.1922$

 例 10-11

在母體為常態分配 $N(\mu, \sigma^2)$ 的假設下，請回答下列有關型 I 錯誤（type I error）與型 II 錯誤（type II error）的問題：

單尾檢定：$\begin{cases} H_0 : \mu \leq 25 \\ H_1 : \mu > 25 \end{cases}$

樣本數 $n = 81$，標準差 $\sigma = 18$，當顯著水準 α 為 0.1 時，決策法則是：如果 $\bar{x} \leq 27.56$，

接受 H_0；如果 $\bar{x} > 27.56$，拒絕 H_0。試問：

(1) 若 $\mu = 24$，根據上述決策規則，犯型 I 錯誤之機率為何？

(2) 若 $\mu = 25$，根據上述決策規則，犯型 I 錯誤之機率為何？

(3) 若 $\mu = 29$，根據上述決策規則，犯型 II 錯誤之機率為何？

 以定義方式求解

(1) $\alpha = P$（拒絕 $H_0 | H_0$ 為真）

$= P(\bar{x} > 27.56 | \mu = 24) = P(z > \dfrac{27.56 - 24}{\frac{18}{\sqrt{81}}}) = P(z > 1.78) = 0.0375$

(2) $\alpha = P$（拒絕 $H_0 | H_0$ 為真）

$= P(\bar{x} > 27.56 | \mu = 25) = P(z > \dfrac{27.56 - 25}{\frac{18}{\sqrt{81}}}) = P(z > 1.28) = 0.1003$

(3) $\beta = P$（不拒絕 $H_0 | H_0$ 為偽）

$$= P(\bar{x} \le 27.56 | \mu = 29) = P(z \le \frac{27.56 - 29}{\frac{18}{\sqrt{81}}}) = P(z \le -0.72) = 0.2358$$

註：本題亦可用下面方法求解。

(1)

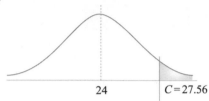

$$27.56 = 24 + z_\alpha \frac{18}{\sqrt{81}} \Rightarrow z_\alpha = 1.78$$

查表得 $\alpha = 0.0375$

(2)

$$27.56 = 25 + z_\alpha \frac{18}{\sqrt{81}} \Rightarrow z_\alpha = 1.28$$

查表得 $\alpha = 0.1033$

(3)

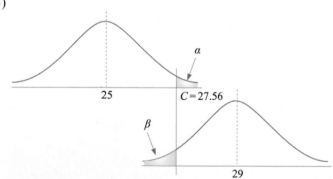

$$27.56 = 29 - z_\beta \frac{18}{\sqrt{81}} \Leftarrow z_\beta = 0.72$$

查表得 $\beta = 0.2358$

๏10.4.3 檢定力函數

由前面所介紹的兩種錯誤可知，當我們在作檢定的時候，不論接受或者拒絕虛無假設都可能有錯誤的產生。拒絕虛無假設會犯型 I 錯誤，接受虛無假設則會犯型 II 錯誤，因此檢定的精確度受 α 與 β 所影響。絕大部分的情形，我們都以固定的顯著水準 α 去作檢定。如下圖所示，樣本是來自真實母體，若抽中右下圖灰色區域則可拒絕虛無假設，灰色區域越大表示 β 越小，因此在 α 固定的條件下 β 越小就代表檢定力越強，故我們可以利用 $1-\beta$ 的大小來定義檢定力的強弱。

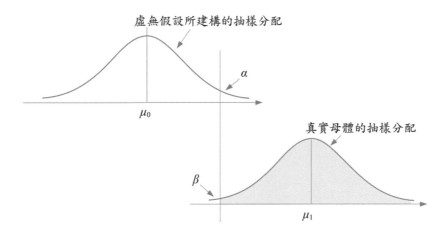

1. 檢定力函數（power function of test）

$$檢定力 = 1-\beta = P（拒絕 H_0 | H_0 為偽）= P（接受 H_1 | H_1 為真）$$

事實上在進行抽樣調查時，我們根本不曉得母體的情況，故檢定力大小只是一種數學家所制訂的公式，其主要目的在衡量不同檢定法的檢定力大小，真實母體的狀況都由數學所假設的狀況。我們可以用同樣一組的樣本，假設各種不同真實母體的情況，用不同的方法進行檢定，將各種檢定法的檢定力大小繪製成檢定力曲線圖，這樣我們就可以根據檢定力曲線圖來判定此種檢定法的檢定力強弱。有關檢定力曲線如何繪製，有興趣的讀者可參考作者的另一本書籍。

2. 影響檢定力的因素

(1) 樣本大小：樣本數越大，檢定力越大。

(2) 顯著水準 α：一般而言，α 越大，越容易拒絕 H_0，故檢定力越大。

(3) 檢定統計量的選擇：例如以母體中位數取代母體平均數的檢定，因為中位數的抽樣分配的標準差較大，故檢定力較小。

(4) 決策法則之決定：檢定時採用左尾、右尾或雙尾亦會影響檢定力大小。

一般而言進行檢定時，α 越大 β 越小，有沒有可能 α 變大 β 也隨之變大？

 有可能。

如下圖所示，當拒絕域的臨界值固定時，降低樣本數會導致兩者同時變大。

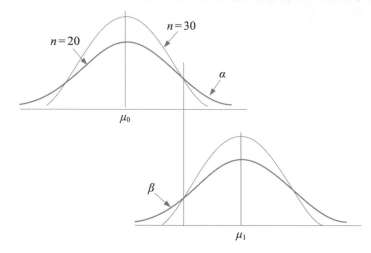

10.4.4 給定錯誤 α、β 的條件下，所需樣本數

當我們在做檢定時，受限於抽樣方法的好壞，難免會產生錯誤。而型 I 錯誤與型 II 錯誤互為消長，也就是當型 II 錯誤變小，通常會造成型 I 錯誤變大。一般而言，犯型 I 錯誤所造成的後果遠比犯型 II 嚴重，因此在大部分的情形我們在檢定時會先的把型 I 錯誤控制在合理的範圍之後再進行檢定，這也就是為何在檢定時我們只給定型 I 錯誤而未指定型 II 錯誤的原因，事實上除非知道真實母體狀況，否則無法計算型 II 錯誤。若想讓這兩種錯誤都減小，就必須增加樣本數，因為樣本數越大，抽樣分配越集中，兩個錯誤也會隨之減小。但受限於經費、時效性等種種因素，我們不可能無限制的取樣，此時我們可以將型 I 與型 II 錯誤的機率控制在某個範圍內，再決定取樣數，其所需抽取樣本個數的計算如下：

1. 左尾檢定

   由虛無假設所設立的抽樣分配與真實母體的抽樣分配，其臨界值相同，即

   $$C = \mu_0 - z_\alpha \sqrt{\frac{\sigma^2}{n}} = \mu_1 + z_\beta \sqrt{\frac{\sigma^2}{n}}$$

求解上式，可得所需樣本數

$$n = \frac{\sigma^2(z_\alpha + z_\beta)^2}{(\mu_1 - \mu_0)^2}$$

為了達成所指定的錯誤機率範圍內，故透過上式算出的樣本數若有含小數，需採無條件進 1 法取至整數位。

2. 右尾檢定

臨界值：$\mu_0 + z_\alpha \sqrt{\dfrac{\sigma^2}{n}} = \mu_1 - z_\beta \sqrt{\dfrac{\sigma^2}{n}}$

求解上式

$$n = \frac{\sigma^2(z_\alpha + z_\beta)^2}{(\mu_1 - \mu_0)^2}$$

3. 雙尾檢定

臨界值：$\mu_0 + z_{\frac{\alpha}{2}} \sqrt{\dfrac{\sigma^2}{n}} = \mu_1 - z_\beta \sqrt{\dfrac{\sigma^2}{n}}$ 或 $\mu_0 - z_{\frac{\alpha}{2}} \sqrt{\dfrac{\sigma^2}{n}} = \mu_1 + z_\beta \sqrt{\dfrac{\sigma^2}{n}}$

求解上式，可得所需樣本數為：

$$n = \frac{\sigma^2(z_{\frac{\alpha}{2}} + z_\beta)^2}{(\mu_1 - \mu_0)^2}$$

例 10-13

已知某工廠生產的螺絲直徑成常態分配，標準差為 0.0001 英吋，現隨機抽取 10 顆螺絲，其平均直徑為 0.2546 英吋。

(1) 請你利用這 10 個樣本檢定螺絲的平均直徑是否等於 0.255，顯著水準 $\alpha = 0.05$。

(2) 假設螺絲的真實直徑為 0.2552 英吋，若希望把型 II 錯誤控制在 0.1 以內，請問至少需抽幾個樣本？

解 (1) 根據題意設立雙尾檢定：$\begin{cases} H_0 : \mu = 0.255 \\ H_1 : \mu \neq 0.255 \end{cases}$

檢定統計量：$z^* = \dfrac{\overline{x} - \mu_0}{\sqrt{\dfrac{\sigma^2}{n}}} = \dfrac{0.2546 - 0.255}{\dfrac{0.0001}{\sqrt{10}}} = -12.65$

$\because \left| z^* \right| = 12.65 > z_{0.025} = 1.96 \quad \Rightarrow$ 拒絕 H_0

故在 $\alpha = 0.05$ 下平均直徑不等於 0.255 英吋

(2) $\alpha = 0.05, \beta = 0.1$

$$n = \frac{(z_{\frac{\alpha}{2}} + z_\beta)^2 \sigma^2}{(\mu_1 - \mu_0)^2} = \frac{(1.96 + 1.28)^2 (0.0001)^2}{(0.2552 - 0.255)^2} = 2.6244 \approx 3$$

故樣本至少取 3 個。

 10-14

考慮下列兩個假設：

$$\begin{cases} H_0 : \mu \geq 0 \\ H_1 : \mu < 10 \end{cases}$$

已知母體變異數為 25，現隨機抽取 120 個樣本，已知母體真實的平均數是 9，在顯著水準 $\alpha = 0.05$ 時，發生型 II 錯誤 $\beta = 0.2912$。若現在欲降低型 II 錯誤至 0.1，請問需再抽取幾個樣本？

 $\alpha = 0.05, \beta = 0.1$ 下需取樣：$n = \dfrac{(z_\alpha + z_\beta)^2 \sigma^2}{(\mu_1 - \mu_0)^2} = \dfrac{(1.645 + 1.28)^2 (5)^2}{(10 - 9)^2} = 214$

故需再抽取 $214 - 120 = 94$ 個樣本。

10.5 兩個母體平均數差之假設檢定 - 獨立樣本

標準檢定法總整理

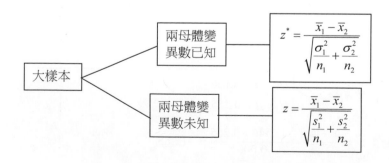

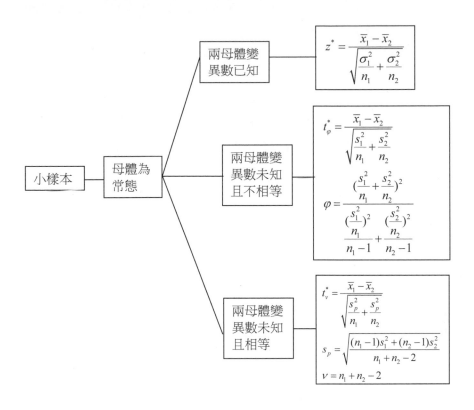

如果我們想瞭解男生與女生在統計學成績表現上是否有差異？或者兩種不同的教學法對學生的學習成效何者較優？雙親家庭的學生在成績上的表現是否超越單親家庭的學生？諸如此類問題，皆屬於兩母體平均數假設檢定的相關議題，兩母體平均數的檢定主要在檢定兩種不同類別的資料（此資料型態為比例量尺）其母體平均數是否有差異。其理論源自於兩母體平均數差的抽樣分配，根據抽樣分配理論若取出的樣本為隨機獨立樣本，根據中央極限定理，若為大樣本情況，則樣本平均數差的抽樣分配服從常態分配，即 $\overline{x}_1 - \overline{x}_2 \sim N(\mu_1 - \mu_2, \frac{\sigma_1^2}{n_1} + \frac{\sigma_2^2}{n_2})$。又根據給定的母體訊息不同與抽樣的大小，其檢定可分為 z 檢定與 t 檢定。為了讓讀者能夠很快的熟悉何時該用 z 檢定何時該用 t 檢定，我們將按這兩種型態分類做介紹。

10.5.1 z 檢定

當符合底下條件時，採用 z 檢定。

(1) 母體為常態分配，且母體變異數已知。

(2) 母體分配未知但為大樣本 $(n_1 \geq 30, n_2 \geq 30)$ 且母體變異數已知。

(3) 母體分配未知但為大樣木，母體變異數未知。

1. 右尾檢定：$\begin{cases} H_0 : \mu_1 \leq \mu_2 \\ H_1 : \mu_1 > \mu_2 \end{cases}$

    (1) 臨界值法

        臨界值：$C = (\mu_1 - \mu_2) + z_\alpha \sqrt{\dfrac{\sigma_1^2}{n_1} + \dfrac{\sigma_2^2}{n_2}}$，但由於虛無假設 $\mu_1 - \mu_2 \geq 0$，由前面的觀

        念知道我們只要檢定 $\mu_1 - \mu_2 = 0$ 即可。將 $\mu_1 - \mu_2 = 0$ 代入上式，故

        臨界值變成：$C = z_\alpha \sqrt{\dfrac{\sigma_1^2}{n_1} + \dfrac{\sigma_2^2}{n_2}}$

        決策法則：若 $\bar{x}_1 - \bar{x}_2 > C \Rightarrow$ 拒絕 H_0

    (2) 標準檢定法

        檢定統計量：$z^* = \dfrac{\bar{x}_1 - \bar{x}_2}{\sqrt{\dfrac{\sigma_1^2}{n_1} + \dfrac{\sigma_2^2}{n_2}}}$

        決策法則：若 $z^* > z_\alpha \Rightarrow$ 拒絕 H_0

    (3) P 值法：

        $P\text{-value} = P(z > z^*)$

        決策法則：若 $P\text{-value} < \alpha \Rightarrow$ 拒絕 H_0

    (4) 信賴區間法

        信賴區間：$(\mu_1 - \mu_2) \geq (\bar{x}_1 - \bar{x}_2) - z_\alpha \sqrt{\dfrac{\sigma_1^2}{n_1} + \dfrac{\sigma_2^2}{n_2}}$

        決策法則：若 0 落在信賴區間外 $\Rightarrow$ 拒絕 H_0

2. 左尾檢定：$\begin{cases} H_0 : \mu_1 \geq \mu_2 \\ H_1 : \mu_1 < \mu_2 \end{cases}$

    (1) 臨界值法

        臨界值 $C = -z_\alpha \sqrt{\dfrac{\sigma_1^2}{n_1} + \dfrac{\sigma_2^2}{n_2}}$

        決策法則：若 $\bar{x}_1 - \bar{x}_2 < C \Rightarrow$ 拒絕 H_0

    (2) 標準檢定法

        檢定統計量：$z^* = \dfrac{\bar{x}_1 - \bar{x}_2}{\sqrt{\dfrac{\sigma_1^2}{n_1} + \dfrac{\sigma_2^2}{n_2}}}$

        決策法則：若 $z^* < -z_\alpha \Rightarrow$ 拒絕 H_0

(3) P 值法

$P\text{-value}=P(z<z^*)$

決策法則：若 $P\text{-value}<\alpha \Rightarrow$ 拒絕 H_0

(4) 信賴區間法

信賴區間：$\mu_1 - \mu_2 \leq (\overline{x}_1 - \overline{x}_2) + z_\alpha \sqrt{\dfrac{\sigma_1^2}{n_1} + \dfrac{\sigma_2^2}{n_2}}$

決策法則：若 0 落在信賴區間外 $\Rightarrow$ 拒絕 H_0

3. 雙尾檢定 $\begin{cases} H_0 : \mu_1 = \mu_2 \\ H_1 : \mu_1 \neq \mu_2 \end{cases}$

(1) 臨界值法

臨界值：$C_U = z_{\frac{\alpha}{2}} \sqrt{\dfrac{\sigma_1^2}{n_1} + \dfrac{\sigma_2^2}{n_2}}, C_L = -z_{\frac{\alpha}{2}} \sqrt{\dfrac{\sigma_1^2}{n_1} + \dfrac{\sigma_2^2}{n_2}}$

決策法則：若 $\overline{x}_1 - \overline{x}_2 > C_U$ 或 $\overline{x}_1 - \overline{x}_2 < C_L \Rightarrow$ 拒絕 H_0

要訣：若 $\overline{x}_1 - \overline{x}_2 > 0$ 僅需計算 C_U，若 $\overline{x}_1 - \overline{x}_2 < 0$ 僅需計算 C_L 即可決定拒絕或接受虛無假設。

(2) 標準檢定法

檢定統計量：$z^* = \dfrac{\overline{x}_1 - \overline{x}_2}{\sqrt{\dfrac{\sigma_1^2}{n_1} + \dfrac{\sigma_2^2}{n_2}}}$

決策法則：若 $\left| z^* \right| > z_{\frac{\alpha}{2}} \Rightarrow$ 拒絕 H_0

(3) P 值法

$P\text{-value}=2P(z>\left| z^* \right|)$

決策法則：若 $P\text{-value}<\alpha \Rightarrow$ 拒絕 H_0

(4) 信賴區間法

信賴區間：$(\overline{x}_1 - \overline{x}_2) - z_{\frac{\alpha}{2}} \sqrt{\dfrac{\sigma_1^2}{n_1} + \dfrac{\sigma_2^2}{n_2}} \leq \mu_1 - \mu_2 \leq (\overline{x}_1 - \overline{x}_2) + z_{\frac{\alpha}{2}} \sqrt{\dfrac{\sigma_1^2}{n_1} + \dfrac{\sigma_2^2}{n_2}}$

決策法則：若 0 落在信賴區間外 $\Rightarrow$ 拒絕 H_0

註 上述的三種檢驗法，若母體變異數未知，以樣本變異數取代即可。

整理

種類	臨界值法	信賴區間法	標準檢定法	P 值法
雙尾	$C_U = z_{\frac{\alpha}{2}}\sqrt{\dfrac{\sigma_1^2}{n_1} + \dfrac{\sigma_2^2}{n_2}}$ $C_L = -z_{\frac{\alpha}{2}}\sqrt{\dfrac{\sigma_1^2}{n_1} + \dfrac{\sigma_2^2}{n_2}}$ 若 $\bar{x}_1 - \bar{x}_2 > C_U$ 或 $\bar{x}_1 - \bar{x}_2 < C_L$ $\Rightarrow$ 拒絕 H_0	$\mu_1 - \mu_2 = (\bar{x}_1 - \bar{x}_2) \pm z_{\frac{\alpha}{2}}\sqrt{\dfrac{\sigma_1^2}{n_1} + \dfrac{\sigma_2^2}{n_2}}$ 若 0 落在信賴區間外 $\Rightarrow$ 拒絕 H_0	$z^* = \dfrac{\bar{x}_1 - \bar{x}_2}{\sqrt{\dfrac{\sigma_1^2}{n_1} + \dfrac{\sigma_2^2}{n_2}}}$ 若 $|z^*| > z_{\frac{\alpha}{2}}$ $\Rightarrow$ 拒絕 H_0	若 $P\text{-value} =$ $2P(z > |z^*|) < \alpha$ $\Rightarrow$ 拒絕 H_0
右尾	$C = z_{\alpha}\sqrt{\dfrac{\sigma_1^2}{n_1} + \dfrac{\sigma_2^2}{n_2}}$ 若 $\bar{x}_1 - \bar{x}_2 > C$ $\Rightarrow$ 拒絕 H_0	$\mu_1 - \mu_2 \geq (\bar{x}_1 - \bar{x}_2) - z_{\alpha}\sqrt{\dfrac{\sigma_1^2}{n_1} + \dfrac{\sigma_2^2}{n_2}}$ 若 0 落在信賴區間外 $\Rightarrow$ 拒絕 H_0	$z^* = \dfrac{\bar{x}_1 - \bar{x}_2}{\sqrt{\dfrac{\sigma_1^2}{n_1} + \dfrac{\sigma_2^2}{n_2}}}$ 若 $z^* > z_a$ $\Rightarrow$ 拒絕 H_0	若 $P\text{-value} =$ $P(z > z^*) < \alpha$ $\Rightarrow$ 拒絕 H_0
左尾	$C = -z_{\alpha}\sqrt{\dfrac{\sigma_1^2}{n_1} + \dfrac{\sigma_2^2}{n_2}}$ 若 $\bar{x}_1 - \bar{x}_2 < C$ $\Rightarrow$ 拒絕 H_0	$\mu_1 - \mu_2 \leq (\bar{x}_1 - \bar{x}_2) + z_{\alpha}\sqrt{\dfrac{\sigma_1^2}{n_1} + \dfrac{\sigma_2^2}{n_2}}$ 若 0 落在信賴區間外 $\Rightarrow$ 拒絕 H_0	$z^* = \dfrac{\bar{x}_1 - \bar{x}_2}{\sqrt{\dfrac{\sigma_1^2}{n_1} + \dfrac{\sigma_2^2}{n_2}}}$ 若 $z^* < -z_a$ $\Rightarrow$ 拒絕 H_0	若 $P\text{-value} =$ $P(z < z^*) < \alpha$ $\Rightarrow$ 拒絕 H_0

 例 10-15

從兩常態母體中以隨機的方試分別抽取若干樣本,已知樣本資料如下:

樣本數 $\quad\quad n_1 = 50 \quad\quad n_2 = 100$

樣本平均數 $\quad \bar{x}_1 = 52.3 \quad \bar{x}_2 = 49$

樣本標準差 $\quad S_1 = 6.1 \quad\quad S_2 = 7.9$

請你以此資料檢定 $H_0 : \mu_1 = \mu_2$,$H_1 : \mu_1 \neq \mu_2$,顯著水準 $\alpha = 0.05$,請你分別使用臨界值法、標準檢定法、P 值法與信賴區間法進行檢定。

 解 (1) 臨界值法

$\because \bar{x}_1 - \bar{x}_2 = 52.3 - 49 = 3.3 > \mu_1 - \mu_2 = 0$,故僅需求臨界值上限即可

$$C_U = z_{\frac{\alpha}{2}}\sqrt{\frac{s_1^2}{n_1} + \frac{s_2^2}{n_2}} = 1.96\sqrt{\frac{6.1^2}{50} + \frac{7.9^2}{100}} = 2.293$$

$\because \bar{x}_1 - \bar{x}_2 = 3.3 > C_U = 2.293 \Rightarrow$ 拒絕 H_0

(2) 標準檢定法

$$z^* = \frac{\overline{x}_1 - \overline{x}_2}{\sqrt{\dfrac{s_1^2}{n_1} + \dfrac{s_2^2}{n_2}}} = \frac{(52.3 - 49) - 0}{\sqrt{\dfrac{6.1^2}{50} + \dfrac{7.9^2}{100}}} = 2.821$$

$\because \left| z^* \right| = 2.821 > z_{0.025} = 1.96 \Rightarrow$ 拒絕 H_0

(3) P 值法

$P\text{-value} = 2P(z > \left| z^* \right|) = 2P(z > 2.821) \approx 0.0048 < \alpha = 0.05 \Rightarrow$ 拒絕 H_0

(4) 信賴區間法

信賴區間：$\mu_1 - \mu_2 = (\overline{x}_1 - \overline{x}_2) \pm z_{\frac{\alpha}{2}} \sqrt{\dfrac{s_1^2}{n_1} + \dfrac{s_2^2}{n_2}}$

$\Rightarrow \mu_1 - \mu_2 = (52.3 - 49) \pm 1.96 \sqrt{\dfrac{6.1^2}{50} + \dfrac{7.9^2}{100}}$

$\Rightarrow 1.007 \le \mu_1 - \mu_2 \le 5.593$

$\because 0$ 不在信賴區間內 $\Rightarrow$ 拒絕 H_0

例 10-16

　　某麵包工廠有兩台製造麵包的機器，已知第一台機器的變異數為 52，第二台機器變異數為 60。該麵包廠欲比較兩台機器所生產的麵包數量是否有差異，先以第一台機器製造麵包，在連續 12 天的操作下，求得每天平均生產 1124.25 箱的麵包。接著再以第二台連續操作 10 天，求得每天平均製造 1138.7 箱的麵包，假設兩台機器所生產的麵包數量呈常態分配。試以顯著水準 a=0.05 檢定是否第二台機器所生產的麵包數量比第一台機器多？

解 根據題意設立兩個假設：$\begin{cases} H_0 : \mu_1 - \mu_2 \ge 0 \\ H_1 : \mu_1 - \mu_2 < 0 \end{cases}$

檢定統計量：$z^* = \dfrac{\overline{x}_1 - \overline{x}_2}{\sqrt{\dfrac{\sigma_1^2}{n_1} + \dfrac{\sigma_2^2}{n_2}}} = \dfrac{1124.25 - 1138.7}{\sqrt{\dfrac{52}{12} + \dfrac{60}{10}}} = -4.5$

$\because z^* = -4.5 < -z_{0.05} = -1.645$

$\Rightarrow$ 拒絕 H_0，故有足夠的證據顯示第二台機器生產的數量較多。

註：本題的假設亦可寫成：$\begin{cases} H_0 : \mu_2 - \mu_1 \le 0 \\ H_1 : \mu_2 - \mu_1 > 0 \end{cases}$，以右尾檢定進行之。

 例 10-17

有一份有關已婚與未婚的有車階級人士的調查報告如下：隨機選取 50 位未婚人士，發現他們平均每週旅行 106 公里，標準差 15 公里；65 位已婚人士則平均每週旅行 68 公里，標準差 9 公里。根據樣本的資料，在顯著水準 $\alpha = 0.01$ 下，請問是否單身的人比已婚的人有更多的旅遊里程數？

解 假設 1：單身，2：已婚

根據題意設立兩個假設：$\begin{cases} H_0 : \mu_1 - \mu_2 \leq 0 \\ H_1 : \mu_1 - \mu_2 > 0 \end{cases}$

檢定統計量：$z^* = \dfrac{\overline{x}_1 - \overline{x}_2}{\sqrt{\dfrac{s_1^2}{n_1} + \dfrac{s_2^2}{n_2}}} = \dfrac{106 - 68}{\sqrt{\dfrac{15^2}{50} + \dfrac{9^2}{65}}} = 15.802$

$\because z^* = 15.802 > z_{0.01} = 2.326 \Rightarrow$ 拒絕 H_0

故單身的人平均較已婚的人有較多的旅遊。

10.5.2 t 檢定

當符合母體呈常態分配，變異數 σ_1^2, σ_2^2 未知，且為小樣本 $(n_1 < 30, n_2 < 30)$ 時，採用 t 檢定。根據母體變異數已知相等或不相等又可分為兩種，這兩種最主要差異在於自由度的訂定，以及使用各自的樣本變異數或使用共同樣本變異數。

1. 母體變異數未知但假設相等

此類檢定通常用於兩母體群差異相等時，例如：檢定台北市兩所學校資優班學生成績是否有差異。由於資優班的學生程度大致相同，因此在檢定前可以事先假設母體變異數相等，或者利用 F 檢定檢定母體變異數是否相等（後面會介紹）。因假設母體變異數相等，故我們在檢定時需利用共同樣本變異數 s_p^2 來取代原有的樣本變異數 s_1^2, s_2^2。共同樣本變異數定義為：

$$s_p^2 = \frac{(n_1 - 1)s_1^2 + (n_2 - 1)s_2^2}{n_1 + n_2 - 2}$$

(1) 右尾檢定：$\begin{cases} H_0 : \mu_1 - \mu_2 \leq 0 \\ H_1 : \mu_1 - \mu_2 > 0 \end{cases}$

    A. 臨界值法

        臨界值：$C = t_{\alpha, n_1 + n_2 - 2} \sqrt{\dfrac{s_p^2}{n_1} + \dfrac{s_p^2}{n_2}}$

        決策法則：若 $\overline{x}_1 - \overline{x}_2 > C \Rightarrow$ 拒絕 H_0

B. 標準檢定法

檢定統計量：$t^* = \dfrac{\overline{x}_1 - \overline{x}_2}{\sqrt{\dfrac{s_p^2}{n_1} + \dfrac{s_p^2}{n_2}}}$

決策法則：若 $t^* > t_{\alpha, n_1+n_2-2}$ ⇒ 拒絕 H_0

C. P 值法

P-value $= P(t_{n_1+n_2-2} > t^*)$

若 P-value $< \alpha$ ⇒ 拒絕 H_0

D. 信賴區間法

信賴區間：$(\mu_1 - \mu_2) \geq (\overline{x}_1 - \overline{x}_2) - t_{\alpha, n_1+n_2-2}\sqrt{\dfrac{s_p^2}{n_1} + \dfrac{s_p^2}{n_2}}$

決策法則：若 0 落在信賴區間外 ⇒ 拒絕 H_0

(2) 左尾檢定：$\begin{cases} H_0 : \mu_1 - \mu_2 \geq 0 \\ H_1 : \mu_1 - \mu_2 < 0 \end{cases}$

A. 臨界值法

臨界值：$C = -t_{\alpha, n_1+n_2-2}\sqrt{\dfrac{s_p^2}{n_1} + \dfrac{s_p^2}{n_2}}$

決策法則：若 $\overline{x}_1 - \overline{x}_2 < C$ ⇒ 拒絕 H_0

B. 標準檢定法

檢定統計量：$t^* = \dfrac{\overline{x}_1 - \overline{x}_2}{\sqrt{\dfrac{s_p^2}{n_1} + \dfrac{s_p^2}{n_2}}}$

決策法則：若 $t^* < -t_{\alpha, n_1+n_2-2}$ ⇒ 拒絕 H_0

C. P 值法

P-value $= P(t_{n_1+n_2-2} < t^*)$

決策法則：若 P-value $< \alpha$ ⇒ 拒絕 H_0

D. 信賴區間法

信賴區間：$\mu_1 - \mu_2 \leq (\overline{x}_1 - \overline{x}_2) + t_{\alpha, n_1+n_2-2}\sqrt{\dfrac{s_p^2}{n_1} + \dfrac{s_p^2}{n_2}}$

決策法則：若 0 落在信賴區間外 ⇒ 拒絕 H_0

(3) 雙尾檢定：$\begin{cases} H_0 : \mu_1 - \mu_2 = 0 \\ H_1 : \mu_1 - \mu_2 \neq 0 \end{cases}$

A. 臨界值法

臨界值：$C_U = t_{\frac{\alpha}{2}, n_1+n_2-2} \sqrt{\dfrac{s_p^2}{n_1} + \dfrac{s_p^2}{n_2}}, C_L = -t_{\frac{\alpha}{2}, n_1+n_2-2} \sqrt{\dfrac{s_p^2}{n_1} + \dfrac{s_p^2}{n_2}}$

決策法則：若 $\bar{x}_1 - \bar{x}_2 > C_U$ 或 $\bar{x}_1 - \bar{x}_2 < C_L \Rightarrow$ 拒絕 H_0

B. 標準檢定法

檢定統計量：$t^* = \dfrac{\bar{x}_1 - \bar{x}_2}{\sqrt{\dfrac{s_p^2}{n_1} + \dfrac{s_p^2}{n_2}}}$

決策法則：若 $\left| t^* \right| > t_{\frac{\alpha}{2}, n_1+n_2-2} \Rightarrow$ 拒絕 H_0

C. P 值法

$P\text{-value} = 2P(t_{n_1+n_2-2} > \left| t^* \right|)$

決策法則：若 $P\text{-value} < \alpha \Rightarrow$ 拒絕 H_0

D. 信賴區間法

信賴區間：$\mu_1 - \mu_2 = (\bar{x}_1 - \bar{x}_2) \pm t_{\frac{\alpha}{2}, n_1+n_2-2} \sqrt{\dfrac{s_p^2}{n_1} + \dfrac{s_p^2}{n_2}}$

決策法則：若 0 落在信賴區間外 $\Rightarrow$ 拒絕 H_0

整理

種類	臨界值法	信賴區間法	標準檢定法	P 值法
雙尾	$C_U = t_{\frac{\alpha}{2}, n_1+n_2-2} \sqrt{\dfrac{s_p^2}{n_1} + \dfrac{s_p^2}{n_2}}$ $C_L = -t_{\frac{\alpha}{2}, n_1+n_2-2} \sqrt{\dfrac{s_p^2}{n_1} + \dfrac{s_p^2}{n_2}}$ 若 $\bar{x}_1 - \bar{x}_2 > C_U$ 或 $\bar{x}_1 - \bar{x}_2 < C_L \Rightarrow$ 拒絕 H_0	$\mu_1 - \mu_2 = (\bar{x}_1 - \bar{x}_2) \pm t_{\frac{\alpha}{2}, n_1+n_2-2} \sqrt{\dfrac{s_p^2}{n_1} + \dfrac{s_p^2}{n_2}}$ 若 0 落在信賴區間外 $\Rightarrow$ 拒絕 H_0	$t^* = \dfrac{\bar{x}_1 - \bar{x}_2}{\sqrt{\dfrac{s_p^2}{n_1} + \dfrac{s_p^2}{n_2}}}$ 若 $\left| t^* \right| > t_{\frac{\alpha}{2}, n_1+n_2-2} \Rightarrow$ 拒絕 H_0	若 $P\text{-value} = 2P(t_{n_1+n_2-2} > \left| t^* \right|) < \alpha$ $\Rightarrow$ 拒絕 H_0
右尾	$C = t_{\alpha, n_1+n_2-2} \sqrt{\dfrac{s_p^2}{n_1} + \dfrac{s_p^2}{n_2}}$ 若 $\bar{x}_1 - \bar{x}_2 > C$ $\Rightarrow$ 拒絕 H_0	$\mu_1 - \mu_2 \geq (\bar{x}_1 - \bar{x}_2) - t_{\alpha, n_1+n_2-2} \sqrt{\dfrac{s_p^2}{n_1} + \dfrac{s_p^2}{n_2}}$ 若 0 落在信賴區間外 $\Rightarrow$ 拒絕 H_0	$t^* = \dfrac{\bar{x}_1 - \bar{x}_2}{\sqrt{\dfrac{s_p^2}{n_1} + \dfrac{s_p^2}{n_2}}}$ 若 $t^* > t_{\alpha, n_1+n_2-2} \Rightarrow$ 拒絕 H_0	若 $P\text{-value} = P(t_{n_1+n_2-2} > t^*) < \alpha$ $\Rightarrow$ 拒絕 H_0
左尾	$C = -t_{\alpha, n_1+n_2-2} \sqrt{\dfrac{s_p^2}{n_1} + \dfrac{s_p^2}{n_2}}$ 若 $\bar{x}_1 - \bar{x}_2 < C$ $\Rightarrow$ 拒絕 H_0	$\mu_1 - \mu_2 \leq (\bar{x}_1 - \bar{x}_2) + t_{\alpha, n_1+n_2-2} \sqrt{\dfrac{s_p^2}{n_1} + \dfrac{s_p^2}{n_2}}$ 若 0 落在信賴區間外 $\Rightarrow$ 拒絕 H_0	$t^* = \dfrac{\bar{x}_1 - \bar{x}_2}{\sqrt{\dfrac{s_p^2}{n_1} + \dfrac{s_p^2}{n_2}}}$ 若 $t^* < -t_{\alpha, n_1+n_2-2} \Rightarrow$ 拒絕 H_0	若 $P\text{-value} = P(t_{n_1+n_2-2} < t^*) < \alpha$ $\Rightarrow$ 拒絕 H_0

10-18

從兩獨立之常態分配 $N(\mu_1, \sigma^2)$，$N(\mu_2, \sigma^2)$ 中取樣如下：

樣本數	$n_1 = 20$	$n_2 = 12$
樣本平均值	$\bar{x}_1 = 24.5$	$\bar{x}_2 = 28.7$
樣本標準差	$s_1 = 8$	$s_2 = 7$

是否有足夠資料顯示 $\mu_1 < \mu_2 (\alpha = 0.05)$？請分別以臨界值法、標準檢定法、$P$ 值法與信賴區間法分別進行檢定。

 母體常態、小樣本、母體變異數未知但相等 ⇒ 採用 t 檢定

根據題意設立兩個假設：$\begin{cases} H_0 : \mu_1 - \mu_2 \geq 0 \\ H_1 : \mu_1 - \mu_2 < 0 \end{cases}$

因為已知母體變異數相等，故以共同樣本變異數取代原樣本變異數

$$s_p^2 = \frac{(n_1 - 1)s_1^2 + (n_2 - 1)s_2^2}{n_1 + n_2 - 2} = \frac{19 \times 8^2 + 11 \times 7^2}{30} = 58.5$$

(1) 臨界值法

$$C = -t_{\alpha, n_1 + n_2 - 2}\sqrt{\frac{s_p^2}{n_1} + \frac{s_p^2}{n_2}} = -1.687\sqrt{\frac{58.5}{20} + \frac{58.5}{12}} = -4.712$$

$\bar{x}_1 - \bar{x}_2 = 24.5 - 28.7 = -4.2 > C = -4.712$ ⇒ 不拒絕 H_0，故沒有足夠證據顯示 $\mu_1 < \mu_2$。

(2) 標準檢定法

檢定統計量：$t^* = \dfrac{\bar{x}_1 - \bar{x}_2}{\sqrt{\dfrac{s_p^2}{n_1} + \dfrac{s_p^2}{n_2}}} = \dfrac{24.5 - 28.7}{\sqrt{\dfrac{58.5}{20} + \dfrac{58.5}{12}}} = -1.5$

$\because t^* = -1.5 > -t_{0.05, 30} = -1.6973$ ⇒ 不拒絕 H_0

(3) P 值法

$\because P(t_{30} < -1.6973) = 0.05$

$\therefore P\text{-value} = P(t_{n_1 + n_2 - 2} < t^*) = P(t_{30} < -1.5) > 0.05$ ⇒ 不拒絕 H_0

(4) 信賴區間法

信賴區間：$\mu_1 - \mu_2 \leq (\bar{x}_1 - \bar{x}_2) + t_{\alpha, n_1 + n_2 - 2}\sqrt{\dfrac{s_p^2}{n_1} + \dfrac{s_p^2}{n_2}}$

$\Rightarrow \mu_1 - \mu_2 \leq (24.5 - 28.7) + 1.6973\sqrt{\dfrac{58.5}{20} + \dfrac{58.5}{12}} \Rightarrow \mu_1 - \mu_2 \leq 0.540$

$\because 0$ 落在信賴區間內 ⇒ 不拒絕 H_0

 10-19

兩獨立樣本其樣本平均數，樣本變異數及樣本大小如下所示：

$\overline{x}_1 = 30$　　　$s_1^2 = 8$　　　$n_1 = 21$

$\overline{x}_2 = 35$　　　$s_2^2 = 10$　　　$n_2 = 20$

假設已知兩母體為常態分配且母體變異數相等，試以顯著水準 0.05 的條件下，檢定兩母體平均數是否相等？

 母體常態、小樣本且母體變異數未知 ⇒ 採用 t 檢定

因為母體變異數相等 $\therefore s_p^2 = \dfrac{(21-1)\times 8 + (20-1)\times 10}{21+20-2} = 8.974$

根據題意設立兩個假設：$\begin{cases} H_0 : \mu_1 - \mu_2 = 0 \\ H_1 : \mu_1 - \mu_2 \neq 0 \end{cases}$

$t^* = \dfrac{\overline{x}_1 - \overline{x}_2}{\sqrt{\dfrac{s_p^2}{n_1} + \dfrac{s_p^2}{n_2}}} = \dfrac{30-35}{\sqrt{\dfrac{8.974}{21} + \dfrac{8.974}{20}}} = -5.342$

$\because \left| t^* \right| = 5.342 > t_{0.025,39} = 2.0277 \Rightarrow$ 拒絕 H_0

2. 母體變異數未知且不相等

　　當母體變異數不相等時，此時自由度需用下列公式計算：

自由度：$\varphi = \dfrac{(\dfrac{s_1^2}{n_1} + \dfrac{s_2^2}{n_2})^2}{\dfrac{(\dfrac{s_1^2}{n_1})^2}{n_1 - 1} + \dfrac{(\dfrac{s_2^2}{n_2})^2}{n_2 - 1}}$ ，採無條件捨去法取至整數位。

(1) 右尾檢定：$\begin{cases} H_0 : \mu_1 - \mu_2 \leq 0 \\ H_1 : \mu_1 - \mu_2 > 0 \end{cases}$

　　A. 臨界值法

　　　臨界值：$C = t_{\alpha,\varphi} \sqrt{\dfrac{s_1^2}{n_1} + \dfrac{s_2^2}{n_2}}$

　　　決策法則：若 $\overline{x}_1 - \overline{x}_2 > C \Rightarrow$ 拒絕 H_0

　　B. 標準檢定法

　　　檢定統計量：$t^* = \dfrac{\overline{x}_1 - \overline{x}_2}{\sqrt{\dfrac{s_1^2}{n_1} + \dfrac{s_2^2}{n_2}}}$

　　　決策法則：若 $t^* > t_{\alpha,\varphi} \Rightarrow$ 拒絕 H_0

C. P 值法

$P\text{-value}= P(t_\varphi > t^*)$

決策法則：若 $P\text{-value}<\alpha \Rightarrow$ 拒絕 H_0

D. 信賴區間法

信賴區間：$(\mu_1 - \mu_2) \geq (\overline{x}_1 - \overline{x}_2) - t_{\frac{\alpha}{2},\varphi}\sqrt{\dfrac{s_1^2}{n_1}+\dfrac{s_2^2}{n_2}}$

決策法則：若 0 落在信賴區間外 $\Rightarrow$ 拒絕 H_0

(2) 左尾檢定：$\begin{cases} H_0 : \mu_1 - \mu_2 \geq 0 \\ H_1 : \mu_1 - \mu_2 < 0 \end{cases}$

A. 臨界值法

臨界值：$C = -t_{\alpha,\varphi}\sqrt{\dfrac{s_1^2}{n_1}+\dfrac{s_2^2}{n_2}}$

決策法則：若 $\overline{x}_1 - \overline{x}_2 < C \Rightarrow$ 拒絕 H_0

B. 標準檢定法

檢定統計量：$t^* = \dfrac{\overline{x}_1 - \overline{x}_2}{\sqrt{\dfrac{s_1^2}{n_1}+\dfrac{s_2^2}{n_2}}}$

決策法則：若 $t^* < -t_{\alpha,\varphi} \Rightarrow$ 拒絕 H_0

C. P 值法

$P\text{-value}= P(t_\varphi < t^*)$

決策法則：若 $P\text{-value}<\alpha \Rightarrow$ 拒絕 H_0

D. 信賴區間法

信賴區間：$\mu_1 - \mu_2 \leq (\overline{x}_1 - \overline{x}_2) + t_{\frac{\alpha}{2},\varphi}\sqrt{\dfrac{s_1^2}{n_1}+\dfrac{s_2^2}{n_2}}$

決策法則：若 0 落在信賴區間外 $\Rightarrow$ 拒絕 H_0

(3) 雙尾檢定 $\begin{cases} H_0 : \mu_1 - \mu_2 = 0 \\ H_1 : \mu_1 - \mu_2 \neq 0 \end{cases}$

A. 臨界值法

臨界值：$C_U = t_{\frac{\alpha}{2},\varphi}\sqrt{\dfrac{s_1^2}{n_1}+\dfrac{s_2^2}{n_2}}, C_L = -t_{\frac{\alpha}{2},\varphi}\sqrt{\dfrac{s_1^2}{n_1}+\dfrac{s_2^2}{n_2}}$

決策法則：若 $\overline{x}_1 - \overline{x}_2 > C_U$ 或 $\overline{x}_1 - \overline{x}_2 < C_L \Rightarrow$ 拒絕 H_0

B. 標準檢定法

檢定統計量：$t^* = \dfrac{\overline{x}_1 - \overline{x}_2}{\sqrt{\dfrac{s_1^2}{n_1} + \dfrac{s_2^2}{n_2}}}$

決策法則：若 $\left| t^* \right| > t_{\frac{\alpha}{2}, \varphi}$ ⇒ 拒絕 H_0

C. P 值法

$P\text{-value} = 2P(t_\varphi > \left| t^* \right|)$

決策法則：若 $P\text{-value} < \alpha$ ⇒ 拒絕 H_0

D. 信賴區間法

信賴區間：$(\overline{x}_1 - \overline{x}_2) - t_{\frac{\alpha}{2}, \varphi}\sqrt{\dfrac{s_1^2}{n_1} + \dfrac{s_2^2}{n_2}} \le \mu_1 - \mu_2 \le (\overline{x}_1 - \overline{x}_2) + t_{\frac{\alpha}{2}, \varphi}\sqrt{\dfrac{s_1^2}{n_1} + \dfrac{s_2^2}{n_2}}$

決策法則：若 0 落在信賴區間外 ⇒ 拒絕 H_0

整理

種類	臨界值法	信賴區間法	標準檢定法	P 值法
雙尾	$C_U = t_{\frac{\alpha}{2}, \varphi}\sqrt{\dfrac{s_1^2}{n_1} + \dfrac{s_2^2}{n_2}}$ $C_L = -t_{\frac{\alpha}{2}, \varphi}\sqrt{\dfrac{s_1^2}{n_1} + \dfrac{s_2^2}{n_2}}$ 若 $\overline{x}_1 - \overline{x}_2 > C_U$ 或 $\overline{x}_1 - \overline{x}_2 < C_L$ ⇒ 拒絕 H_0	$\mu_1 - \mu_2 = (\overline{x}_1 - \overline{x}_2) \pm t_{\frac{\alpha}{2}, \varphi}\sqrt{\dfrac{s_1^2}{n_1} + \dfrac{s_2^2}{n_2}}$ 若 0 落在信賴區間外 ⇒ 拒絕 H_0	$t^* = \dfrac{\overline{x}_1 - \overline{x}_2}{\sqrt{\dfrac{s_1^2}{n_1} + \dfrac{s_2^2}{n_2}}}$ 若 $\left| t^* \right| > t_{\frac{\alpha}{2}, \varphi}$ ⇒ 拒絕 H_0	若 $P\text{-value} =$ $2P(t_\varphi > \left| t^* \right|) < \alpha$ ⇒ 拒絕 H_0
右尾	$C = t_{\alpha, \varphi}\sqrt{\dfrac{s_1^2}{n_1} + \dfrac{s_2^2}{n_2}}$ 若 $\overline{x}_1 - \overline{x}_2 > C$ ⇒ 拒絕 H_0	$(\mu_1 - \mu_2) \ge (\overline{x}_1 - \overline{x}_2) - t_{\alpha, \varphi}\sqrt{\dfrac{s_1^2}{n_1} + \dfrac{s_2^2}{n_2}}$ 若 0 落在信賴區間外 ⇒ 拒絕 H_0	$t^* = \dfrac{\overline{x}_1 - \overline{x}_2}{\sqrt{\dfrac{s_1^2}{n_1} + \dfrac{s_2^2}{n_2}}}$ 若 $t^* > t_{\alpha, \varphi}$ ⇒ 拒絕 H_0	若 $P\text{-value} =$ $P(t_\varphi > t^*) < \alpha$ ⇒ 拒絕 H_0
左尾	$C = -t_{\alpha, \varphi}\sqrt{\dfrac{s_1^2}{n_1} + \dfrac{s_2^2}{n_2}}$ 若 $\overline{x}_1 - \overline{x}_2 < C$ ⇒ 拒絕 H_0	$\mu_1 - \mu_2 \le (\overline{x}_1 - \overline{x}_2) + t_{\alpha, \varphi}\sqrt{\dfrac{s_1^2}{n_1} + \dfrac{s_2^2}{n_2}}$ 若 0 落在信賴區間外 ⇒ 拒絕 H_0	$t^* = \dfrac{\overline{x}_1 - \overline{x}_2}{\sqrt{\dfrac{s_1^2}{n_1} + \dfrac{s_2^2}{n_2}}}$ 若 $t^* < -t_{\alpha, \varphi}$ ⇒ 拒絕 H_0	若 $P\text{-value} =$ $P(t_\varphi < t^*) < \alpha$ ⇒ 拒絕 H_0

10-20

已知兩母體服從常態分配 $X_1 \sim N(\mu_1, \sigma_1^2)$, $X_2 \sim (\mu_2, \sigma_2^2)$ ，現從兩母體隨機抽取兩組獨立樣本，其資料如下表所示：

樣本 1	樣本 2
$n_1 = 20$	$n_2 = 15$
$\bar{x}_1 = 123$	$\bar{x}_2 = 116$
$s_1^2 = 31.3$	$s_2^2 = 120.1$

試以顯著水準 $\alpha = 0.05$ 檢定兩母體平均數是否相等？試分別以臨界值法、標準檢定法、P 值法與信賴區間法檢定之。

 母體常態、小樣本、母體變異數未知 ⇒ 採用 t 檢定

根據題意設立兩個假設：$\begin{cases} H_0 : \mu_1 - \mu_2 = 0 \\ H_1 : \mu_1 - \mu_2 \neq 0 \end{cases}$

又母體變異數不相等，故自由度為：

$$\varphi = \frac{(\frac{s_1^2}{n_1} + \frac{s_2^2}{n_2})^2}{\frac{(\frac{s_1^2}{n_1})^2}{n_1 - 1} + \frac{(\frac{s_2^2}{n_2})^2}{n_2 - 1}} = \frac{(\frac{31.3}{20} + \frac{120.1}{15})^2}{\frac{(\frac{31.3}{20})^2}{19} + \frac{(\frac{120.1}{15})^2}{14}} = 19.5 \approx 19$$

(1) 臨界值法

∵ $\bar{x}_1 - \bar{x}_2 = 123 - 116 = 7$ ，故僅需求臨界值上限即可

$$C_U = t_{\frac{\alpha}{2}, v} \sqrt{\frac{s_1^2}{n_1} + \frac{s_2^2}{n_2}} = 2.093 \sqrt{\frac{31.3}{20} + \frac{120.1}{15}} = 6.475$$

∵ $\bar{x}_1 - \bar{x}_2 = 7 > C_U = 6.475$ ⇒ 拒絕 H_0，故兩母體平均數有顯著的差異

(2) 標準檢定法

檢定統計量：$t^* = \dfrac{\bar{x}_1 - \bar{x}_2}{\sqrt{\dfrac{s_1^2}{n_1} + \dfrac{s_2^2}{n_2}}} = \dfrac{123 - 116}{\sqrt{\dfrac{31.3}{20} + \dfrac{120.1}{15}}} = 2.26$

$|t^*| = 2.26 > t_{0.025, 19} = 2.093$ ⇒ 拒絕 H_0

(3) P 值法

$\because 2P(t_{19} > 2.093) = 0.05$

$\therefore P\text{-value} = 2P(t_{19} > 2.26) < 0.05 \Rightarrow$ 拒絕 H_0

(4) 信賴區間法

信賴區間：$(\overline{x}_1 - \overline{x}_2) - t_{\frac{\alpha}{2}, \varphi}\sqrt{\dfrac{s_1^2}{n_1} + \dfrac{s_2^2}{n_2}} \le \mu_1 - \mu_2 \le (\overline{x}_1 - \overline{x}_2) + t_{\frac{\alpha}{2}, \varphi}\sqrt{\dfrac{s_1^2}{n_1} + \dfrac{s_2^2}{n_2}}$

$\mu_1 - \mu_2 = (123 - 116) \pm 2.093\sqrt{\dfrac{31.3}{20} + \dfrac{120.1}{15}} \Rightarrow 0.525 \le \mu_1 - \mu_2 \le 13.475$

$\because 0$ 沒有在信賴區間內 $\Rightarrow$ 拒絕 H_0

⊙ 10.6　兩母體平均數差的假設檢定－成對樣本

標準檢定法總整理

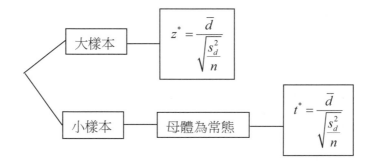

所謂成對樣本通常指兩個觀測值有共同、前後、左右甚至配對關係，如減肥前減肥後、兩種不同品牌的鞋子分別穿在左右腳，或來自同一個家庭的兄妹，諸如此類都屬於成對樣本或稱為相依樣本。假設 x_{1i} 為來自第一個母體的觀察值，x_{2i} 為來自第二個母體的觀察值，下列為檢定所需之相關符號定義：

$d_i = x_{1i} - x_{2i}$：觀測值差。

$\mu_d = \mu_1 - \mu_2$：成對母體平均數的差。

$\overline{d} = \dfrac{1}{n}\sum_{i=1}^{n} d_i$：成對樣本差的平均數。

$s_d^2 = \dfrac{1}{n-1}\sum_{i=1}^{n}(d_i - \overline{d})^2 = \dfrac{1}{n-1}\sum_{i=1}^{n} d_i^2 - \dfrac{n}{n-1}\overline{d}^2$：成對樣本差的變異數。

℀**10.6.1** z 檢定

若符合大樣本的條件則使用 z 檢定，由於絕大部分不曉得成對母體差的變異數 σ_d^2，因此以成對樣本差的變異數 s_d^2 取代即可。

1. 右尾檢定：$\begin{cases} H_0 : \mu_d \leq 0 \\ H_1 : \mu_d > 0 \end{cases}$

   (1) 臨界值法

   臨界值：$C = z_\alpha \sqrt{\dfrac{s_d^2}{n}}$

   決策法則：若 $\bar{d} > C$ ⇒ 拒絕 H_0

   (2) 標準檢定法

   檢定統計量：$z^* = \dfrac{\bar{d}}{\sqrt{\dfrac{s_d^2}{n}}}$

   決策法則：若 $z^* > z_\alpha$ ⇒ 拒絕 H_0

   (3) P 值法

   $P\text{-value} = P(z > z^*)$

   決策法則：若 $P\text{ value} < \alpha$ ⇒ 拒絕 H_0

   (4) 信賴區間法

   信賴區間：$\mu_d \geq \bar{d} - z_\alpha \sqrt{\dfrac{s_d^2}{n}}$

   決策法則：若 0 落在信賴區間外 ⇒ 拒絕 H_0

2. 左尾檢定：$\begin{cases} H_0 : \mu_d \geq 0 \\ H_1 : \mu_d < 0 \end{cases}$

   (1) 臨界值法

   臨界值：$C = -z_\alpha \sqrt{\dfrac{s_d^2}{n}}$

   決策法則：若 $\bar{d} < C$ ⇒ 拒絕 H_0

(2) 標準檢定法

檢定統計量：$z^* = \dfrac{\overline{d}}{\sqrt{\dfrac{s_d^2}{n}}}$

決策法則：若 $z^* < -z_\alpha \Rightarrow$ 拒絕 H_0

(3) P 值法

$P\text{-value} = P(z < z^*)$

決策法則：若 $P\text{-value} < \alpha \Rightarrow$ 拒絕 H_0

(4) 信賴區間法

信賴區間：$\mu_d \le z_\alpha \sqrt{\dfrac{s_d^2}{n}}$

決策法則：若 0 落在信賴區間外 $\Rightarrow$ 拒絕 H_0

3. 雙尾檢定：$\begin{cases} H_0 : \mu_d = 0 \\ H_1 : \mu_d \ne 0 \end{cases}$

(1) 臨界值法

臨界值：$C_U = z_{\frac{\alpha}{2}} \sqrt{\dfrac{s_d^2}{n}}, C_L = -z_{\frac{\alpha}{2}} \sqrt{\dfrac{s_d^2}{n}}$

決策法則：若 $\overline{d} > C_U$ 或 $\overline{d} < C_L \Rightarrow$ 拒絕 H_0

(2) 標準檢定法

檢定統計量：$z^* = \dfrac{\overline{d}}{\sqrt{\dfrac{s_d^2}{n}}}$

決策法則：若 $\left| z^* \right| > z_{\frac{\alpha}{2}} \Rightarrow$ 拒絕 H_0

(3) P 值法

$P\text{-value} = 2P(z < \left| z^* \right|)$

決策法則：若 $P\text{-value} < \alpha \Rightarrow$ 拒絕 H_0

(4) 信賴區間法

信賴區間：$\overline{d} - z_{\frac{\alpha}{2}} \sqrt{\dfrac{s_d^2}{n}} \le \mu_d \le \overline{d} + z_{\frac{\alpha}{2}} \sqrt{\dfrac{s_d^2}{n}}$

決策法則：若 0 落在信賴區間外 $\Rightarrow$ 拒絕 H_0

整理

種類	臨界值法	信賴區間法	標準檢定法	P 值法
雙尾	$C_U = z_{\frac{\alpha}{2}}\sqrt{\dfrac{s_d^2}{n}}$ $C_L = -z_{\frac{\alpha}{2}}\sqrt{\dfrac{s_d^2}{n}}$ 若 $\bar{d} > C_U$ 或 $\bar{d} < C_L$ $\Rightarrow$ 拒絕 H_0	$\mu_d = \bar{d} \pm z_{\frac{\alpha}{2}}\sqrt{\dfrac{s_d^2}{n}}$ 若 0 落在信賴區間外 $\Rightarrow$ 拒絕 H_0	$z^* = \dfrac{\bar{d}}{\sqrt{\dfrac{s_d^2}{n}}}$ 若 $\left| z^* \right| > z_{\frac{\alpha}{2}}$ $\Rightarrow$ 拒絕 H_0	$P\text{-value}$ $= 2P(z < \left| z^* \right|) < \alpha$ $\Rightarrow$ 拒絕 H_0
右尾	$C = z_\alpha \sqrt{\dfrac{s_d^2}{n}}$ 若 $\bar{d} > C$ $\Rightarrow$ 拒絕 H_0	$\mu_d \geq \bar{d} - z_\alpha \sqrt{\dfrac{s_d^2}{n}}$ 若 0 落在信賴區間外 $\Rightarrow$ 拒絕 H_0	$z^* = \dfrac{\bar{d}}{\sqrt{\dfrac{s_d^2}{n}}}$ 若 $z^* > z_\alpha$ $\Rightarrow$ 拒絕 H_0	$P\text{-value}$ $= P(z > z^*) < \alpha$ $\Rightarrow$ 拒絕 H_0
左尾	$C = -\sqrt{\dfrac{s_d^2}{n}}$ 若 $\bar{d} < C$ $\Rightarrow$ 拒絕 H_0	$\mu_d \leq \bar{d} + z_\alpha \sqrt{\dfrac{s_d^2}{n}}$ 若 0 落在信賴區間外 $\Rightarrow$ 拒絕 H_0	$z^* = \dfrac{\bar{d}}{\sqrt{\dfrac{s_d^2}{n}}}$ 若 $z^* < -z_\alpha$ $\Rightarrow$ 拒絕 H_0	$P\text{-value}$ $= P(z < z^*) < \alpha$ $\Rightarrow$ 拒絕 H_0

 例 **10-21**

下列資料為取自兩母體的配對樣本：

樣本 1：25　26　28　24　26　28　22　21　20　24　22　25　26　27

樣本 2：26　24　28　26　21　24　26　22　20　21　23　24　21　26

樣本 1：29　28　29　27　26　28　24　26　22　21　23　25　25　27

樣本 2：21　26　25　24　25　23　28　27　22　24　28　25　21　20

樣本 1：28　26　29　28　24　25　28　27

樣本 2：26　25　24　25　26　29　21　20

試以此樣本檢定 $H_0 : \mu_d \leq 0, H_1 : \mu_d > 0$，請分別以臨界值法、標準檢定法、$P$ 值法與信賴區間法進行檢定 $(\alpha = 0.05)$。

 解　$\because n = 36$ 本題為大樣本抽樣 $\Rightarrow$ 採用 z 檢定

d_i：$-1, 2, 0, -2, 5, 4, -4, -1, 0, 3, -1, 1, 5, 1, 8, 2, 4, 3, 1, 5, -4, -1, 0, -3, -5, 0, 4, 7, 2, 1, 5, 3, -2, -4, 7, 7$，

其中 $d_i = x_{1i} - x_{2i}$

$\bar{d} = 1.444, s_d = 3.468$

(1) 臨界值法

$$C = z_\alpha \sqrt{\frac{s_d^2}{n}} = 1.645 \sqrt{\frac{3.468^2}{36}} = 0.95$$

$\because \overline{d} = 1.444 > 0.95 \Rightarrow$ 拒絕 H_0

(2) 標準檢定法

$$z^* = \frac{\overline{d}}{\sqrt{\frac{s_d^2}{n}}} = \frac{1.444}{\sqrt{\frac{3.468^2}{36}}} = 2.498$$

$\because z^* = 2.498 > z_{0.05} = 1.645 \Rightarrow$ 拒絕 H_0

(3) P 值法

P-value $= P(z < z^*) = P(z > 2.50) \approx 0.0062 < \alpha = 0.05 \Rightarrow$ 拒絕 H_0

(4) 信賴區間法

信賴區間：$\mu_d \geq \overline{d} - z_\alpha \sqrt{\frac{s_d^2}{n}} \Rightarrow \mu_d \geq 1.444 - 1.645 \sqrt{\frac{3.468^2}{36}} \Rightarrow \mu_d \geq 0.493$

0 不落在信賴區間內 $\Rightarrow$ 拒絕 H_0

10.6.2 t 檢定

若符合小樣本、母體常態且母體變異數未知，則使用 t 檢定。

1. 右尾檢定

(1) 臨界值法

臨界值：$C = t_{\alpha, n-1} \sqrt{\frac{s_d^2}{n}}$

決策法則：若 $\overline{d} > C \Rightarrow$ 拒絕 H_0

(2) 標準檢定法

檢定統計量：$t^* = \dfrac{\overline{d}}{\sqrt{\frac{s_d^2}{n}}}$

決策法則：若 $t^* > t_{\alpha, n-1} \Rightarrow$ 拒絕 H_0

(3) P 值法

P-value $= P(t_{n-1} > t^*)$

決策法則：若 P-value $< \alpha \Rightarrow$ 拒絕 H_0

(4) 信賴區間法

信賴區間：$\mu_d \geq \bar{d} - t_{\alpha,n-1}\sqrt{\dfrac{s_d^2}{n}}$

決策法則：若 0 落在信賴區間外 $\Rightarrow$ 拒絕 H_0

2. **左尾檢定**

(1) 臨界值法

臨界值：$C = -t_{\alpha,n-1}\sqrt{\dfrac{s_d^2}{n}}$

決策法則：若 $\bar{d} < C \Rightarrow$ 拒絕 H_0

(2) 標準檢定法

檢定統計量：$t^* = \dfrac{\bar{d}}{\sqrt{\dfrac{s_d^2}{n}}}$

決策法則：若 $t^* < -t_{\alpha,n-1} \Rightarrow$ 拒絕 H_0

(3) P 值法

$P\text{-value} = P(t_{n-1} < t^*) \Rightarrow$ 拒絕 H_0

決策法則：若 $P\text{-value} < \alpha \Rightarrow$ 拒絕 H_0

(4) 信賴區間法

信賴區間：$\mu_d \leq \bar{d} + t_{\alpha,n-1}\sqrt{\dfrac{s_d^2}{n}}$

決策法則：若 0 落在信賴區間外 $\Rightarrow$ 拒絕 H_0

3. **雙尾檢定**

(1) 臨界值法

臨界值：$C_U = t_{\frac{\alpha}{2},n-1}\sqrt{\dfrac{s_d^2}{n}}, C_L = -t_{\frac{\alpha}{2},n-1}\sqrt{\dfrac{s_d^2}{n}}$

決策法則：若 $\bar{d} > C_U$ 或 $\bar{d} < C_L \Rightarrow$ 拒絕 H_0

(2) 標準檢定法

檢定統計量：$t^* = \dfrac{\bar{d}}{\sqrt{\dfrac{s_d^2}{n}}}$

決策法則：若 $\left|t^*\right| > t_{\frac{\alpha}{2},n-1} \Rightarrow$ 拒絕 H_0

(3) P 值法

$P\text{-value} = 2P(t_{n-1} > |t^*|) \Rightarrow$ 拒絕 H_0

決策法則：若 $P\text{-value} < \alpha \Rightarrow$ 拒絕 H_0

(4) 信賴區間法

信賴區間：$\overline{d} - t_{\frac{\alpha}{2}, n-1} \sqrt{\dfrac{s_d^2}{n}} \leq \mu_d \leq \overline{d} + t_{\frac{\alpha}{2}, n-1} \sqrt{\dfrac{s_d^2}{n}}$

決策法則：若 0 落在信賴區間外 $\Rightarrow$ 拒絕 H_0

整理

種類	臨界值法	信賴區間法	標準檢定法	P 值法
雙尾	$C_U = t_{\frac{\alpha}{2}, n-1} \sqrt{\dfrac{s_d^2}{n}}$ $C_L = -t_{\frac{\alpha}{2}, n-1} \sqrt{\dfrac{s_d^2}{n}}$ 若 $\overline{d} > C_U$ 或 $\overline{d} < C_L$ $\Rightarrow$ 拒絕 H_0	$\mu_d = \overline{d} \pm t_{\frac{\alpha}{2}, n-1} \sqrt{\dfrac{s_d^2}{n}}$ 若 0 落在信賴區間外 $\Rightarrow$ 拒絕 H_0	$t^* = \dfrac{\overline{d}}{\sqrt{\dfrac{s_d^2}{n}}}$ 若 $|t^*| > t_{\frac{\alpha}{2}, n-1} \Rightarrow$ 拒絕 H_0	$P\text{-value}$ $= 2P(t_{n-1} < |t^*|) < \alpha$ $\Rightarrow$ 拒絕 H_0
右尾	$C = t_{\alpha, n-1} \sqrt{\dfrac{s_d^2}{n}}$ 若 $\overline{d} > C$ $\Rightarrow$ 拒絕 H_0	$\mu_d \geq \overline{d} - t_{\alpha, n-1} \sqrt{\dfrac{s_d^2}{n}}$ 若 0 落在信賴區間外 $\Rightarrow$ 拒絕 H_0	$t^* = \dfrac{\overline{d}}{\sqrt{\dfrac{s_d^2}{n}}}$ 若 $t^* > t_{\alpha, n-1} \Rightarrow$ 拒絕 H_0	$P\text{-value}$ $= P(t_{n-1} > t^*) < \alpha$ $\Rightarrow$ 拒絕 H_0
左尾	$C = -t_{\alpha, n-1} \sqrt{\dfrac{s_d^2}{n}}$ 若 $\overline{d} < C$ $\Rightarrow$ 拒絕 H_0	$\mu_d \leq \overline{d} + t_{\alpha, n-1} \sqrt{\dfrac{s_d^2}{n}}$ 若 0 落在信賴區間外 $\Rightarrow$ 拒絕 H_0	$t^* = \dfrac{\overline{d}}{\sqrt{\dfrac{s_d^2}{n}}}$ 若 $t^* < -t_{\alpha, n-1} \Rightarrow$ 拒絕 H_0	$P\text{-value}$ $= P(t_{n-1} < t^*) < \alpha$ $\Rightarrow$ 拒絕 H_0

例 10-22

某鞋廠欲測試兩種材料（A 與 B）的強度，測試方法為隨機選 8 名運動員，在其左右腳各穿上 A 及 B 的鞋一隻，測量值為損壞的時間（天），得出以下結果。

運動員	1	2	3	4	5	6	7	8
A 材料	126	117	115	118	118	128	125	120
B 材料	130	118	125	120	121	125	130	120

若損壞的時間為常態分配，檢定兩種材料是否有差異 $(\alpha = 0.05)$。請分別以臨界值法、標準檢定法、P 值法與信賴區間法進行檢定。

母體常態、變異數未知且小樣本 $\Rightarrow$ 採用 t 檢定

根據題意設立兩個假設：$\begin{cases} H_0 : \mu_d = 0 \\ H_1 : \mu_d \neq 0 \end{cases}$

x_{1i}	126	117	115	118	118	128	125	120
x_{2i}	130	118	125	120	121	125	130	120
d_i	−4	−1	−10	−2	−3	3	−5	0

$$\bar{d} = \frac{1}{8}\sum_{i=1}^{8} d_i = -2.75, s_d = \sqrt{\frac{1}{8-1}\sum_{i=1}^{8}(d_i - \bar{d})^2} = 3.845$$

(1) 臨界值法

∵ $\bar{d} < 0$，故僅需計算臨界值下限即可

$$C_L = -t_{\frac{\alpha}{2},n-1}\sqrt{\frac{s_d^2}{n}} = -2.3646\sqrt{\frac{3.845^2}{8}} = -3.214$$

∵ $\bar{d} = -2.75 > C_L = -3.214 \Rightarrow$ 不拒絕 H_0，故 A、B 兩種材料無明顯差異。

(2) 標準檢定法

檢定統計量：$t^* = \dfrac{\bar{d}}{\sqrt{\dfrac{s_d^2}{n}}} = \dfrac{-2.75}{\sqrt{\dfrac{3.845^2}{8}}} = -2.02$

∵ $|t^*| = 2.02 < t_{0.025,7} = 2.3646 \Rightarrow$ 不拒絕 H_0

(3) P 值法

P-value $= 2P(t_7 > 2.02) > 2P(t_7 > 2.3646) = 0.5$

∵ P-value $> 0.05 \Rightarrow$ 不拒絕 H_0

(4) 信賴區間法

$$\bar{d} - t_{\frac{\alpha}{2},n-1}\sqrt{\frac{s_d^2}{n}} \leq \mu_d \leq \bar{d} + t_{\frac{\alpha}{2},n-1}\sqrt{\frac{s_d^2}{n}}$$

$$\Rightarrow -2.75 - 2.3646\sqrt{\frac{3.845^2}{8}} \leq \mu_d \leq -2.75 + 2.3646\sqrt{\frac{3.845^2}{8}}$$

$$\Rightarrow -5.964 \leq \mu_d \leq 0.464$$

∵ 0 落在信賴區間內 $\Rightarrow$ 不拒絕 H_0

🎯 10.7 一個母體比例的假設檢定

標準檢定法總整理

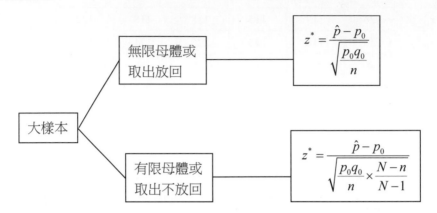

$$z^* = \frac{\hat{p} - p_0}{\sqrt{\dfrac{p_0 q_0}{n}}}$$

無限母體或取出放回

大樣本

有限母體或取出不放回

$$z^* = \frac{\hat{p} - p_0}{\sqrt{\dfrac{p_0 q_0}{n} \times \dfrac{N-n}{N-1}}}$$

若有某位候選人想要瞭解自己的民意支持度是否超過 80% 以上，或者某工廠生產的不良率是否低於 1%，此時我們可利用一個母體比例的假設檢定來檢定假設是否成立。由於樣本比例的抽樣分配是源自於點二項分配，小樣本的情形在計算上較為複雜，因此有關母體比例的抽樣分配，我們僅就大樣本（$np \geq 5$ 且 $nq \geq 5$）的情況介紹。

⚙10.7.1 三種假設檢定

1. 右尾檢定：$\begin{cases} H_0 : p \leq p_0 \\ H_1 : p > p_0 \end{cases}$

   (1) 臨界值法

   臨界值：$C = p_0 + z_\alpha \sqrt{\dfrac{p_0 q_0}{n}}, q_0 = 1 - p_0$

   決策法則：若 $\hat{p} > C \Rightarrow$ 拒絕 H_0，$\hat{p}$ 為樣本比例

   (2) 標準檢定法

   檢定統計量：$z^* = \dfrac{\hat{p} - p_0}{\sqrt{\dfrac{p_0 q_0}{n}}}$

   決策法則：若 $z^* > z_\alpha \Rightarrow$ 拒絕 H_0

   (3) P 值法

   P-value $= P(z > z^*)$

   決策法則：若 P-value $< \alpha \Rightarrow$ 拒絕 H_0

(4) 信賴區間法

信賴區間：$p \geq \hat{p} - z_\alpha \sqrt{\dfrac{\hat{p}\hat{q}}{n}}$

決策法則：若 p_0 落在信賴區間外 $\Rightarrow$ 拒絕 H_0

2. 左尾檢定：$\begin{cases} H_0 : p \geq p_0 \\ H_1 : p < p_0 \end{cases}$

(1) 臨界值法

臨界值：$C = p_0 - z_\alpha \sqrt{\dfrac{p_0 q_0}{n}}$

決策法則：若 $\hat{p} < C \Rightarrow$ 拒絕 H_0

(2) 標準檢定法

檢定統計量：$z^* = \dfrac{\hat{p} - p_0}{\sqrt{\dfrac{p_0 q_0}{n}}}$

決策法則：若 $z^* < -z_\alpha \Rightarrow$ 拒絕 H_0

(3) P 值法

$P\text{-value} = P(z < z^*) \Rightarrow$ 拒絕 H_0

決策法則：若 $P\text{-value} < \alpha \Rightarrow$ 拒絕 H_0

(4) 信賴區間法

信賴區間：$p \leq \hat{p} + z_\alpha \sqrt{\dfrac{\hat{p}\hat{q}}{n}}$

決策法則：若 p_0 落在信賴區間外 $\Rightarrow$ 拒絕 H_0

3. 雙尾檢定：$\begin{cases} H_0 : p = p_0 \\ H_1 : p \neq p_0 \end{cases}$

(1) 臨界值法

臨界值 $C_U = p_0 + z_{\frac{\alpha}{2}} \sqrt{\dfrac{p_0 q_0}{n}}$, $C_L = p_0 - z_{\frac{\alpha}{2}} \sqrt{\dfrac{p_0 q_0}{n}}$

決策法則：若 $\hat{p} > C_U$ 或 $\hat{p} < C_L \Rightarrow$ 拒絕 H_0

(2) 標準檢定法

檢定統計量：$z^* = \dfrac{\hat{p} - p_0}{\sqrt{\dfrac{p_0 q_0}{n}}}$

決策法則：若 $\left|z^*\right| > z_{\frac{\alpha}{2}} \Rightarrow$ 拒絕 H_0

(3) P 值法

$P\text{-value} = 2P\left(z > \left|z^*\right|\right) < \alpha \Rightarrow$ 拒絕 H_0

決策法則：若 $P\text{-value} < \alpha \Rightarrow$ 拒絕 H_0

(4) 信賴區間法

信賴區間：$\hat{p} - z_{\frac{\alpha}{2}}\sqrt{\dfrac{\hat{p}\hat{q}}{n}} \le p \le \hat{p} + z_{\frac{\alpha}{2}}\sqrt{\dfrac{\hat{p}\hat{q}}{n}}$

決策法則：若 p_0 落在信賴區間外 $\Rightarrow$ 拒絕 H_0

注意：上述有關左尾、右尾或雙尾的各種檢定法，當採「取出不放回」的方式抽樣且為有限母體時，變異數的部份必須加上有限母體修正項 $\dfrac{N-n}{N-1}$。

整理

種類	臨界值法	信賴區間法	標準檢定法	P 值法
雙尾	$C_U = p_0 + z_{\frac{\alpha}{2}}\sqrt{\dfrac{p_0 q_0}{n}}$ $C_L = p_0 - z_{\frac{\alpha}{2}}\sqrt{\dfrac{p_0 q_0}{n}}$ 若 $\hat{p} > C_U$ 或 $\hat{p} > C_L$ $\Rightarrow$ 拒絕 H_0	$p = \hat{p} \pm z_{\frac{\alpha}{2}}\sqrt{\dfrac{\hat{p}\hat{q}}{n}}$ 若 p_0 落在信賴區間外 $\Rightarrow$ 拒絕 H_0	$z^* = \dfrac{\hat{p} - p_0}{\sqrt{\dfrac{p_0 q_0}{n}}}$ 若 $\left|z^*\right| > z_{\frac{\alpha}{2}}$ $\Rightarrow$ 拒絕 H_0	$P\text{-value} =$ $2P\left(z > \left|z^*\right|\right) < \alpha$ $\Rightarrow$ 拒絕 H_0
右尾	$C = p_0 + z_{\alpha}\sqrt{\dfrac{p_0 q_0}{n}}$ 若 $\hat{p} > C$ $\Rightarrow$ 拒絕 H_0	$p \ge \hat{p} - z_{\alpha}\sqrt{\dfrac{\hat{p}\hat{q}}{n}}$ 若 p_0 落在信賴區間外 $\Rightarrow$ 拒絕 H_0	$z^* = \dfrac{\hat{p} - p_0}{\sqrt{\dfrac{p_0 q_0}{n}}}$ 若 $z^* > z_{\alpha}$ $\Rightarrow$ 拒絕 H_0	$P\text{-value} =$ $P\left(z > z^*\right) < \alpha$ $\Rightarrow$ 拒絕 H_0
左尾	$C = p_0 - z_{\alpha}\sqrt{\dfrac{p_0 q_0}{n}}$ 若 $\hat{p} < C$ $\Rightarrow$ 拒絕 H_0	$p \le \hat{p} + z_{\alpha}\sqrt{\dfrac{\hat{p}\hat{q}}{n}}$ 若 p_0 落在信賴區間外 $\Rightarrow$ 拒絕 H_0	$z^* = \dfrac{\hat{p} - p_0}{\sqrt{\dfrac{p_0 q_0}{n}}}$ 若 $z^* < -z_{\alpha}$ $\Rightarrow$ 拒絕 H_0	$P\text{-value} =$ $P\left(z < z^*\right) < \alpha$ $\Rightarrow$ 拒絕 H_0

 例 10-23

　　某電信公司宣稱有 65% 的大學生擁有行動電話。有位研究人員欲證實電信公司的宣稱是否屬實，他隨機抽取 80 位大學生，發現有 57 個人擁有行動電話，請問在顯著水準 $\alpha = 0.05$ 的條件下，電信公司的宣稱是否正確？請你分別用四種方法進行檢定。

根據題意設立兩個假設：$\begin{cases} H_0 : p = 0.65 \\ H_1 : p \neq 0.65 \end{cases}$

(1) 臨界值法

樣本比例：$\hat{p} = \dfrac{57}{80} = 0.7125$，比 0.65 大，故僅需求臨界值上限即可

$$C_U = p_0 + z_{\frac{\alpha}{2}} \sqrt{\frac{p_0 q_0}{n}} = 0.65 + 1.96 \sqrt{\frac{0.65 \times 0.35}{80}} = 0.7545$$

$\because \hat{p} = 0.7125 < C_U = 0.7545 \Rightarrow$ 不拒絕虛無假設，故該電信公司的宣稱正確。

(2) 標準檢定法

檢定統計量：$z^* = \dfrac{\dfrac{57}{80} - 0.65}{\sqrt{\dfrac{0.65 \times 0.35}{80}}} = 1.17$

$\because |z^*| = 1.17 < z_{0.025} = 1.96 \Rightarrow$ 不拒絕虛無假設。

(3) P 值法

$P\text{-value} = 2P(z > 1.17) = 0.242 > 0.05 \Rightarrow$ 不拒絕虛無假設。

(4) 信賴區間法

信賴區間：$\hat{p} - z_{\frac{\alpha}{2}} \sqrt{\dfrac{\hat{p}\hat{q}}{n}} \leq p \leq \hat{p} + z_{\frac{\alpha}{2}} \sqrt{\dfrac{\hat{p}\hat{q}}{n}}$

$\Rightarrow 0.7125 - 1.96 \sqrt{\dfrac{0.7125 \times 0.2875}{80}} \leq p \leq 0.7125 + 1.96 \sqrt{\dfrac{0.7125 \times 0.2875}{80}}$

$\Rightarrow 0.6639 \leq p \leq 0.7611$，$\because p_0 = 0.65$ 在信賴區間內 $\Rightarrow$ 不拒絕虛無假設。

10.7.2 所需樣本數

我們接著要介紹，在給定型 I 錯誤機率 α 與型 II 錯誤機率 β 的條件下，抽樣所需樣本數應該至少需要多少？底下分別針對三種不同的假設做介紹。

1. 左尾檢定

左尾檢定的兩個假設為：$H_0 : p \geq p_0 , H_1 : p < p_0$，假設真實母體比例為 p_1，觀察下圖，由假設所建立的抽樣分配與真實母體的抽樣分配臨界值相同，即 $C = p_0 - z_\alpha \sqrt{\dfrac{p_0 q_0}{n}} = p_1 + z_\beta \sqrt{\dfrac{p_0 q_0}{n}}$，求解公式可得所需樣本數為：

$$n = (\frac{z_\alpha \sqrt{p_0 q_0} + z_\beta \sqrt{p_1 q_1}}{p_0 - p_1})^2$$

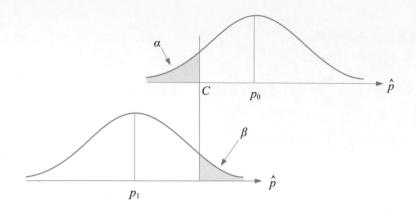

2. 右尾檢定

右尾檢定所得到的樣本數公式與左尾相同，推導原理亦同，請自行推導。

$$n = (\frac{z_\alpha\sqrt{p_0 q_0} + z_\beta\sqrt{p_1 q_1}}{p_0 - p_1})^2$$

3. 雙尾檢定

觀察下列圖形，在雙尾檢定的情況下，真實母體比例 p_1 可能比虛無假設所宣稱的比例 p_0 大，也可能比較小，故真實母體的抽樣分配有兩種情況，這兩種情況所推導出來的樣本數公式完全一樣，因此我們僅就 $p_1 < p_0$ 的情況進行推導。由臨界值相等可列式：

$C_L = p_0 - z_{\frac{\alpha}{2}}\sqrt{\frac{p_0 q_0}{n}} = p_1 + z_\beta\sqrt{\frac{p_1 q_1}{n}}$ ，求解左式即可求得所需樣本數為：

$$n = (\frac{z_{\frac{\alpha}{2}}\sqrt{p_0 q_0} + z_\beta\sqrt{p_1 q_1}}{p_0 - p_1})^2$$

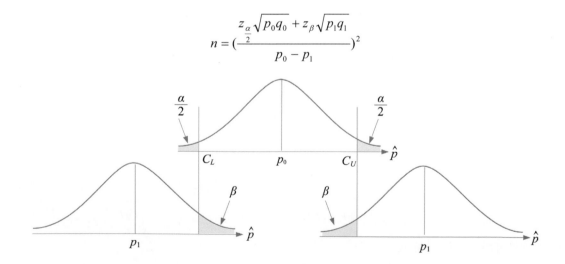

例 **10-24**

某公司欲調查其產品的瑕疵率是否等於 0.01，於是作下列的假設檢定：

$$H_0: p=0.01, H_1: p \neq 0.01$$

假定該公司產品的真正瑕疵率為 0.03 時，希望型 I 與型 II 的誤差控制在 0.05 以內，試問至少需抽取幾個樣本才能符合要求。

 解 本題為雙尾檢定

$$n = (\frac{z_{\frac{\alpha}{2}}\sqrt{p_0 q_0} + z_\beta\sqrt{p_1 q_1}}{p_0 - p_1})^2 = (\frac{1.96\sqrt{0.01 \times 0.99} + 1.645\sqrt{0.03 \times 0.97}}{0.03 - 0.01})^2 = 565.57$$

樣本數至少需取 566 個。

10.8 兩獨立母體比例差的假設檢定

標準檢定法整理

大樣本

$$z^* = \frac{\hat{p}_1 - \hat{p}_2}{\sqrt{\frac{\overline{pq}}{n_1} + \frac{\overline{pq}}{n_2}}}$$

$$\overline{p} = \frac{n_1\hat{p}_1 + n_2\hat{p}_2}{n_1 + n_2}$$

分別從獨立母體，隨機抽取 2 組獨立隨機樣本。假設第一個母體服從點二項分配，成功機率 p_1，樣本數 n_1，樣本比例 $\hat{p}_1 = \frac{x_1}{n_1}$，$x_1$ 表成功次數。第二個母體亦服從點二項分配，成功機率 p_2，樣本數 n_2，樣本比例 $\hat{p}_2 = \frac{x_2}{n_2}$，$x_2$ 表成功次數。根據中央極限定理，當樣本數夠大時樣本比例的抽樣分配會趨近於常態分配，即：

$$\hat{p}_1 \sim N(p_1, \frac{p_1 q_1}{n_1}) \text{ 且 } \hat{p}_2 \sim N(p_2, \frac{p_2 q_2}{n_2})$$

根據常態分配的特性，$\hat{p}_1 - \hat{p}_2$ 的抽樣分配亦趨近於常態分配，即

$$\hat{p}_1 - \hat{p}_2 \sim N(p_1 - p_2, \frac{p_1 q_1}{n_1} + \frac{p_2 q_2}{n_2})$$

下面則為有關兩母體比例是否相等之檢定方法：

1. 右尾檢定：$\begin{cases} H_0 : p_1 \le p_2 \\ H_1 : p_1 > p_2 \end{cases}$ 或 $\begin{cases} H_0 : p_1 - p_2 \le 0 \\ H_1 : p_1 - p_2 > 0 \end{cases}$

   (1) 臨界值法：由於虛無假設 $H_0 : p_1 \le p_2$，所以我們只要檢定 $p_1 - p_2 = 0$ 抽樣分配的情形即可，當 $p_1 - p_2 = 0$ 被拒絕，則 $p_1 < p_2$ 的情形必被拒絕（參考母體平均數的說明）。因檢定時使用 $p_1 - p_2 = 0$ 抽樣分配來作檢定，此假設隱藏著母體變異數已知相等的訊息，但母體比例未知，因此我們須利用共同樣本比例來推導變異數，所謂共同樣本比例為：

   $$\overline{p} = \frac{n_1 \hat{p}_1 + n_2 \hat{p}_2}{n_1 + n_2}$$

   故右尾檢定的臨界值為：$C = z_\alpha \sqrt{\dfrac{\overline{pq}}{n_1} + \dfrac{\overline{pq}}{n_2}}$

   決策法則：若 $\hat{p}_1 - \hat{p}_2 > C \Rightarrow$ 拒絕 H_0

   (2) 標準檢定法

   檢定統計量：$z^* = \dfrac{\hat{p}_1 - \hat{p}_2}{\sqrt{\dfrac{\overline{pq}}{n_1} + \dfrac{\overline{pq}}{n_2}}}$

   決策法則：若 $z^* > z_\alpha \Rightarrow$ 拒絕 H_0

   (3) P 值法

   $P\text{-value} = P(z > z^*)$

   決策法則：若 $P\text{-value} < \alpha \Rightarrow$ 拒絕 H_0

   (4) 信賴區間法

   信賴區間：$p_1 - p_2 \ge (\hat{p}_1 - \hat{p}_2) - z_\alpha \sqrt{\dfrac{\overline{pq}}{n_1} + \dfrac{\overline{pq}}{n_2}}$

   決策法則：若 0 不在信賴區間內 $\Rightarrow$ 拒絕 H_0

2. 左尾檢定：$\begin{cases} H_0 : p_1 \ge p_2 \\ H_1 : p_1 < p_2 \end{cases}$ 或 $\begin{cases} H_0 : p_1 - p_2 \ge 0 \\ H_1 : p_1 - p_2 < 0 \end{cases}$

   (1) 臨界值法

   臨界值：$C = -z_\alpha \sqrt{\dfrac{\overline{pq}}{n_1} + \dfrac{\overline{pq}}{n_2}}$

   決策法則：若 $\hat{p}_1 - \hat{p}_2 < C \Rightarrow$ 拒絕 H_0

(2) 標準檢定法

檢定統計量：$z^* = \dfrac{\hat{p}_1 - \hat{p}_2}{\sqrt{\dfrac{\overline{pq}}{n_1} + \dfrac{\overline{pq}}{n_2}}}$

決策法則：若 $z^* < -z_\alpha \Rightarrow$ 拒絕 H_0

(3) P 值法

$P\text{-value} = P(z < z^*)$

決策法則：若 $P\text{-value} < \alpha \Rightarrow$ 拒絕 H_0

(4) 信賴區間法

信賴區間：$p_1 - p_2 \leq (\hat{p}_1 - \hat{p}_2) + z_\alpha \sqrt{\dfrac{\overline{pq}}{n_1} + \dfrac{\overline{pq}}{n_2}}$

決策法則：若 0 不在信賴區間內 $\Rightarrow$ 拒絕 H_0

3. 雙尾檢定：$\begin{cases} H_0 : p_1 = p_2 \\ H_1 : p_1 \neq p_2 \end{cases}$ 或 $\begin{cases} H_0 : p_1 - p_2 = 0 \\ H_1 : p_1 - p_2 \neq 0 \end{cases}$

(1) 臨界值法

臨界值：$C_U = z_{\frac{\alpha}{2}} \sqrt{\dfrac{\overline{pq}}{n_1} + \dfrac{\overline{pq}}{n_2}}$, $C_L = -z_{\frac{\alpha}{2}} \sqrt{\dfrac{\overline{pq}}{n_1} + \dfrac{\overline{pq}}{n_2}}$

決策法則：若 $\hat{p}_1 - \hat{p}_2 > C_U$ 或 $\hat{p}_1 - \hat{p}_2 < C_L \Rightarrow$ 拒絕 H_0

(2) 標準檢定法

檢定統計量：$z^* = \dfrac{\hat{p}_1 - \hat{p}_2}{\sqrt{\dfrac{\overline{pq}}{n_1} + \dfrac{\overline{pq}}{n_2}}}$

決策法則：若 $\left| z^* \right| > z_{\frac{\alpha}{2}} \Rightarrow$ 拒絕 H_0

(3) P 值法

$P\text{-value} = 2P(z > \left| z^* \right|)$

決策法則：若 $P\text{-value} < \alpha \Rightarrow$ 拒絕 H_0

(4) 信賴區間法

信賴區間：$p_1 - p_2 = (\hat{p}_1 - \hat{p}_2) \pm z_{\frac{\alpha}{2}} \sqrt{\dfrac{\overline{pq}}{n_1} + \dfrac{\overline{pq}}{n_2}}$

整理

種類	臨界值法	信賴區間法	標準檢定法	P 值法
雙尾	$C_U = z_{\frac{\alpha}{2}}\sqrt{\frac{\overline{pq}}{n_1} + \frac{\overline{pq}}{n_2}}$ $C_L = -z_{\frac{\alpha}{2}}\sqrt{\frac{\overline{pq}}{n_1} + \frac{\overline{pq}}{n_2}}$ 若 $\hat{p}_1 - \hat{p}_2 > C_U$ 或 $\hat{p}_1 - \hat{p}_2 < C_L \Rightarrow$ 拒絕 H_0	$p_1 - p_2 = (\hat{p}_1 - \hat{p}_2)$ $\pm z_{\frac{\alpha}{2}}\sqrt{\frac{\overline{pq}}{n_1} + \frac{\overline{pq}}{n_2}}$ 若 0 不在信賴區間內 $\Rightarrow$ 拒絕 H_0	$z^* = \dfrac{\hat{p}_1 - \hat{p}_2}{\sqrt{\frac{\overline{pq}}{n_1} + \frac{\overline{pq}}{n_2}}}$ 若 $|z^*| > z_{\frac{\alpha}{2}}$ $\Rightarrow$ 拒絕 H_0	$P\text{-value}=$ $2P(z > |z^*|) < \alpha$ $\Rightarrow$ 拒絕 H_0
右尾	$C = z_{\alpha}\sqrt{\frac{\overline{pq}}{n_1} + \frac{\overline{pq}}{n_2}}$ 若 $\hat{p}_1 - \hat{p}_2 > C$ $\Rightarrow$ 拒絕 H_0	$p_1 - p_2 \geq (\hat{p}_1 - \hat{p}_2)$ $- z_{\alpha}\sqrt{\frac{\overline{pq}}{n_1} + \frac{\overline{pq}}{n_2}}$ 若 0 不在信賴區間內 $\Rightarrow$ 拒絕 H_0	$z^* = \dfrac{\hat{p}_1 - \hat{p}_2}{\sqrt{\frac{\overline{pq}}{n_1} + \frac{\overline{pq}}{n_2}}}$ 若 $z^* > z_{\alpha}$ $\Rightarrow$ 拒絕 H_0	$P\text{-value}=$ $P(z > z^*) < \alpha$ $\Rightarrow$ 拒絕 H_0
左尾	$C = -z_{\alpha}\sqrt{\frac{\overline{pq}}{n_1} + \frac{\overline{pq}}{n_2}}$ 若 $\hat{p}_1 - \hat{p}_2 < C$ $\Rightarrow$ 拒絕 H_0	$p_1 - p_2 \leq (\hat{p}_1 - \hat{p}_2)$ $+ z_{\alpha}\sqrt{\frac{\overline{pq}}{n_1} + \frac{\overline{pq}}{n_2}}$ 若 0 不在信賴區間內 $\Rightarrow$ 拒絕 H_0	$z^* = \dfrac{\hat{p}_1 - \hat{p}_2}{\sqrt{\frac{\overline{pq}}{n_1} + \frac{\overline{pq}}{n_2}}}$ 若 $z^* < -z_{\alpha}$ $\Rightarrow$ 拒絕 H_0	$P\text{-value}=$ $P(z < z^*) < \alpha$ $\Rightarrow$ 拒絕 H_0

 例 10-25

某銀行針對已婚及未婚的男士在購車時是否貸款作一份調查,調查結果如下所示:

婚姻狀態	貸款	一次付清
已婚	413	29
未婚	537	47

試以顯著水準 $\alpha = 0.10$ 的條件,檢定已婚與未婚男士購車的貸款人數比例是否相同?請分別以臨界值法、標準檢定法、P 值法與信賴區間法進行檢定。

 解 假設 1:表未婚,2:表已婚

根據題意設立兩個假設: $\begin{cases} H_0 : p_1 - p_2 = 0 \\ H_1 : p_1 - p_2 \neq 0 \end{cases}$

樣本比例: $\hat{p}_1 = \dfrac{29}{413}, \hat{p}_2 = \dfrac{47}{537}$

共同樣本比例: $\overline{p} = \dfrac{29 + 47}{413 + 537} = \dfrac{76}{950} = 0.08$

$\because n_1\hat{p}_1 \geq 5, n_1\hat{q}_1 \geq 5; n_2\hat{p}_2 \geq 5, n_2\hat{q}_2 \geq 5$,大樣本 $\Rightarrow$ 採用 z 檢定

(1) 臨界值法

$$\because \hat{p}_1 - \hat{p}_2 = \frac{29}{413} - \frac{47}{537} = -0.0173 < 0，僅需求臨界值下限即可$$

$$C_L = -z_{\frac{\alpha}{2}}\sqrt{\frac{\overline{pq}}{n_1} + \frac{\overline{pq}}{n_2}} = -1.645\sqrt{\frac{0.08 \times 0.92}{413} + \frac{0.08 \times 0.92}{537}} = -0.0292$$

$\because \hat{p}_1 - \hat{p}_2 = -0.0173 > -0.0292 \Rightarrow$ 不拒絕 H_0，故已婚和未婚的貸款人數比例沒有明顯的不同

(2) 標準檢定法

檢定統計量：$z^* = \dfrac{\hat{p}_1 - \hat{p}_2}{\sqrt{\dfrac{\overline{pq}}{n_1} + \dfrac{\overline{pq}}{n_2}}} = \dfrac{\dfrac{29}{413} - \dfrac{47}{537}}{\sqrt{\dfrac{0.08 \times 0.92}{413} + \dfrac{0.08 \times 0.92}{537}}} = -0.974$

$\because |z^*| = 0.974 < z_{0.05} = 1.645 \Rightarrow$ 不拒絕 H_0

(3) P 值法

$P\text{-value} = 2P(z > |z^*|) = 2P(z > 0.974) \approx 0.332 > 0.1 \Rightarrow$ 不拒絕 H_0

(4) 信賴區間法

信賴區間 $p_1 - p_2 = -0.0173 \pm 1.645\sqrt{\dfrac{0.08 \times 0.92}{413} + \dfrac{0.08 \times 0.92}{537}}$

$$\Rightarrow -0.0465 \le p_1 - p_2 \le 0.0119$$

0 落入信賴區間內 $\Rightarrow$ 不拒絕 H_0

🎯 10.9　一個母體變異數之檢定

在前面的部分我們介紹了有關母體平均數與母體比例的假設檢定，接著要介紹有關變異數的檢定。就實際的應用而言，除了平均數外，變異數的檢定亦是相當重要的應用。例如：投資股票炒短線，此時需要檢定的是變異數而非平均數了。同樣的母體變異數的檢定依對立假設可分為右尾、左尾與雙尾檢定，其檢定法則敘述如下：

1. 右尾檢定：$\begin{cases} H_0 : \sigma^2 \leq \sigma_0^2 \\ H_1 : \sigma^2 > \sigma_0^2 \end{cases}$

    (1) 臨界值法：如下圖所示。

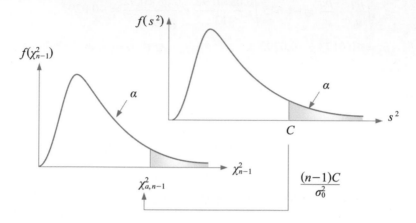

灰色區域占全體的 α，我們可列式：$P(s^2 \geq C) = \alpha$，將左式括號內乘以 $\dfrac{(n-1)}{\sigma_0^2}$ 可

得：$P(\chi_{\alpha, n-1}^2 \geq \dfrac{(n-1)C}{\sigma_0^2}) = \alpha$，求解不等式 $\chi_{\alpha, n-1}^2 \geq \dfrac{(n-1)C}{\sigma_0^2}$，即可求出臨界值。故

臨界值：$C = \dfrac{\chi_{\alpha, n-1}^2 \sigma_0^2}{n-1}$

決策法則：若 $s^2 < C \Rightarrow$ 拒絕 H_0

    (2) 標準檢定法

        檢定統計量：$\chi^{2*} = \dfrac{(n-1)s^2}{\sigma_0^2}$

        決策法則：若 $\chi^{2*} > \chi_{\alpha, n-1}^2 \Rightarrow$ 拒絕 H_0

    (3) P 值法

        P-value $= P(\chi_{n-1}^2 > \chi^{2*}) \Rightarrow$ 拒絕 H_0

        決策法則：若 P-value $< \alpha \Rightarrow$ 拒絕 H_0

2. 左尾檢定：$\begin{cases} H_0 : \sigma^2 \geq \sigma_0^2 \\ H_1 : \sigma^2 < \sigma_0^2 \end{cases}$

    (1) 臨界值法

        臨界值：$C = \dfrac{\chi_{1-\alpha, n-1}^2 \sigma_0^2}{n-1}$

        決策法則：若 $s^2 < C \Rightarrow$ 拒絕 H_0

(2) 標準檢定法

檢定統計量：$\chi^{2*} = \dfrac{(n-1)s^2}{\sigma_0^2}$

決策法則：若 $\chi^{2*} < \chi^2_{1-\alpha,n-1} \Rightarrow$ 拒絕 H_0

(3) P 值法

P-value $= P(\chi^2_{n-1} > \chi^{2*})$

決策法則：若 P-value $< \alpha \Rightarrow$ 拒絕 H_0

3. 雙尾檢定：$\begin{cases} H_0 : \sigma^2 = \sigma_0^2 \\ H_1 : \sigma^2 \neq \sigma_0^2 \end{cases}$

(1) 臨界值法

臨界值：$C_U = \dfrac{\chi^2_{\frac{\alpha}{2},n-1}\sigma_0^2}{n-1}$, $C_L = \dfrac{\chi^2_{1-\frac{\alpha}{2},n-1}\sigma_0^2}{n-1}$

決策法則：若 $s^2 > C_U$ 或 $s^2 < C_L \Rightarrow$ 拒絕 H_0

(2) 標準檢定法

檢定統計量：$\chi^{2*} = \dfrac{(n-1)s^2}{\sigma_0^2}$

若 $\chi^{2*} < \chi^2_{1-\frac{\alpha}{2},n-1}$ 或 $\chi^{2*}_{n-1} > \chi^2_{\frac{\alpha}{2},n-1} \Rightarrow$ 拒絕 H_0

(3) P 值法：

P-value $= 2P(\chi^2_{n-1} > \chi^{2*})$

決策法則：若 P-value $< \alpha \Rightarrow$ 拒絕 H_0

整理

種類	臨界值法	標準檢定法	P 值法
雙尾	$C_U = \dfrac{\chi^2_{\frac{\alpha}{2},n-1}\sigma_0^2}{n-1}$ $C_L = \dfrac{\chi^2_{1-\frac{\alpha}{2},n-1}\sigma_0^2}{n-1}$ 若 $s^2 > C_U$ 或 $s^2 < C_L \Rightarrow$ 拒絕 H_0	$\chi^{2*} = \dfrac{(n-1)s^2}{\sigma_0^2}$ 若 $\chi^{2*} < \chi^2_{1-\frac{\alpha}{2},n-1}$ 或 $\chi^{2*} > \chi^2_{\frac{\alpha}{2},n-1}$ $\Rightarrow$ 拒絕 H_0	P-value $= 2P(\chi^2_{n-1} > \chi^{2*}) < \alpha$ $\Rightarrow$ 拒絕 H_0
右尾	$C = \dfrac{\chi^2_{\alpha,n-1}\sigma_0^2}{n-1}$ 若 $s^2 > C \Rightarrow$ 拒絕 H_0	$\chi^{2*} = \dfrac{(n-1)s^2}{\sigma_0^2}$ 若 $\chi^{2*} > \chi^2_{\alpha,n-1} \Rightarrow$ 拒絕 H_0	P-value $= P(\chi^2_{n-1} > \chi^{2*}) < \alpha$ $\Rightarrow$ 拒絕 H_0
左尾	$C = \dfrac{\chi^2_{1-\alpha,n-1}\sigma_0^2}{n-1}$ 若 $s^2 < C \Rightarrow$ 拒絕 H_0	$\chi^{2*} = \dfrac{(n-1)s^2}{\sigma_0^2}$ 若 $\chi^{2*} < \chi^2_{1-\alpha,n-1} \Rightarrow$ 拒絕 H_0	P-value $= P(\chi^2_{n-1} > \chi^{2*}) < \alpha$ $\Rightarrow$ 拒絕 H_0

 例 **10-26**

一個螺絲製造工廠，依規定所生產螺帽的變異數不可以超過 0.03 英吋^2，否則會造成無法鎖緊或無法鎖住的問題。此工廠宣稱他們所生產的螺帽符合這樣的規定，現隨機抽取此工廠所生產的螺帽 12 個，發現其變異數為 0.042 英吋^2。請以顯著水準 $\alpha = 0.05$ 的條件檢定此工廠的宣稱是否真實？請分別使用臨界值法、標準檢定法、P 值法與信賴區間法各進行檢定一次。

解 根據題意設立兩個假設：$\begin{cases} H_0 : \sigma^2 \leq 0.03 \\ H_1 : \sigma^2 > 0.03 \end{cases}$

(1) 臨界值法

$$C = \frac{\chi^2_{\alpha,n-1}\sigma_0^2}{n-1} = \frac{19.675 \times 0.03}{12-1} = 0.054$$

$\because s^2 = 0.042 < C = 0.054 \Rightarrow$ 不拒絕虛無假設，故此工廠的宣稱正確。

(2) 標準檢定法

檢定統計量：$\chi^{2*} = \frac{(12-1) \times 0.042}{0.03} = 15.4$

$\because \chi^{2*} = 15.4 < \chi^2_{0.05,11} = 19.675 \Rightarrow$ 不拒絕虛無假設

(3) P 值法

$P\text{-value} = P(\chi^2_{0.05,11} > 15.4)$ 查表查不到，因此找鄰近之值，

$\because P(\chi^2_{0.05,11} > 17.275) = 0.1$

$\therefore P\text{-value} = P(\chi^2_{0.05,11} > 15.4) > 0.1 > \alpha = 0.05 \Rightarrow$ 不拒絕虛無假設

◎ 10.10 兩獨立母體變異數之檢定

假設有一家奶粉工廠想購買一批新的填充機器欲生產罐裝奶粉，由於罐裝奶粉的填充量必須穩定，因此這家工廠必須比較市面上的相關奶粉填充機器，作為添購新機器的決定，此時我們就需檢定兩母體變異數之間的關係。下列為有關兩母體變異數的假設檢定：

1. 右尾檢定：$\begin{cases} H_0 : \sigma_1^2 \leq \sigma_2^2 \\ H_1 : \sigma_1^2 > \sigma_2^2 \end{cases}$ 或 $\begin{cases} H_0 : \sigma_1^2/\sigma_2^2 \leq 1 \\ H_1 : \sigma_1^2/\sigma_2^2 > 1 \end{cases}$

(1) 臨界值法：雖然右尾檢定的假設寫法有上列兩種，但若欲推導其檢定理論我們必需採用第二種寫法，即 $H_0 : \sigma_1^2/\sigma_2^2 \leq 1, H_1 : \sigma_1^2/\sigma_2^2 > 1$。根據兩樣本變異數比的抽樣分配理論，如下圖所示：

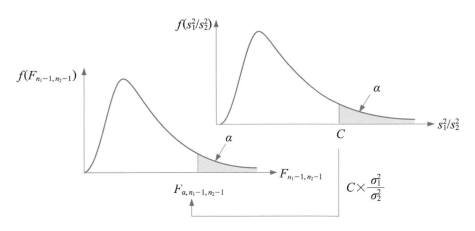

灰色區域占全體機率的 α，若以數學式子可以表示成 $P(\frac{s_1^2}{s_2^2} \geq C) = \alpha$，現將括號

內兩邊同時乘以 $\frac{\sigma_2^2}{\sigma_1^2}$，則機率式變成：$P(F_{n_1-1,n_2-1} \geq C\frac{\sigma_2^2}{\sigma_1^2}) = \alpha$，又從 F 分配已知

$P(F_{n_1-1,n_2-1} \geq F_{\alpha,n_1-1,n_2-1}) = \alpha$，比較前後兩式可得 $C\frac{\sigma_2^2}{\sigma_1^2} = F_{\alpha,n_1-1,n_2-1}$，求解方程式可得臨

界值 $C = \frac{\sigma_1^2}{\sigma_2^2} \times F_{\alpha,n_1-1,n_2-1}$。又根據虛無假設 $\frac{\sigma_1^2}{\sigma_2^2} = 1$ [1]，故臨界值可改寫成：$C = F_{\alpha,n_1-1,n_2-1}$

法之檢定法則為：

臨界值：$C = F_{\alpha,n_1-1,n_2-1}$

決策法則：若 $\dfrac{s_1^2}{s_2^2} > C \Rightarrow$ 拒絕 H_0

(2) 標準檢定法：我們觀察臨界值法，若令 $\dfrac{s_1^2}{s_2^2} = F^*$，而臨界值 $C = F_{\alpha,n_1-1,n_2-1}$。故臨界值

　　法的決策法則若 $\dfrac{s_1^2}{s_2^2} > C \Rightarrow$ 拒絕 H_0，可改寫成若 $F^* > F_{\alpha,n_1-1,n_2-1}$ 則拒絕虛無假設。由

　　此可以看出來，兩母體變異數比的檢定方法，臨界值法與標準檢定法一模一樣，這

　　也就是為何在大部分的教科書，有關此單元的檢定方法無臨界值法的原因。標準檢

　　定法的檢定程序為：

檢定統計量：$F^* = \dfrac{s_1^2}{s_2^2}$

決策法則：若 $F^* > F_{\alpha,n_1-1,n_2-1} \Rightarrow$ 拒絕 H_0

(3) P 值法：由於 P 值法之原理與其他型態的檢定法相同，故不再介紹其推導過程。

$P\text{-value} = P(F_{n_1-1,n_2-1} > F^*)$

決策法則：若 $P\text{-value} < \alpha \Rightarrow$ 拒絕 H_0

1　複式假設法，只要拒絕虛無假設中的「＝」，其餘皆被拒絕。

2. 左尾檢定：$\begin{cases} H_0 : \sigma_1^2 \geq \sigma_2^2 \\ H_1 : \sigma_1^2 < \sigma_2^2 \end{cases}$ 或 $\begin{cases} H_0 : \sigma_1^2/\sigma_2^2 \geq 1 \\ H_1 : \sigma_1^2/\sigma_2^2 < 1 \end{cases}$

    (1) 標準檢定法

        檢定統計量：$F^* = \dfrac{s_1^2}{s_2^2}$

        決策法則：若 $F^* < F_{1-\alpha, n_1-1, n_2-1} \Rightarrow$ 拒絕 H_0

    (2) P 值法

        $P\text{-value} = P(F_{n_1-1, n_2-1} < F^*)$

        決策法則：若 $P\text{-value} < \alpha \Rightarrow$ 拒絕 H_0

3. 雙尾檢定：$\begin{cases} H_0 : \sigma_1^2 = \sigma_2^2 \\ H_1 : \sigma_1^2 \neq \sigma_2^2 \end{cases}$ 或 $\begin{cases} H_0 : \sigma_1^2/\sigma_2^2 = 1 \\ H_1 : \sigma_1^2/\sigma_2^2 \neq 1 \end{cases}$

    (1) 標準檢定法

        檢定統計量：$F^* = \dfrac{s_1^2}{s_2^2}$

        決策法則：若 $F^* > F_{\frac{\alpha}{2}, n_1-1, n_2-1}$ 或 $F^* < F_{1-\frac{\alpha}{2}, n_1-1, n_2-1} \Rightarrow$ 拒絕 H_0

    (2) P 值法

        $P\text{-value} = 2P(F_{n_1-1, n_2-1} > F^*)$ 或 $P\text{-value} = 2P(F_{n_1-1, n_2-1} < F^*)$

        決策法則：若 $P\text{-value} < \alpha \Rightarrow$ 拒絕 H_0

註 雙尾檢定若 $\dfrac{s_1^2}{s_2^2} > 1$ 時，$P\text{-value} = 2P(F_{n_1-1, n_2-1} > F^*)$；若 $\dfrac{s_1^2}{s_2^2} < 1$，$P\text{-value} = 2P(F_{n_1-1, n_2-1} < F^*)$

整理

種類	標準檢定法	P 值法
雙尾	$F^* = \dfrac{s_1^2}{s_2^2}$ 若 $F^* > F_{\frac{\alpha}{2}, n_1-1, n_2-1}$ 或 $F^* < F_{1-\frac{\alpha}{2}, n_1-1, n_2-1} \Rightarrow$ 拒絕 H_0	$P\text{-value} = 2P(F_{n_1-1, n_2-1} > F^*) < \alpha \Rightarrow$ 拒絕 H_0
右尾	$F^* = \dfrac{s_1^2}{s_2^2}$ 若 $F^* > F_{\alpha, n_1-1, n_2-1} \Rightarrow$ 拒絕 H_0	$P\text{-value} = P(F_{n_1-1, n_2-1} > F^*) < \alpha \Rightarrow$ 拒絕 H_0
左尾	$F^* = \dfrac{s_1^2}{s_2^2}$ 若 $F^* < F_{1-\alpha, n_1-1, n_2-1} \Rightarrow$ 拒絕 H_0	$P\text{-value} = P(F_{n_1-1, n_2-1} < F^*) < \alpha \Rightarrow$ 拒絕 H_0

例 10-27

　　現有一淨水器宣稱可以過濾化學雜質，在裝設前隨機抽取 10 組樣本測得水質資料為：$\overline{x}_1 = 9.85$, $s_1^2 = 81.73$。裝設這種淨水器後再隨機抽取 8 組樣本測得水質資料為：$\overline{x}_2 = 8.08$, $s_2^2 = 78.46$。根據這些資料，請問裝設淨水器之後水中雜質的變異數是否有明顯的不同，請分別以標準檢定法、P 值法進行檢定。顯著水準 $\alpha = 0.1$。

 根據題意設立兩個假設：$\begin{cases} H_0 : \sigma_1 = \sigma_2 \\ H_1 : \sigma_1 \neq \sigma_2 \end{cases}$

(1) 標準檢定法

　　檢定統計量：$F^* = \dfrac{s_1^2}{s_2^2} = \dfrac{81.73}{78.46} = 1.04$

　　$\because 0.304 = F_{0.95,9,7} \leq F^* \leq F_{0.05,9,7} = 3.68 \Rightarrow$ 不拒絕 H_0

　　故水中雜質的變異無明顯的不同。

(2) P 值法

　　$\because \dfrac{s_1^2}{s_2^2} > 1$

　　$P\text{-value} = 2P(F_{n_1-1,n_2-1} > F^*) = 2P(F_{9,7} > 1.04) > 2P(F_{9,7} > 3.68) = 0.1$

　　$\therefore P\text{-value} > 0.1 \Rightarrow$ 不拒絕 H_0

 例 10-28

　　某交通官員宣稱國道 1 號高速公路車速的變異大於國道 2 號高速公路。為了驗證他的說法，於是分別觀察兩條高速公路車速各 10 天。根據他的觀察結果發現，國道 1 號高速公路車速的標準差為 6.3，國道 2 號高速公路車速標準差則為 2.8。在顯著水準 $\alpha = 0.05$ 的條件下，請問這位交通官員的說法是否正確？

 根據題意設立兩個假設：$\begin{cases} H_0 : \sigma_1^2 \leq \sigma_2^2 \\ H_1 : \sigma_1^2 > \sigma_2^2 \end{cases}$

　　檢定統計量：$F^* = \dfrac{s_1^2}{s_2^2} = \dfrac{6.3^2}{2.8^2} = 5.06$

　　$\because F^* = 5.06 > F_{0.05,9,9} = 3.18 \Rightarrow$ 拒絕 H_0

　　故國道 1 號車速的變異數明顯地較國道 2 號大，此官員說法正確。

課·後·練·習

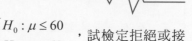

1. 已知 $\bar{x}=62.7, n=64, s=12, \alpha=0.025$，現設立兩個假設：$\begin{cases} H_0 : \mu \le 60 \\ H_1 : \mu > 60 \end{cases}$，試檢定拒絕或接受虛無假設。

2. 承上題，(1) 請計算其 P-value。(2) 若將假設改成 $\begin{cases} H_0 : \mu = 60 \\ H_1 : \mu \ne 60 \end{cases}$，則此時 P-value 為何？
   (3) 若 $\alpha=0.05$，再重新檢定第一題，結果為何？

3. 若已知 $\bar{x}=62.7, n=64, s=12$，試求下列各小題：
   (1) 請檢定 $\begin{cases} H_0 : \mu = 60 \\ H_1 : \mu > 60 \end{cases}$，顯著水準：$\alpha=0.025$。
   (2) H_1 為真時，$\mu=64.35$，試求 β。
   (3) 承 (2)，若令 $\beta=0.05$，重算顯著水準 α。
   (4) 如果要求 $\alpha=\beta=0.05$，則樣本數至少要多少才夠？

4. 試求當虛無假設正確的情況下，犯型 II 錯誤的機率為何？

5. 若有一強烈颱風正迅速接近台灣，彰化縣長需要決定明天是否放颱風假，其假設檢定為 H_0: 颱風會經過彰化縣，H_1: 颱風不會經過彰化縣，若型 I 錯誤（type I Error）的機率以 α 表示，而型 II 錯誤（type II Error）的機率以 β 表示，下列敘述何者正確？
   (A)「該放而不放假」為型 I 錯誤。
   (B)「不該放而放假」為型 II 錯誤。
   (C)「寧可放錯假」為減少 β。
   (D)「寧可放錯假」為增加 α。
   (E) 以上皆非。

6. 請解釋下列名詞：
   (1) 型 I 錯誤（type I Error）？
   (2) 型 II 錯誤（type II Error）？
   (3) 顯著水準？

7. 博碩大廈防盜鈴響時，第一保全公司有下列 2 種假設決策：（甲）一切安好，僅防盜設備線路受到干擾，故不必派人處理；（乙）有小偷潛入，立即通報警局，並派人處理。請問上述何者為 H_0？何者為 H_1？理由為何？

8. 在假設檢定過程中，若資料落在拒絕域（region of rejection）時，我們會說拒絕虛無假設，但若資料不落在拒絕域（region of rejection）時，通常我們不會說接受虛無假設，而較保守的說不拒絕虛無假設，請說明原因。

9. 小花擲一銅板 n 次，欲檢定其出現正面的機率 p 是 $\frac{1}{3}$ 還是 $\frac{1}{2}$，

   即 $H_0 : p = \frac{1}{3}$ 對 $H_1 : p = \frac{1}{2}$，拒絕域訂為出現正面的次數不小於 c 次。請問：

   (1) 若 $n=5$，$c=4$，試求出型 I 錯誤的機率為何？

   (2) 若小花改作 p 的區間估計，希望估計誤差在 3% 以內，信賴水準訂為 95%，試問小花至少需抽取多少樣本？

10. 樂透建設公司認為他們的工人每人每天休息時間應少於 72 分鐘。現隨機抽取 36 名工人，發現平均每人每天休息時間為 80 分鐘，樣本標準差為 20 分鐘。

    (1) 在 0.05 的顯著水準下，檢定 $H_0 : \mu \le 72$，檢定結果是否推翻虛無假設？為什麼？

    (2) 當母體平均的休息時間為 80 分鐘，則犯型 II 錯誤機率為何？

11. 博碩公司製造 5 分直徑鋼釘一批，其客戶要求鋼釘的直徑標準必須小於 0.11 分，且採 $\alpha=0.025$ 驗收。產品完成後達客戶處，經抽取 10 支檢驗，得其直徑之標準差為 0.12 分 試問客戶是否應允諾點收該批產品？

12. 好好喝公司聲稱其生產的飲料容量平均不少於 200 cc，阿天認為好好喝公司所言不實，請問：

    (1) 檢定的虛無假設與對立假設的型式為何？請寫出之。

    (2) 若阿天由此公司隨機抽樣 36 瓶，結果樣本平均重量 $\bar{x}=198$ cc 標準差 $s=1.2$ cc，在顯著水準 $\alpha=0.05$ 下，是否有證據說此公司所言不實？（已知 $t_{35,0.05}=1.690$）

13. 假設很方便超商去年所有員工每週平均工作時數為 39.5 小時。今勞工局派員抽檢其中 5 名員工，得平均工作時數為每週 40.1 小時，標準差為 5.4 小時。在母體為常態分配的前提下，請檢定很方便商店員工每週平均工作時數是否改變？並求其 P-value 及下結論。

14. 阿李擲一粒骰子 48 次，出現 5 點的次數為 12 次，請問該骰子之 5 點是否較其他各點更容易被擲出？ $(\alpha=0.05)$

15. 在 50 位喝咖啡人士的隨機樣本中，比較偏好現煮咖啡的比率是否高於即溶咖啡，若要達到偏好現煮咖啡的結綸（顯著水準 0.05 下），則至少要有幾位人士選現煮咖啡？

16. 海上有一小白菜島，裡面種了二種小白菜，為瞭解兩種小白菜生長情形，分別進行採樣。其中，一號小白菜抽樣 10 次，得其樣本變異數為 1.621，二號小白菜抽樣 5 次，得其樣本變異數為 0.135。請在顯著水準 0.05 之下，判定一號小白菜的變異數程度是否高於二號小白菜呢？

17. 某公司針對 A、B 兩部門進行某相同課程之教育訓練。為了解該兩部門受訓後之成效是否相同，後舉行相同內容之測驗，得其成績如下：

部門	成績
A	78、80、68、59、68、79、80、78、76、66、79
B	64、69、77、79、78、80、84、72、62、78、74

請問：

(1) 試以 $\alpha = 0.05$ 檢定該兩部門受訓後之成效的成績變異數是否相同？

(2) 試以 $\alpha = 0.05$ 檢定該兩部門受訓後之成效的平均成績是否相同？

18. 吃好飽餐廳想藉刊登廣告的方式開拓客源。以下的資料是刊登廣告之前（10 週）與之後（8 週）的營收情形（元 / 週）：

之前	4959 5788 5663 5146 5350 5679 4873 5897 5908 4981
之後	4959 5788 5663 5146 5350 5679 4873 5897 5908 4981

請問：

(1) 在 5% 顯著水準下，刊登廣告的方式是否真能提高營收？

(2) 若營收值的 20% 為利潤，是否值得每星期花費 50 元刊登廣告？

19. 博碩製造業者想了解其所委託外包的兩家第三方物流公司的顧客滿意度，以進一步確定是否對第二家物流公司的顧客滿意度要比對第一家物流公司的顧客滿意度來的高，分別對其顧客抽出 200 個樣本，結果發現有 168 個樣本對第一家物流公司的顧客服務感到滿意，172 個樣本對第二家物流公司的顧客服務感到滿意，請問在 0.05 的顯著水準下，這個製造業者的看法是否正確？

20. 針對青壯年及中年人口是否曾經從事期貨操作比例之調查，隨機抽查青壯年 200 人中發現有 80 人曾經從事期貨操作，中年 250 人中發現有 100 人曾經從事期貨操作。試以顯著水準 5% 條件下，檢定青壯年及中年人口從事期貨操作比例是否一致？

CHAPTER 11

變異數分析

11.1 變異數分析

11.2 單因子變異數分析（完全隨機）

11.3 單因子變異數分析（隨機集區設計）

11.4 雙因子變異數分析

本章大綱

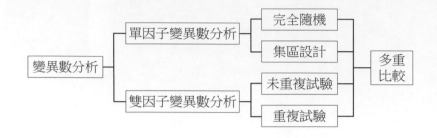

11.1 變異數分析

11.1.1 起源

　　所謂變異數分析是指，檢定三個或三個以上的母體平均數是否相等的檢定方法，或檢定因子對依變數是否有影響的統計方法。在第十章我們探討有關單一母體與二個母體的假設檢定，當欲檢定三個或三個以上母體平均數是否相等時，若使用 t 檢定或 z 檢定兩兩比較檢定時，一共要檢定 C_2^k 次，其中 k 表示母體個數。當檢定次數增加時，會導致犯型 I 錯誤的機率增大，因此在處理三個以上的母體平均數的檢定時，必須同時一起檢定，不可以兩兩分開檢定，以免累積錯誤。欲檢定三個以上母體平均數是否相等，相當於檢定變異數是否有差異，故稱為變異數分析，如何推導證明請參考作者另一本書籍。變異數分析在人文社會的研究中是一個十分重要的統計分析工具，因此讀者務必將觀念弄清楚，以免用錯的分析工具，導致錯誤的研究結論。在正式介紹變異數分析前我們先針對相關的名詞做簡介。

11.1.2 因子

　　引起資料發生差異的原因稱為因子（factor），亦稱獨立變數、自變數、實驗變數等。例如：探討不同家庭背景與統計學成績之間的問題，家庭背景就是因子；不同教學法對數學成績的差異，教學法就是因子，由此可以看出因子為類別變數。以家庭背景而言，若區分成雙親、單親、他人撫養等三種，則這三種區分我們稱為衡量水準。變異數分析依據因子的數目可區分為：單因子變異數分析（one way ANOVA）、雙因子變異數分析（two way ANOVA）與三因子變異數分析（three way ANOVA）等。

∘₀11.1.3 依變數

研究者欲觀察的反應變數稱為依變數（dependent variable），例如：不同的教學法對學生學習成績是否有差異，成績就是依變數；不同的減肥方法是否對減輕體重有顯著差異，體重就是依變數，由此可以看出依變數的資料型態為數值型態。變異數分析主要目的在檢定某因子狀況下，不同衡量水準下依變數的平均數是否相等。

∘₀11.1.4 變異數分析的基本假設

變異數分析必須滿足下列三個假設：

1. 常態性假設：每個小母體分配均為常態分配，例如：檢定不同血型的人統計學成績是否有差異，每一種血型所對應的統計學成績就是一個小母體，這些小母體必須符合常態分配的假設。
2. 同質（homogeneity）性假設：每個小母體分配的變異數皆相等。
3. 獨立性假設：各常態母體分配皆相互獨立，抽樣方法為獨立簡單隨機抽樣。

滿足上面三個假設我們才能夠利用 F 檢定統計量，檢定多母體平均數是否相等，若每個小母體無法滿足上面三個假設，那麼就得改用無母數統計進行中位數檢定。

∘₀11.1.5 變異數分析的三個步驟

1. 設立兩個假設

$$\begin{cases} H_0 : \mu_1 = \mu_2 = \mu_3 = \cdots = \mu_k = \mu \\ H_1 : \mu_1, \mu_2, \mu_3, \cdots, \mu_k \text{不全相等} \end{cases}$$

(1) 當 H_0 為真時，樣本平均數的抽樣分配期望值會非常接近母體平均數 μ。

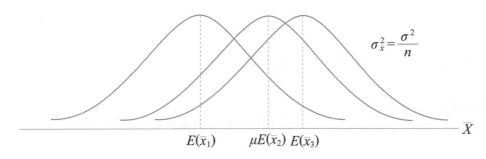

$$\sigma_{\bar{x}}^2 = \frac{\sigma^2}{n}$$

$E(\bar{x}_1)$ $\mu E(\bar{x}_2)$ $E(\bar{x}_3)$ $\bar{X}$

(2) 當 H_0 為偽時，樣本平均數的抽樣分配期望值與母體平均數 μ 相距較遠。

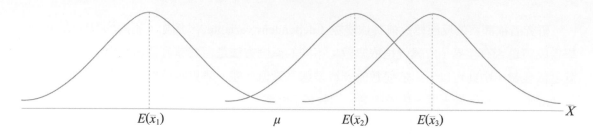

$$E(\bar{x}_1) \qquad \mu \qquad E(\bar{x}_2) \qquad E(\bar{x}_3) \qquad \bar{X}$$

2. 建立變異數分析表（ANOVA table），並計算檢定統計量 $F^* = \dfrac{MSF}{MSE}$

　　變異數分析表的建立是非必要的，但制式的表格可以讓我們更容易瞭解並推導檢定統計量，因此大部分在進行變異數分析時，都會建立變異數分析表以方便觀察。

3. 決策下結論

　　若 $F^* > F_{k-1,\,n_T-k,\,\alpha} \Rightarrow$ 拒絕 H_0

　　若 $F^* \leq F_{k-1,\,n_T-k,\,\alpha} \Rightarrow$ 不拒絕 H_0

註 推導變異數分析檢定公式只用到變異數相等之假設，故在 SPSS 軟體變異數分析選單中只有變異數同質性檢定，至於常態性與獨立性假設是因為在常態分配下平均數才具代表性。另外事後檢定所採用的聯合信賴區間法必須基於常態性假設下才成立。而獨立性假設是為了避免抽取之樣本在進行估計時產生較大的偏誤。

11.2 單因子變異數分析（完全隨機）

　　單因子變異數分析可區分成完全隨機試驗與集區設計，其中集區設計與雙因子未重複試驗計算過程完全相同，在後面的單元會陸續介紹。

11.2.1 單因子變異數分析統計模式

　　假設某因子含有 k 種衡量水準（如血型含有四種衡量水準），這 k 個衡量水準各自構成 k 個小母體，若欲檢定這 k 個小母體的平均數是否相等，我們必須從這 k 個小母體隨機抽取若干樣本，假設抽取的樣本資料格式如下：

1. 資料格式

觀測值	母體 1	母體 2	⋯	母體 j	⋯	母體 k	總平均
樣本 1	x_{11}	x_{12}	⋯	x_{1j}	⋯	x_{1k}	
樣本 2	x_{21}	x_{22}	⋯	x_{2j}	⋯	x_{2k}	
⋮	⋮	⋮	⋮	⋮		⋮	
樣本 i	x_{i1}	xi_2	⋯	x_{ij}	⋯	x_{ik}	
⋮	⋮	⋮	⋮	⋮	⋯	⋮	
樣本 n	x_{n_11}	x_{n_22}	⋯	x_{n_jj}	⋯	x_{n_kk}	
平均數	$\overline{x}_1$	$\overline{x}_2$	⋯	$\overline{x}_j$	⋯	$\overline{x}_k$	
變異數	s_1^2	s_2^2	⋯	s_j^2	⋯	s_k^2	$\overline{\overline{x}}$

符號說明：

x_{ij}：第 j 組樣本中的第 i 個觀測值。

n_j：第 j 組樣本的觀測值個數。

$\overline{x}_j$：第 j 組樣本的平均數，$\overline{x}_j = \dfrac{\sum_{i=1}^{n_j} x_{ij}}{n_j}$。

s_j^2：第 j 組樣本的標準差，$s_j^2 = \dfrac{1}{n_j-1}\sum_{i=1}^{n_j}(x_{ij}-\overline{x}_j)^2$。

$\overline{\overline{x}}$：全體觀測值之總平均，$\overline{\overline{x}} = \dfrac{\sum_{i=1}^{n_j}\sum_{j=1}^{k} x_{ij}}{n_T} = \dfrac{\sum_{j=1}^{k} n_j \overline{x}_j}{n_T}$。

n_T：全體觀測值個數，$n_T = n_1 + n_2 + \cdots + n_k = \sum_{j=1}^{k} n_j$。

假設所有的小母體皆為常態母體，即：$x_{ij} \sim N(\mu_j, \sigma^2)$，誤差項定義為：$\varepsilon_{ij} = x_{ij} - \mu_j$，即每個樣本與該樣本來源的母體平均數差。因此誤差服從平均數為 0 的常態分配。$\varepsilon_{ij} \sim N(0, \sigma^2)$。

2. 假設之建立

變異數分析的兩個假設如下所示：

$$\begin{cases} H_0 : \mu_1 = \mu_2 = \cdots = \mu_k \\ H_1 : \mu_1, \mu_2, \cdots, \mu_k \text{不全相等} \end{cases}$$

3. 各種平方和分解及計算公式

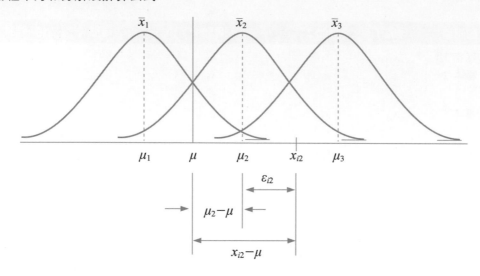

　　參考上圖，我們先以三個小母體的情形來說明，再推廣至 k 個小母體。假設 x_{i2} 是來自第 2 個小母體的第 i 個樣本，誤差定義為：樣本與總平均數的差。根據上面圖形的關係，我們可以將 x_{i2} 所造成的誤差分解成：

$$x_{i2} - \mu = (\mu_2 - \mu) + (x_{i2} - \mu_2) = (\mu_2 - \mu) + \varepsilon_{i2}$$

其中：

$\varepsilon_{i2} = x_{i2} - \mu_2 =$ 樣本 − 樣本來源母體平均數：稱為隨誤差，也有人稱為組內誤差。

$\mu_2 - \mu =$ 小母體平均數 − 全體總平均：稱為因子誤差，也有人稱為組間誤差。

故

樣本造成誤差 = 因子所引起的誤差 + 隨機誤差

因此每個資料所造成的誤差可表示成：

$$x_{ij} - \mu = (\mu_j - \mu) + (x_{ij} - \mu_j)$$

由於母體平均數未知，故以全體樣本平均數取代母體平均數，上式變成：

$$x_{ij} - \overline{\overline{x}} = (\overline{x}_j - \overline{\overline{x}}) + (x_{ij} - \overline{x}_j)$$

　　我們將上式中的每個樣本所造成的誤差加總起來，就可以求出總誤差。但誤差不可以相互抵銷，為除去正負號相互抵銷的影響，將上式取平方和，取平方之後的誤差我們稱為變異，因此總變異為：

$$\sum_{j=1}^{k}\sum_{i=1}^{n_j}(x_{ij} - \overline{\overline{x}})^2 = \sum_{j=1}^{k}\sum_{i=1}^{n_j}\left[(\overline{x}_j - \overline{\overline{x}}) + (x_{ij} - \overline{x}_j)\right]^2$$

將上式以完全平方和公式展開可得：

$$\sum_{j=1}^{k}\sum_{i=1}^{n_j}(x_{ij}-\overline{\overline{x}})^2 = \sum_{j=1}^{k}\sum_{i=1}^{n_j}(\overline{x}_j-\overline{\overline{x}})^2 + 2\sum_{j=1}^{k}\sum_{i=1}^{n_j}(\overline{x}_j-\overline{\overline{x}})(x_{ij}-\overline{x}_j) + \sum_{j=1}^{k}\sum_{i=1}^{n_j}(x_{ij}-\overline{x}_j)^2$$

其中：

$$\sum_{j=1}^{k}\sum_{i=1}^{n_j}(\overline{x}_j-\overline{\overline{x}})(x_{ij}-\overline{x}_j) = \sum_{j=1}^{k}(\overline{x}_j-\overline{\overline{x}})\sum_{i=1}^{n_j}(x_{ij}-\overline{x}_j) = \sum_{j=1}^{k}(\overline{x}_j-\overline{\overline{x}})\times 0 = 0$$

最後可得總變異公式：

$$\sum_{j=1}^{k}\sum_{i=1}^{n_j}(x_{ij}-\overline{\overline{x}})^2 = \sum_{j=1}^{k}\sum_{i=1}^{n_j}(\overline{x}_j-\overline{\overline{x}})^2 + \sum_{j=1}^{k}\sum_{i=1}^{n_j}(x_{ij}-\overline{x}_j)^2$$

即：

總變異 = A 因子變異（組間變異，處理變異）＋隨機變異（組內變異）

若以符號表示為：

$$SST(SSTO) = SSA(SSB, SSF, SSTR) + SSE(SSW)$$

由於總變異的拆解名稱沒有統一，在這裡我們將一般常用的名稱寫在括弧內供讀者參考。在本書的編排為求符號一致，採用 $SST = SSA + SSE$ 符號，本書採用的符號系統為：

$$SST = SSA + SSE$$

總變異 = A 因子變異 ＋ 隨機變異

這種符號安排法的好處是在隨後的單元可以連貫。皆下來我們將進一步推導這些變異公式的其他表示方式，以方便讀者可以快速計算出各種變異。

4. **各種變異之快速計算法**

(1) 總變異

$$SST = \sum_{j=1}^{k}\sum_{i=1}^{n_j}(x_{ij}-\overline{\overline{x}})^2 = \sum_{j=1}^{k}\sum_{i=1}^{n_j}x_{ij}^2 - n_T\overline{\overline{x}}^2 = n_T\cdot\left(\frac{1}{n_T}\sum_{j=1}^{k}\sum_{i=1}^{n_j}(x_{ij}-\overline{\overline{x}})^2\right) = n_T\cdot\sigma_T^2$$

故 SST 的快速計算法為：

$$SST = n_T\sigma_T^2 = (n_T-1)s_T^2$$

總變異，顧名思義為全體的變異，故總變異亦可由：（總樣本數 × 全體資料之變異數）求得，而變異數的計算若使用可計算統計參數的計算機（如 CASIO 350MS），將每筆資料輸入後就可輕鬆的求出變異數。

(2) 因子變異

$$SSA = \sum_{i=1}^{n_j} \sum_{j=1}^{k} (\overline{x}_j - \overline{\overline{x}})^2 = n_j \sum_{j=1}^{k} (\overline{x}_j - \overline{\overline{x}})^2 = \sum_{j=1}^{k} n_j \overline{x}_j^2 - n_T \overline{\overline{x}}^2 = SST - SSE$$

從上面公式可以發現在計算 SSA 時，相當於每個小母體的元素皆以該小母體的樣本平均數取代去進行計算。下面是原始資料：

觀測值	母體 1	母體 2	$\cdots$	母體 j	$\cdots$	母體 k	總平均
樣本 1	x_{11}	x_{12}	$\cdots$	x_1j	$\cdots$	x_1k	
樣本 2	x_{21}	x_{22}	$\cdots$	x_2j	$\cdots$	x_2k	
$\vdots$	$\vdots$	$\vdots$	$\vdots$	$\vdots$		$\vdots$	
樣本 i	xi_1	xi_2	$\cdots$	xij	$\cdots$	xik	
$\vdots$	$\vdots$	$\vdots$	$\vdots$	$\vdots$		$\vdots$	
樣本 n	$x_{n_1 1}$	$x_{n_2 2}$	$\cdots$	$x_{n_j j}$	$\cdots$	$x_{n_k k}$	$\overline{\overline{x}}$

當計算 SSA 時原始資料變成：

觀測值	母體 1	母體 2	$\cdots$	母體 j	$\cdots$	母體 k	總平均
樣本 1	$\overline{x}_1$	$\overline{x}_2$	$\cdots$	$\overline{x}_j$	$\cdots$	$\overline{x}_k$	
樣本 2	$\overline{x}_1$	$\overline{x}_2$	$\cdots$	$\overline{x}_j$	$\cdots$	$\overline{x}_k$	
$\vdots$	$\vdots$	$\vdots$	$\vdots$	$\vdots$		$\vdots$	
樣本 i	$\overline{x}_1$	$\overline{x}_2$	$\cdots$	$\overline{x}_j$	$\cdots$	$\overline{x}_k$	
$\vdots$	$\vdots$	$\vdots$	$\vdots$	$\vdots$	$\cdots$	$\vdots$	
樣本 n	$\overline{x}_1$	$\overline{x}_2$	$\cdots$	$\overline{x}_j$	$\cdots$	$\overline{x}_k$	$\overline{\overline{x}}$

由上表格資料所計算出來的變異即稱為 SSA。

若每一個小母體所抽取的樣本數皆相同時，SSA 可再進一步化簡，即

$$SSA = \sum_{j=1}^{k} n_j \overline{x}_j^2 - n_T \overline{\overline{x}}^2 = \sum_{j=1}^{k} n \overline{x}_j^2 - n \times k \cdot \overline{\overline{x}}^2 = n \left(\sum_{j=1}^{k} \overline{x}_j^2 - k \cdot \overline{\overline{x}}^2 \right)$$

$$= n \times k \times \left(\frac{1}{k} \sum_{j=1}^{k} \overline{x}_j^2 - \overline{\overline{x}}^2 \right) = n_T \times \sigma_{\overline{x}_j}^2$$

其中 $\sigma_{\overline{x}}^2$ 為每個小母體之樣本平均數所計算出來的變異數。

(3) 隨機變異

$$SSE = \sum_{j=1}^{k} \sum_{i=1}^{n_j} (x_{ij} - \overline{x}_j)^2 = \sum_{j=1}^{k} \sum_{i=1}^{n_j} (x_{ij} - \overline{x}_j)^2 = \sum_{j=1}^{k} n_j \left[\frac{1}{n_j} \sum_{i=1}^{n_j} (x_{ij} - \overline{x}_j)^2 \right] = \sum_{j=1}^{k} n_j \sigma_j^2$$

$$= \sum_{j=1}^{k} (n_j - 1) \left[\frac{1}{n_j - 1} \sum_{i=1}^{n_j} (x_{ij} - \overline{x}_j)^2 \right] = \sum_{j=1}^{k} (n_j - 1) s_j^2$$

亦即

$$SSE = \sum_{j=1}^{k} n_j \sigma_j^2 = \sum_{j=1}^{k} (n_j - 1)s_j^2$$

若只有兩個小母體時,上式中的 $\sum_{j=1}^{k}(n_j-1)s_j^2$ 與混合樣本變異 s_p^2 的分子部分相等。在此處我們給讀者的建議是,先求出 SST,接著分兩種情況:

情況 I:每個母體取樣個數相同:先求 SSA 再利用 $SSE = SST - SSA$

情況 II:每個母體取樣個數不同:先求 SSE 再利用 $SSA = SST - SSE$

若上述公式讀者記不起來的話,在此幫讀者做一整理,下面的方法非快速計算法,欲求 SST, SSA, SSE 三個值前先求全體平均 $\bar{\bar{x}}$,各小母體平均 $\bar{x}_j$ 與各小母體樣本變異數 s_j^2。

SST 與 $\bar{\bar{x}}$ 有關 $\Rightarrow SST = ($ 全體資料 $- \bar{\bar{x}}$) 2 加總起來

SSA 與 $\bar{x}_j$ 有關 $\Rightarrow SSA = (\bar{x}_j - \bar{\bar{x}})^2 \times ($ 小母體個數) 再加總起來

SSE 與 s_j^2 有關 $\Rightarrow SSE = ($ 小母體個數 $-1) \times s_j^2$ 再加總起來

> **註** 公式記憶要訣,順時針依序寫出 x_{ij}、$\bar{x}_j$、$\bar{\bar{x}}$,接著逆時針依序為 SST、SSA、SSE。

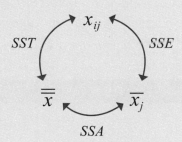

🔧 11.2.2 母體變異數估計值

1. A 因子變異數之估計

　　一般書籍稱為樣本間均方(mean square between),表示因子 A 的每個小母體平均數所造成的變異數,記作 MSA。而符號中的 M 表示平均數的意思,也就是總和除以自由度。$\bar{x}_j$ 為抽樣自各小母體的樣本平均數,由於每次抽樣所得到的平均數不同,故為一隨機變數,k 個小母體就有 k 個隨機變數 $\bar{x}_j$,因為公式中使用了 $\bar{\bar{x}}$ 這個限制式,所以自由度少 1 變成 $k-1$。

$$MSA = \frac{\sum_{i=1}^{n_i} \sum_{j=1}^{k} (\bar{x}_j - \bar{\bar{x}})^2}{k-1} = \frac{SSA}{k-1}$$

2. 誤差變異數之估計

　　一般書本稱為樣本內均方（mean square within）也有人稱為隨機變異數，公式中 x_{ij} 為樣本，全體共抽出 n_T 個樣本，故隨機變數有 n_T 個，但公式中使用了 k 個 $\bar{x}_j$，因此自由度少 k，故自由度為 $n_T - k$。

$$MSE = \frac{\sum_{i=1}^{n_j}\sum_{j=1}^{k}(x_{ij} - \bar{x}_j)^2}{n_T - k} = \frac{SSE}{n_T - k}$$

3. $\dfrac{MSA}{MSE}$ 的抽樣分配

　　當 H_0 為真時，$\dfrac{MSA}{MSE}$ 的抽樣分配服從分子自由度 $k-1$ 與分母自由度 $n_T - k$ 的 F 分配，對於證明有興趣的讀者可參考作者的另一著作，即

$$\frac{MSA}{MSE} \sim F_{k-1, n_T-1}$$

4. 變異數分析表

　　一般在做多個母體平均數檢定是否相等時，我們會將上面所求出的變異整理在一個表格中，這個表格稱為變異數分析表。單因子變異數分析一般為一個 4×5 的表格，其整理的計算資料如下表所示：

變異來源	平方和 (SS)	自由度 (d.f)	平均平方和 (MS)	F
A 因子（組間）	SSA	$k-1$	$MSA = \dfrac{SSA}{k-1}$	$F^* = \dfrac{MSA}{MSE}$
隨機（組內）	SSE	$n_T - k$	$MSE = \dfrac{SSE}{n_T - k}$	
總和	SST	$n_T - 1$		

　　在此教授讀者一個自由度的記憶要訣：A 因子自由度 = 類別數 -1，總和之自由度 = 全體資料數 -1，接著利用 A 因子自由度 + 隨機之自由度 = 總和之自由度，求出隨機之自由度，隨後之單元自由度之求法與此處之記憶法相同。

5. 變異數分析之步驟

　　在本節結束前，將整個單因子變異數分析的流程作一整理，其步驟如下：

(1) 建立兩個假設：$\begin{cases} H_0 : \mu_1 = \mu_2 = \cdots = \mu_k \\ H_1 : \mu_1, \mu_2, \cdots, \mu_k \text{ 不全相等} \end{cases}$

(2) 計算資料表中之各組組平均、變異數及總平均。

(3) 建立 ANOVA 表：

A. $SST = \sum_{i=1}^{n_j} \sum_{j=1}^{k} (x_{ij} - \overline{\overline{x}})^2 = \sum_{i=1}^{n_j} \sum_{j=1}^{k} x_{ij}^2 - n_T \overline{\overline{x}}^2 = n_T \sigma_T^2$

B. $SSA = \sum_{i=1}^{n_j} \sum_{j=1}^{k} (\overline{x}_j - \overline{\overline{x}})^2 = n_T \sigma_{\overline{x}_j}^2$

C. $SSE = \sum_{i=1}^{n_j} \sum_{j=1}^{k} (x_{ij} - \overline{x}_j)^2 = SST - SSB = \sum_{j=1}^{k} (n_j - 1) s_j^2$

D. $MSA = \dfrac{SSA}{k-1}$

E. $MSE = \dfrac{SSE}{n_T - k}$

(4) 檢定統計量：$F^* = \dfrac{MSA}{MSE}$。

(5) 決策：若 $F^* > F_{k-1, n_T - k, \alpha}$ 或 $P\text{-value} = P(F_{k-1, n_T - k} > F^*) < \alpha \Rightarrow$ 拒絕 H_0。

註 當 $k=2$（A 因子的衡量水準只有 2 個）時，變異數分析的結果與兩獨立母體之平均數檢定相同（需假設兩母體變異數相等）。故當 $k=2$ 時，除非特別指定使用變異數分析檢定，一般使用獨立樣本 t 檢定較為簡單。在兩獨立母體之平均數檢定時使用的共同樣本變異數，恰等於變異數分析中的 MSE，即

$$s_p^2 = \frac{(n_1 - 1)s_1^2 + (n_2 - 1)s_2^2}{n_1 + n_2 - 2} = MSE = \frac{SSE}{n_1 + n_2 - 2}$$

有關單因子變異數分析的注意事項：當進行一項研究或實驗時，我們不能夠僅就平均數的大小去判斷母體平均數的大小，因為抽樣會產生偏差。例如：底下為學生家庭背景與學習成績關係之樣本平均圖。

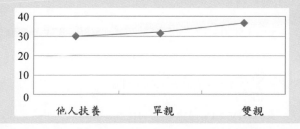

我們不能夠因為樣本平均數的的訊息直接下雙親家庭的學生成績大於單親家庭學生成績大於他人扶養的學生成績。是否有差異除了與平均數大小有關外，尚須考慮樣本大小、變異數大小以及顯著水準，故未經過檢定到達顯著水準，不能夠宣稱母體平均數有差異，未經事後檢定同樣也不能直接比較母體平均數大小。

 例 11-1

隨機從三個母體各取出五個樣本，資料如下表所示：

編號	樣本 1	樣本 2	樣本 3
1	32	44	33
2	30	43	36
3	30	44	35
4	26	46	36
5	32	48	40
樣本平均數	30	45	36
樣本變異數	6.00	4.00	6.50

(1) 求因子 A 所造成的變異（組間變異）。

(2) 求隨機變異（組內變異）。

(3) 建構變異數分析表。

(4) 在顯著水準 $\alpha = 0.05$ 的條件下，請檢定三個母體平均數是否相等？

 解 (1) 總平均：$\bar{\bar{x}} = \dfrac{30 \times 5 + 45 \times 5 + 36 \times 5}{15} = 37$

因子變異：因子變異是指由每一組平均數所產生之變異，每一母體之取樣數相同，故本題可採用快速計算公式，即計算 30,45,36 三個數字之變異數再乘以總樣本數，即

$$SSA = n_T \sigma_{\bar{x}}^2 = n_T \times \left[\frac{1}{k} \sum_{j=1}^{k} \bar{x}_j^2 - \bar{\bar{x}}^2 \right] = 15 \times \left[\frac{1}{3}(30^2 + 45^2 + 36^2) - 37^2 \right] = 570$$

若用定義公式計算則為：

$$SSA = \sum_{j=1}^{k} n_j (\bar{x}_j - \bar{\bar{x}})^2 = 5(30-37)^2 + 5(45-37)^2 + 5(36-37)^2 = 570$$

(2) 隨機變異：$SSE = \displaystyle\sum_{i=1}^{n_j} \sum_{j=1}^{k} (x_{ij} - \bar{x}_j)^2 = \sum_{j=1}^{k} (n_j - 1)s_j^2$

$$= (5-1)6 + (5-1)4 + (5-1)6.5 = 66$$

(3) $MSA = \dfrac{SSA}{k-1} = \dfrac{570}{3-1} = 285$

$MSE = \dfrac{SSE}{n_T - k} = \dfrac{66}{15-3} = 5.5$

$SST = SSA + SSE = 570 + 66 = 636$

檢定統計量：$F^* = \dfrac{MSA}{MSE} = \dfrac{285}{5.5} = 51.82$

故變異數分析表如下所示：

變異來源	平方和	自由度	平均平方和	F
因子	570	2	285	
隨機	66	12	5.5	51.82
總和	636	14		

(4) 設立兩個假設：$\begin{cases} H_0:\mu_1 = \mu_2 = \mu_3 \\ H_1:\mu_1,\mu_2,\mu_3 \end{cases}$ 不全相等

$\because F^* > F_{0.05,2,12} = 3.89 \Rightarrow$ 拒絕 H_0

故三個母體平均數有顯著差異。

例 11-2

某項為瞭解台灣地區稻米的產量是否會因北、中、南產生差異，於是自北、中、南隨機抽取若干樣本，得到資料如下所示：（單位：公噸／公畝）

	產量
北部	1 3 2
中部	3 2 4 2
南部	7 6 4

假設母體滿足變異數分析之假設，請你利用上述資料檢定，台灣區稻米的產量是否會因北、中、南產生差異。（$\alpha = 0.05$）

 解 假設 1,2,3 分別代表北部、中部、南部

設立兩個假設：$\begin{cases} H_0:\mu_1 = \mu_2 = \mu_3 \\ H_1:\mu_1,\mu_2,\mu_3 \end{cases}$ 不全相等

相關計算資料：

北部	1	3	2		$s_1^2 = 1$
中部	3	2	4	2	$s_2^2 = 0.917$
南部	7	6	4		$s_3^2 = 2.333$

$\bar{\bar{x}} = 3.4, \sigma_T^2 = 3.24$

$SST = n_T \sigma_T^2 = 10 \times 3.24 = 32.4$

$SSE = \sum_{j=1}^{k} (n_j - 1)s_j^2 = 2 \times 1 + 3 \times 0.917 + 2 \times 2.333 = 9.417$

$SSA = SST - SSE = 32.4 - 9.417 = 22.983$

建立 ANOVA 表

變異來源	平方和	自由度	平均平方和	F
因子	22.983	2	11.492	
隨機	9.417	7	1.345	8.544
總和	32.4	9		

$\because F^* = 8.544 > F_{0.05,2,7} = 4.74$

⇒ 拒絕虛無假設，故北、中、南三區的稻米產量有顯著的差異。

11.2.3 因子效果之估計

1. 個別處理平均數之估計

在變異數分析中，若我們想要估計某個小母體平均數的區間估計時，需假設每個小母體的變異數相等，因此在估計每個小母體平均數的信賴區間時，以 MSE 來取代母體變異數。

回顧前面有關單一母體平均數的信賴區間表示成：$\bar{x} - t_{\frac{\alpha}{2},n-1}\sqrt{\frac{s^2}{n}} \leq \mu \leq \bar{x} + t_{\frac{\alpha}{2},n-1}\sqrt{\frac{s^2}{n}}$，而在此處單一母體的信賴區間為：

$$\bar{x}_j - t_{\frac{\alpha}{2},n_T-k}\sqrt{\frac{MSE}{n_j}} \leq \mu_j \leq \bar{x}_j + t_{\frac{\alpha}{2},n_T-k}\sqrt{\frac{MSE}{n_j}}$$

此信賴區間又稱為傳統信賴區間，一般若沒有特別指定使用何種方法推導信賴區間，則使用上式推求即可，其中 n_T-k 為 MSE 之自由度，μ_j 為第 j 個母體平均數。

2. **兩處理平均數 $\mu_i - \mu_j$ 之估計**

同樣的，回顧前面章節中有關兩獨立母體平均數差的信賴區間，若假設變異數相等，則信賴區間為：

$$(\overline{x}_1 - \overline{x}_2) - t_{\frac{\alpha}{2}, n_1+n_2-2}\sqrt{\frac{s_p^2}{n_1} + \frac{s_p^2}{n_2}} \leq \mu_1 - \mu_2 \leq (\overline{x}_1 - \overline{x}_2) + t_{\frac{\alpha}{2}, n_1+n_2-2}\sqrt{\frac{s_p^2}{n_1} + \frac{s_p^2}{n_2}}$$

在此處只要將變異數 s_p^2 以 MSE 取代即可，故 $\mu_i - \mu_j$ 之 $1-\alpha$ 信賴區間為：

$$(\overline{x}_i - \overline{x}_j) - t_{\frac{\alpha}{2}, n_T-k}\sqrt{\frac{MSE}{n_i} + \frac{MSE}{n_j}} \leq \mu_i - \mu_j \leq (\overline{x}_i - \overline{x}_j) + t_{\frac{\alpha}{2}, n_T-k}\sqrt{\frac{MSE}{n_i} + \frac{MSE}{n_j}}$$

詳細的推導過程請自行參閱相關書籍，本書的內容不強調證明過程。

例 11-3

為瞭解三種不同形式機器生產某種產品平均重量是否有差異，今自各機器所生產之產品中隨機抽取樣本整理如下：

	n_i	$\overline{x}_j$	s_i^2
甲	5	20	10
乙	8	22	8
丙	6	25	12

(1) 試以 $\alpha=0.05$ 檢驗三種機器所生產的產品平均重量是否有差異。

(2) 求 μ_2 之 95% 的信賴區間。

(3) 求 $\mu_1 - \mu_3$ 之 95% 的信賴區間，並由信賴區間比較 μ_1, μ_3 之大小。

 假設 1,2,3 分別表示甲、乙、丙，建立兩個假設

(1) $\begin{cases} H_0 : \mu_1 = \mu_2 = \mu_3 \\ H_0 : \mu_1, \mu_2, \mu_3 \text{ 不完全相等} \end{cases}$

總平均：$\overline{\overline{x}} = \dfrac{5(20) + 8(22) + 6(25)}{5+8+6} = 22.421$

隨機差異：$SSE = \displaystyle\sum_{j=1}^{k}(n_j-1)s_j^2 = (5-1)(10) + (8-1)(8) + (6-1)(12) = 156$

A 因子引起差異：$SSA = \displaystyle\sum_{j=1}^{k} n_j(\overline{x}_j - \overline{\overline{x}})^2$

$$= 5(20-22.421)^2 + 8(22-22.421)^2 + 6(25-22.421)^2 = 70.632$$

ANOVA 表：

變異來源	平方和	自由度	平均平方和	F
因子（組間）	70.632	2	35.316	
隨機（組內）	156	16	9.75	3.622
總和	226.632	18		

$\because F^* = 3.622 < F_{0.05,2,16} = 3.63 \Rightarrow$ 不拒絕 H_0

表示三種機器生產平均數沒有顯著的差異。

(2) $\because MSE = 9.75$

$$\overline{x}_2 - t_{0.025,16}\sqrt{\frac{MSE}{n_2}} \leq \mu_2 \leq \overline{x}_2 + t_{0.025,16}\sqrt{\frac{MSE}{n_2}}$$

$$\therefore 22 - 2.12\sqrt{\frac{9.75}{8}} \leq \mu_2 \leq 22 - 2.12\sqrt{\frac{9.75}{8}} \Rightarrow 19.66 \leq \mu_2 \leq 24.34$$

(3) $\mu_1 - \mu_3 = (\overline{x}_1 - \overline{x}_3) \pm t_{0.025,16}\sqrt{\frac{MSE}{n_1} + \frac{MSE}{n_3}}$

$$\mu_1 - \mu_3 = (20-25) \pm 2.12\sqrt{\frac{9.75}{5} + \frac{9.75}{6}}$$

$$\Rightarrow -9.008 \leq \mu_1 - \mu_3 \leq -0.992$$

由信賴區間知：$\mu_1 < \mu_3$

11.2.4 k 個常態母體之共同變異數 σ^2 之估計

在前面的章節中曾經提到單一母體變異數的信賴區間為：

$$\frac{(n-1)s^2}{\chi^2_{\frac{\alpha}{2},n-1}} \leq \sigma^2 \leq \frac{(n-1)s^2}{\chi^2_{1-\frac{\alpha}{2},n-1}}$$

而在變異數分析中則以 MSE 取代變異數 s^2，故此時 k 個常態母體之共同變異數 σ^2 之 $1-\alpha$ 信賴區間為：

$$\frac{(n_T-k)MSE}{\chi^2_{\frac{\alpha}{2},n_T-k}} \leq \sigma^2 \leq \frac{(n_T-k)MSE}{\chi^2_{1-\frac{\alpha}{2},n_T-k}}$$

又 $MSE = \dfrac{SSE}{n_T - k}$ ，故上式變成：

$$\frac{SSE}{\chi^2_{\frac{\alpha}{2}, n_T - k}} \le \sigma^2 \le \frac{SSE}{\chi^2_{1 - \frac{\alpha}{2}, n_T - k}}$$

此即為 k 個常態母體之共同變異數 σ^2 之 $1 - \alpha$ 信賴區間，上面兩個式子建議讀者記第一個式子，可與前面觀念相互融合。

 例 11-4

現有 A、B、C 三家汽車裝配廠，欲檢定三家汽車裝配廠所生產汽車缺點是否相同，分別隨機從三家裝配廠抽出若干樣本檢定，分別獲得缺點數如下表所示：試以 0.05 為檢定之顯著水準

(1) 檢定各種車型之缺點的平均數是否相等

(2) 求共同變異數 σ^2 的 95% 信賴區間

(3) 求 μ_B 之 95% 信賴區間。

車型	A	B	C
輛數	4	6	5
平均缺點數	5.75	3.50	7.20
變異數	1.1875	1.9167	2.1600

其中變異數：$s^2 = \dfrac{1}{n-1} \sum_{i=1}^{n} (x_i - \overline{x})^2$

解 (1) 設立兩個假設：$\begin{cases} H_0 : \mu_A = \mu_B = \mu_C \\ H_1 : \mu_A, \mu_B, \mu_C \text{ 不全相等} \end{cases}$

總平均：$\overline{\overline{x}} = \dfrac{4 \times 5.75 + 6 \times 3.5 + 5 \times 7.2}{15} = 5.33$

$SSA = 4(4.75 - 5.33)^2 + 6(3.5 - 5.33)^2 + 5(7.2 - 5.33)^2 = 38.28$

$MSA = \dfrac{SSA}{2} = \dfrac{38.28}{2} = 19.14$

$SSE = (4-1) \times 1.1875 + (6-1) \times 1.9167 + (5-1) \times 2.16$

$MSE = \dfrac{SSE}{12} = \dfrac{21.786}{12} = 1.8155$

檢定統計量：$F^* = \dfrac{MSA}{MSE} = \dfrac{19.14}{1.8155} = 10.543$

$\because F^* = 10.543 > F_{0.05,2,12} = 3.89 \Rightarrow$ 拒絕 H_0

故三家裝配廠所生產的汽車缺點平均數不完全相等。

(2) $\dfrac{SSE}{\chi^2_{\frac{\alpha}{2},n_T-k}} \le \sigma^2 \le \dfrac{SSE}{\chi^2_{1-\frac{\alpha}{2},n_T-k}} \Rightarrow \dfrac{SSE}{\chi^2_{0.025,12}} \le \sigma^2 \le \dfrac{SSE}{\chi^2_{0.975,12}}$

$\dfrac{21.786}{23.3367} \le \sigma^2 \le \dfrac{21.786}{4.40379} \Rightarrow 0.934 \le \sigma^2 \le 4.947$

(3) $\overline{x}_j - t_{\frac{\alpha}{2},n_T-k}\sqrt{\dfrac{MSE}{n_j}} \le \mu_j \le \overline{x}_j + t_{\frac{\alpha}{2},n_T-k}\sqrt{\dfrac{MSE}{n_j}}$

$3.50 - 2.179\sqrt{\dfrac{1.8155}{6}} \le \mu_B \le 3.50 + 2.179\sqrt{\dfrac{1.8155}{6}}$

$\Rightarrow 2.3014 \le \mu_B \le 4.6986$

%o11.2.5 多重比較法

單因子變異數分析中，若檢定結果為拒絕虛無假設，表示各小母體平均數有顯著的差異，但不知道差異是由那幾個小母體所造成。此時可進一步深入探討任兩個處理平均數差異之成對比較，檢定差異是由哪幾母體平均數所造成，並找出所有處理平均數之大小排列順序，這種分析方法稱為多重比較法（multiple comparision）。一般常見的多重比較法有：Fisher 最小顯著差異法、Bonferroni 多重比較與 Scheffe 多重比較法等。

1. Fisher 最小顯著差異法（least significant difference）

簡稱 LSD 法，它是最早發被展出來的方法，檢定時所犯的型 I 錯誤較大檢定力不弱，因為簡單易懂，故直到現在仍有不少人使用它進行事後檢定。LSD 的原理十分簡單，當進行兩兩比對檢定時，兩個假設為：$H_0 : \mu_i = \mu_j, H_1 : \mu_i \ne \mu_j$，檢定統計量 $t^* = \dfrac{\overline{x}_i - \overline{x}_j}{\sqrt{\dfrac{MSE}{n_i} + \dfrac{MSE}{n_j}}}$，

決策法則為：當 $|t^*| > t_{\frac{\alpha}{2},n_T-k}$ 時拒絕虛無假設，此時表示 μ_i, μ_j 有顯著差異。我們可將這個檢定步驟再進一步處理讓它使用起來更簡單，將檢定統計量 t^* 代入決策法則中。因此得

$|t^*| = \dfrac{|\overline{x}_i - \overline{x}_j|}{\sqrt{\dfrac{MSE}{n_i} + \dfrac{MSE}{n_j}}} > t_{\frac{\alpha}{2},n_T-1}$，兩邊同乘 $\sqrt{\dfrac{MSE}{n_i} + \dfrac{MSE}{n_j}}$，於是決策法則變成：當

$|\overline{x}_i - \overline{x}_j| > t_{\frac{\alpha}{2},n_T-1}\sqrt{\dfrac{MSE}{n_i} + \dfrac{MSE}{n_j}}$ 時拒絕虛無假設，在此定義 LSD 為：

$$LSD = t_{\frac{\alpha}{2},n_T-k}\sqrt{\frac{MSE}{n_i}+\frac{MSE}{n_j}}$$

此時檢定只要比較 $|\bar{x}_i-\bar{x}_j|$ 與 LSD 的大小即可，即：若 $|\bar{x}_i-\bar{x}_j|>LSD \Rightarrow$ 表示 μ_i 與 μ_j 有顯著差異。從上面的推導過程中，不難看出 LSD 僅為傳統檢定法的改良版，僅在各母體抽取樣本數相同時，才能得到計算上的方便，若樣本數皆不同時，它並未比傳統檢定法快，但畢竟它改良了傳統檢定法，只要有若干母體抽出的本數相同，它的計算效率就比傳統法佳。

2. 聯合信賴區間法

LSD 的檢定過程是採用傳統信賴區間，此種方法有個缺點，也就是每次比較時會造成型 I 錯誤機率膨脹。假設每次檢定的過程都彼此獨立，使用 $\alpha=0.05$ 進行檢定，若有三個小母體需做事後檢定則需進行三次兩兩比較。當我們進行三次檢定，三次均不犯型 I 錯誤的機率為 $0.95^3=0.8574$，因此至少犯一次型 I 錯誤的機率則為 $1-0.8574=0.1426$，此種錯誤稱為全體型 I 錯誤（overall type I error）亦有人稱為實驗型 I 錯誤（experimentwise type I error），通常以符號 α_{EW} 表示，但實際上所犯型 I 錯誤可能遠大於 0.1426，因為事實上三個小母體共用相同的變異數，表示三個小母體間並非是完全獨立的。因此有學者主張對應對此現象進行調整，這種調整方式可以使各區間同時對的機率正好是 $1-\alpha$，我們稱這種調整後的信賴區間為聯合信賴區間（simultaneous confidence intervals），接下來我們要介紹一些常見的聯合信賴區間檢定法，它是屬於信賴區間檢定法的一種。

(1) Bonferroni 多重比較法：是以聯合信賴區間的方式來檢定母體平均數是否有差異，屬於信賴區間法的一種，他的兩個假設為：$\begin{cases}H_0:\mu_i=\mu_j \\ H_1:\mu_i\neq\mu_j\end{cases}$。

Bonferroni 認為假設每次檢定所犯的型 I 錯誤為 α，若有 k 個小母體，每次檢定二個，需檢定 $m=C_2^k$ 次。因此會造成型 I 錯誤的累積，使得型 I 錯誤膨脹成 $m\alpha$，違反所設立的顯著水準，為避免這個問題，他事先將型 I 錯誤除以檢定次數，使檢定 m 次後所累積的誤差恰符合顯著水準等於 α 的要求。故 m 個母體平均數差的 $1-\alpha$ 的聯合信賴區間為：

$$(\bar{x}_i-\bar{x}_j)-t_{\frac{\alpha}{2m},n_T-k}\sqrt{\frac{MSE}{n_i}+\frac{MSE}{n_j}}\leq\mu_i-\mu_j\leq(\bar{x}_i-\bar{x}_j)+t_{\frac{\alpha}{2m},n_T-k}\sqrt{\frac{MSE}{n_i}+\frac{MSE}{n_j}}$$

判斷準則為：

A. 若 $\mu_i-\mu_j$ 之聯合信賴區間包含 0，則不拒絕虛無假設。

B. 若 $\mu_i-\mu_j$ 之聯合信賴區皆為負值，則表示 $\mu_i<\mu_j$。

C. 若 $\mu_i-\mu_j$ 之聯合信賴區皆為正值，則表示 $\mu_i>\mu_j$。

(2) Scheffe 多重比較法：Scheffe 則是將傳統信賴區間法中的 t 分配改用 F 分配，由於 t 分配與 F 分配存在 $t_{\frac{\alpha}{2},n} = \sqrt{F_{\alpha,1,n}}$ 的關係，同樣的為了避免顯著水準的膨脹，因此在 F 的前面加個調整的係數 $(k-1)$，使信賴區間加大縮小型 I 錯誤。故若有 k 個小母體，則可求出 C_2^k 個母體平均數差之 $1-\alpha$ 的聯合信賴區間：

$$\mu_i - \mu_j = (\overline{x}_i - \overline{x}_j) \pm \sqrt{(k-1)F_{\alpha,k-1,n_T-k}} \sqrt{\frac{MSE}{n_i} + \frac{MSE}{n_j}}$$

Scheffe 多重比較法因為過於保守，其調整係數雖然有效的降低了顯著水準 α，卻造成了有較高的型 II 錯誤，同時導致檢定力減弱。故常常發生整體檢定為拒絕虛無假設，但 Scheffe 多重比較法檢定結果卻無法找到哪兩個小母體間有差異。故在進行事後成對（兩兩比較）檢定時作者比較不建議採用此法，此法比較適用於非成對處理之檢定，例如：虛無假設為 $H_0 : c_1\mu_1 + c_2\mu_2 + \cdots + c_k\mu_k = 0$ 這種型態的檢定，其判斷準則與 Bonferroni 之聯合信賴區間相同。

判斷準則為：

A.若 $\mu_i - \mu_j$ 之聯合信賴區間包含 0，則接受虛無假設。

B.若 $\mu_i - \mu_j$ 之聯合信賴區皆為負值，則表示 $\mu_i < \mu_j$。

C.若 $\mu_i - \mu_j$ 之聯合信賴區皆為正值，則表示 $\mu_i > \mu_j$。

 例 11-5

已知下列資料：$(\alpha = 0.1)$

樣本 1	樣本 2	樣本 3
10	6	14
8	9	13
5	8	10
12	13	17
14		16
11		

(1) 試建構變異數分析表，並檢定此三個母體平均數是否有差異？$(F_{0.1,2,12} = 2.81)$

(2) 請使用最小顯著差異法（LSD）針對每個處理，作母體平均數的檢定。

解 (1) 設立兩個假設 $\begin{cases} H_0 : \mu_1 = \mu_2 = \mu_3 \\ H_1 : \mu_1, \mu_2, \mu_3 \text{ 不全相等} \end{cases}$

$$SST = \sum_{i=1}^{n_j} \sum_{j=1}^{k} (x_{ij} - \overline{\overline{x}})^2 = \sum_{i=1}^{n_j} \sum_{j=1}^{k} x_{ij}^2 - n_T \overline{\overline{x}}^2 = n_T \sigma_T^2 = 15 \times 11.52889 = 172.933$$

$$s_1^2 = 10, s_2^2 = 8.667, s_3^2 = 7.5$$

$$SSE = (6-1) \times 10 + (4-1) \times 8.667 + (5-1) \times 7.5 = 106$$

$$SSA = SST - SSE = 66.993$$

ANOVA 表：

變異來源	平方和	自由度	平均平方和	F
因子（組間）	66.933	2	33.467	
隨機（組內）	106	12	8.833	3.789
總和	172.933	14		

$\because F^* = 3.789 > F_{0.1,2,12} = 2.81 \Rightarrow$ 拒絕 H_0，表三個母體平均數有顯著的差異。

(2) $LSD = t_{\frac{\alpha}{2}, n_T - k} \sqrt{\dfrac{MSE}{n_i} + \dfrac{MSE}{n_j}}$

$\overline{x}_1 = 10, \overline{x}_2 = 9, \overline{x}_3 = 14$

A. $\begin{cases} H_0 : \mu_1 = \mu_2 \\ H_1 : \mu_1 \neq \mu_2 \end{cases}$

$$LSD = 1.782 \sqrt{\frac{8.833}{6} + \frac{8.833}{4}} = 3.4187$$

$\because |\overline{x}_1 - \overline{x}_2| = 1 < LSD \quad \therefore \mu_1, \mu_2$ 無顯著差異

B. $\begin{cases} H_0 : \mu_3 = \mu_2 \\ H_1 : \mu_3 \neq \mu_2 \end{cases}$

$$LSD = 1.782 \sqrt{\frac{8.833}{5} + \frac{8.833}{4}} = 3.553$$

$\because |\overline{x}_3 - \overline{x}_2| = 5 > LSD \quad \therefore \mu_3, \mu_2$ 有顯著差異

C. $\begin{cases} H_0 : \mu_1 = \mu_3 \\ H_1 : \mu_1 \neq \mu_3 \end{cases}$

$$LSD = 1.782 \sqrt{\frac{8.833}{6} + \frac{8.833}{5}} = 3.207$$

$\because |\overline{x}_1 - \overline{x}_2| = 4 > LSD \quad \therefore \mu_1, \mu_3$ 有顯著差異

例 11-6

為瞭解傳統教學、錄影帶教學與多媒體教學對學生的學習成效是否有差異，隨機將 18 個學生分派至三種不同教學法課程，每種教學法各 6 名學生。在課程結束後針對這 18 個學生舉行期末測驗，成績結果如下表所示：

編號	教學法		
	傳統教學	錄影帶教學	多媒體教學
1	86	78	90
2	82	70	79
3	94	65	88
4	77	74	87
5	86	63	96
6	80	76	85

(1) 假設符合變異數分析的條件，試以顯著水準 $\alpha=0.05$ 檢定三種教學法的成果是否相同？

(2) 試以 Bonferonni 法求 $\mu_1-\mu_2, \mu_2-\mu_3, \mu_1-\mu_3$ 之聯合信賴區間，並檢定兩兩母體的平均數是否相同？（取 $\dfrac{\alpha}{6}=\dfrac{0.05}{6}\approx0.01$）

解 (1) 根據題意設立兩個假設：$\begin{cases} H_0 : \mu_1=\mu_2=\mu_3 \\ H_1 : \mu_1,\mu_2,\mu_3 \text{ 不全相等} \end{cases}$，計算各組之平均數與變異數

編號	傳統教學	錄影帶教學	多媒體教學
1	86	78	90
2	82	70	79
3	94	65	88
4	77	74	87
5	86	63	96
6	80	76	85
$\bar{x}_j$	84.167	71	87.5
s_j^2	35.367	36.8	31.5

$\bar{\bar{x}}=80.889, \sigma_T^2=79.543$

$SST=n_T\sigma_T^2=18\times79.543=1431.774$

$SSE=\sum_{j=1}^{3}(n_j-1)s_j^2=5(35.367+36.8+31.5)=518.335$

$$SSA = SST - SSE = 1431.774 - 548.335 = 913.439$$

SSA 亦可由 $SSA = 6 \times (84.167 - 80.889)^2 + 6 \times (71 - 80.889)^2$

$$+ 6 \times (87.5 - 80.889)^2 \text{ 求得}$$

$$MSE = \frac{SSE}{15} = \frac{518.335}{15} = 34.556, \; MSA = \frac{913.439}{2} = 456.72$$

檢定統計量：$F^* = \dfrac{MSA}{MSE} = \dfrac{456.72}{34.556} = 13.217$

$\because F^* = 13.217 > F_{0.05, 2, 15} = 3.68 \Rightarrow$ 拒絕 H_0，故三種教學法的成果有顯著的差異。

(2) 利用 Bonferonni 法求聯合信賴區間

$m = C_2^3 = 3$

$$(\bar{x}_i - \bar{x}_j) - t_{\frac{\alpha}{2m}, n_T - k} \sqrt{\frac{MSE}{n_i} + \frac{MSE}{n_j}} \leq \mu_i - \mu_j \leq (\bar{x}_i - \bar{x}_j) + t_{\frac{\alpha}{2m}, n_T - k} \sqrt{\frac{MSE}{n_i} + \frac{MSE}{n_j}}$$

$\mu_1 - \mu_2$：

$$(84.167 - 71) - 2.602 \sqrt{\frac{34.556}{6} + \frac{34.556}{6}} \leq \mu_1 - \mu_2 \leq (84.167 - 71) + 2.602 \sqrt{\frac{34.556}{6} + \frac{34.556}{6}}$$

$$\Rightarrow 4.336 \leq \mu_1 - \mu_2 \leq 21.998$$

故 μ_1, μ_2 具顯著差異且 μ_1 優於 μ_2，表傳統教學法的成果優於錄影帶教學。

同理可得．$-23.334 \leq \mu_2 - \mu_3 \leq -7.669$，故 μ_3, μ_2 具顯著差異且 μ_3 優於 μ_2，表多媒體教學法的成果優於錄影帶教學。

$-12.164 \leq \mu_1 - \mu_3 \leq 5.498$，表 μ_1, μ_3 無顯著差異，表無法證明多媒體教學優於傳統教學。

 例 11-7

消費者基金會欲瞭解市面上三種主要品牌之電池平均壽命是否有顯著差異，今從三種品牌之電池抽樣檢驗，其壽命資料如下（單位：小時）

品牌 1	品牌 2	品牌 3
20	30	22
15	33	24
23	28	20
17	25	
	20	

(1) 試以顯著水準 $\alpha = 0.05$ 檢定三種主要品牌之電池平均壽命是否有顯著差異？

(2) 試利用 Scheffe 多重比較法，求 95% 聯合信賴區間，並檢定是否有顯著差異。

解 (1) 設立兩個假設：$\begin{cases} H_0 : \mu_1 = \mu_2 = \mu_3 \\ H_1 : \mu_1, \mu_2, \mu_3 \text{ 不全相等} \end{cases}$

	品牌 1	品牌 2	品牌 3
	20	30	22
	15	33	24
	23	28	20
	17	25	
		20	
$\overline{x}_j$	18.75	27.2	22
s_j^2	12.25	24.7	4

$\overline{\overline{x}} = 23.083, \sigma_T^2 = 25.576$

$SST = n_T \sigma_T^2 = 12 \times 25.576 = 306.917$

$SSE = \sum_{j=1}^{3}(n_j - 1)s_j^2 = 3 \times 12.5 + 4 \times 24.7 + 2 \times 4 = 144.3$

$SSA = SST - SSE = 306.917 - 144.3 = 162.617$

$MSE = \dfrac{SSE}{9} = \dfrac{144.3}{9} = 16.033, \quad MSA = \dfrac{162.617}{2} = 81.309$

$F^* = \dfrac{MSA}{MSE} = \dfrac{81.309}{16.033} = 5.071$

$\because F^* = 5.071 > F_{0.05,2,9} = 4.26 \Rightarrow$ 拒絕 H_0

表三種品牌之電池平均壽命有顯著差異

註：本題讀者亦可建立 ANOVA 表再檢定

(2) $\mu_i - \mu_j = (\overline{x}_i - \overline{x}_j) \pm \sqrt{(k-1)F_{\alpha, k-1, n_T-k}} \sqrt{\dfrac{MSE}{n_i} + \dfrac{MSE}{n_j}}$

其中 $\sqrt{(k-1)F_{\alpha, k-1, n_T-k}} = \sqrt{(3-1)F_{0.05,2,9}} = \sqrt{2 \times 4.26} = 2.919$

$\mu_1 - \mu_2 = (18.75 - 27.2) \pm 2.919 \sqrt{\dfrac{16.033}{4} + \dfrac{16.033}{5}}$

$\Rightarrow -16.29 \leq \mu_1 - \mu_2 \leq -0.609$，表 μ_1, μ_2 具顯著差異且 $\mu_1 < \mu_2$

$\mu_2 - \mu_3 = (27.2 - 22) \pm 2.919 \sqrt{\dfrac{16.033}{5} + \dfrac{16.033}{3}}$

$\Rightarrow -3.336 \leq \mu_2 - \mu_3 \leq 13.814$，表 $\mu_2 = \mu_3$，μ_2, μ_3 無顯著差異

$\mu_1 - \mu_3 = (18.75 - 22) \pm 2.919 \sqrt{\dfrac{16.033}{4} + \dfrac{16.033}{3}}$

$\Rightarrow -12.177 \leq \mu_1 - \mu_3 \leq 5.677$ 表 $\mu_1 = \mu_3$，μ_1, μ_3 無顯著差異

⊙11.3 單因子變異數分析（隨機集區設計）

隨機集區設計的目的在於控制外在因素造成之變異，以消除 MSE 項之誤差。隨機集區設計可提供真實誤差變異數的較佳估計值，使假設檢定更具檢定力。其原理為將實驗分為若干集區，每一集區內若干單位之性質相同，並將每一集區隨機指派處理以從事實驗。例如：我們欲針對台灣地區檢定血型是否會造成學習成果的差異，若以完全隨機的方式抽取樣本，有可能所抽出的樣本全部位於北部或者北部樣本居多，中部樣本少的情形，此時可將樣本按地區分成三個區塊，再針對此三個區塊作隨機取樣，此法便稱為隨機集區設計。此方法之 ANOVA 與二因子未重複試驗之 ANOVA 完全相同，若我們將集區亦視作一個因子，則變成二因子未重複試驗。要注意的是雖然此法稱為隨機集區，但並非是完全隨機試驗，因為我們作了人為的分組了。集區試驗的好處在於可以降低誤差項所產生的變異，如下圖所示：若無集區項（即 $B_1,..,B_4$），總變異分解成 $SST=SSA+SSE$。現在一模一樣的資料，倘若多了集區項，則總變異被分解成 $SST=SSA+SSB+SSE$。兩個式子的 SST 與 SSA 完全相同，也就是說單因子變異數分析中的 SSE，若使用隨機集區試驗，則 SSE（單因子變異數）=$SSB+SSE$（隨機集區）。

處理

B_1	A_1	A_2	A_3
B_2	A_2	A_3	A_1
B_3	A_3	A_2	A_1
B_4	A_1	A_3	A_2

集區

也就是說

單因子變異數分析： $SST=SSA+SSE$

相等‖ 相等‖ ↓↘

$SST=SSA+SSB+SSE$

1. **資料格式**

隨機集區的資料格式如下表所示，$\overline{A_j}$ 為因子衡量水準之平均數，$\overline{B_i}$ 為各集區之平均數。

集區	因子（處理）				
	A_1	A_2	$\cdots$	A_c	平均
B_1	x_{11}	x_{12}	$\cdots$	x_{1c}	$\overline{B}_1$
B_2	x_{21}	x_{22}	$\cdots$	x_{2c}	$\overline{B}_2$
$\vdots$	$\vdots$	$\vdots$	$\cdots$	$\vdots$	$\vdots$
B_r	x_{r1}	x_{r2}	$\cdots$	x_{rc}	$\overline{B}_r$
平均	$\overline{A}_1$	$\overline{A}_2$	$\cdots$	$\overline{A}_c$	$\overline{\overline{x}}$

2. 統計模式

延續前一節的觀念，我們可以將誤差分解成因子誤差＋集區誤差＋隨機誤差，即

$$x_{ij} - \overline{\overline{x}} = (\overline{A}_j - \overline{\overline{x}}) + (\overline{B}_i - \overline{\overline{x}}) + (x_{ij} - \overline{A}_j - \overline{B}_i + \overline{\overline{x}})$$

兩邊平方後誤差即成為變異，故總變異為

總變異 =A 因子變異（處理間變異）＋集區間的變異＋隨機變異

$$\sum_{i=1}^{r}\sum_{j=1}^{c}(x_{ij} - \overline{\overline{x}})^2 = \sum_{i=1}^{r}\sum_{j=1}^{c}(\overline{A}_j - \overline{\overline{x}})^2 + \sum_{i=1}^{r}\sum_{j=1}^{c}(\overline{B}_i - \overline{\overline{x}})^2 + \sum_{i=1}^{r}\sum_{j=1}^{c}(x_{ij} - \overline{A}_j - \overline{B}_i + \overline{\overline{x}})^2$$

若以符號表示成：$SST = SSA + SSB + SSE$

其中：

總變異 $SST = \sum_{i=1}^{r}\sum_{j=1}^{c}(x_{ij} - \overline{\overline{x}})^2 = \sum_{i=1}^{r}\sum_{j=1}^{c}x_{ij}^2 - n_T\overline{\overline{x}}^2 = n_T\sigma^2$

因子變異 $SSA = \sum_{i=1}^{r}\sum_{j=1}^{c}(\overline{A}_j - \overline{\overline{x}})^2 = \sum_{i=1}^{r}\sum_{j=1}^{c}\overline{A}_j^2 - n_T\overline{\overline{x}}^2 = r\sum_{i=1}^{c}\overline{A}_j^2 - n_T\overline{\overline{x}}^2 = n_T\sigma_{\overline{A}_j}^2$

集區間變異 $SSB = \sum_{i=1}^{r}\sum_{j=1}^{c}(\overline{B}_i - \overline{\overline{x}})^2 = \sum_{i=1}^{r}\sum_{j=1}^{c}\overline{B}_i^2 - n_T\overline{\overline{x}}^2 = c\sum_{j=1}^{c}\overline{B}_i^2 - n_T\overline{\overline{x}}^2 = n_T\sigma_{\overline{B}_i}^2$

隨機變異 $SSE = \sum_{i=1}^{r}\sum_{j=1}^{c}(x_{ij} - \overline{A}_j - \overline{B}_i + \overline{\overline{x}})^2 = SST - SSA - SSB$

本書的符號系統，若下標 i 則表示列方向，故 $\overline{B}_i, i = 1$ 表第一列之平均數，下標 j 則表示行方向，$\overline{A}_j, j = 3$ 表第三行之平均數。

其中：$\sigma_{\overline{A}_j}^2$：為 $\overline{A}_j$ 之變異數。

$\sigma_{\overline{B}_i}^2$：為 $\overline{B}_i$ 之變異數。

上面每一個式子的最後面，則是該定義式的最快速計算方法（配合計算機）。因隨機集區設計主要目的是為了減少由 SSE 所產生的變異，故一般不去探討集區的作用，除非集區亦視為一個因子，此時稱為雙因子變異數分析。

從上面的定義式可以看出在計算 SSA 時，相當於每一行的資料皆以該行的平均數取代，即

集區	因子（處理）				平均
	A_1	A_2	$\cdots$	A_c	
B_1	$\overline{A}_1$	$\overline{A}_2$	$\cdots$	$\overline{A}_c$	$\overline{B}_1$
B_2	$\overline{A}_1$	$\overline{A}_2$	$\cdots$	$\overline{A}_c$	$\overline{B}_2$
$\vdots$	$\vdots$	$\vdots$	$\cdots$	$\vdots$	$\vdots$
B_r	$\overline{A}_1$	$\overline{A}_2$	$\cdots$	$\overline{A}_c$	$\overline{B}_r$
平均	$\overline{A}_1$	$\overline{A}_2$	$\cdots$	$\overline{A}_c$	$\overline{\overline{x}}$

同樣的計算集區的變異時，則每列的資料皆以該列的平均數取代，即

集區	因子（處理）				平均
	A_1	A_2	$\cdots$	A_c	
B_1	$\overline{B}_1$	$\overline{B}_1$	$\cdots$	$\overline{B}_1$	$\overline{B}_1$
B_2	$\overline{B}_2$	$\overline{B}_2$	$\cdots$	$\overline{B}_2$	$\overline{B}_2$
$\vdots$	$\vdots$	$\vdots$	$\cdots$	$\vdots$	$\vdots$
B_r	$\overline{B}_r$	$\overline{B}_r$	$\cdots$	$\overline{B}_r$	$\overline{B}_r$
平均	$\overline{A}_1$	$\overline{A}_2$	$\cdots$	$\overline{A}_c$	$\overline{\overline{x}}$

在求隨機集區或雙因子為重複試驗的各種變異前須先計算每一行的平均 $\overline{A}_j$ 與每一列的平均 $\overline{B}_i$ 以及總平均 $\overline{\overline{x}}$。總變異與 $\overline{\overline{x}}$ 有關，因子 A 的變異與 $\overline{A}_j$ 有關，而集區或 B 因子的變異則與 $\overline{B}_i$ 有關。計算出來的變異是屬於哪個因子的變異，則視資料表的標題，例如：

品種				
肥料				$\overline{B}_1$
				$\vdots$
				$\overline{B}_2$
	$\overline{A}_1$	$\cdots$	$\overline{A}_2$	$\overline{\overline{x}}$

由此平均數算出的變異為肥料之變異

由此平均數數算出的變異為品種之變異

若用基本定義公式來求，十分好記，即

全體變異 $SST=$（全體每一筆資料 $-\overline{\overline{x}}$）2 加總起來

品種的變異 $SSA=$（每一行的平均數 $\overline{A}_j-\overline{\overline{x}}$）2× 行方向的資料筆數加總起來

品種的變異 $SSB=$（每一列的平均數 $\overline{B}_i-\overline{\overline{x}}$）2× 行方向的資料筆數加總起來

$$SSE=SST-SSA-SSB$$

3. 兩個假設：$\begin{cases} H_0 : \mu_{A_1} = \mu_{A_2} = \ldots = \mu_{A_c} \\ H_0 : \mu_{A_1}, \mu_{A_2}, \ldots, \mu_{A_c} \text{不全相等} \end{cases}$

4. 變異數分析表

變異來源	平方和	自由度	平均平方和	F 值
A 因子	SSA	$c-1$	$MSA = \dfrac{SSA}{c-1}$	$F_A^* = \dfrac{MSA}{MSE}$
集區	SSB	$r-1$	$MSB = \dfrac{SSB}{r-1}$	
隨機	SSE	$(c-1)(r-1)$	$MSE = \dfrac{SSE}{(c-1)(r-1)}$	
總變異	SST	$n_T - 1$		

有關自由度的記法，建議讀者按：A 因子自由度等於 A 因子處理數減 1，集區自由度等於集區個數減 1，總自由度等於總樣本數減 1，接著利用全部的自由度加總起來等於總自由度推算隨機變異之自由度的順序記憶。

決策法則：若 $F^* > F_{\alpha, (c-1), (c-1)(r-1)}$ $\Rightarrow$ 拒絕 H_0

 例 11-8

為了比較 A、B 兩種汽油，隨機選出 10 輛車子。先讓每一輛車子加入一加侖的 A 汽油，記錄每輛車跑的英哩數，再讓每一輛車子加入一加侖的 B 汽油，記錄每輛車跑的英哩數。結果資料如下（假設常態且變異數相等）

A 汽油	14	21	19	11	15	16	8	32	37	10
B 汽油	16	24	20	15	17	19	10	33	39	11

(1) 試以 $\alpha = 0.05$ 利用 t 分配檢定：A、B 兩種汽油的效率是否相同。

(2) 上述問題如果用變異數分析（ANOVA），是屬於何種實驗設計？請寫出變異數分析表，並以此表再檢定一次，看結果是否相同？

 (1) 因每部車先後加 A、B 兩種汽油，故此樣本為成對樣本

設立兩個假設：$\begin{cases} H_0 : \mu_1 = \mu_2 \\ H_1 : \mu_1 \neq \mu_2 \end{cases}$

A 汽油	14	21	19	11	15	16	8	32	37	10
B 汽油	16	24	20	15	17	19	10	33	39	11
d_i	−2	−3	−1	−4	−2	−3	−2	−1	−2	−1

成對樣本差的平均數：$\bar{d} = \dfrac{(-2)+(-3)+\cdots+(-1)}{10} = -2.1$

變異數：$s_d^2 = \dfrac{1}{10-1}\Big[(-2-(-2.1))^2 + (-3-(-2.1))^2 + \cdots + (-1-(-2.1))^2\Big] = 0.9889$

檢定統計量：$t^* = \dfrac{-2.1}{\sqrt{\dfrac{0.9889}{10}}} = -6.678$

$\because |t^*| = 6.678 > t_{0.025,9} = 2.262 \Rightarrow$ 拒絕 H_0，表示 A、B 兩種汽油效率不同

(2) 此設計為隨機集區設計，因本題探討不同汽油效率，故汽油為因子，10 部車為集區。

	14	21	19	11	15	16	8	32	37	10	平均 $\bar{A}_j$
A 汽油	14	21	19	11	15	16	8	32	37	10	18.3
B 汽油	16	24	20	15	17	19	10	33	39	11	20.4
平均 $\bar{B}_i$	15	22.5	19.5	13	16	17.5	9	32.5	38	10.5	

$SST = n_T \times \sigma_T^2 = 20 \times 80.3275 = 1606.55$

$\bar{\bar{x}} = \dfrac{\bar{A}_1 + \bar{A}_2}{2} = \dfrac{18.3 + 20.4}{2} = 19.35$

$SSA = n_T \times \sigma_{\bar{A}_j}^2 = 20 \times \dfrac{1}{2}\Big[(18.3-19.35)^2 + (20.4-19.35)^2\Big] = 22.05$

同理可得：

$SSB = n_T \times \sigma_{\bar{B}_i}^2 = 20 \times 79.0025 = 1580.05$

故 $SSE = SST - SSA - SSB = 4.45$

ANOVA 表：

變異來源	平方和	自由度	平均平方和	F 值
A 因子	22.05	1	22.05	$F^* = 44.6$
集區	1580.0	9	175.561	
隨機	4.45	9	0.4944	
總變異	1606.55	19		

$\because F^* = 44.6 > F_{0.05,1,9} = 5.12 \Rightarrow$ 拒絕 H_0

由本題可以看出，當單因子集區設計之因子只有兩個衡量水準時（在本題為汽油 A、B）單因子集區設計之檢定相當於成對樣本 t 檢定 ($t^{*2} = F^*$)。除非題目特別要求，不然這類型的題目，以成對樣本 t 檢定來作檢定較為簡單。

註：本題變異採用快速計算法，須配合計算機使用，讀者可試著採用定義公式計算看看。

11.4 雙因子變異數分析

11.4.1 雙因子變異數分析種類

所謂雙因子變異數分析係指探討兩個分類性的解釋變數對依變數之間的關係，檢定 A 因子或 B 因子的衡量水準對依變數是否會造成顯著的差異。例如：我們研究不同血型與不同性別對統計學成績是否有影響，血型與性別就稱因子，因為有兩個因子故稱為雙因子。雙因子變異數分析又可區分為重複試驗與未重複試驗。所謂未重複試驗是指在抽樣時每個因子配對的衡量水準下只抽取一個樣本。以血型與性別為例，血型與性別總共可以配對成（A 型，男）、（B 型，男）、（O 型，男）、…（AB 型，女）共八種，每一種只抽取一個樣本觀察，故總共抽取 8 個樣本。而重複試驗則每個配對的樣本數超過 2（含）個以上，而每個配對樣本數則稱為重複次數。

11.4.2 未重複實驗之雙因子變異數分析

未重複實驗之雙因子變異數分析的變異數分析表與單因子隨機集區完全一樣。

1. 統計模式之建立

   (1) 資料格式

因子	A_1	A_2	$\cdots$	A_c	平均
B_1	x_{11}	x_{12}	$\cdots$	x_{1c}	$\overline{B}_1$
B_2	x_{21}	x_{22}	$\cdots$	x_{2c}	$\overline{B}_2$
$\vdots$	$\vdots$	$\vdots$	$\cdots$	$\vdots$	$\vdots$
B_r	x_{r1}	x_{r2}	$\cdots$	x_{rc}	$\overline{B}_r$
平均	$\overline{A}_1$	$\overline{A}_2$	$\cdots$	$\overline{A}_c$	$\overline{\overline{x}}$

其中：$\overline{A}_j = \dfrac{\sum\limits_{i=1}^{r} x_{ij}}{r}$：A 因子第 j 組的平均數（行方向）

$\overline{B}_i = \dfrac{\sum\limits_{j=1}^{c} x_{ij}}{c}$：B 因子第 i 組的平均數（列方向）

總平均：$\overline{\overline{x}} = \dfrac{\sum\limits_{i=1}^{r}\sum\limits_{j=1}^{c} x_{ij}}{r \times c} = \dfrac{\sum\limits_{i=1}^{r}\sum\limits_{j=1}^{c} x_{ij}}{n_T}$

(2) 兩個假設

A. A 因子的假設：$\begin{cases} H_0 : \mu_{A_1} = \mu_{A_2} = \cdots = \mu_{A_c} \\ H_1 : \mu_{A_1}, \mu_{A_2}, \cdots, \mu_{A_c} \text{ 不全相等} \end{cases}$

B. B 因子的假設 $\begin{cases} H_0 : \mu_{B_1} = \mu_{B_2} = \cdots = \mu_{B_r} \\ H_1 : \mu_{B_1}, \mu_{B_2}, \cdots, \mu_{B_r} \text{ 不全相等} \end{cases}$

2. **變異的分解**

總變異 $=A$ 因子引起的變異 $+B$ 因子引起的變異 + 隨機變異

$$\sum_{i=1}^{r}\sum_{j=1}^{c}(x_{ij} - \overline{\overline{x}})^2 = \sum_{i=1}^{r}\sum_{j=1}^{c}(\overline{A}_j - \overline{\overline{x}})^2 + \sum_{i=1}^{r}\sum_{j=1}^{c}(\overline{B}_i - \overline{\overline{x}})^2 + \sum_{i=1}^{r}\sum_{j=1}^{c}(x_{ij} - \overline{A}_j - \overline{B}_i + \overline{\overline{x}})^2$$

即 $SST = SSA + SSB + SSE$

$$SST = \sum_{i=1}^{r}\sum_{j=1}^{c}(x_{ij} - \overline{\overline{x}})^2 = \sum_{i=1}^{r}\sum_{j=1}^{c} x_{ij}^2 - n_T \overline{\overline{x}}^2 = n_T \sigma_T^2$$

$$SSA = \sum_{i=1}^{r}\sum_{j=1}^{c}(\overline{A}_j - \overline{\overline{x}})^2 = \sum_{i=1}^{r}\sum_{j=1}^{c} \overline{A}_j^2 - n_T \overline{\overline{x}}^2 = c\sum_{i=1}^{r} \overline{A}_j^2 - n_T \overline{\overline{x}}^2 = n_T \sigma_{\overline{A}_j}^2$$

$$SSB = \sum_{i=1}^{r}\sum_{j=1}^{c}(\overline{B}_i - \overline{\overline{x}})^2 = \sum_{i=1}^{r}\sum_{j=1}^{c} \overline{B}_i^2 - n_T \overline{\overline{x}}^2 = r\sum_{j=1}^{c} \overline{B}_i^2 - n_T \overline{\overline{x}}^2 = n_T \sigma_{\overline{B}_i}^2$$

$$SSE = SST - SSA - SSB$$

其中，$n_T = rc$

3. 二因子變異數分析表

變異來源	平方和	自由度	平均平方和	F 值
A 因子	SSA	$c-1$	$MSA = \dfrac{SSA}{c-1}$	$F_A^* = \dfrac{MSA}{MSE}$
B 因子	SSB	$r-1$	$MSB = \dfrac{SSB}{r-1}$	$F_B^* = \dfrac{MSB}{MSE}$
隨機	SSE	$(c-1)(r-1)$	$MSE = \dfrac{SSE}{(c-1)(r-1)}$	
總變異	SST	n_T-1		

(1) 檢定 A 因子是否有影響

若 $F_A^* > F_{\alpha,(c-1),(r-1)(c-1)}$ ⇒ 拒絕 H_0

(2) 檢定 B 因子是否有影響

若 $F_B^* > F_{\alpha,(r-1),(r-1)(c-1)}$ ⇒ 拒絕 H_0

 例 11-9

設有甲、乙、丙三種不同品種的稻米，分別使用 X、Y、Z、W 四種不同的肥料。今隨機選擇面積等條件相同的 12 塊田地做實驗，得到收穫量（以千公斤計）如下表：

品種 肥料	甲	乙	丙
X	8	3	7
Y	10	4	8
Z	6	5	6
W	8	4	7

取顯著水準 $\alpha = 0.05$，試分別檢定 (1) 不同品種 (2) 不同肥料，所得到的平均收穫量有無顯著差異。（假設收穫量呈常態分配，且變異數相同）

解 (1) 假設 A 表肥料，B 表品種，計算各種變異：

品種 肥料	甲	乙	丙	平均
X	8	3	7	6
Y	10	4	8	22/3
Z	6	5	6	17/3
W	8	4	7	19/3
平均	8	4	7	$\overline{\overline{x}} = 19/3$

$$SST = \sum_{i=1}^{r}\sum_{j=1}^{c}(x_{ij}-\overline{\overline{x}})^2 = \sum_{i=1}^{r}\sum_{j=1}^{c}x_{ij}^2 - n_T\overline{\overline{x}}^2 = 528 - 12(\frac{19}{3})^2 = 46.667 \text{（或 } n_T\sigma_T^2 = 12\times3.8888\text{）}$$

$$SSA = \sum_{i=1}^{r}\sum_{j=1}^{c}(\overline{A}_i-\overline{\overline{x}})^2 = \sum_{i=1}^{r}\sum_{j=1}^{c}\overline{A}_i^2 - n_T\overline{\overline{x}}^2 = c\sum_{i=1}^{r}\overline{A}_i^2 - n_T\overline{\overline{x}}^2 \text{（或 } n_T\sigma_{A_i}^2 = 12\times0.8888\text{）}$$

$$= 3\left[6^2 + (\frac{22}{3})^2 + (\frac{17}{3})^2 + (\frac{19}{3})^2\right] - 12(\frac{19}{3})^2 = 4.667$$

$$SSB = \sum_{i=1}^{r}\sum_{j=1}^{c}(\overline{B}_j-\overline{\overline{x}})^2 = \sum_{i=1}^{r}\sum_{j=1}^{c}\overline{B}_j^2 - n_T\overline{\overline{x}}^2 = r\sum_{j=1}^{c}\overline{B}_j^2 - n_T\overline{\overline{x}}^2 \text{（或 } n_T\sigma_{B_j}^2 = 12\times2.8888\text{）}$$

$$= 4(8^2 + 4^2 + 7^2) - 12(\frac{19}{3})^2 = 34.667$$

$$SSE = SST - SSA - SSB = 7.333$$

(1) 設立兩個假設：$\begin{cases} H_0 : \mu_{甲} = \mu_{乙} = \mu_{丙} \\ H_1 : \mu_i \text{ 不全相等}, i = \text{甲、乙、丙} \end{cases}$

檢定統計量：$F_B^* = \dfrac{MSB}{MSE} = \dfrac{34.667/2}{7.333/6} = 9.455$

$\because F_B^* = 9.455 > F_{0.05,2,6}^{'} = 5.1433 \Rightarrow$ 拒絕 H_0

故不同品種平均收穫量有顯著差異

(2) 設立兩個假設：$\begin{cases} H_0 : \mu_X = \mu_Y = \mu_Z = \mu_W \\ H_1 : \mu_X, \mu_Y, \mu_Z, \mu_W \text{ 不全相等} \end{cases}$

檢定統計量 $F_A^* = \dfrac{MSA}{MSE} = \dfrac{4.667/3}{7.333/6} = 1.273$

$\because F_A^* = 1.273 < F_{0.05,3,6} = 5.1433 \Rightarrow$ 不拒絕 H_0

故不同肥料其平均收穫無顯著差異

註：讀者亦可先建立 ANOVA 表再檢定。

11.4.3 重複實驗之二因子變異數分析

重複實驗之二因子變異數分析是指，每個處理均需做二次以上的實驗，其基本原理與未重複實驗之雙因子變異數分析相同，唯一不同者多了因子 AB 之交互效果。重複實驗除了 A 因子與 B 因子可產生平均值外，另外 A 因子的 c 個衡量水準與 B 因子的 r 個衡量水準產生 $r{\times}c$ 種不同的組合，每一種組合皆有 n（重複數）個觀察值，這 n 個觀察值所計算出來的平均數稱為細格平均數（cell means）。這 $r{\times}c$ 個細格平均數所產生的變異造成了交互效果的作用。而由 A 因子所產生的變異稱為 A 因子的主要效果，由 B 因子所產稱的變異稱為 B 因子的主要效果，而雙因子重複實驗及檢定 A、B 兩種主效果與交互效果是否到達顯著水準。其資料格式如下表所示：

	因素 A						因素 B 平均值
因素 B	x_{111} x_{112} $\vdots$ x_{11n}	x_{121} x_{122} $\vdots$ x_{12n}	$\cdots$ $\cdots$ $\cdots$	x_{1j1} x_{1j2} $\vdots$ x_{1jn}	$\cdots$ $\cdots$ $\cdots$	x_{1c1} x_{1c2} $\vdots$ x_{1cn}	$\overline{B_1}$
	$\overline{B_1A_1}$	$\overline{B_1A_2}$	$\cdots$	$\overline{B_1A_j}$	$\cdots$	$\overline{B_1A_c}$	
	x_{211} x_{212} $\vdots$ x_{21n}	x_{221} x_{222} $\vdots$ x_{22n}	$\cdots$ $\cdots$ $\cdots$	x_{2j1} x_{2j2} $\vdots$ x_{2jn}	$\cdots$ $\cdots$ $\cdots$	x_{2c1} x_{2c2} $\vdots$ x_{2cn}	$\overline{B_2}$
	$\overline{B_2A_1}$	$\overline{B_2A_2}$	$\cdots$	$\overline{B_2A_j}$	$\cdots$	$\overline{B_2A_c}$	
	$\vdots$	$\vdots$	$\vdots$	$\vdots$	$\vdots$	$\vdots$	$\vdots$
	x_{i11} x_{i12} $\vdots$ x_{i1n}	x_{i21} x_{i22} $\vdots$ x_{i2n}	$\cdots$ $\cdots$ $\cdots$	x_{ij1} x_{ij2} $\vdots$ x_{ijn}	$\cdots$ $\cdots$ $\cdots$	x_{ic1} x_{ic2} $\vdots$ x_{icn}	$\overline{B_i}$
	$\overline{B_iA_1}$	$\overline{B_iA_2}$	$\cdots$	$\overline{B_iA_j}$	$\cdots$	$\overline{B_iA_c}$	
	$\vdots$	$\vdots$	$\vdots$	$\vdots$	$\vdots$	$\vdots$	$\vdots$
	x_{r11} x_{r12} $\vdots$ x_{r1n}	x_{r21} x_{r22} $\vdots$ x_{r2n}	$\cdots$ $\cdots$ $\cdots$	x_{rj1} x_{rj2} $\vdots$ x_{rjn}	$\cdots$ $\cdots$ $\cdots$	x_{rc1} x_{rc2} $\vdots$ x_{rcn}	$\overline{B_r}$
	$\overline{B_rA_1}$	$\overline{B_rA_2}$	$\cdots$	$\overline{B_rA_j}$	$\cdots$	$\overline{B_rA_c}$	
因素 A 平均值	$\overline{A_1}$	$\overline{A_2}$	$\cdots$	$\overline{A_j}$		$\overline{A_c}$	總平均 $\overline{\overline{x}}$

每列皆有 $c{\times}n$ 筆資料

每列皆有 $r{\times}n$ 筆資料

符號說明：

$c=$ 因素 A 的類別數

$r=$ 因數 B 的類別數

$n=$ 重複數

$n_T=$ 總樣本數（$=crn$）

$x_{ijk}=$ 因素 A 的第 j 個水準，因素 B 的第 i 個水準的第 k 個重複資料值。

$\overline{A_j}=$ 因素 A 第 j 個水準之樣本平均數，即第 j 行的總平均。

$\overline{B_i}=$ 因素 B 第 i 個水準之樣本平均數，即第 i 列的總平均。

$\overline{B_iA_j}=$ 因素 A 第 j 個水準與因素 B 第 i 個水準之處理組合的樣本平均數，即細格平均數。

$\overline{\overline{x}}=$ 所有觀測值之總平均數

從上面的表格我們可以很清楚的看出 $\overline{A_j}$、$\overline{B_i}$、$\overline{B_iA_j}$ 等平均數如何計算出來。$\overline{A_j}$ 為將其所在行上方的所有資料取平均，即每行資料之平均值；$\overline{B_i}$ 則將其所在列左方的所有資料取平均，即每列資料之平均值；$\overline{B_iA_j}$ 則為每一個小格子內所有數字的平均值。

1. **變異數之分解**

根據前面的觀念，我們可以將總變異分解成 A 因子引起的變異 $+B$ 因子引起的變異 $+AB$ 因子交互作用引起的變異 + 隨機變異，即

$$SST = SSA + SSB + SSAB + SSE$$

其中：

$$SST = \sum_{i=1}^{r}\sum_{j=1}^{c}\sum_{k=1}^{n}(x_{ijk} - \overline{\overline{x}})^2 = \sum_{i=1}^{r}\sum_{j=1}^{c}\sum_{k=1}^{n}x_{ijk}^2 - n_T\overline{\overline{x}}^2 = n_T\sigma_T^2$$

$$SSA = rn\sum_{j=1}^{c}(\overline{A}_j - \overline{\overline{x}})^2 = rn\sum_{j=1}^{c}\overline{A}_j^2 - n_T\overline{\overline{x}} = n_T\sigma_{\overline{A}_j}^2$$

$$SSB = cn\sum_{i=1}^{r}(\overline{B}_i - \overline{\overline{x}})^2 = cn\sum_{i=1}^{r}\overline{B}_i^2 - n_T\overline{\overline{x}} = n_T\sigma_{\overline{B}_i}^2$$

$$SSE = \sum_{i=1}^{r}\sum_{j=1}^{c}\sum_{k=1}^{n}(x_{ijk} - \overline{A_jB_i})^2 = \sum_{i=1}^{r}\sum_{j=1}^{c}\sum_{k=1}^{n}x_{ijk}^2 - n\sum_{i=1}^{r}\sum_{j=1}^{c}\overline{A_jB_i}^2$$

$$SSAB = \sum_{i=1}^{r}\sum_{j=1}^{c}\sum_{k=1}^{n}(\overline{A_jB_i} - \overline{A}_j - \overline{B}_i + \overline{x})^2 = SST - SSA - SSB - SSE$$

2. **兩個假設**

(1) A 因子之主要效果檢定

$$\begin{cases} H_0 : \mu_{A_1} = \mu_{A_2} = \cdots = \mu_{A_c} \\ H_1 : \mu_{A_1}, \mu_{A_2}, \cdots, \mu_{A_c} \text{不全相等} \end{cases}$$

(2) B 因子之主要效果檢定

$$\begin{cases} H_0 : \mu_{B_1} = \mu_{B_2} = \cdots = \mu_{B_r} \\ H_1 : \mu_{B_1}, \mu_{B_2}, \cdots, \mu_{B_r} \text{不全相等} \end{cases}$$

(3) AB 交互效果檢定

$$\begin{cases} H_0 : A, B\text{因子具交互影響} \\ H_1 : A, B\text{因子不具交互影響} \end{cases}$$

3. 二因子重複實驗變異數分析表

我們可將上面所求得的變異,如前述章節般地整理成表格的模式,如下表所示:

變異來源	平方和	自由度	平均平方和	F 值
A 因子	SSA	$c-1$	$MSA = \dfrac{SSA}{c-1}$	$F_A^* = \dfrac{MSA}{MSE}$
B 因子	SSB	$r-1$	$MSB = \dfrac{SSB}{r-1}$	$F_B^* = \dfrac{MSB}{MSE}$
交互作用	$SSAB$	$(c-1)(r-1)$	$MSAB = \dfrac{SSAB}{(c-1)(r-1)}$	$F_{AB}^* = \dfrac{MSAB}{MSE}$
隨機	SSE	$rc(n-1)$	$MSE = \dfrac{SSE}{rc(n-1)}$	
總變異	SST	n_T-1		

上表的自由度的記憶要訣如同前面一樣,十分簡單。A 因子自由度:A 類別數 -1;B 因子自由度:B 類別數 -1;交互作用自由度:(A 因子自由度 -1)$\times$(B 因子自由度 -1);總自由度:總樣本數 -1,接著再利用所有的自由度總和等於總自由度求出隨機變異所產生的自由度。

4. 決策法則

(1) 檢定 A 因子是否有影響:若 $F_A^* > F_{\alpha,(c-1),rc(r-1)}$ $\Rightarrow$ 拒絕 H_0,表 A 因子對依變數具有影響。

(2) 檢定 B 因子是否有影響:若 $F_B^* > F_{\alpha,(r-1),rc(n-1)}$ $\Rightarrow$ 拒絕 H_0,表 B 因子對依變數具有影響。

(3) 檢定 AB 因子是否有交互影響:若 $F_{AB}^* > F_{\alpha,(r-1)(c-1),rc(n-1)}$ $\Rightarrow$ 拒絕 H_0,表 A、B 因子對依變數具有交互作用。

5. 交互作用

所謂交互作用,我們實際上舉一個簡單的例子來說明,會比用數學方式更能讓讀者瞭解。假設有份研究家庭背景與居住地是否會影響學生的學習成績,將抽樣所獲得的樣本平均數依居住地分類標示在座標平面上,並且以線段將平均數連接起來,假設所獲得的圖形如下圖所示:

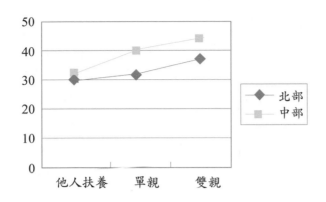

　　由上圖可以發現不論住在北部或者中部，樣本平均數都是增加的趨勢，這代表不同家庭背景學生的學習成績並不會受居住地所影響，因此居住地與家庭背景對於學習成績就沒有交互作用。接下來再看下一個圖形：

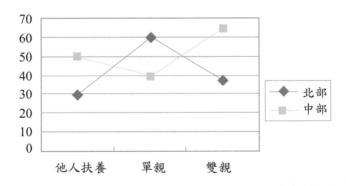

　　上圖中我們發現，若以平均數而言，中部地區他人扶養與雙親家庭的學習成績較北部高，而單親家庭則相反，這表示除家庭背景外居住地區也會影響學生成績，因此以上圖而言，就表示居住地與家庭背景對學生的學習成績有交互影響。最簡單的判斷方式就是圖形中的線條若有交點那麼通常就表示具交互影響，若無交點則表示無交互作用。當然除了圖形之外，我們也可利用檢定的方式去驗證兩個因子對依變數是否具交互作用，初統大都採用檢定的方式進行分析。

> 註　線條有交點代表有交互作用機率很高，但不一定具顯著交互作用，故是否具交互作用需以檢定結果為主。

某工廠隨機選取三名操作人員，針對四種不同品牌的機器各操作兩次，測得資料如下表所示：

		機器			
		甲	乙	丙	丁
操作員	1	109 110	110 115	108 110	110 106
	2	110 112	110 111	112 109	114 112
	3	116 114	112 115	114 119	120 117

(1) 請建立變異數分析表。

(2) 試檢定機器與操作員間對產品的產量是否有交互影響？

(3) 不同操作員對產量是否有影響？

(4) 不同機器對產量是否有影響？

 設機器為因子 A，操作員為因子 B，分別計算行、列平均與細格平均

	機器				列平均
	甲	乙	丙	丁	
1	109 110 $\overline{B_1 A_1}=109.5$	110 115 $\overline{B_1 A_2}=112.5$	108 110 $\overline{B_1 A_3}=109$	110 106 $\overline{B_1 A_4}=108$	$\overline{B}_1=109.75$
2	110 112 $\overline{B_2 A_1}=111$	110 111 $\overline{B_2 A_2}=110.5$	112 109 $\overline{B_2 A_3}=110.5$	114 112 $\overline{B_2 A_4}=113$	$\overline{B}_2=111.25$
3	116 114 $\overline{B_3 A_1}=115$	112 115 $\overline{B_3 A_2}=113.5$	114 119 $\overline{B_3 A_3}=116.5$	120 117 $\overline{B_3 A_4}=118.5$	$\overline{B}_3=115.875$
行平均	$\overline{A}_1=111.833$	$\overline{A}_2=112.167$	$\overline{A}_3=112$	$\overline{A}_4=113.167$	$\overline{\overline{x}}=112.29$

$\sigma_T^2=11.54, \sigma_{A_j}^2=0.24, \sigma_{B_i}^2=6.796$

$SST = n_T \sigma_T^2 = 24 \times 11.54 = 276.96$

$$SSA = n_T \sigma_{\overline{A}_j}^2 = 24 \times 0.27 = 6.463$$

$$SSB = n_T \sigma_{\overline{B}_i}^2 = 24 \times 6.795 = 163.083$$

$$SSE = \sum_{i=1}^{r} \sum_{j=1}^{c} \sum_{k=1}^{n} x_{ijk}^2 - n \sum_{i=1}^{r} \sum_{j=1}^{c} \overline{A_j B_i}^2$$
$$= 302903 - 2(109.5^2 + 112.5^2 + 109.5^2 + \ldots + 118.5^2) = 53.5$$

$$SSAB = \sum_{i=1}^{r} \sum_{j=1}^{c} \sum_{k=1}^{n} (\overline{A_j B_i} - \overline{A}_j - \overline{B}_i + \overline{\overline{x}})^2 = SST - SSA - SSB - SSE = 53.914$$

$$MSA = \frac{SSA}{c-1} = \frac{6.463}{3} = 2.1543, MSB = \frac{SSB}{r-1} = \frac{163.083}{2} = 81.5415$$

$$MSAB = \frac{SSAB}{(r-1)(c-1)} = \frac{53.914}{6} = 8.986, MSE = \frac{SSE}{rc(n-1)} = \frac{53.5}{12} = 4.4583$$

$$F_A^* = \frac{2.1543}{4.4583} = 0.4832, F_B^* = \frac{81.5415}{4.4583} = 18.29, F_{AB}^* = \frac{8.986}{4.4583} = 2.016$$

(1) 變異數分析表

變異來源	平方和	自由度	平均平方和	F 值
機器	6.463	3	2.1543	0.4832
操作員	163.083	2	81.5415	18.29
交互作用	53.914	6	8.986	2.016
隨機	53.5	12	4.4583	
總變異	276.96	23		

(2) 設立兩個假設：$\begin{cases} H_0 : 機器與操作員間對產量無交互作用 \\ H_1 : 機器與操作員間對產量有交互作用 \end{cases}$

$\because F_{AB}^* = 2.016 < F_{0.05,6,12} = 2.9961$，不拒絕虛無假設

故機器與操作員間無充分證據證明對產量具交互影響

(3) 設立兩個假設：$\begin{cases} H_0 : 不同操作員對產量無影響 \\ H_1 : 不同操作員對產量有影響 \end{cases}$

$\because F_B^* = 18.29 > F_{0.05,2,12} = 3.8853$，拒絕虛無假設

故不同操作員對產量有影響

(4) 設立兩個假設：$\begin{cases} H_0 : 不同機器對產量無影響 \\ H_1 : 不同機器對產量有影響 \end{cases}$

$\because F_A^* = 0.4832 < F_{0.05,3,12} = 3.4903$，不拒絕虛無假設

故不同機器對產品產量無充分證據證明有影響。

課·後·練·習

1. 下表為由三個母體所抽出之樣本，若各母體均滿足 ANOVA 前提假設，試檢定三母體平均是否相等？（$\alpha=0.05$）

甲	20	19	24	25	
乙	15	14	13		
丙	24	25	26	20	25

2. 請利用下表內三個母體之綜合統計量，來檢定此三母體平均數是否全相同？

母體	n_j	x_j	s_j^2
甲	5	20	40
乙	5	12	40
丙	6	16	40

3. 下列何者不為變異數分析（ANOVA）的假設條件？

(1) 各組變異數相同　(2) 各組樣本彼此獨立　(3) 大樣本數　(4) 常態母體

4. 隨機抽取 12 名人員，任意分成三組分別實施甲、乙、丙三種訓練方法，訓練結束後分別測試每人成績如下，試檢定三種訓練方法有無顯著差異（$\alpha=0.05$）。

甲	乙	丙
23	21	25
24	22	27
26	23	27
27	26	29

5. 身為人事部主任的阿天，為了解公司某三部門同仁之薪資情況，遂分別在此三部門隨機調查薪資如下（新台幣「元」）：

	A 部門	B 部門	C 部門
	45838	51227	47155
	50120	50167	49222
	48198	49202	48153
	46262		
	53153		

	A 部門	B 部門	C 部門
總和	243571	150596	144530
平均值	48714.2	50198.667	48176.667
平方和	36231493	2051816.8	2137084.8
變異數	9057873	1025908.3	1068542.33

試以 $\alpha = 0.05$ 檢定該三部門之平均薪資是否相同？

6. 下表為北區、中區、南區的家庭支出【以千元為計算單位】樣本，在 $\alpha = 0.05$ 顯著水準下，檢定家庭支出是否因地而異。

北區	47	49	53	46	50
中區	55	58	54	52	61
南區	54	51	50	49	51

7. 小博公司想了解其新開發產品顧客接受度，以決定合理的價格策略，該公司利用三種不同的價格策略隨機分派於其 18 家規模相當之分店，並得出下列銷售資料：

價格策略	銷售量					
甲	37	45	38	37	36	35
乙	42	43	45	46	40	54
丙	41	39	41	38	40	41

(1) 在 $\alpha = 0.01$ 下檢定不同價格策略的銷售量是否相同？

(2) 試求 $\mu_甲$ 的 95% 信賴區間

(3) 試求 $\mu_乙 - \mu_丙$ 的 95% 信賴區間

8. 阿民隨機抽取 18 名工人，任意分成三組分別實施甲、乙、丙三種訓練方法，訓練完成後分別測試每人成績（每小時產量）資料如下：

甲	36	26	31	20	34	25
乙	40	29	38	32	39	34
丙	32	18	23	21	33	27

由此數據檢定訓練方法有無顯著差異，設 $\alpha = 0.05$？並找出乙與丙兩種訓練所得平均成績差額的 95% 信賴區間？

9. 李老師統計學開放給大學二、三、四年級的學生選修，今從選修的學生當中每年級各抽取 20 人，其學期成績的結果如下：

	二年級	三年級	四年級
平均成績	77	78	82
標準差	10	8	9

已知上述資料適合作變異數分析，在 $\alpha = 5\%$ 的情況下進行檢定，試求：

$(F_{2,57,0.05} = 3.15, F_{3,57,0.05} = 2.76, \chi^2_{57,0.025} = 83.31, \chi^2_{57,0.975} = 40.48)$

(1) 檢定各年級的平均成績有無差異性

(2) 共同變異數的 95% 信賴區間

10. 假設有兩組樣本用來檢定 $H_0 : \mu_1 = \mu_2$，已知 $n_1 = 10, n_2 = 10, s_1 = 1, s_2 = 2, \bar{x}_1 = 4, \bar{x}_2 = 6$。若利用 ANOVA 來檢定，則其檢定統計量 F 的值為何？

11. 已知下列 3 組資料如下：

母體	1	2	3
n_i	30	50	40
$\bar{x}_i$	6	12	8
s_i^2	3	4	5

(1) 請建立變異數分析表（ANOVA）

(2) 若 $\alpha = 0.01$，試檢定三個母體平均數是否有顯著差異？

12. 博碩公司對三家原料供應商的交貨時間進行評比，隨機抽取之獨立樣本，得到以下交貨時間資料【設資料成常態分配，假設母體變異數相等】：

	甲供應商	乙供應商	丙供應商	三家合併
樣本個數 (n_i)	31	21	23	75
樣本平均數 ($\bar{x}_i$)	14	12	11	12.52
樣本標準差 (s_i^2)	3	2	3	

試以 $\alpha = 0.05$，檢定

(1) 乙供應商的平均交貨時間是否小於甲供應商的平均交貨時間？

(2) 三家供應商的平均交貨時間是否相同？（已知 $F_{0.05,2,72} = 3.124$）

13. 小白菜以甲、乙、丙三種不同銷售方式於相同規模的商店銷售，各銷售方式皆隨機抽取
    11 個樣本，其銷售量之樣本平均數分別為 40,45 與 48。經變異數分析後得出銷售產生的
    變異為 100，由誤差產生的變異為 300。取 $\alpha = 0.05$
    (1) 以變異數分析檢定三種銷售方式的銷售量是否相同？
    (2) 個別求出三種銷售方式銷售量的信賴區間。

14. 李老師對三校同學進行統計學測驗。現分由三校抽出若干位同學。將所得之統計學成績
    資料來自常態分配且適合變異數分析。而 μ_i 表示第 i 校同學統計學平均分數。以 EXCEL
    計算後得到變異數分析表（ANOVA 表）及有關成績彙總資料如下：

摘要			
學校	個數	總和	平均
第一校	5	358	71.6
第二校	5	389	77.8
第三校	5	358	71.6

ANOVA					
變異	SS	自由度	MS	F	P- 值
因子	128.1333	2	64.06667	0.256677	0.777759
隨機	299.5	12	249.6		
總和	3123.333	14			

(1) 以顯著水準 $\alpha = 0.05$ 檢定三校同學統計學平均分數是否相等。

(2) 求 σ^2 的不偏估計值。

(3) 求第一校同學統計學平均分數 (μ_1) 的 95% 信賴區間。

15. 小花是工管人員，她欲比較 A、B、C 三種工作方法的產量，她以完全隨機的方式收集到
    下列資料，請幫她進行變異數分析（ANOVA），且所有檢定的 $\alpha = 0.05$。
    (1) 變異數分析的基本假設為何？
    (2) 請完成變異數分析作成 ANOVA Table，並作結論。
    (3) 若 A，B，C 三產量相等的假設不成立，請進一步以 LSD 法檢定進行成對比較（兩兩
        比較），並作結論。

A	315	305	312	306	315	301
B	301	305	303	304	299	312
C	289	294	292	299	305	297

16. 小魚兒傳銷公司有三組服務人員，為比較他們的銷售力，隨機觀察每一組服務人員六天的銷售量如下表：

項目	甲組銷售量	乙組銷售量	丙組銷售量
第 1 天	230	200	165
第 2 天	235	180	190
第 3 天	225	215	185
第 4 天	200	210	180
第 5 天	195	190	175
第 6 天	210	175	170

試問：

(1) 甲、乙兩組銷售量的標準差是否相等？（$\alpha=0.05$）。

(2) 甲、乙兩組平均銷售量是否相等？（$\alpha=0.05$）。

(3) 假設每一組服務人員一天的銷售量成常態分配，且三組服務人員一天的銷售量的變異數相等，請問甲、乙、丙三組平均一天的銷售量是否相等？（$\alpha=0.05$）。

(4) 倘若 (3) 的答案為否定時，請利用 Scheffe 法求兩兩之 95% 聯立信賴區間，並比較甲、乙、丙平均一天銷售量的大小。

17. 小黃做實驗，現考慮肥料（因子）是否會影響玉米產量，在不同的土壤情形作實驗，實驗結果如下：（$\alpha=0.05$）

土壤 肥料	A	B	C
1	24	19	20
2	23	21	22
3	28	35	33

(1) 肥料不同是否影響產量？

(2) 土壤不同是否影響產量？

18. 欲探討溫度與酸鹼值是否影響某製程的產量，工程師選定（高溫，低溫）及（高酸鹼值，低酸鹼值）共四種試驗組合，在每種組合下，各得兩個實驗測量值，數據如下：

PH 值 溫度	低酸鹼值		高酸鹼值	
低溫	7.9	7.8	13.2	12.8
高溫	6.5	6.2	18.2	17.8

(1) 在顯著水準 $\alpha=0.05$ 下，試問溫度變化是否對產量有顯著影響？

(2) 在顯著水準 $\alpha=0.05$ 下，試問 PH 值變化是否對產量有顯著影響？

(3) 在顯著水準 $\alpha=0.05$ 下，試問溫度與 PH 值變化是否對產量有交互作用？

19. 李教授受消費者福利促進機構的委託，欲比較市售 5 種牌子的 200 毫升、375 毫升、與 600 毫升三種包裝容量裡番茄汁的每 100 毫升含鹽量有無差異。他把每種牌子的每種包裝容量，分別隨機抽取 3 瓶來試驗，計算得下列之變異數分析表：

變異來源	自由度	平方和	平均平方和
番茄汁品牌		218	
包裝容量		189	
交叉因子		760	
隨機			
總合		4059	

(1) 請問品牌對每 100 毫升含鹽量有無影響（$\alpha=5\%$）？

(2) 請問包裝容量對每 100 毫升含鹽量有無影響（$\alpha=5\%$）？

(3) 請問品牌與包裝容量間有無交叉影響（$\alpha=5\%$）？

20. 假設有四種肥料（稱 A 因子），3 種殺蟲劑（稱 B 因子）完全隨機施用在 60 塊同樣土地面積的作物上（每種組合重複 5 次），今紀錄此作物的產量，得到下列平方和資料：$SSA=16.5$，$SSB=6.2$，$SSAB=3.6$，$SSE=45.9$。

(1) 試問肥料與殺蟲劑是否有交互作用？（顯著水準 $\alpha=0.05$，$F_{0.05,6,48}=2.29$）

(2) 再做一次變異數分析，請寫出其 ANOVA 表？

(3) 若不考慮肥料的差異，只討論施用不同殺蟲劑的作物產量是否有顯著差異，請寫出其 ANOVA 表？

21. 老李的工廠要探討影響生產線產量之因素，三台機器與 5 位操作員被選中做隨機實驗，其結果如下：

操作員	機器		
	1	2	3
1	53	61	51
2	47	55	51
3	46	52	49
4	50	58	54
5	49	54	50

假設機器與操作員間無交互影響（$\alpha=0.05$，$F_{0.05,2,8}=4.46$，$F_{0.05,4,8}=3.84$）

(1) 不同機器對產品的生產有無影響？

(2) 不同操作員對產品的生產有無影響？

22. 每個高爾夫球員製造商都宣稱其製造之高爾夫球可被打最遠，嚇嚇叫運動雜誌之專欄作者決定對 5 個知名品牌之高爾夫球進行檢定。他針對每個廠牌隨機抽樣數個高爾夫球，隨機分給 4 位職業選手，下表為四位選手分別對各廠牌高爾夫球之打擊碼數：

	廠牌 A	廠牌 B	廠牌 C	廠牌 D	廠牌 E
選手 1	286	279	270	284	281
選手 2	276	277	262	271	293
選手 3	281	284	277	269	276
選手 4	274	288	280	275	292
小計	1117	1128	1089	1099	1142

請問在 5% 顯著水準下，資料是否可提供證據說明：此 5 個廠牌高爾夫球打擊碼數確實存在差異？

23. 一個有關三種不同包裝設計（處理）的消費者愛好研究在四家商店（集區）中做隨機集區設計之試驗，其數據如下表所示，為每種包裝在每家商店中一星期的銷售量。此資料是否提供了充分的證據，足以說明每種包裝設計（處理）的平均銷售量有所差異？（在 $\alpha=0.05$ 之下）

商店 1	商店 2	商店 3	商店 4
A：17	C：21	A：1	B：22
C：23	A：15	B：23	A：6
B：34	B：26	C：8	C：16

24. 小松、小博、書俊三位評審對阿天、小花、海恩、愛莉絲四位歌唱者作評分，成績如下：

	阿天	小花	海恩	愛莉絲	平均數	變異數
小松	6	7	8	9	7.5	1.667
小博	1	1	2	2	1.5	0.333
書俊	8	1	8	1	4.5	16.333
平均數	5	3	6	4		
變異數	8.667	8	8	12.667		

全體平均數 =4.5，標準差 =3.39786

(1) 請問哪一位評審對成績最有影響力？請以統計觀點做說明。

(2) 寫出 ANOVA 表。

(3) 三位評審的平均評分是否有顯著差異（$\alpha=0.05$）？

(4) 四位歌唱者的平均評分是否有顯著差異（$\alpha=0.05$）？

25. 阿天、小魚、小豬三名工作人員在一物流中心同時進行包裝工作，在下列選定的時段內，此三名工作人員所包裝的數目如下：

	阿天	小魚	小豬
09:00~11:00	27	22	23
13:00~15:00	26	20	17
15:00~17:00	28	24	20

試問：

(1) 不同工人包裝能力是否相同？（$\alpha=0.05$）

(2) 是否有哪兩個工人可能有相同包裝能力？（$\alpha=0.05$）

26. 好快樂公司準備上市一新產品。為了解消費者的消費傾向，以決定適當的行銷方式，此公司作了以下試驗。此公司在不同時期分別在報紙與電視上刊登商品廣告，並以三種不同的廣告內容推銷此一商品（分別強調該商品之低價格、高品質與使用的方便性作為訴求），所統計的銷售量（千元 / 週）資料如下：

廣告訴求 廣告媒介	低價格	高品質	方便性
電視	6 9	12 11	20 19
報紙	9 10	13 15	18 20

請問：

(1) 在 5% 顯著水準下，報紙與電視廣告的效果在該商品的銷售上是否有差異？

(2) 在 5% 顯著水準下，三種不同的廣告訴求在該商品的銷售上是否有差異？

(3) 在 5% 顯著水準下，對該商品的銷售，廣告媒介與廣告訴求兩因素是否有交互作用？並解釋兩因子交互作用的意義。

27. 除草公司為了測試除草面積是否受到除草工人與除草機具的影響，於是進行下列測試：由三位除草工人分別在不同時段（每時段 15 分鐘）隨機的操作不同的除草機具，得到下列除草面積資料（單位：平方公尺）：

變異來源	平方和	自由度	均方	統計量
工人因子	233.545	2	116.773	26.057
機具因子	364.674	2	182.336	40.687
交互作用	33.770	4	8.442	1.884
誤差	80.667	18	4.481	
總變異	712.656	26		

試在顯著水準 $\alpha = 0.05$ 之下，請完成下列小題：

(1) 完成上述之除草工人與機具二因子變異數分析表

(2) 除草面積是否受到除草工人的影響？

(3) 除草面積是否受到除草機具的影響？

(4) 除草工人與除草機具對於除草面積是否有交互作用？

（$F_{0.05,2,18} = 3.55$，$F_{0.05,18,2} = 19.44$，$F_{0.05,4,18} = 2.93$，$F_{0.05,18,4} = 5.82$）

CHAPTER 12

簡單線性迴歸與相關分析

12.1 簡介

12.2 迴歸分析的種類

12.3 簡單線性迴歸分析

12.1 簡介

　　獨立樣本 t 檢定或者變異數分析都是探討自變數對依變數是否有影響（造成差異）的統計方法，其中自變數為類別變數，依變數為連續變項。但若我們現在要探討的自變數與依變數都是連續變項的時候，上述方法就不適用了。探討兩連續變項間的是否有影響或者相關程度可使用迴歸分析或相關分析。

　　我們常聽到有這麼一段俏皮話：「波大無腦」、「腦袋越接近地心的人越聰明」。到底有沒有根據？是否真有這樣的趨勢呢？此外我們經常聽父母親告誡小孩要用功讀書，花在書本的時間越多成績也越好，讀書時間與成績真的存在這樣的關係嗎？有人說買一棟 500 萬的房子平均要不吃不喝 10 年，那麼如果想買 600 萬的房子大概要奮鬥幾年才能如願以償？諸如此類的問題，我們可以利用相關分析及迴歸分析來回答並作預測。在建立迴歸模型之前，我們先介紹自變數與依變數的意義。

1. 自變數（independent variabl）

　　所謂自變數是指用來解釋所造成影響的變數，又稱為解釋變數（explanatory variable），如波大無腦中「波」的尺寸，腦袋越接近地心的人越聰明中的「腦袋與地心距離」及花在書本的時間越多成績也越好中的「讀書時間」等，在簡單線性迴歸中的自變數必須為連續變項。通常我們以符號 X 表示自變數。

2. 依變數（dependent variable）

　　隨自變數變動而變動的數，又稱為應變數（response variable），如波大無腦中的「腦」（智商），腦袋越接近地心的人越聰明中的「聰明」（智商）花在書本的時間越多成績也越好中的「成績」等，同樣依變數也屬於連續變項。通常我們以符號 Y 表示依變數。自變數與依變數在某些情況界定非常明顯，但有時候很難界定。例如：探討身高與體重的關係，到底是身高影響體重？還是體重決定身高？此時可改用相關分析，自變數與依變數的安排需要視邏輯去界定。

　　迴歸（regression）分析主要用來分析一個或一個以上自變數與依變數的數量關係，並以自變數來描述、預測依變數的一種統計方法。而相關分析（analysis of correlation）則用來探討兩變數間的線性變動方向與互動程度大小。像上面提到的幾個問題我們都可以利用相關分析或迴歸分析來檢定或預測。

◎ 12.2　迴歸分析的種類

迴歸分析一般可依變數的多寡與自變數依變數是否存在線性關係分成兩大類：

12.2.1　按自變數與依變數之數目

1. 簡單迴歸分析（simple regression analysis）

   只有一個自變數 (X) 與一個依變數 (Y)。

2. 多元迴歸分析（multiple regression analysis）

   多個自變數 (X) 與一個依變數 (Y)。

3. 多變量迴歸分析（multivariate regression analysis）

   多個自變數 (X) 與多個依變數 (Y)。

12.2.2　按自變數與依變數之關係型態

1. 線性（linear）迴歸

   自變數與依變數間的關係成直線型關係。

2. 非線性（nonlinear）迴歸

   自變數與依變數間的關係成曲線型相關。

本書僅介紹簡單線性迴歸，至於多元迴歸分析與曲線迴歸分析，有興趣的讀者請自行參考進階的統計書籍。

◎ 12.3　簡單線性迴歸分析

12.3.1　迴歸模型之建立

由於初學者在學習迴歸模型時，經常迷失在一連串的符號與式子中，因此在正式介紹迴歸模型前，我們先把後面會用到的五個重要式子列出來，這五個基本式子為：

1. 母體迴歸線：$\mu_{y|x} = \alpha + \beta x$

2. 樣本迴歸線：$\hat{y} = \hat{\alpha} + \hat{\beta} x$

3. 迴歸模型：$y = \mu_{y|x} + \varepsilon = \alpha + \beta x + \varepsilon$

4. 誤差：$\varepsilon = y - \mu_{y|x} = y - \alpha - \beta x$

5. 殘差：$e = y - \hat{y} = y - \hat{\alpha} - \hat{\beta} x$

其中 $\mu_{y|x}$ 稱為條件期望值或條件平均數，也有人表示成 $E(y|x)$，其原理十分簡單，把 X 的值固定住，把所有對應的 Y 值取平均值即得。例如：X 表體重、Y 表身高，$\mu_{y|50}$ 就是體重 50 公斤的人的平均身高。

所謂母體迴歸線是由全體資料所得出的直線方程式，而樣本迴歸線則是利用樣本資料所求得之迴歸方程式，誤差的定義為真實資料與母體迴歸線的差，殘差是指樣本資料與樣本迴歸線的差，讀者只要特別注意樣本迴歸線與殘差即可，畢竟母體迴歸線一般是無法得知的，所以迴歸分析是指利用樣本迴歸線來對母體作推論或預測的一種分析方法。

1. 直線迴歸模型的基本假設

假設自變數 X 表示體重，依變數 Y 表示身高，我們可以把全部的人的（體重, 身高）依座標的概念標示在座標平面上。我們以體重 50 公斤的人來說明，有人比較瘦因此比較高，有人比較胖所以比較矮，但是大部分的人都會集中在某一個身高範圍內，特別高或特別矮的人會比較少。如果我們假設固定體重下的身高分配為常態分配，則每個固定體重下所對應的身高關係可以下面的三度空間圖形來表示：

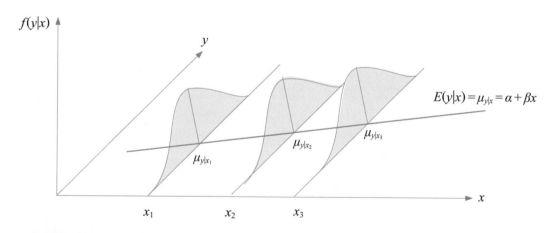

上圖特別加粗的線條稱為母體迴歸線，正好通過每一個分配的平均數，當然要符合這樣的特性必須要有下列幾個基本假設。

(1) 常態性假設：每一個 x 值所對應的 y 的分配必須符合常態分配。

(2) 變異數齊一性（homocedasticity）：每一個 x 值所對應的 y 的分配，其變異數必須相等，每一個 x 值所對應的 y 的分配曲線若經過平移會重合。即

$$V(y) = \sigma^2_{y|x_1} = \sigma^2_{y|x_2} = \cdots = \sigma^2_{y|x_n} = \sigma^2$$

(3) 所有小母體分配的平均數 $\mu_{y|x_i}$ 均落母體迴歸線上。簡單的說母體迴歸線即是所有小母體平均數通過的直線，故母體迴歸線可用直線方程式：$\mu_{y|x} = \alpha + \beta x$ 來表示，其中 α, β 稱為母體迴歸係數。

(4) 不同 X 下的 Y 彼此獨立：不同的 X 下各有其自己所對應的 Y 分配，彼此獨立互不影響。

(5) 誤差遵循常態分配彼此獨立且期望值為 0，即

$$\varepsilon_i \sim N(0, \sigma^2) \text{ 且 } Cov(\varepsilon_i, \varepsilon_j) = 0$$

誤差是指實際上的資料與對應母體迴歸線上的值之差，例如：某人體重 50 公斤，身高 167 公分，而全體 50 公斤的人平均身高是 155 公分，則此人的身高誤差為 12 公分。

上面的幾個假設有些教科書將其濃縮成三大假設，分別為：

(1) $E(\varepsilon_i) = 0$

(2) $V(\varepsilon_i) = \sigma^2$

(3) $Cov(\varepsilon_i, \varepsilon_j) = 0$

又上面 (1) 與 (2) 可寫成 $\varepsilon_i \sim N(0, \sigma^2)$，故線性迴歸的基本假設最簡潔的寫法為，滿足 $Cov(\varepsilon_i, \varepsilon_j) = 0$ 與 $\varepsilon_i \sim N(0, \sigma^2)$ 即可。

2. 樣本迴歸線的推導

由於大部分的情況下我們不曉得母體分配情況（實驗例外），母體迴歸線僅是數學上所想像的直線，因此我們僅能利用樣本資料來推求迴歸線，利用樣本資料所求出的迴歸線稱為樣本迴歸線，也是本章的主題。

樣本迴歸線要如何尋找呢？原理很簡單，只要讓全體所造成的總誤差最小就是一個好的迴歸線估計式，要達成這個目的可用最小平方法（ordianry least squares method, OLS）推導。除最小平方法外，最大概似估計法（maximum likelihood method, ML）也有不少人使用，由於前面並未介紹最大概似理論，因此在這裡我們僅介紹最小平方法，在簡單線性迴歸中兩種方法推出來的方程式一模一樣。

(1) 最小平方法：假設 $\hat{y} = \hat{\alpha} + \hat{\beta} x$ 是我們找到的最佳迴歸估計式，x, y 為實際的樣本資料，為了區分母體迴歸與樣本迴歸，因此在樣本迴歸中我們稱誤差為殘差，其實殘差就是誤差。殘差定義為：實際樣本資料 (y) 減藉由迴歸直線所得的資料 $(\hat{y})$。例如：迴歸線為 $\hat{y} = 1 + 2x$，假設其中一個樣本資料為 $(2, 6.5)$，實際的樣本資料為 $y = 6.5$，將 $x = 2$ 代入迴歸線中得到的資料為 $\hat{y} = 5$，殘差為 $e = 6.5 - 5 = 1.5$，有幾組

資料就有幾組殘差。由於誤差不可以相互抵銷，因此取平方，故所有的殘差平方和為：

$$\sum e^2 = SSE = \sum (y - \hat{y})^2 = \sum (y - \hat{\alpha} - \hat{\beta}x)^2$$

殘差的平方和我們以符號 SSE 表之，這裡的 SSE 與前述變異數分析的 SSE 概念是一樣的。我們的目標是找到一個 $\hat{\alpha}, \hat{\beta}$ 使 SSE 為最小，因此將殘差平方和分別對 $\hat{\alpha}, \hat{\beta}$ 取一階偏導數，並令其值為 0，此概念於單變數求極值的概念相同，即

$$\begin{cases} \dfrac{\partial SSE}{\partial \hat{\alpha}} = 0 \\ \dfrac{\partial SSE}{\partial \hat{\beta}} = 0 \end{cases} \Rightarrow \begin{cases} \sum 2(y - \hat{\alpha} - \hat{\beta}x)(-1) = 0 \\ \sum 2(y - \hat{\alpha} - \hat{\beta}x)(-x) = 0 \end{cases}$$

整理得

$$\begin{cases} \sum y = n\hat{\alpha} + \hat{\beta} \sum x \ \text{.....................} (1) \\ \sum xy = \hat{\alpha} \sum x + \hat{\beta} \sum x^2 \ \text{..........} (2) \end{cases}$$

解上面聯立方程式得

$$\hat{\beta} = \frac{\displaystyle\sum_{i=1}^{n} (x_i - \overline{x})(y_i - \overline{y})}{\displaystyle\sum_{i=1}^{n} (x_i - \overline{x})^2}, \hat{\alpha} = \frac{\displaystyle\sum_{i=1}^{n} y_i \sum_{i=1}^{n} x_i^2 - \sum_{i=1}^{n} x_i \sum_{i=1}^{n} x_i y_i}{n \displaystyle\sum_{i=1}^{n} x_i^2 - (\sum_{i=1}^{n} x_i)^2}$$

上面的公式不容易記憶，一般建議先記 $\hat{\beta}$，接著由 (1) $\sum y = n\hat{\alpha} + \hat{\beta} \sum x$ 可得

$\Rightarrow \hat{\alpha} = \dfrac{\sum y - \hat{\beta} \sum x}{n} = \overline{y} - \hat{\beta}\overline{x}$，故求 $\hat{\alpha}$ 時可將 $\hat{\beta}$ 代入樣本迴歸線 $\hat{y} = \hat{\alpha} + \hat{\beta}x$ 中，並將 x 及 y 取平均值，移項即得，即

$$\hat{\alpha} = \overline{y} - \hat{\beta}\overline{x}$$

此外有關 $\hat{\beta}$ 的相關算式如下所示：

$$\hat{\beta} = \frac{\displaystyle\sum_{i=1}^{n} (x_i - \overline{x})(y_i - \overline{y})}{\displaystyle\sum_{i=1}^{n} (x_i - \overline{x})^2} = \frac{\displaystyle\sum_{i=1}^{n} x_i y_i - n\overline{xy}}{\displaystyle\sum_{i=1}^{n} x_i^2 - n\overline{x}^2} = \frac{\hat{\sigma}_{xy}^2}{\hat{\sigma}_x^2} = \frac{s_{xy}}{s_x^2}$$

其中 $\hat{\sigma}_{xy}^2$ 表 x 與 y 的共變異數，$\hat{\sigma}_x^2$ 表由樣本資料 x 所求出的變異數（由樣本資料套用母體變異數公式求出之變異數）。

(2) 最小平方估計式的性質：利用最小平方方法所得到的迴歸方程式具有下列之性質：

　A. $\hat{\alpha}, \hat{\beta}$ 為 α, β 的不偏估計式，滿足不偏性的要求，即：$E(\hat{\alpha}) = \alpha, E(\hat{\beta}) = \beta$

　B. $\hat{\alpha}, \hat{\beta}$ 的變異數 $V(\hat{\alpha}), V(\hat{\beta})$ 與母體變異數 σ^2 具下列之關係：

$$V(\hat{\alpha}) = \frac{\sum x^2}{n \sum (x - \bar{x})^2} \sigma^2 \quad , \quad V(\hat{\beta}) = \frac{\sigma^2}{\sum (x - \bar{x})^2}$$

　C. $\hat{\alpha}, \hat{\beta}$ 呈常態分配，即

$$\hat{\alpha} \sim N(\alpha, \frac{\sum x^2}{n \sum (x - \bar{x})^2} \sigma^2) \quad , \quad \hat{\beta} \sim N(\beta, \frac{\sigma^2}{\sum (x - \bar{x})^2})$$

　D. $\hat{\alpha}, \hat{\beta}$ 均為最佳線性不偏估計式。

 例 12-1

隨機抽樣 5 個人，得其身高與體重資料如下所示：

y（身高）	162	170	158	172	166	
x（體重）	62		75	50	56	70

請你使用最小平方方法的定義求身高與體重的線性迴歸方程式，接著再利用公式求迴歸方程式，檢驗兩者是否相同。

 解 假設迴歸方程式為：$\hat{y} = \hat{\alpha} + \hat{\beta}x, \bar{x} = 62.6, \bar{y} = 165.6$

(1)

y	162	170	158	172	166
x	62	75	50	56	70
$\hat{y}$	$\hat{\alpha} + 62\hat{\beta}$	$\hat{\alpha} + 75\hat{\beta}$	$\hat{\alpha} + 50\hat{\beta}$	$\hat{\alpha} + 56\hat{\beta}$	$\hat{\alpha} + 70\hat{\beta}$

$$SSE = \sum e_i^2 = [(162 - \hat{\alpha} - 62\hat{\beta})^2 + (170 - \hat{\alpha} - 75\hat{\beta})^2 + (158 - \hat{\alpha} - 50\hat{\beta})^2$$
$$+ (172 - \hat{\alpha} - 56\hat{\beta})^2 + (166 - \hat{\alpha} - 70\hat{\beta})^2]$$

$$\frac{SSE}{\partial \hat{\alpha}} = 2(162 - \hat{\alpha} - 62\hat{\beta}) \times (-1) + 2(170 - \hat{\alpha} - 75\hat{\beta}) \times (-1) + 2(158 - \hat{\alpha} - 50\hat{\beta}) \times (-1)$$
$$+ 2(172 - \hat{\alpha} - 56\hat{\beta}) \times (-1) + 2(166 - \hat{\alpha} - 70\hat{\beta}) \times (-1) = 0$$

$$5\hat{\alpha} + 313\hat{\beta} = 828 \cdots\cdots\cdots ①$$

$$\frac{SSE}{\partial\hat{\beta}} = 2(162 - \hat{\alpha} - 62\hat{\beta})\times(-62) + 2(170 - \hat{\alpha} - 75\hat{\beta})\times(-75) + 2(158 - \hat{\alpha} - 50\hat{\beta})\times(-50)$$

$$+2(172 - \hat{\alpha} - 56\hat{\beta})\times(-56) + 2(166 - \hat{\alpha} - 70\hat{\beta})\times(-70) = 0$$

$$313\hat{\alpha} + 20005\hat{\beta} = 51946 \cdots\cdots\cdots ②$$

由 ①② 可得 $\hat{\alpha} = 148.367, \hat{\beta} = 0.275$

故線性迴歸方程為 $\hat{y} = 148.367 + 0.2753x$

(2) 直接套用公式

$$\hat{\beta} = \frac{\sum_{i=1}^{n} x_i y_i - n\overline{xy}}{\sum_{i=1}^{n} x_i^2 - n\overline{x}^2} = \frac{51946 - 5\times62.6\times165.6}{20005 - 5\times62.6^2} = 0.2753$$

$$\hat{\alpha} = \overline{y} - \hat{\beta}\overline{x} = 165.6 - 0.2753\times62.6 = 148.366$$

故線性迴歸方程為 $\hat{y} = 148.366 + 0.2753x$　　　註：因四捨五入會產生些許誤差。

 例 12-2

假設下列資料為某公司近五年的投資金額：

x_i　1　2　3　4　5 ············（年）

y_i　1　1　3　4　6　（單位千元）

(1) 請繪 x、y 的散佈圖，並請你依散佈圖的情形大約畫出迴歸線。

(2) 試求迴歸方程式。

(3) 請你利用 (2) 所求出的迴歸方程式來預測此公司第七年度的投資金額大約是多少？

 解

(1)

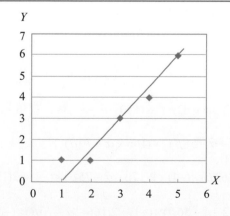

本題迴歸線大約如上圖所示，本題無標準答案，只要偏差不要太大即可。

(2) $\sum x_i = 1+2+3+4+5 = 15$ ，$\sum x_i^2 = 1^2+2^2+3^2+4^2+5^2 = 55$

$\sum y_i = 1+1+3+4+6 = 15$ ，$\sum y_i^2 = 1^2+1^2+3^2+4^2+6^2 = 63$

$\sum x_i y_i = 1 \cdot 1 + 2 \cdot 1 + 3 \cdot 3 + 4 \cdot 4 + 5 \cdot 6 = 58$

$\bar{x} = \dfrac{1}{5}\sum x_i = \dfrac{15}{5} = 3, \bar{y} = \dfrac{1}{5}\sum y_i = \dfrac{15}{5} = 3$

$\therefore \hat{\beta} = \dfrac{\sum x_i y_i - n\overline{xy}}{\sum x_i^2 - n\bar{x}^2} = \dfrac{58 - 5 \times 3 \times 3}{55 - 5 \times (3)^2} = 1.3$

$\hat{\alpha} = \bar{y} - \hat{\beta}\bar{x} = 3 - 1.3 \times 3 = -0.9$

故迴歸線為：$\hat{y} = -0.9 + 1.3x$

(3) 當 $x=7$ 時，預測投資金額為 $\hat{y} = -0.9 + 1.3 \times 7 = 8.2$（千元）

3. 母體變異數 σ^2 的估計式與信賴區間

母體變異數 σ^2 的估計式：根據最小平方法的基本假設，母體變異數 σ^2 等於母體殘差項 ε_i 的變異數，故

$$\sigma^2 = \frac{1}{N}\sum_{j=1}^{N}\left[\varepsilon_{ij} - E(\varepsilon_i)\right]^2 = \frac{1}{N}\sum_{j=1}^{N}\varepsilon_{ij}^{\;2} \quad (\because E(\varepsilon_{i.}) = 0)$$

但是迴歸方程式的變異數通常未知，因此在估計 σ^2 時可利用樣本殘差 $e_i = y_i - \hat{\alpha} - \hat{\beta}x_i$ 來估計，故 σ^2 的點估計式為：

$$s_{y|x}^2 = \frac{\sum_{i=1}^{n} e_i^2}{n-2} = \frac{\sum_{i=1}^{n}(y_i - \hat{y}_i)^2}{n-2} = \frac{\sum_{i=1}^{n}(y_i - \hat{\alpha} - \hat{\beta}x_i)^2}{n-2} = \frac{SSE}{n-2} = MSE$$

上式需牢記起來，在隨後的單元，有關迴歸的各種檢定幾乎都會用到它。自由度之所以少 2，是因為在推導 $s_{y|x}^2$ 時我們用了 $\hat{\alpha}$ 與 $\hat{\beta}$ 兩個限制式，故自由度為 $n-2$。在絕大部分的教科書僅用 $s_{y|x}^2$ 這個符號，其實它與前面章節所用到的符號 MSE 與 s_p^2 在意義上是一樣的。故在迴歸分析中母體變異數的點估計與變異數分析一樣都是 MSE，且母體變異數的 $1-\alpha$ 信賴區間公式也和變異數分析完全相同，即：

$$\frac{SSE}{\chi^2_{n-2,\frac{\alpha}{2}}} \leq \sigma^2 \leq \frac{SSE}{\chi^2_{n-2,1-\frac{\alpha}{2}}}$$

在後面迴歸模型適合度的檢定中我們會進一步介紹 SSE 的快速運算法。

承例題 1，試估計母體變異數的點估計值與 95% 的信賴區間。

由例題 2 知，迴歸方程為：$\hat{y} = 148.366 + 0.2753x$

y	162	170	158	172	166
x	62	75	50	56	70
$\hat{y}$	165.435	169.014	162.131	163.783	167.637
$\lvert e_i \rvert$	3.435	0.986	4.131	8.217	1.63

$$\because SSE = \sum e_i^2 = 3.435^2 + 0.986^2 + 4.131^2 + 8.217^2 + 1.637^2 = 100.035$$

故母體變異數的點估計值為 $MSE = \dfrac{SSE}{5-2} = 33.345$

95% 的信賴區間為：

$$\frac{SSE}{\chi^2_{n-2,\frac{\alpha}{2}}} \le \sigma^2 \le \frac{SSE}{\chi^2_{n-2,1-\frac{\alpha}{2}}} \Rightarrow \frac{100.035}{9.348} \le \sigma^2 \le \frac{100.035}{0.216}$$

故母體變異數的 95% 的信賴區間為：$10.701 \le \sigma^2 \le 463.125$

12.4 簡單線性迴歸模型配適度的評斷

有關迴歸模型適合度的檢定共可分成二大類，分別為：

1. **整體性檢定**

所謂整體性檢定是指所有的自變數對於依變數是否具有解釋，例如：我們的迴歸方程假設為：身高 $= \hat{\alpha} + \hat{\beta}_1$ 體重 $+ \hat{\beta}_2$ 智商。那麼整體性的檢定就是檢定身高是否可以利用體重與智商來衡量或作預測。迴歸模型的適合度判斷有下列兩種：

(1) 判定係數（coefficient of determination）。

(2) F 檢定。

2. **個別自變數對依變數解釋力的檢定**

若以上面身高的迴歸方程為例，我們知道體重這個變數對身高便已經具備高度的解釋能力，故整體迴歸線的配適度會受體重這個高解釋度的變數所影響，因此即便智商與身高毫無關係，整體迴歸方程經檢定後必然會呈現具高度的配適度，所以我們還必須作個別變數的檢定以檢定哪些自變數具解釋力，哪些不具解釋力，個別變數的檢定包含：

(1) 斜率項$(\hat{\beta}_1, \hat{\beta}_2, ...)$的檢定：斜率項的檢定主要在檢定某單一自變數對依變數的解釋能力，在此要特別提醒讀者注意，在多元迴歸中，若自變數間沒有完全獨立，實際上的情形會遠比我們想像中來得複雜。有可能 x_1 對 y 具正向相關而 x_2 對 y 具負向相關，但以迴歸係數來看卻變成 x_1, x_2 對 y 皆具正向影響，也有可能正負向影響完全相反，所以若以迴歸分析進行統計分析，必須特別小心求證。

(2) 相關係數的檢定：相關係數的檢定主要在檢定自變數與依變數間是否具有相關性（正相關或負相關），自變數與自變數間是否不具相關性。

除了上述兩大類的檢定之外，也有人作截距項的檢定，但依變數與自變數間的衡量單位不盡相同，因此在大部分的研究會先將變數標準化之後再推導迴歸式，標準化後的迴歸方程截距項必定為 0，故是否要作截距項的檢定得視研究的主題。

但簡單線性迴歸中，上述所提到的整體性檢定與個別自變數對依變數解釋力的檢定，事實上檢定公式彼此可以相互轉換，因此不論是 F 檢定或斜率項檢定（檢定是否為 0）與相關係數的檢定（檢定是否為 0）所得到的結果皆相同，在最後面我們會作一個總整理。

⅏12.4.1 迴歸模型之配適度檢定

1. 判定係數 R^2

判定係數主要用來衡量迴歸方程式的適合度，同時可衡量迴歸方程式的解釋能力。由於迴歸方程式的基本假設與變異數分析一樣，因此我們可以利用變異數分析的原理將變異分解。

(1) 依變數的誤差：如下圖所示，我們可以把誤差分解成可解釋誤差＋隨機誤差，即

$$y_i - \overline{y} = (\hat{y}_i - \overline{y}) + (y_i - \hat{y}_i)$$

誤差 = 可解釋誤差 + 不可解釋誤差（隨機誤差）

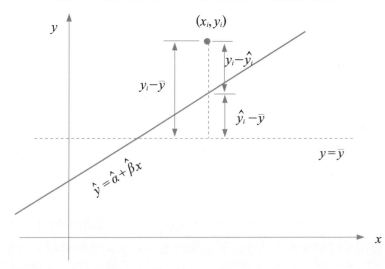

由於誤差不可正負相抵，因此兩邊平方並將所有誤差加總，得

$$\sum_{i=1}^{n}(y_i-\overline{y})^2=\sum_{i=1}^{n}\left[(\hat{y}_i-\overline{y})+(y_i-\hat{y}_i)\right]^2$$

等號右式利用完全平方和公式展開後可得：

$$\sum_{i=1}^{n}(y_i-\overline{y})^2=\sum_{i=1}^{n}(\hat{y}_i-\overline{y})^2+\sum_{i=1}^{n}(y_i-\hat{y}_i)^2$$

其中：

$\displaystyle\sum_{i=1}^{n}(y_i-\overline{y})^2$ 稱為總變異，通常以符號 SST 表之。

$\displaystyle\sum_{i=1}^{n}(\hat{y}_i-\overline{y})^2$ 稱為可解釋變異，為迴歸線上的點所造成的變異，通常以符號 SSR 表之。

$\displaystyle\sum_{i=1}^{n}(y_i-\hat{y}_i)^2$ 稱為不可解釋變異，又稱為隨機變異，通常以符號 SSE 表之。

即

$$SST=SSR+SSE$$

底下我們將介紹有關 SST、SSR、SSE 的其他計算公式，這些公式供參考用，不需死記。

$$\begin{aligned}SST&=\sum_{i=1}^{n}(y_i-\overline{y})^2=\sum_{i=1}^{n}y_i^2-n\overline{y}^2\\&=(n-1)\frac{1}{n-1}\sum_{i=1}^{n}(y_i-\overline{y})^2=(n-1)s_y^2\\&=n\frac{1}{n}\sum_{i=1}^{n}(y_i-\overline{y})^2=n\hat{\sigma}_y^2\end{aligned}$$

其中：s_y^2 表由依變數資料 y 採用樣本變異數公式所計算出來的值，$\hat{\sigma}_Y^2$ 則為由依變數資料 y 採用母體變異數公式所計算出來的值。故 SST 等於資料 y 的樣本變異數乘以自由度，或 y 的母體變異數乘以樣本數。

$$\begin{aligned}SSR&=\sum_{i=1}^{n}(\hat{y}_i-\overline{y})^2=\sum_{i=1}^{n}(\hat{\alpha}+\hat{\beta}x_i-\overline{y})^2=\sum_{i=1}^{n}(\overline{y}-\hat{\beta}\overline{x}+\hat{\beta}x_i-\overline{y})^2\\&=\hat{\beta}^2\sum_{i=1}^{n}(x_i-\overline{x})^2=\hat{\beta}^2\left(\sum_{i=1}^{n}x_i^2-n\overline{x}^2\right)\\&=\hat{\beta}^2(n-1)\frac{1}{n-1}\sum_{i=1}^{n}(x_i-\overline{x})^2=\hat{\beta}^2(n-1)s_x^2\\&=\hat{\beta}^2n\frac{1}{n}\sum_{i=1}^{n}(x_i-\overline{x})^2=\hat{\beta}^2\times n\hat{\sigma}_x^2\end{aligned}$$

其中：s_x^2 表由自變數資料 x 採用樣本變異數公式所計算出來的值，$\hat{\sigma}_x^2$ 則為由自變數資料 x 採用母體變異數公式所計算出來的值。故 SSR 等於資料 x 的樣本變異數乘以

自由度再乘以斜率項的平方,或 x 的母體變異數乘以樣本數再乘以斜率項的平方。

$$SSE = \sum_{i=1}^{n}(y_i - \hat{y}_i)^2 = \sum_{i=1}^{n}e_i^2 = \sum_{i=1}^{n}e_i \times e_i = \sum_{i=1}^{n}e_i \times (y_i - \hat{y}_i)$$

$$= \sum_{i=1}^{n}e_i \times y_i - \sum_{i=1}^{n}e_i \times \hat{y}_i = \sum_{i=1}^{n}e_i \times y_i = \sum_{i=1}^{n}(y_i - \hat{\alpha} - \hat{\beta}x_i) \times y_i$$

$$= \sum_{i=1}^{n}y_i^2 - \hat{\alpha}\sum_{i=1}^{n}y_i - \hat{\beta}\sum_{i=1}^{n}x_iy_i$$

有關 SSE 的計算上式的最後一項建議讀者不妨記下來,有些升學考試題目所給的資料型態為依變數的平方和、總和等型態。當然若已經知道 SST 與 SSR,那麼利用 $SST=SSR+SSE$ 的關係求 SSE 的速度最快。

(2) 判定係數:如下圖所示,我們希望大部分的點都能盡量的在迴歸線上,故當迴歸線上的點越靠近迴歸線,表示此迴歸線的適合度越佳,即 SSE 越小越好、SSR 越大越好。因此我們定義判定係數來衡量迴歸線的適合度,判定係數的定義如下:

$$R^2 = \frac{SSR}{SST} = 1 - \frac{SSE}{SST}$$

判定係數除了利用定義可求出外,下列我們列出利用其他條件求判定係數的關係式:

$$R^2 = \frac{SSR}{SST} = \frac{\sum(\hat{y}_i - \overline{y})^2}{\sum(y_i - \overline{y})^2} = \frac{s_{\hat{y}}^2}{s_y^2} \times \frac{\sum(\hat{\alpha} + \hat{\beta}x_i - \overline{y})^2}{\sum(y_i - \overline{y})^2}$$

$$= \frac{\sum(\overline{y} - \hat{\beta}\overline{x} + \hat{\beta}x_i - \overline{y})^2}{\sum(y_i - \overline{y})^2} = \frac{\hat{\beta}^2\sum(x_i - \overline{x})^2}{\sum(y_i - \overline{y})^2}$$

$$= \frac{\hat{\beta}^2 \dfrac{1}{n-1}\sum(x_i - \overline{x})^2}{\dfrac{1}{n-1}\sum(y_i - \overline{y})^2} = \left(\hat{\beta}^2 \times \frac{s_x^2}{s_y^2}\right)^2$$

故 R^2 亦可由迴歸方程的斜率項的平方乘以 x 的變異數與 y 的變異數比值。故 R^2 與斜率項 $\hat{\beta}^2$ 存在一個比值關係，亦即 R^2 與 $\hat{\beta}^2$ 成正比關係，故 R^2 的檢定與 $\hat{\beta}$ 的檢定意義是相同的，後面我們會幫讀者作整理。R^2 越大表示迴歸模型的解釋能力越強，配適度越佳。若以 R^2 的其中一個定義 $R^2 = \dfrac{s_{\hat{y}}^2}{s_y^2}$ 可以看出，R^2 為迴歸線上 y 值的變異數與原始資料 y 值的變異數比值，故 R^2 除了可以看出迴歸線的適合情形之外，亦可判斷迴歸線對全體樣本資料變異的解釋能力。

2. F 檢定

迴歸線的適合與否可用判定係數的大小來判斷，但是迴歸模型的適合度同時也會受樣本數與自變數數目所影響，因此僅憑判定係數大小來衡量迴規模型的適合度並不客觀，較客觀的方式必須透過檢定來決定是否有顯著的證據證明迴歸模型的適合度。有關迴歸模型的適合度可利用 F 檢定來檢定其適合度。它的兩個假設為：

$$\begin{cases} H_0 : \beta = 0 \ （或迴歸方程式不具解釋力或 x 不可解釋 y） \\ H_1 : \beta \neq 0 \ （或迴歸方程式具解釋力或 x 可解釋 y） \end{cases}$$

我們按變異數分析的原理將變異分解成 $SST=SSR+SSE$，可建立簡單迴歸的變異數分析表，如下表所示：

變異來源	平方和	自由度	平均平方和	F
迴歸	SSR	1	$MSR = \dfrac{SSR}{1}$	$F^* = \dfrac{MSR}{MSE}$
誤差	SSE	$n-2$	$MSE = \dfrac{SSE}{n-2}$	
總和	SST	$n-1$		

其決策法則為：若檢定統計量 $F^* > F_{\alpha,1,n-2}$ 則拒絕 H_0。

從檢定統計量 $F^* = \dfrac{MSR}{MSE}$ 我們可以看出，當 MSR 越大表示越容易拒絕虛無假設，也就是說迴歸方程式具解釋力。而當 MSR 越大則 SSR 也會越大，表示 R^2 也會越大，故當判定係數越大，則在 F 檢定中越容易拒絕虛無假設。F 與 R^2 間存在某種關係，其推導如下：

$$F^* = \frac{MSR}{MSE} = \frac{SSR/1}{SSE/n-2} = \frac{(n-2)SSR}{SSE} = \frac{(n-2)\dfrac{SSR}{SST}}{\dfrac{SSE}{SST}}$$

$$= \frac{(n-2)\times R^2}{\dfrac{SST-SSR}{SST}} = \frac{(n-2)\times R^2}{1-R^2} = \frac{R^2/1}{(1-R^2)/(n-2)}$$

故 F 與 R^2 存在關係式：

$$F^* = \frac{R^2/1}{1-R^2/n-2}$$

有一點讀者必須特別注意，雖然 R^2 越大越容易拒絕虛無假設，但也有可能 R^2 很大，F 檢定卻檢定出迴歸方程不具解釋力；或者 R^2 很小 F 檢定卻檢定出迴歸方程具解釋力。會造成這種原因從 R^2 與 F 的關係式中很容易看出來，樣本數的大小會左右檢定的結果，此外抽樣的偏差也會造成這種情形。故即使 R^2 非常小，只要足夠的樣本，就一定可以達到顯著水準 [1]（拒絕虛無假設）。

 例 12-4

某飲料公司欲知各商店所裝設的自動販賣機數 X 與每個月所販賣的罐裝飲料數 Y 間的關係，隨機選取 8 家商店，其資料如下：

x	1	1	1	2	4	4	5	6
y	568	577	652	657	755	759	840	832

(1) 試求迴歸直線 $\hat{y} = \hat{\alpha} + \hat{\beta}x$。

(2) 試列出迴歸變異數分析表，並利用此表檢定迴歸模型是否適合 $(\alpha = 0.05)$。

解 (1) $\bar{x} = \dfrac{1+1+...+6}{8} = 3, \bar{y} = \dfrac{568+577+...+832}{8} = 705$

$\sum x_i^2 = 1^2 + 1^2 + ... + 6^2 = 100, \sum y_i^2 = 568^2 + 577^2 + ... + 832^2 = 4056236$

$\sum x_i y_i = 1 \times 568 + 1 \times 577 + ... + 6 \times 832 = 18359$

$\hat{\beta} = \dfrac{\sum x_i y_i - n\bar{x}\bar{y}}{\sum x_i^2 - n\bar{x}^2} = \dfrac{18359 - 8(3)(705)}{100 - 8(9)} = 51.393$

$\hat{\alpha} = \bar{y} - \hat{\beta}\bar{x} = 705 - 51.393 \times 3 = 550.82$

故迴歸方程為： $\hat{y} = 550.82 + 51.393x$

1　會造成這種原因乃人文社會研究所用的量表不符合常態分配的變數範圍 $-\infty < x < \infty$。

(2) 設立兩個假設為：$\begin{cases} H_0 : x \text{ 對 } y \text{ 不具解釋力} \\ H_1 : x \text{ 對 } y \text{ 具解釋力} \end{cases}$

$$SST = n\hat{\sigma}_y^2 = \sum_{i=1}^{n}(y_i - \overline{y})^2 = \sum_{i=1}^{n} y_i^2 - n\overline{y}^2 = 4056236 - 8 \times 705^2 = 80036$$

$$SSR = \hat{\beta}^2 \times n\hat{\sigma}_x^2 = \hat{\beta}^2 \left(\sum_{i=1}^{n} x_i^2 - n\overline{x}^2 \right) = 51.393^2 (100 - 5 \times 3^2) = 73954$$

$$SSE = SST - SSR = 6082$$

變異來源	平方和	自由度	平均平方和	F
迴歸	73,954	1	73,954	72.96
誤差	6,082	6	1,014	
總和	80,036	7		

$\because F^* = 72.96 > F_{0.05,1,6} = 5.99 \Rightarrow$ 拒絕 H_0，

故此迴歸模型適合，即 X 對 Y 具解釋力。

註：求 SST, SSR, SSE 的公式有很多個，讀者需把觀念融會貫通。

🔧12.4.2 斜率項與截距項的檢定與區間估計

在簡單線性迴歸中，除了可利用 F 檢定來檢定迴歸模型的適合度外，亦可利用檢定斜率項 β 來檢定迴歸模型的適合度，因為在簡單線性迴歸模型中，F 檢定、斜率項是否為 0 的檢定與相關係數是否為 0 的檢定，三者皆可檢定迴歸方程的配適度，後面我們會幫讀者作一個總整理。

從迴歸方程中可以看出斜率項 β 為增加 X 一單位後 Y 的改變量，因此若 $\beta = 0$ 則表示 X 變動 Y 不會隨之變動，表示 X 對 Y 無解釋力，也就是說迴歸模型不適合。國內某些中文書籍說 β 檢定可檢定 X 對 Y 具線性影響，這是不對的。我們舉個例子來說明為何斜率項檢定，或者相關檢定無法檢定兩變數間具有線性關係。如下圖為雙曲線的一支，假設樣本資料來自於此雙曲線，若我們以簡單線性迴歸建構模型，檢定的結果必然高度向負相關且接受 $\beta \neq 0$ 假設，然而兩變數的關係並非呈直線相關。故欲檢定兩變數是否呈現某種分配，應該用適合度檢定才正確，而檢定 X 與 Y 是否具直線關係則需用缺適度檢定。

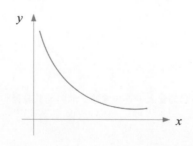

1. 斜率項的檢定

$\hat{\beta}$ 是迴歸方程式的斜率，表示每變動 1 單位的 x，$\hat{y}$ 將變動 $\hat{\beta}$ 單位。斜率項的檢定可分成雙尾檢定與單尾檢定，其中雙尾檢定與迴歸變異數分析表所使用的 F 檢定結果完全一樣。底下是有關斜率項的檢定方法。

$$\text{雙尾檢定} \begin{cases} H_0 : \beta = 0 \\ H_1 : \beta \neq 0 \end{cases} \Longrightarrow \begin{array}{l} F \text{ 檢定} \\ t \text{ 檢定} \end{array}$$

$$\text{單尾檢定} \begin{cases} H_0 : \beta \leq 0 \\ H_1 : \beta > 0 \end{cases} \text{ 或 } \begin{cases} H_0 : \beta \geq 0 \\ H_1 : \beta < 0 \end{cases} \Longrightarrow t \text{ 檢定}$$

接下來我們就正式介紹有關斜率項的檢定與信賴區間。

(1) 雙尾檢定：雙尾檢定的兩個假設為：$\begin{cases} H_0 : \beta = 0 \ (\text{迴歸方程式不具解釋力}) \\ H_1 : \beta \neq 0 \ (\text{迴歸方程式具解釋力}) \end{cases}$

已知 $\hat{\beta} \sim N(\beta, \dfrac{\sigma^2}{\sum(x_i - \overline{x})^2})$，其檢定法則與第十章的原理相同，在此我們僅介紹標準檢定法，其餘三種方法請讀者參仿第十章的方法自行融會貫通。由於母體變異數 σ^2 未知，故以其不偏估計式 MSE 取代。

檢定統計量為：

$$t^* = \frac{\hat{\beta} - \beta_0}{s_{\hat{\beta}}} = \frac{\hat{\beta}}{\sqrt{\dfrac{MSE}{\sum(x_i - \overline{x})^2}}}$$

決策法則：當 $|t^*| > t_{\frac{\alpha}{2}, n-2}$ 時，拒絕虛無假設，此時表迴歸方程具配適度，或者自變數 X 可以解釋依變數 Y。而 β 的 $1 - \alpha$ 信賴區間則為：

$$\hat{\beta} - t_{\frac{\alpha}{2}, n-2} \sqrt{\frac{MSE}{\sum(x_i - \overline{x})^2}} \leq \beta \leq \hat{\beta} + t_{\frac{\alpha}{2}, n-2} \sqrt{\frac{MSE}{\sum(x_i - \overline{x})^2}}$$

(2) 右尾檢定：右尾檢定的兩個假設為：$\begin{cases} H_0 : \beta \leq 0 \ (\text{自變數對依變數不具正向影響}) \\ H_1 : \beta > 0 \ (\text{自變數對依變數具正向影響}) \end{cases}$

檢定統計量為：

$$t^* = \frac{\hat{\beta} - \beta_0}{s_{\hat{\beta}}} = \frac{\hat{\beta}}{\sqrt{\dfrac{MSE}{\sum(x_i - \overline{x})^2}}}$$

決策法則：當 $t^* > t_{\alpha, n-2}$ 時，拒絕虛無假設，此時表自變數 X 對依變數 Y 有顯著的正向影響，也就是說當 X 增加時依變數 Y 亦隨之增加。這裡要特別提醒讀者留意，在單尾檢定的顯著水準 α，相當於雙尾檢定的 2α，因此在同樣的顯著水準下，若單尾檢定到達拒絕域時，改用雙尾檢定卻不一定會到達拒絕域。

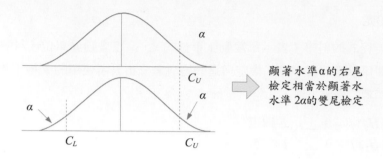

顯著水準α的右尾檢定相當於顯著水水準2α的雙尾檢定

(3) 左尾檢定：左尾檢定的兩個假設為：$\begin{cases} H_0 : \beta \geq 0 & (\text{自變數對依變數不具負向影響}) \\ H_1 : \beta < 0 & (\text{自變數對依變數具負向影響}) \end{cases}$

檢定統計量為：

$$t^* = \frac{\hat{\beta} - \beta_0}{s_{\hat{\beta}}} = \frac{\hat{\beta}}{\sqrt{\dfrac{MSE}{\sum(x_i - \overline{x})^2}}}$$

決策法則：當 $t^* < -t_{\alpha, n-2}$ 時，拒絕虛無假設，此時表自變數 X 對依變數 Y 有顯著的負向影響，也就是說當 X 增加時依變數 Y 會減少。

2. 截距項的檢定

$\hat{\alpha}$ 是迴歸方程的常數項（截距項），表示當 $x=0$ 時 $\hat{y}$ 的值。一般而言截具項的檢定較不具實質上的意義，尤其在多元迴歸中，每個自變數的單位並不相同，故在建構迴歸模型時經常會先將變數標準化，標準化後截距項必定等於 0，故無截距項的檢定。但在某方面的應用上，截距項又顯得十分重要，故在此我們也一併介紹截距項的檢定與信賴區間。已知 $\hat{\alpha} \sim N(\alpha, \dfrac{\sum x_i^2}{n\sum(x_i - \overline{x})^2}\sigma^2)$，若欲檢定截距項是否等於 0，其兩個假設為：$\begin{cases} H_0 : \alpha = 0 \\ H_1 : \alpha \neq 0 \end{cases}$。

檢定統計量為：

$$t^* = \frac{\hat{\alpha} - \alpha_0}{s_{\hat{\alpha}}} = \frac{\hat{\alpha}}{\sqrt{\dfrac{\sum x_i^2}{n} \times \dfrac{MSE}{\sum(x_i - \overline{x})^2}}}$$

上面有關檢定統計量故意將分母根號內部分成兩個部分，主要的用意在方便讀者記憶檢定斜率項與截距項時所採用的標準誤公式不同處。

決策法則：當 $|t^*| > t_{\frac{\alpha}{2}, n-2}$ 時，拒絕虛無假設，亦即表示迴歸方程沒有通過原點。至於截距項的左尾檢定與右尾檢定，與斜率項檢定是大同小異的，就請讀者自行推導。而 α（此處 α 指迴歸截距項）的 $1-\alpha$ 信賴區間為：

$$\hat{\alpha} - t_{\frac{\alpha}{2}, n-2}\sqrt{\frac{\sum x_i^2}{n}\frac{MSE}{\sum(x_i - \overline{x})^2}} \leq \alpha \leq \hat{\alpha} + t_{\frac{\alpha}{2}, n-2}\sqrt{\frac{\sum x_i^2}{n}\frac{MSE}{\sum(x_i - \overline{x})^2}}$$

例 12-5

某飲料公司想瞭解廣告費用 (x) 與飲料的銷售量 (y) 之間的關係，於是進行實驗，每個月打一次廣告，總共進行十個月的實驗，並記錄每個月的飲料銷售量，經整理資料如下所示：

$$\sum_{i=1}^{10} x_i = 28, \sum_{i=1}^{10} x_i^2 = 303.4, \sum_{i=1}^{10} y_i = 75, \sum_{i=1}^{10} y_i^2 = 598.5, \sum_{i=1}^{10} x_i y_i = 237 \text{，}$$

(1) 試求迴歸方程。

(2) 試求判定係數。

(3) 是否廣告的花費，對飲料的銷售量成正向影響 ($\alpha = 5\%$)？

(4) 試求 β 的 95% 信賴區間。

解 (1) $\bar{x} = \dfrac{\sum x}{n} = \dfrac{28}{10} = 2.8, \bar{y} = \dfrac{\sum y}{n} = \dfrac{75}{10} = 7.5$

$\hat{\beta} = \dfrac{\sum xy - n\bar{x}\bar{y}}{\sum x^2 - n\bar{x}^2} = \dfrac{237 - 10 \times 2.8 \times 7.5}{303.4 - 10 \times 2.8^2} = 0.12$

$\hat{\alpha} = \bar{y} - \hat{\beta}\bar{x} = 7.5 - 0.12 \times 2.8 = 7.164$

故迴歸方程：$\hat{y} = 7.164 + 0.12x$

(2) 判定係數：$R^2 = \dfrac{\hat{\beta}^2 \left(\sum x_i^2 - n\bar{x}^2\right)}{\sum y_i^2 - n\bar{y}^2} = \dfrac{0.12^2(303.4 - 10 \times 2.8^2)}{598.5 - 10 \times 7.5^2} = 0.3$

(3) 由題意之相當於檢定：欲檢定 $\begin{cases} H_0 : \beta \le 0 \\ H_1 : \beta > 0 \end{cases}$

$SSE = \sum_{i=1}^{n} y_i^2 - \hat{\alpha}\sum_{i=1}^{n} y_i - \hat{\beta}\sum_{i=1}^{n} x_i y_i = 598.5 - 7.164 \times 7 - 0.12 \times 237 = 32.76$

$MSE = \dfrac{SSE}{n-2} = \dfrac{32.76}{10-2} = 4.095$

檢定統計量：$t^* = \dfrac{\hat{\beta}}{\sqrt{\dfrac{MSE}{\sum(x - \bar{x})^2}}} = \dfrac{\hat{\beta}}{\sqrt{\dfrac{MSE}{\sum x^2 - n\bar{x}^2}}} = \dfrac{0.12}{\sqrt{\dfrac{4.095}{303.4 - 10 \times 2.8}}} = 0.984$

$\because t^* = 0.984 < t_{8, 0.05} = 1.86$

拒絕虛無假設，故廣告的花費對飲料的銷售量，無足夠證據證明具正向影響。

(4) β 的 $1-\alpha$ 信賴區間為

$$\hat{\beta} - t_{n-2,\frac{\alpha}{2}} \sqrt{\frac{MSE}{\sum(x-\overline{x})^2}} \leq \beta \leq \hat{\beta} + t_{n-2,\frac{\alpha}{2}} \sqrt{\frac{MSE}{\sum(x-\overline{x})^2}}$$

故 β 的信賴區間 $\beta = 0.12 \pm 2.306 \times 0.1219 = [-0.161, 0.101]$

 例 12-6

已知五星級大飯店的住屋率 x 與每天每間客房的成本 y 如下表所示：

x	100	75	65	55	50
y	1900	2400	2700	3150	3500

(1) 試求迴歸直線 $\hat{y} = \hat{\alpha} + \hat{\beta}x$。

(2) 試檢定此迴歸直線的斜率是否為零 ($\alpha = 5\%$)？請分別以 t 檢定與 F 檢定各作一次，並比較兩種檢定法的差異。

 解

(1) $\overline{x} = 69$，$\overline{y} = 2730$，$\sum x^2 = 25375$，$\sum y^2 = 38832500$，$\sum xy = 893750$

$$\hat{\beta} = \frac{\sum xy - n\overline{x}\,\overline{y}}{\sum x^2 - n\overline{x}^2} = \frac{893750 - 5(69)(2730)}{25375 - 5(69)^2} = \frac{-48100}{1570} = -30.637$$

$$\hat{\alpha} = \overline{y} - \hat{\beta}\overline{x} = 2730 - (-30.637)(69) = 4844$$

故迴歸直線為：$\hat{y} = 4844 - 30.637x$

(2) 兩個假設：$\begin{cases} H_0 : \beta = 0 \\ H_1 : \beta \neq 0 \end{cases}$

以 t 檢定進行檢定：

$$SSE = \sum_{i=1}^{n} y_i^2 - \hat{\alpha}\sum_{i=1}^{n} y_i - \hat{\beta}\sum_{i=1}^{n} x_i y_i = 94363$$

$$MSE = \frac{SSE}{n-2} = \frac{94363}{5-2} = 31454.333$$

檢定統計量：$t^* = \dfrac{\hat{\beta}}{\sqrt{\dfrac{MSE}{\sum x^2 - n\overline{x}^2}}} = \dfrac{-30.637}{\sqrt{\dfrac{31454.333}{25375 - 5 \times 69^2}}} = -6.8447$

$\because \left| t^* \right| = 6.8447 > t_{0.025,3} = 3.182$

拒絕虛無假設，故有足夠的證據證明斜率不為零。

以 F 檢定進行檢定：

$$SST = n\hat{\sigma}_y^2 = n(\frac{1}{n}\sum y_i^2 - \overline{y}^2) = 38832500 - 5 \times 2730^2 = 1568000$$

$$SSR = SST - SSE = 1568000 - 94363 = 1473637$$

變異來源	平方和	自由度	平均平方和	F
迴歸	1473637	1	1473637	46.85
誤差	94363	3	31454.333	
總和	1568000	4		

$\because F^* = 46.85 > F_{0.05,1,3} = 10.13$

拒絕虛無假設，故有足夠的證據證明斜率不為零。

由上面兩個方法可知 $t^{*2} = F^*$，且 $t_{0.025,3}^2 = F_{0.05,1,3}$，故兩種檢定法的結果相同。

註：本題若沒有指定採用哪種檢定法，檢定斜率項是否等於 0，亦可利用迴歸的變異數分析表以 F 檢定檢定之，在簡單線性迴歸中，這兩種檢定為同義檢定。事實上亦可用後面的相關係數檢定，結果仍然相同。

例 12-7

某家具製造商希望研究全國收入 x 及購買家具之金額 y 之關係，此家具製造商將過去五年之資料（百萬元）輸入統計套裝軟體得到如下表之迴歸分析表：

參數	估計值	標準誤	檢定值	P 值
截距	−0.74	0.28	−2.62	0.079
斜率	0.39	0.02	17.81	0.000

(1) 試求 y 對 x 的迴歸方程。

(2) 請預測年收入 2 千萬元之家具購買金額。

(3) 試求斜率項與截距項的 95% 信賴區間。

(4) 試檢定 $\begin{cases} H_0 : \beta = 0 \\ H_0 : \beta \neq 0 \end{cases}$

(5) 試檢定 $\begin{cases} H_0 : \alpha = 0 \\ H_0 : \alpha \neq 0 \end{cases}$

(1) 根據軟體執行的結果知迴歸方程為 $\hat{y} = -0.74 + 0.39x$

(2) 2 千萬 $=20$ 百萬元，故令 $x = 20$ 代入上式得

$$\hat{y} = -0.74 + 0.39 \times 20 = 7.06 \text{ 百萬元}$$

(3) $\hat{\beta} - t_{\frac{\alpha}{2}, n-2} \sqrt{\dfrac{MSE}{\sum x_i^2 - n\bar{x}^2}} \leq \beta \leq \beta + t_{\frac{\alpha}{2}, n-2} \sqrt{\dfrac{MSE}{\sum x_i^2 - n\bar{x}^2}}$

其中 $\sqrt{\dfrac{MSE}{\sum x_i^2 - n\bar{x}^2}} = 0.28$ ，故斜率項的 95% 信賴區間為

$$-0.74 - 3.18 \times 0.28 \leq \beta \leq -0.74 + 3.18 \times 0.28 \Rightarrow -1.63 \leq \beta \leq 0.15$$

又 $\hat{\alpha} - t_{\frac{\alpha}{2}, n-2} \sqrt{\dfrac{\sum x_i^2}{n} \dfrac{MSE}{\sum (x_i - \bar{x})^2}} \leq \alpha \leq \hat{\alpha} + t_{\frac{\alpha}{2}, n-2} \sqrt{\dfrac{\sum x_i^2}{n} \dfrac{MSE}{\sum (x_i - \bar{x})^2}}$

其中 $\sqrt{\dfrac{\sum x_i^2}{n} \dfrac{MSE}{\sum (x_i - \bar{x})^2}} = 0.02$ ，故截距項的 95% 信賴區間為

$$0.39 - 3.18 \times 0.02 \leq \alpha \leq 0.39 + 3.18 \times 0.02 \Rightarrow 0.326 \leq \alpha \leq 0.454$$

(4) $\because P\text{-value} = 0.079 > 0.05$ ，故不拒絕虛無假設。

(5) $\because P\text{-value} = 0.000 < 0.05$ ，故拒絕虛無假設。

12.5 信賴區間與預測區間

　　所謂信賴區間是指在固定自變數 x 的條件下，母體迴歸線 y 的期望值的信賴區間，而預測區間則為固定自變數 x 的條件下，依變數 y 的信賴區間。由此可看出信賴區間為全體依變數的估計區間，而預測區間則為個別依變數的估計區間，因此在迴歸方程中信賴區間與預測區間是不同的。

1. 給定 x_0 下，預測母體迴歸線的平均數 $E(y|x_0)$ 的信賴區間

　　由於絕大部分情形母體變異數未知，因此本書籍不浪費單元介紹母體變異數已知的情況，凡屬對稱型的信賴區間的形式都可表示成：

母數的信賴區間 $=$ 樣本統計量 $\pm t_{\frac{\alpha}{2}, d.f.} \times$ 標準差

故 $E(y|x_0)$ 的 $1-\alpha$ 信賴區間為：

$$E(y|x_0) = \hat{Y}_0 \pm t_{\frac{\alpha}{2},n-2}\sqrt{MSE\left[\frac{1}{n} + \frac{(x_0-\overline{x})^2}{\sum(x-\overline{x})^2}\right]}$$

其中：$\hat{y}_0 = \hat{\alpha} + \hat{\beta}x_0$，$x_0$ 為給定的自變數值，$E(y|x_0)$ 亦有書本表示成 $\mu_{y|x_0}$。

2. 在既定的 x_0 下，預測變數 y_0 的信賴區間

   同樣的道理，預測變數 y_0 的信賴區間為：

$$y_0 = \hat{y}_0 \pm t_{\frac{\alpha}{2},n-2}\sqrt{MSE\left[1 + \frac{1}{n} + \frac{(x_0-\overline{x})^2}{\sum(x-\overline{x})^2}\right]}$$

   兩個公式僅在根號內部的中括弧內差個 1，其餘皆同，至於證明，請自行參考相關書籍。

3. 影響 $E(y|x_0), y_0$ 信賴區間長度的因素

   從信賴區間的公式中很容易看出，影響區間長度的因數有顯著水準、MSE、樣本數與 x_0，其影響情形分述如下：

   (1) 顯著水準越大信賴區間越短

   (2) MSE 越大信賴區間越長。

   (3) x_0 離 $\overline{x}$ 越遠，信賴區間越長。

   (4) 樣本數 n 越大，信賴區間越短。

   (5) $E(y|x_0)$ 的信賴區間比 y_0 的信賴區間小，其關係如下圖所示，由下圖知，當 x_0 越接近 $\overline{x}$ 則信賴區間越短。此現象表示越接近平均數的位置，迴歸方程式預測得越準確，隨著遠離平均數，則預測越不準確，因此使用迴歸方程式不宜作 x 大範圍的預測。

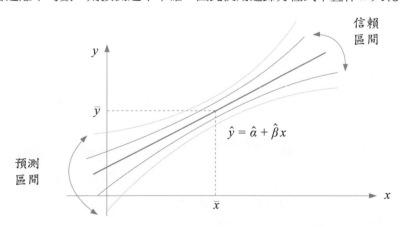

例 12-8

某人想瞭解書本的定價是否受書的頁數所影響，於是他隨機選取 10 本書，記錄其頁數與定價，如下表所示：

頁數 (x)	390	700	760	500	560	600	440	500	360	280
定價 (y)	280	480	650	320	380	500	200	200	230	130

(1 試求迴歸方程式。

(2) 是否書本的頁數越多其定價越高 ($\alpha=5\%$)？

(3) 若某本書頁數是 450 頁，求同樣 450 頁的書籍平均定價的 95% 信賴區間。

(4) 若此人欲購買了一本新書，其頁數為 450 頁，求此本書定價的 95% 預測區間。

解 (1) $\bar{x}=509$ ，$\bar{y}=337$ ，$\sum x_i^2 =2794900$ ，$\sum y_i =3370$，$\sum y_i^2 =1377900$ ，

$\sum x_i y_i =1919200$

$$\hat{\beta} = \frac{\sum x_i y_i - n\bar{x}\bar{y}}{\sum x_i^2 - n\bar{x}^2} = \frac{1919200 - 10(509)(337)}{2794900 - 10(509)^2} = 0.9989$$

$$\hat{\alpha} = \bar{y} - \hat{\beta}\bar{x} = 337 - 0.9989 \times 509 = -171.45$$

故迴歸方程式為：$\hat{y} = -171.45 + 0.9989x$ 。

(2) 根據題意為右尾檢定，兩個假設：$\begin{cases} H_0 : \beta \leq 0 \\ H_1 : \beta > 0 \end{cases}$

$$MSE = \frac{SSE}{n-2} = \frac{\sum_{i=1}^{n} y_i^2 - \hat{\alpha}\sum_{i=1}^{n} y_i - \hat{\beta}\sum_{i=1}^{n} x_i y_i}{n-2}$$

$$= \frac{1377900 - (-171.45)(3370) - (0.9989)(1919200)}{10-2} = 4824.702$$

檢定統計量：$t^* = \dfrac{\hat{\beta}}{\sqrt{\dfrac{MSE}{\sum x_i^2 - n\bar{x}^2}}} = \dfrac{0.9989}{\sqrt{\dfrac{4824.702}{2794900 - 10 \times 509^2}}} = 6.497$

$\because t^* = 6.497 > t_{8,0.05} = 1.86$

拒絕虛無假設，故有顯著的證據書本的頁數越多，定價越高。

(3) 本題為求迴歸方程式信賴區間，已知 $x_0 = 450$

$\hat{y}_0 = -171.45 + 0.9989 \times 450 = 278.06$ 又

$$\sqrt{MSE\left[\frac{1}{n}+\frac{(x_0-\overline{x})^2}{\sum x_i^2-n\overline{x}^2}\right]}=\sqrt{4824.702(\frac{1}{10}+\frac{(450-509)^2}{2794900-10\times509^2})}=23.765$$

故平均定價的 95% 信賴區間為：

$$E(y|x_0=450)=\hat{y}_0\pm t_{\frac{\alpha}{2},n-2}\sqrt{MSE\left[\frac{1}{n}+\frac{(x_0-\overline{x})^2}{\sum(x-\overline{x})^2}\right]}$$

$$=278.06\pm2.036\times23.765=[229.674,326.446]$$

(4) 本題為求預測區間

$$\sqrt{MSE\left[1+\frac{1}{n}+\frac{(x_0-\overline{x})^2}{\sum x_i^2-n\overline{x}^2}\right]}=\sqrt{4824.702(1+\frac{1}{10}+\frac{(450-509)^2}{2794900-10\times509^2})}=73.413$$

故此 450 頁的書本定價的 95% 信賴區間為

$$y|(x_0=450)=\hat{y}_0\pm t_{\frac{\alpha}{2},n-2}\sqrt{MSE\left[1+\frac{1}{n}+\frac{(x_0-\overline{x})^2}{\sum(x-\overline{x})^2}\right]}$$

$$=278.06\pm2.036\times73.413=[128.59,427.56]$$

12.6 相關分析

12.6.1 母體相關係數

相關分析主要是用來衡量兩個隨機變數間相關程度與變化的方向趨勢，所謂變化的方向趨勢是指當定其中一個變數增加時，另一個變數是呈現增加或減少。

1. 母體相關係數

母體相關係數定義為：

$$\rho_{xy}=\frac{\sum_{i=1}^{N}(x_i-\mu_x)(y_i-\mu_y)}{\sqrt{\sum_{i=1}^{N}(x_i-\mu_x)^2}\sqrt{\sum_{i=1}^{N}(y_i-\mu_y)^2}}=\frac{Cov(x,y)}{\sigma_x\sigma_y}=\frac{\sigma_{xy}}{\sigma_x\sigma_y}$$

從上面的定義可以看出來，相關係數源自於向量內積，且 $\rho_{xy}=\cos\theta$ 正好為兩向量的夾角。假設 $\vec{a}=(x_1-\mu_x,x_2-\mu_x,\cdots,x_N-\mu_x)$，$\vec{b}=(y_1-\mu_y,y_2-\mu_y,\cdots,y_N-\mu_y)$，則

$$\cos\theta = \frac{\vec{a}\cdot\vec{b}}{|\vec{a}||\vec{b}|} = \frac{(x_1-\mu_x)(y_1-\mu_y)+(x_2-\mu_x)(y_2-\mu_y)+\cdots+(x_N-\mu_x)(y_N-\mu_y)}{\sqrt{(x_1-\mu_x)^2+\cdots+(x_N-\mu_x)^2}\sqrt{(y_1-\mu_y)^2+\cdots+(y_N-\mu_y)^2}}$$

$$= \frac{\displaystyle\sum_{i=1}^{N}(x_i-\mu_x)(y_i-\mu_y)}{\sqrt{\displaystyle\sum_{i=1}^{N}(x_i-\mu_x)^2}\sqrt{\displaystyle\sum_{i=1}^{N}(y_i-\mu_y)^2}} = \rho_{xy}$$

故相關係數的範圍為：$-1 \le \rho_{xy} \le 1$。

2. 性質

(1) $\rho_{xy}=0$ 表 x，y 無線性相關，但不一定獨立。例如：均勻分佈在一個圓周上的點其相關係數為 0（注意：必須均勻分佈在圓周上，否則相關係數可能正也可能負），但 x，y 卻不獨立，因為存在圓方程式的關係。

(2) 若 x，y 獨立，則 $\rho_{xy}=0$。

(3) $\rho_{xy}=1$ 稱為完全正相關。

(4) $\rho_{xy}=-1$ 稱為完全負相關。

12.6.2 相關係數的估計

在絕大部分的情形我們無法或不需要調查全體的資料，因此可利用樣本來估計母數，同樣的我們亦可用樣本相關係數來估計母體相關係數。

1. 樣本相關係數

$$r_{xy} = \frac{\sum(x_i-\overline{x})(y_i-\overline{y})}{\sqrt{\sum(x_i-\overline{x})^2}\sqrt{\sum(y_i-\overline{y})^2}} = \frac{s_{xy}}{s_x s_y}$$

2. 性質

(1) r_{xy} 為 ρ_{xy} 的一致估計式。

(2) $r_{xy}=0$ 表 x，y 不具線性相關。

(3) 判定係數等於相關係數平方，即：$R^2 = r_{xy}^2$。

(4) $r_{xy}=\pm\sqrt{R^2}$ （正負情形與迴歸係數 $\hat{\beta}$ 同號）

3. ρ_{xy} 的統計推論

有關母體相關係數的檢定可分成檢定是否等於 0 或檢定是否等於某定值，在此我們僅介紹檢定是否等於 0 的情形。欲檢定兩連續變數間是否具相關性，我們可利用相關係數來檢定。

兩個假設：$\begin{cases} H_0 : \rho_{xy} = 0 \\ H_1 : \rho_{xy} \neq 0 \end{cases}$

檢定統計量：$t^* = \dfrac{r_{xy}}{\sqrt{\dfrac{1-r_{xy}^2}{n-2}}}$

決策法則：當 $\left| t^* \right| > t_{\frac{\alpha}{2}, n-2}$ 拒絕虛無假設。

4. 整理

簡單線性迴歸分析中有關自變數 x 是否能解釋依變數 y 或者迴歸方程式否具配適度，下列三種檢定法是同義的，也就是說若沒指定方法，下列三種檢定法任選一種皆可。但一般在人文社會的研究裡，當欲檢定迴歸方程是否具配適度習慣用 F 檢定，自變數是否可解釋依變數習慣檢定斜率項，兩變數是否具相關性習慣檢定相關係數，之所以會有這種習慣，是因為在多元迴歸時，一定要按上述方式進行檢定，而簡單線性迴歸因三者公式可以互通，故不受此限制。

(1) 迴歸 ANOVA：$\begin{cases} H_0 : x \text{ 對 } y \text{ 个具解釋力} \\ H_1 : x \text{ 對 } y \text{ 具解釋力} \end{cases}$

$$F^* = \frac{MSR}{MSE}$$

(2) 斜率項檢定：$\begin{cases} H_0 : \beta - 0 \\ H_1 : \beta \neq 0 \end{cases}$

$$t^* = \frac{\hat{\beta}}{s_{\hat{\beta}}} = \frac{\beta}{\sqrt{\dfrac{MSE}{\sum (x_i - \overline{x})^2}}}$$

(3) 相關係數的檢定：$\begin{cases} H_0 : \rho_{xy} = 0 \\ H_1 : \rho_{xy} \neq 0 \end{cases}$

$$t^* = \frac{r_{xy}}{\sqrt{\dfrac{1-r_{xy}^2}{n-2}}}$$

 12-9

某人欲知皮鞋的價格 x 與其壽命 y 是否有關,隨機抽取 52 雙皮鞋根據這 52 雙皮鞋的資料獲得得 x 對 y 的迴歸方程式為: $\hat{y} = -0.61 + 0.0138x$,已知 $s_x = 270.83, s_y = 4.39, \overline{x} = 695$,試求 x 與 y 之相關係數與判定係數。

 判定係數:

$$\because R^2 = \left(\hat{\beta} \frac{s_x}{s_y} \right)^2 = (0.0138 \times \frac{270.83}{4.39})^2 = 0.725$$

相關係數 $r_{xy} = \pm\sqrt{R^2} = \pm\sqrt{0.725} = 0.851$

$\because \hat{\beta} > 0 \Rightarrow r_{xy} > 0, \quad \therefore r_{xy} = 0.851$

 12-10

某人欲瞭解工作年資 (x) 與薪水 (y) 是否有關,隨機選取 10 個人分別記錄其年資與薪水,其資料如下表所示:

x	8	6.2	7.1	7.55	8.75	8.15	10.25	9.6	11.3	7.7
y	18	33	48	50	54	56	62	65	71	83

假設資料符合迴歸分析的假設。

(1) 試求迴歸方程式。

(2) 求 x、y 的相關係數,並檢定 x、y 是否具相關性 $(\alpha = 5\%)$。

 (1) $\overline{x} = 8.46$, $\overline{y} = 54$, $\sum x_i^2 = 737.04$, $\sum y_i^2 = 32268$, $\sum x_i y_i = 4696.7$

$s_x = 1.539$, $s_y = 18.583$

$$\hat{\beta} = \frac{\sum x_i y_i - n\overline{x}\overline{y}}{\sum x_i^2 - n\overline{x}^2} = \frac{4696.7 - 10(8.46)(54)}{737.04 - 10(8.46)^2} = 6.017$$

$$\hat{\alpha} = \overline{y} - \hat{\beta}\overline{x} = 54 - 6.017(8.46) = 3.096$$

故迴歸方程式為: $\hat{y} = 3.096 + 6.017x$

(2) 根據題意設立兩個假設：$\begin{cases} H_0 : \rho_{xy} = 0 \\ H_1 : \rho_{xy} \neq 0 \end{cases}$

$$r_{xy} = \hat{\beta} \frac{s_x}{s_y} = 6.017 \times \frac{1.539}{18.583} = 0.498$$

檢定統計量：$t^* = \dfrac{r_{xy}}{\sqrt{\dfrac{1 - r_{xy}^2}{n-2}}} = \dfrac{0.498}{\sqrt{\dfrac{1 - 0.498^2}{10-2}}} = 1.624$

$\because t^* = 1.624 < t_{0.025,8} = 2.306$

不拒絕虛無假設，故無足夠的證據證明 x、y 具相關性。

註：若單以相關係數 $r_{xy} = 0.498$ 而言，應該接受對立假設才對，但檢定的結果卻相反，其原因在於樣本數不夠多。從檢定統計量的公式可以看當樣本數 $n \to \infty$ 時，分母 $\to 0$，因此只要分子為有限小，檢定統計量 $t^* \to \infty$，必定拒絕虛無假設。讀者必須謹記檢定顯著謹代表統計上顯著，並不代表事實，欲求證事實，必須經過不斷地重複抽樣驗證或不斷地重複實驗，才有可能得到實際上的情形。

課·後·練·習

1. 5 位大學生之微積分成績為 75、86、63、82、79 且其工程數學成績為 66、76、61、73、69，試求微積分與工程數學間之皮爾森相關係數為？（取小數點以下兩位數）

2. 假設從兩母體抽出兩組樣本 x, y 的資料如下表所示：

x	1	2	3	4	5
y	3	7	5	11	14

   已知總變異（SST）等於 80，且迴歸方程為：$\hat{y} = 0.2 + 2.64x$

   (1) 試求判定係數。

   (2) 試以斜率項檢定迴歸方程式否適合（對 Y 具有解釋能力），顯著水準 $\alpha = 0.05$。

   (3) 在 (2) 中需要做哪些假設？？

   (4) 迴歸分析的主要目的有哪些？

3. 如下表之資料，試建立迴歸方程，並利用此迴歸方程預測當 $x=6$ 時 y 的值。

x	10.2	9.3	9.4	8.5	8.6	8.0	6.5	5.8	4.0	3.5	1.9
y	1	2	3	4	5	6	75.8	8	9	10	11

4. 已知 x、y 的資料如下表所示：

x	75	89	60	71	92	105	55	87	73	77	84	91	75	82	76
y	38	56	35	45	59	70	31	52	48	41	51	58	45	49	47

   (1) 求相關係數 r_{xy}。

   (2) 由上題，r_{xy} 代表什麼含意（高度、中度、低度、正或負相關）。

   (3) 試以相關係數來檢定 x 對 y 是否具解釋能力，顯著水準 $\alpha = 0.01$。

5. 博碩公司的銷售經理相信，以網際網路做廣告是最有效的銷售方式，為了證實他的說法，他以隨機取樣的方式紀錄了 20 個月的廣告費用與銷售量，這 20 個月的平均廣告費用為 \$110,000 元，平均銷售額為 \$675,000 元。且已知：

   $$\sum(x-\bar{x})^2 = 205.3 \quad \sum(y-\bar{y})^2 = 341.6 \quad \sum(y-\bar{x})(y-\bar{y}) = 198.4 \text{（單位：千元）}$$

   其中 y 代表銷售額，x 代表廣告費用。

   (1) 試求迴歸方程。

   (2) 求判定係數。

   (3) 求當廣告費用為 \$120,000 時，銷售額的 95% 預測區間。

6. 阿天研究甲科技公司職員的薪資 (y)（月薪，單位：萬元）與工作績效 (x)（單位：分）關係，收集 50 位職員，結果平均薪資 $\bar{y}$=40,000 元，標準差 s_y=3,600 元，工作績效，$\bar{x}$=75 分，標準差 s_x=10 分，而薪資與工作績效的相關係數是 0.48。

   (1) 寫出薪資 (y) 對工作績效 (x) 的迴歸方程。

   (2) 請問 R^2= ?

   (3) 寫出 ANOVA 表。

   (4) 檢定薪資與工作績效是否有相關？（α=0.05，$F_{0.05,1,48}$=4.043）

   (5) 若乙職員工作績效是 80 分，請預測其薪資是多少？

7. 隨機抽樣 50 對夫妻，結果夫婦 IQ 相關係數 r=0.5，先生平均 IQ 為 105 分，標準差 8 分，妻子平均 IQ 為 100 分，標準差 7 分，在顯著水準 α=0.05，請 問：

   (1) 夫婦 IQ 是否有相關？

   (2) 先生 IQ 平均數是否顯著高於妻子 IQ 平均數？（$t_{0.05,49}$=2.0096）

   (3) 先生 IQ 平均數是否顯著高於妻子 IQ 平均數 3 分以上？

8. 將樣本大小 n=30 的營業額與影響因素之資料鍵入電腦，經 Microsoft Excel 求得「R 平方 =0.8015，標準誤 $\sqrt{MSE}$ =8.7529」，試完成下列迴歸分析的 ANOVA 表：

	SS	$d.f$	F
迴歸	(1)	(3)	(5)
殘差	(2)	(4)	

9. 今有 30 位學生體重 (x) 和身高 (y) 的資料，已知迴歸方程與其他資料如下所示：$\hat{y} = 112 + 0.85x, s_x = 2.5, s_y = 3.3, \bar{x} = 60$ 。

   (1) 求判定係數 R^2= ?

   (2) 若刪除一筆資料 (60,163)，變成 29 筆資料，試寫出檢定體重 (x) 的迴歸係數是否為 0 的 ANOVA 表？

10. 阿花作簡單線性迴歸時 ($y_i = \hat{\alpha} + \hat{\beta}x_i$)，若將自變項 x_i 全部乘以 k 倍，變為 kx_i。請問原模型之 $\hat{\alpha}, \hat{\beta}, R^2, SSE$ 有何改變？

11. 承上題，如果 $x_i^* = x_i - \bar{x}, y_i^* = y_i - \bar{y}$，則 $\hat{\beta}_0, \hat{\beta}_1$ 有何改變？

12. 依上題，如果 $x_i^* = \dfrac{x_i - \bar{x}}{s_x}, y_i^* = \dfrac{y_i - \bar{y}}{s_y}$，則 $\hat{\alpha}, \hat{\beta}$ 有何改變？

13. 假設哈哈公司年營業額與年度廣告費用可以用下列簡單迴歸模型表示：

$$y_i = a_0 + a_1 x_i + u_i, i = 1, 2, \ldots, n$$

其中 y_i 為年營業額（單位：百萬元），x_i 為年度廣告費用（單位：10 萬元），u_i 為誤差項。茲將 10 年之資料利用最小平方法估計所得之結果列於下表。

年營業額與年度廣告費用利用最小平方法估計所得之迴歸結果		
	係數	標準誤
截距	13.3748	3.7712
x 變數	4.3979	0.3047
註：迴歸平方和 =5495.4590，殘差平方和 =211.0414		

(1) 請寫出所估計的迴歸方程式，並解釋之。

(2) 置中的判定係數為若干？

(3) 在信賴水準為 95% 之下，x 之係數是否顯著？

(4) 茲有一新的 x 資料 $x_i = 2x_i$，請問利用新資料所求算截距項之係數為何？殘差平方和等於多少？

(5) 若 x 資料沒變，而新的 y 資料 $y_i = y_i + 2$，請問利用新資料所求算 x 之係數為何？

相關之 t 值：

$t_{0.025,7} = 2.36$，$t_{0.025,8} = 2.31$，$t_{0.025,9} = 2.26$，$t_{0.025,10} = 2.23$

$t_{0.05,7} = 1.89$，$t_{0.05,8} = 1.86$，$t_{0.05,9} = 1.83$，$t_{0.05,10} = 1.81$

t 之下標分別為 t 分配右尾之機率與自由度。

14. 李博士以 600 名男士「每週所吃巧克力的重量（公克）」為自變項 (x)，以這些男士的體重（公斤）為依變項 (y) 進行迴歸分析。結果發現，未標準化的迴歸係數 (b) 為 0.3，標準化的迴歸係數 (β) 為 0.4，且達統計顯著性。

(1) 試解釋此題中 b 和 β 的意義。

(2) x 和 y 的相關係數是多少？

(3) 此結果能否證明吃巧克力會導致男士的體重增加？為什麼？ ($\alpha = 0.05$)

15. 阿天想要了解大盤指數對天天光電股價的影響。他搜集了 2003 年台灣發行加權股價指數報酬率與天天光電股票的每日報酬率各 249 筆資料，並計算其平均數、標準差、及相關係數如下：

	股價指數	天天光電
平均數	0.1124%	0.2944%
標準差	1.3501%	2.8400%
相關係數	0.6551	

請問：

(1) 若阿天將天天光電股票報酬率 (y) 對大盤指數報酬率 (x) 作迴歸，則迴歸係數及判定係數各為何？

(2) 如果阿天估迴歸時，不小心把自變數與因變數弄反了，換言之，即把自變數設定為天天光電股票報酬率，依變數設定為大盤指數報酬率，則他所得到的迴歸係數，是否應等於正確迴歸係數的倒數？

16. 若 y 與 x 的關係式為 $y = \alpha x$，而觀察值如下：

x	1	7	9	7	5
y	3	12	14	10	6

則 α 的最小平方估計值為？

APPENDIX A

CASIO fx-350MS
操作手冊

A.1 基本運算

EX1. 求 $3\sqrt{2}+4\sqrt[6]{5}+\sqrt[3]{2}$

3 $\times$ $\boxed{\sqrt{}}$ 2 $+$ 4 $\boxed{\times}$ 6 $\boxed{\text{SHIFT}}$ $\boxed{\sqrt[x]{}}$ 5 $+$ $\boxed{\text{SHIFT}}$ $\boxed{\sqrt[3]{}}$ 2 $\boxed{=}$

EX2. 求 $\dfrac{2}{3}+5\dfrac{3}{10}=5\dfrac{29}{30}$

2 $\boxed{\text{ab/c}}$ 3 $\boxed{+}$ 5 $\boxed{\text{ab/c}}$ 3 $\boxed{\text{ab/c}}$ 10 $\boxed{=}$

答案轉假分數：再按 $\boxed{\text{SHIFT}}$ $\boxed{\text{ab/c}}$

EX3. 求 14^2+5^4

14 $\boxed{x^2}$ $\boxed{+}$ 5 $\boxed{\wedge}$ 4 $\boxed{=}$

EX4. $\dfrac{C_2^4}{C_3^6}$

4 $\boxed{\text{nCr}}$ 2 $\boxed{\div}$ 6 $\boxed{\text{nCr}}$ 3 $\boxed{=}$

答案轉分數：再按 $\boxed{\text{ab/c}}$

EX5. $P_3^{10}+5!$

10 $\boxed{\text{SHIFT}}$ $\boxed{\text{nPr}}$ 3 $+$ 5 $\boxed{\text{SHIFT}}$ $\boxed{x!}$ $\boxed{=}$

EX6. $\dfrac{e^2}{3}+2e^3$

$\boxed{\text{SHIFT}}$ $\boxed{e^x}$ 2 $\boxed{\div}$ 3 $\boxed{+}$ 2 $\boxed{\times}$ $\boxed{\text{SHIFT}}$ $\boxed{e^x}$ 3 $\boxed{=}$

$\boxed{\text{註}}$ CASIO fx-350MS 會自動先乘除後加減。

◎ A.2 統計應用

每一次進行統計計算時必須先轉成統計模式：按 | MODE | | 2 |

A.2.1 敘述統計

EX1. 已知資料如下：35 56 56 78 78 78 78 96 73，求平均數、變異數、標準差…。

計算機操作

先轉成統計模式：| MODE | | 2 |

輸入資料

35 | M+ | 56 | M+ | | M+ | 78 | SHIFT | | ; | 4 | M+ | 96 | M+ | 73 | M+ |

1. 求平均數

   | SHIFT | | 2 | | 1 | | = |

2. 求母體標準差

   | SHIFT | | 2 | | 2 | | = |

3. 求樣本標準差

   | SHIFT | | 2 | | 3 | | = |

4. 求母體變異數

   | SHIFT | | 2 | | 2 | | x^2 | | = |

5. 求樣本變異數

   | SHIFT | | 2 | | 3 | | x^2 | | = |

6. 求 $\sum x^2$

   | SHIFT | | 1 | | 1 | | = |

7. 求 $\sum x$

   | SHIFT | | 1 | | 2 | | = |

EX2. 已知資料如下，求平均數、變異數、標準差…。

0-10	10-20	20-30	30-40	40-50	50-60	60-70
12	23	6	21	5	7	13

計算機操作

先轉成統計模式：$\boxed{\text{MODE}}$ $\boxed{2}$

輸入資料

5 $\boxed{\text{SHIFT}}$ $\boxed{;}$ 12 $\boxed{\text{M+}}$ 15 $\boxed{\text{SHIFT}}$ $\boxed{;}$ 23 $\boxed{\text{M+}}$ 25 $\boxed{\text{SHIFT}}$ $\boxed{;}$ 6 $\boxed{\text{M+}}$

35 $\boxed{\text{SHIFT}}$ $\boxed{;}$ 21 $\boxed{\text{M+}}$ 45 $\boxed{\text{SHIFT}}$ $\boxed{;}$ 5 $\boxed{\text{M+}}$ 55 $\boxed{\text{SHIFT}}$ $\boxed{;}$ 7 $\boxed{\text{M+}}$

65 $\boxed{\text{SHIFT}}$ $\boxed{;}$ 13 $\boxed{\text{M+}}$

其餘操作與 EX1 相同。

EX3. 已知資料如下：35 56 56 78 78 78 78 96 73，求偏態係數與峰度係數。

計算機操作

1. 求偏態係數 $\beta_1 = \dfrac{M_3}{\sigma^3} = \dfrac{\frac{1}{n}\sum(x_i - \bar{x})^3}{\left(\sqrt{\frac{1}{n}\sum(x_i - \bar{x})^2}\right)^3}$

先轉成統計模式：$\boxed{\text{MODE}}$ $\boxed{2}$

輸入資料

35 $\boxed{\text{M+}}$ 56 $\boxed{\text{M+}}$ $\boxed{\text{M+}}$ 78 $\boxed{\text{SHIFT}}$ $\boxed{;}$ 4 $\boxed{\text{M+}}$ 96 $\boxed{\text{M+}}$ 73 $\boxed{\text{M+}}$

求平均數 $\boxed{\text{SHIFT}}$ $\boxed{2}$ $\boxed{1}$ $\boxed{=}$ 得 $\bar{x}=69.778$

接著求分子部分：

轉成二次迴歸模式：$\boxed{\text{MODE}}$ $\boxed{3}$ $\boxed{\Rightarrow}$ $\boxed{3}$

【註】$\boxed{\Rightarrow}$ 表方向鍵（面積最大的按鍵）

輸入資料

35－69.778 $\boxed{\text{M+}}$ 56－69.778 $\boxed{\text{M+}}$ $\boxed{\text{M+}}$ 78－69.778 $\boxed{\text{SHIFT}}$ $\boxed{;}$ 4 $\boxed{\text{M+}}$

96－69.778 $\boxed{\text{M+}}$ 73－69.778 $\boxed{\text{M+}}$

求分子部分：

$\boxed{\text{SHIFT}}$ $\boxed{1}$ $\boxed{\Rightarrow}$ $\boxed{\Rightarrow}$ $\boxed{1}$ $\boxed{\div}$ 9 $\boxed{=}$ 得 -3000.95

再求分母部分：

$\boxed{\text{SHIFT}}$ $\boxed{2}$ $\boxed{2}$ $\boxed{\wedge}$ $\boxed{3}$ $\boxed{=}$ 得 4790.42

代入偏態係數公式中，即可求出偏態係數。

2. 求峰度係數 $\beta_2 = \dfrac{M_4}{\sigma^4} = \dfrac{\dfrac{1}{n}\sum(x-x_i)^4}{\left(\dfrac{1}{n}\sum(x-x_i)^2\right)^4}$

求分子部分：

$\boxed{\text{SHIFT}}$ $\boxed{1}$ $\boxed{\Rightarrow}$ $\boxed{\Rightarrow}$ $\boxed{3}$ $\boxed{\div}$ 9 $\boxed{=}$ 得 225128.68

再求分母部分：

$\boxed{\text{SHIFT}}$ $\boxed{2}$ $\boxed{2}$ $\boxed{\wedge}$ $\boxed{4}$ $\boxed{=}$ 得 80754.2

A.2.2 應用統計

EX1. 隨機從三個母體各取出五個樣本，資料如下表所示，求 SST、SSA、SSE。（每一組樣本鄉同時）

編號	樣本 1	樣本 2	樣本 3
1	32	44	33
2	30	43	36
3	30	44	35
4	26	46	36
5	32	48	40

計算機操作

1. SST 的計算：$SST = n_T \sigma_T^2$

   先轉成統計模式：$\boxed{\text{MODE}}$ $\boxed{2}$

   32 $\boxed{\text{M+}}$ 30 $\boxed{\text{M+}}$ $\boxed{\text{M+}}$ 26 $\boxed{\text{M+}}$ 32 $\boxed{\text{M+}}$ 44 $\boxed{\text{M+}}$ 43 $\boxed{\text{M+}}$ 44 $\boxed{\text{M+}}$ 46 $\boxed{\text{M+}}$ 48 $\boxed{\text{M+}}$

   33 $\boxed{\text{M+}}$ 36 $\boxed{\text{M+}}$ 35 $\boxed{\text{M+}}$ 36 $\boxed{\text{M+}}$ 40 $\boxed{\text{M+}}$

   $\boxed{\text{SHIFT}}$ $\boxed{2}$ $\boxed{2}$ $\boxed{x^2}$ $\boxed{\times}$ 15 $\boxed{=}$

2. SSA 的計算：$SSA = n_T \sigma_{A_j}^2$

   先求每一組的樣本平均數：分別為 30，45，36

轉成統計模式：$\boxed{\text{MODE}}$ $\boxed{2}$

$30\ \boxed{\text{M+}}\ 45\ \boxed{\text{M+}}\ 36\ \boxed{\text{M+}}\ \boxed{\text{SHIFT}}\ \boxed{2}\ \boxed{2}\ \boxed{x^2}\ \boxed{\times}\ 15\ \boxed{=}$

3. SSE 的計算：$SSE = SST - SSA$

EX2. 已知資料如下，試求 SST，SSA，SSE（每一組樣本資料不同時）

樣本 1	樣本 2	樣本 3
10	6	14
8	9	13
5	8	10
12	13	17
14		16
11		

計算機操作

1. SST 的計算：$SST = n_T \sigma_T^2$

先轉成統計模式：$\boxed{\text{MODE}}$ $\boxed{2}$

$10\ \boxed{\text{M+}}\ 8\ \boxed{\text{M+}}\ 5\ \boxed{\text{M+}}\ 12\ \boxed{\text{M+}}\ 14\ \boxed{\text{M+}}\ 11\ \boxed{\text{M+}}\ 6\ \boxed{\text{M+}}\ 9\ \boxed{\text{M+}}\ 8\ \boxed{\text{M+}}\ 13\ \boxed{\text{M+}}\ 14\ \boxed{\text{M+}}$

$13\ \boxed{\text{M+}}\ 10\ \boxed{\text{M+}}\ 17\ \boxed{\text{M+}}\ 16\ \boxed{\text{M+}}$

$\boxed{\text{SHIFT}}\ \boxed{2}\ \boxed{2}\ \boxed{x^2}\ \boxed{\times}\ 15\ \boxed{=}$

2. SSE 的計算：$SSE = \sum (n_j - 1) s_j^2$

先求出三組樣本之樣本變異數（使用前面介紹之變異數計算機使用過程，注意每算完一組需按 $\boxed{\text{MODE}}$ $\boxed{2}$ 重新啟動統計模式）分別為 10，8.67，7.5

$5\ \boxed{\times}\ 10\ \boxed{+}\ 3\ \boxed{\times}\ 8.67\ \boxed{+}\ 4\ \boxed{\times}\ 7.5\ \boxed{=}$

3. SSA 的計算：$SSA = SST - SSE$

EX3. 已知資料如下，求 SST，SSA，SSB，SSE

銷售員 \ 區域	東區	南區	北區	$\bar{x}_i$
甲	53	61	51	55
乙	47	55	51	51
丙	46	52	49	49
丁	50	58	54	54
戊	49	54	50	51
$\bar{x}_j$	49	56	51	$\bar{\bar{x}} = 52$

假設 A 因子表區域，B 因子表銷售員：

計算機操作

1. SST 的計算：$SST = n_T \sigma_T^2$

   先轉成統計模式：$\boxed{\text{MODE}}$ $\boxed{2}$

   53 $\boxed{\text{M+}}$ 47 $\boxed{\text{M+}}$ 46 $\boxed{\text{M+}}$ 50 $\boxed{\text{M+}}$ 49 $\boxed{\text{M+}}$ 61 $\boxed{\text{M+}}$ 55 $\boxed{\text{M+}}$ 52 $\boxed{\text{M+}}$ 58 $\boxed{\text{M+}}$ 54 $\boxed{\text{M+}}$

   51 $\boxed{\text{M+}}$ $\boxed{\text{M+}}$ 49 $\boxed{\text{M+}}$ 54 $\boxed{\text{M+}}$ 50 $\boxed{\text{M+}}$ 55 $\boxed{\text{M+}}$ 51 $\boxed{\text{M+}}$ 49 $\boxed{\text{M+}}$ 54 $\boxed{\text{M+}}$ 51 $\boxed{\text{M+}}$

   $\boxed{\text{SHIFT}}$ $\boxed{2}$ $\boxed{2}$ $\boxed{x^2}$ $\boxed{\times}$ 15 $\boxed{=}$

2. SSA 的計算：$SSA = n_T \sigma_{\bar{A}_j}^2$

   轉成統計模式：$\boxed{\text{MODE}}$ $\boxed{2}$

   49 $\boxed{\text{M+}}$ 56 $\boxed{\text{M+}}$ 51 $\boxed{\text{M+}}$

   $\boxed{\text{SHIFT}}$ $\boxed{2}$ $\boxed{2}$ $\boxed{x^2}$ $\boxed{\times}$ 15 $\boxed{=}$

3. SSB 的計算：$SSB = n_T \sigma_{\bar{B}_i}^2$

   轉成統計模式：$\boxed{\text{MODE}}$ $\boxed{2}$

   55 $\boxed{\text{M+}}$ 51 $\boxed{\text{M+}}$ 49 $\boxed{\text{M+}}$ 54 $\boxed{\text{M+}}$ 51 $\boxed{\text{M+}}$

   $\boxed{\text{SHIFT}}$ $\boxed{2}$ $\boxed{2}$ $\boxed{x^2}$ $\boxed{\times}$ 15 $\boxed{=}$

4. SSE 的計算：$SSE = SST - SSA - SSB$

EX4. 已知資料如下，求 SST，SSA，SSB，SSAB，SSE

		機器			
		甲	乙	丙	丁
操作員	1	109 110	110 115	108 110	110 106
	2	110 112	110 111	112 109	114 112
	3	116 114	112 115	114 119	120 117

假設機器為 A 因子，操作員為 B 因子。

計算機操作

1. SST 的計算：$SST = n_T \sigma_T^2$

   先轉成統計模式：$\boxed{\text{MODE}}$ $\boxed{2}$

109 M+ 110 M+ M+ 112 M+ 116 M+ 114 M+ 110 M+ 115 M+ 110 M+ 111 M+ 112 M+ 115 M+ 108 M+ 110 M+ 112 M+ 109 M+ 114 M+ 119 M+ 110 M+ 106 M+ 114 M+ 112 M+ 120 M+ 117 M+

SHIFT 2 2 x^2 × 24 =

求出 SST 後順便求出 $\sum_{i=1}^{r}\sum_{j=1}^{c}\sum_{k=1}^{n}x_{ijk}^2$，後面求 SSE 會用到（資料不需重新輸入）

SHIFT 1 1 =

2. SSA，SSB，SSE 的計算

求出行、列與小格子的平均

	機器				列平均
	甲	乙	丙	丁	
1	109 110 $\overline{B_1A_1}=109.5$	110 115 $\overline{B_1A_2}=112.5$	108 110 $\overline{B_1A_3}=109$	110 106 $\overline{B_1A_4}=108$	$\overline{B_1}=109.75$
2	110 112 $\overline{B_2A_1}=111$	110 111 $\overline{B_2A_2}=110.5$	112 109 $\overline{B_2A_3}=110.5$	114 112 $\overline{B_2A_4}=113$	$\overline{B_2}=111.25$
3	116 114 $\overline{B_3A_1}=115$	112 115 $\overline{B_3A_2}=113.5$	114 119 $\overline{B_3A_3}=116.5$	120 117 $\overline{B_3A_4}=118.5$	$\overline{B_3}=115.875$
行平均	$\overline{A_1}=111.833$	$\overline{A_2}=112.167$	$\overline{A_3}=112$	$\overline{A_4}=113.167$	$\overline{\overline{x}}=112.29$

(1) SSA 的計算：$SSA = n_T\sigma_{\overline{A_j}}^2$

轉成統計模式：MODE 2

111.833 M+ 112.167 M+ 112 M+ 113.167 M+

SHIFT 2 2 x^2 × 24 =

(2) SSB 的計算：$SSB = n_T\sigma_{\overline{B_i}}^2$

轉成統計模式：MODE 2

109.75 M+ 111.25 M+ 115.875 M+

SHIFT 2 2 x^2 × 24 =

(3) SSE 的計算：$SSE = \sum\limits_{i=1}^{r}\sum\limits_{j=1}^{c}\sum\limits_{k=1}^{n}x_{ijk}^2 - n\sum\limits_{i=1}^{r}\sum\limits_{j=1}^{c}\overline{A_jB_i}^2$

109.5 M+ 111 M+ 115 M+ 112.5 M+ 110.5 M+ 113.5 M+ 109 M+

110.5 M+ 116.5 M+ 108 M+ 113 M+ 118.5 M+

SHIFT 1 × (－) 2 + $\sum\limits_{i=1}^{r}\sum\limits_{j=1}^{c}\sum\limits_{k=1}^{n}x_{ijk}^2$

3. SSAB 的計算：$SSAB = SST - SSA - SSB - SSE$

EX5. 已知資料如下

X	1	1	1	2	4	4	5	6
Y	568	577	652	657	755	759	840	832

求迴歸係數 $\hat{Y} = \hat{\alpha} + \hat{\beta}X$ 與相關係數

計算機操作

先轉成線性迴歸模式：MODE 3 1

輸入資料

1 , 568 M+ 1 , 577 M+ 1 , 652 M+ 2 , 657 M+

4 , 755 M+ 4 , 759 M+ 5 , 870 M+ 6 , 832 M+

1. 求 $\hat{\alpha}$

SHIFT 2 ⇨ ⇨ 1 = 得 550.821

2. 求 $\hat{\beta}$

SHIFT 2 ⇨ ⇨ 2 = 得 51.393

3. 求相關係數 γ

SHIFT 2 ⇨ ⇨ 3 = 得 0.961

MEMO

APPENDIX

B

常用查表

<表 1　標準常態分配──半表>

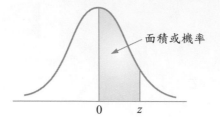

面積或機率

表中的數值代表介於平均數和平均數右邊z個標準差之間的曲線下面積，例如，對z = 1.25而言，介於平均數和z之間的曲線下面積為 0.3944。

z	0.00	0.01	0.02	0.03	0.04	0.05	0.06	0.07	0.08	0.09
0.0	0.0000	0.0040	0.0080	0.0120	0.0160	0.0199	0.0239	0.0279	0.0319	0.0359
0.1	0.0398	0.0438	0.0478	0.0517	0.0557	0.0596	0.0636	0.0675	0.0714	0.0753
0.2	0.0793	0.0832	0.0871	0.0910	0.0948	0.0987	0.1026	0.1064	0.1103	0.1141
0.3	0.1179	0.1217	0.1255	0.1293	0.1331	0.1368	0.1406	0.1443	0.1480	0.1517
0.4	0.1554	0.1591	0.1628	0.1664	0.1700	0.1736	0.1772	0.1808	0.1844	0.1879
0.5	0.1915	0.1950	0.1985	0.2019	0.2054	0.2088	0.2123	0.2157	0.2190	0.2224
0.6	0.2257	0.2291	0.2324	0.2357	0.2389	0.2422	02454	0.2486	0.2518	0.2549
0.7	0.2580	.02612	0.2642	0.2673	0.2704	0.2734	0.2764	0.2794	0.2823	0.2852
0.8	0.2881	0.2910	0.2939	0.2967	0.2995	0.3023	0.3051	0.3078	0.3106	0.3133
0.9	0.3159	0.3186	0.3212	0.3238	0.3264	0.3289	0.3315	0.3340	0.3365	0.3389
1.0	0.3413	0.3438	0.3461	0.3485	0.3508	0.3531	0.3554	0.3577	0.3599	0.3621
1.1	0.3643	0.3665	0.3686	0.3708	0.3729	0.3749	0.3770	0.3790	0.3810	0.3830
1.2	0.3849	0.3869	0.3888	0.3907	0.3925	0.3944	0.3962	0.3980	0.3997	0.4015
1.3	0.4032	0.4049	0.4066	0.4082	0.4099	0.4115	0.4131	0.4147	0.4162	0.4177
1.4	0.4192	0.4207	0.4222	0.4236	0.4251	0.4265	0.4279	0.4292	0.4306	0.4319
1.5	0.4332	0.4345	0.4357	0.4370	0.4382	0.4394	0.4406	0.4418	0.4429	0.4441
1.6	0.4452	0.4463	0.4474	0.4484	0.4495	0.4505	0.4515	0.4525	0.4535	0.4545
1.7	0.4554	0.4564	0.4573	0.4582	0.4591	0.4599	0.4608	0.4616	0.4625	0.4633
1.8	0.4641	0.4649	0.4656	0.4664	0.4671	0.4678	0.4686	0.4693	0.4699	0.4706
1.9	0.4713	0.4719	0.4726	0.4732	0.4738	0.4744	0.4750	0.4756	0.4761	0.4767
2.0	0.4772	0.4778	0.4783	0.4788	0.4793	0.4798	0.4803	0.4808	0.4812	0.4817
2.1	0.4821	0.4826	0.4830	0.4834	0.4838	0.4842	0.4846	0.4850	0.4854	0.4857
2.2	0.4861	0.4864	0.4868	0.4871	0.4875	0.4878	0.4881	0.4884	0.4887	0.4890
2.3	0.4893	0.4896	0.4898	0.4901	0.4904	0.4906	0.4909	0.4911	0.4913	0.4916
2.4	0.4918	0.4920	0.4922	0.4925	0.4927	0.4929	0.4931	0.4932	0.4934	0.4936
2.5	0.4938	0.4940	0.4941	0.4943	0.4945	0.4946	0.4948	0.4949	0.4951	0.4952
2.6	0.4953	0.4955	0.4956	0.4957	0.4959	0.4960	0.4961	0.4962	0.4963	0.4964
2.7	0.4965	0.4966	0.4967	0.4968	0.4969	0.4970	0.4971	0.4972	0.4973	0.4974
2.8	0.4974	0.4975	0.4976	0.4977	0.4977	0.4978	0.4979	0.4979	0.4980	0.4981
2.9	0.4981	0.4982	0.4982	0.4983	0.4984	0.4984	0.4985	0.4985	0.4986	0.4986
3.0	0.4986	0.4987	0.4987	0.4988	0.4988	0.4989	0.4989	0.4989	0.4990	0.4990

< 表 2　標準常態分配──以上累積分配表 >

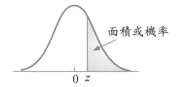

面積或機率

0 z

z	Second decimal place of z									
	.00	.01	.02	.03	.04	.05	.06	.07	.08	.09
0.0	.5000	.4960	.4920	.4880	.4840	.4801	.4761	.4721	.4681	.4641
0.1	.4602	.4562	.4522	.4483	.4443	.4404	.4364	.4325	.4286	.4247
0.2	.4207	.4168	.4129	.4090	.4052	.4013	.3974	.3936	.3897	.3859
0.3	.3821	.3783	.3745	.3707	.3669	.3632	.3594	.3557	.3520	.3483
0.4	.3446	.3409	.3372	.3336	.3300	.3264	.3228	.3192	.3156	.3121
0.5	.3085	.3050	.3015	.2981	.2946	.2912	.2877	.2843	.2810	.2776
0.6	.2743	.2709	.2676	.2643	.2611	.2578	.2546	.2514	.2483	.2451
0.7	.2420	.2389	.2358	.2327	.2296	.2266	.2236	.2206	.2177	.2148
0.8	.2119	.2090	.2061	.2033	.2005	.1977	.1949	.1922	.1894	.1867
0.9	.1841	.1814	.1788	.1762	.1736	.1711	.1685	.1660	.1635	.1611
1.0	.1587	.1562	.1539	.1515	.1492	.1469	.1446	.1423	.1401	.1379
1.1	.1357	.1335	.1314	.1292	.1271	.1251	.1230	.1210	.1190	.1170
1.2	.1151	.1131	.1112	.1093	.1075	.1056	.1038	.1020	.1003	.0985
1.3	.0968	.0951	.0934	.0918	.0901	.0885	.0869	.0853	.0838	.0823
1.4	.0808	.0793	.0778	.0764	.0749	.0735	.0722	.0708	.0694	.0681
1.5	.0668	.0655	.0643	.0630	.0618	.0606	.0594	.0582	.0571	.0559
1.6	.0548	.0537	.0526	.0516	.0505	.0495	.0485	.0475	.0465	.0455
1.7	.0446	.0436	.0427	.0418	.0409	.0401	.0392	.0384	.0375	.0367
1.8	.0359	.0352	.0344	.0336	.0329	.0322	.0314	.0307	.0301	.0294
1.9	.0287	.0281	.0274	.0268	.0262	.0256	.0250	.0244	.0239	.0233
2.0	.0228	.0222	.0217	.0212	.0207	.0202	.0197	.0192	.0188	.0183
2.1	.0179	.0174	.0170	.0166	.0162	.0158	.0154	.0150	.0146	.0143
2.2	.0139	.0136	.0132	.0129	.0125	.0122	.0119	.0116	.0113	.0110
2.3	.0107	.0104	.0102	.0099	.0096	.0094	.0091	.0089	.0087	.0084
2.4	.0082	.0080	.0078	.0075	.0073	.0071	.0069	.0068	.0066	.0064
2.5	.0062	.0060	.0059	.0057	.0055	.0054	.0052	.0051	.0049	.0048
2.6	.0047	.0045	.0044	.0043	.0041	.0040	.0039	.0038	.0037	.0036
2.7	.0035	.0034	.0033	.0032	.0031	.0030	.0029	.0028	.0027	.0026
2.8	.0026	.0025	.0024	.0023	.0023	.0022	.0021	.0021	.0020	.0019
2.9	.0019	.0018	.0017	.0017	.0016	.0016	.0015	.0015	.0014	.0014
3.0	.00135									
3.5	.000 233									
4.0	.000 031 7									
4.5	.000 003 40									
5.0	.000 000 287									

From R. E. Walpole, *Introduction to Statistics* (New York: Macmillan, 1968).

< 表 3　標準常態分配表——以下累積分配表 >

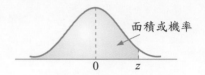

面積或機率

Standard normal curve areas

z	0.00	0.01	0.02	0.03	0.04	0.05	0.06	0.07	0.08	0.09
−3.4	0.0003	0.0003	0.0003	0.0003	0.0003	0.0003	0.0003	0.0003	0.0003	0.0002
−3.3	0.0005	0.0005	0.0005	0.0004	0.0004	0.0004	0.0004	0.0004	0.0004	0.0003
−3.2	0.0007	0.0007	0.0006	0.0006	0.0006	0.0006	0.0006	0.0005	0.0005	0.0005
−3.1	0.0010	0.0009	0.0009	0.0009	0.0008	0.0008	0.0008	0.0008	0.0007	0.0007
−3.0	0.0013	0.0013	0.0013	0.0012	0.0012	0.0011	0.0011	0.0011	0.0010	0.0010
−2.9	0.0019	0.0018	0.0018	0.0017	0.0016	0.0016	0.0015	0.0015	0.0014	0.0014
−2.8	0.0026	0.0025	0.0024	0.0023	0.0023	0.0022	0.0021	0.0021	0.0020	0.0019
−2.7	0.0035	0.0034	0.0033	0.0032	0.0031	0.0030	0.0029	0.0028	0.0027	0.0026
−2.6	0.0047	0.0045	0.0044	0.0043	0.0041	0.0040	0.0039	0.0038	0.0037	0.0036
−2.5	0.0062	0.0060	0.0059	0.0057	0.0055	0.0054	0.0052	0.0051	0.0049	0.0048
−2.4	0.0082	0.0080	0.0078	0.0075	0.0073	0.0071	0.0069	0.0068	0.0066	0.0064
−2.3	0.0107	0.0104	0.0102	0.0099	0.0096	0.0094	0.0091	0.0089	0.0087	0.0084
−2.2	0.0139	0.0136	0.0132	0.0129	0.0125	0.0122	0.0119	0.0116	0.0113	0.0110
−2.1	0.0179	0.0174	0.0170	0.0166	0.0162	0.0158	0.0154	0.0150	0.0146	0.0143
−2.0	0.0228	0.0222	0.0217	0.0212	0.0207	0.0202	0.0197	0.0192	0.0188	0.0183
−1.9	0.0287	0.0281	0.0274	0.0268	0.0262	0.0256	0.0250	0.0244	0.0239	0.0233
−1.8	0.0359	0.0351	0.0344	0.0336	0.0329	0.0322	0.0314	0.0307	0.0301	0.0294
−1.7	0.0446	0.0436	0.0427	0.0418	0.0409	0.0401	0.0392	0.0384	0.0375	0.0367
−1.6	0.0548	0.0537	0.0526	0.0516	0.0505	0.0495	0.0485	0.0475	0.0465	0.0455
−1.5	0.0668	0.0655	0.0643	0.0630	0.0618	0.0606	0.0594	0.0582	0.0571	0.0559
−1.4	0.0808	0.0793	0.0778	0.0764	0.0749	0.0735	0.0721	0.0708	0.0694	0.0681
−1.3	0.0968	0.0951	0.0934	0.0918	0.0901	0.0885	0.0869	0.0853	0.0838	0.0823
−1.2	0.1151	0.1131	0.1112	0.1093	0.1075	0.1056	0.1038	0.1020	0.1003	0.0985
−1.1	0.1357	0.1335	0.1314	0.1292	0.1271	0.1251	0.1230	0.1210	0.1190	0.1170
−1.0	0.1587	0.1562	0.1539	0.1515	0.1492	0.1469	0.1446	0.1423	0.1401	0.1379
−0.9	0.1841	0.1814	0.1788	0.1762	0.1736	0.1711	0.1685	0.1660	0.1635	0.1611
−0.8	0.2119	0.2090	0.2061	0.2033	0.2005	0.1977	0.1949	0.1922	0.1894	0.1867
−0.7	0.2420	0.2389	0.2358	0.2327	0.2296	0.2266	0.2236	0.2206	0.2177	0.2148
−0.6	0.2743	0.2709	0.2676	0.2643	0.2611	0.2578	0.2546	0.2514	0.2483	0.2451
−0.5	0.3085	0.3050	0.3015	0.2981	0.2946	0.2912	0.2877	0.2843	0.2810	0.2776
−0.4	0.3446	0.3409	0.3372	0.3336	0.3300	0.3264	0.3228	0.3192	0.3156	0.3121
−0.3	0.3821	0.3783	0.3745	0.3707	0.3669	0.3632	0.3594	0.3557	0.3520	0.3483
−0.2	0.4207	0.4168	0.4129	0.4090	0.4052	0.4013	0.3974	0.3936	0.3897	0.3859
−0.1	0.4602	0.4562	0.4522	0.4483	0.4443	0.4404	0.4364	0.4325	0.4286	0.4247
−0.0	0.5000	0.4960	0.4920	0.4880	0.4840	0.4801	0.4761	0.4721	0.4681	0.4641

z	Area
−3.50	0.00023263
−4.00	0.00003167
−4.50	0.00000340
−5.00	0.00000029

Source: Computed by M. Longnecker using Splus.

Standard normal curve areas

z	0.00	0.01	0.02	0.03	0.04	0.05	0.06	0.07	0.08	0.09
0.0	0.5000	0.5040	0.5080	0.5120	0.5160	0.5199	0.5239	0.5279	0.5319	0.5359
0.1	0.5398	0.5438	0.5478	0.5517	0.5557	0.5596	0.5636	0.5675	0.5714	0.5753
0.2	0.5793	0.5832	0.5871	0.5910	0.5948	0.5987	0.6026	0.6064	0.6103	0.6141
0.3	0.6179	0.6217	0.6255	0.6293	0.6331	0.6368	0.6406	0.6443	0.6480	0.6517
0.4	0.6554	0.6591	0.6628	0.6664	0.6700	0.6736	0.6772	0.6808	0.6844	0.6879
0.5	0.6915	0.6950	0.6985	0.7019	0.7054	0.7088	0.7123	0.7157	0.7190	0.7224
0.6	0.7257	0.7291	0.7324	0.7357	0.7389	0.7422	0.7454	0.7486	0.7517	0.7549
0.7	0.7580	0.7611	0.7642	0.7673	0.7704	0.7734	0.7764	0.7794	0.7823	0.7852
0.8	0.7881	0.7910	0.7939	0.7967	0.7995	0.8023	0.8051	0.8078	0.8106	0.8133
0.9	0.8159	0.8186	0.8212	0.8238	0.8264	0.8289	0.8315	0.8340	0.8365	0.8389
1.0	0.8413	0.8438	0.8461	0.8485	0.8508	0.8531	0.8554	0.8577	0.8599	0.8621
1.1	0.8643	0.8665	0.8686	0.8708	0.8729	0.8749	0.8770	0.8790	0.8810	0.8830
1.2	0.8849	0.8869	0.8888	0.8907	0.8925	0.8944	0.8962	0.8980	0.8997	0.9015
1.3	0.9032	0.9049	0.9066	0.9082	0.9099	0.9115	0.9131	0.9147	0.9162	0.9177
1.4	0.9192	0.9207	0.9222	0.9236	0.9251	0.9265	0.9279	0.9292	0.9306	0.9319
1.5	0.9332	0.9345	0.9357	0.9370	0.9382	0.9394	0.9406	0.9418	0.9429	0.9441
1.6	0.9452	0.9463	0.9474	0.9484	0.9495	0.9505	0.9515	0.9525	0.9535	0.9545
1.7	0.9554	0.9564	0.9573	0.9582	0.9591	0.9599	0.9608	0.9616	0.9625	0.9633
1.8	0.9641	0.9649	0.9656	0.9664	0.9671	0.9678	0.9686	0.9693	0.9699	0.9706
1.9	0.9713	0.9719	0.9726	0.9732	0.9738	0.9744	0.9750	0.9756	0.9761	0.9767
2.0	0.9772	0.9778	0.9783	0.9788	0.9793	0.9798	0.9803	0.9808	0.9812	0.9817
2.1	0.9821	0.9826	0.9830	0.9834	0.9838	0.9842	0.9846	0.9850	0.9854	0.9857
2.2	0.9861	0.9864	0.9868	0.9871	0.9875	0.9878	0.9881	0.9884	0.9887	0.9890
2.3	0.9893	0.9896	0.9898	0.9901	0.9904	0.9906	0.9909	0.9911	0.9913	0.9916
2.4	0.9918	0.9920	0.9922	0.9925	0.9927	0.9929	0.9931	0.9932	0.9934	0.9936
2.5	0.9938	0.9940	0.9941	0.9943	0.9945	0.9946	0.9948	0.9949	0.9951	0.9952
2.6	0.9953	0.9955	0.9956	0.9957	0.9959	0.9960	0.9961	0.9962	0.9963	0.9964
2.7	0.9965	0.9966	0.9967	0.9968	0.9969	0.9970	0.9971	0.9972	0.9973	0.9974
2.8	0.9974	0.9975	0.9976	0.9977	0.9977	0.9978	0.9979	0.9979	0.9980	0.9981
2.9	0.9981	0.9982	0.9982	0.9983	0.9984	0.9984	0.9985	0.9985	0.9986	0.9986
3.0	0.9987	0.9987	0.9987	0.9988	0.9988	0.9989	0.9989	0.9989	0.9990	0.9990
3.1	0.9990	0.9991	0.9991	0.9991	0.9992	0.9992	0.9992	0.9992	0.9993	0.9993
3.2	0.9993	0.9993	0.9994	0.9994	0.9994	0.9994	0.9994	0.9995	0.9995	0.9995
3.3	0.9995	0.9995	0.9995	0.9996	0.9996	0.9996	0.9996	0.9996	0.9996	0.9997
3.4	0.9997	0.9997	0.9997	0.9997	0.9997	0.9997	0.9997	0.9997	0.9997	0.9998

z	Area
3.50	0.99976737
4.00	0.99996833
4.50	0.99999660
5.00	0.99999971

<表 4　　t 分配 >

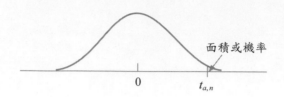

面積或機率

0　　　$t_{a,n}$

α

自由度	0.20	0.15	0.10	0.05	0.025	0.01	0.005
1	1.376	1.963	3.078	6.3138	12.706	31.821	63.657
2	1.061	1.386	1.886	2.9200	4.3027	6.965	9.9248
3	0.978	1.250	1.638	2.3534	3.1825	4.541	5.8409
4	0.941	1.190	1.533	2.1318	2.7764	3.747	4.6041
5	0.920	1.156	1.476	2.0150	2.5706	3.365	4.0321
6	0.906	1.134	1.440	1.9432	2.4469	3.143	3.7074
7	0.896	1.119	1.415	1.8946	2.3646	2.998	3.4995
8	0.889	1.108	1.397	1.8595	2.3060	2.896	3.3554
9	0.883	1.100	1.383	1.8331	2.2622	2.821	3.2498
10	0.879	1.093	1.372	1.8125	2.2281	2.764	3.1693
11	0.876	1.088	1.363	1.7959	2.2010	2.718	3.1058
12	0.873	1.083	1.356	1.7823	2.1788	2.681	3.0545
13	0.870	1.079	1.350	1.7709	2.1604	2.650	3.0123
14	0.868	1.076	1.345	1.7613	2.1448	2.624	2.9768
15	0.866	1.074	1.341	1.7530	2.1315	2.602	2.9467
16	0.865	1.071	1.337	1.7459	2.1199	2.583	2.9208
17	0.863	1.069	1.333	1.7396	2.1098	2.567	2.8982
18	0.862	1.067	1.330	1.7341	2.1009	2.552	2.8784
19	0.861	1.066	1.328	1.7291	2.0930	2.539	2.8609
20	0.860	1.064	1.325	1.7247	2.0860	2.528	2.8453
21	0.859	1.063	1.323	1.7207	2.0796	2.518	2.8314
22	0.858	1.061	1.321	1.7171	2.0739	2.508	2.8188
23	0.858	1.060	1.319	1.7139	2.0687	2.500	2.8073
24	0.857	1.059	1.318	1.7109	2.0639	2.492	2.7969
25	0.856	1.058	1.316	1.7081	2.0595	2.485	2.7874
26	0.856	1.058	1.315	1.7056	2.0555	2.479	2.7787
27	0.855	1.057	1.314	1.7033	2.0518	2.473	2.7707
28	0.855	1.056	1.313	1.7011	2.0484	2.467	2.7633
29	0.854	1.055	1.311	1.6991	2.0452	2.462	2.7564
30	0.854	1.055	1.310	1.6973	2.0423	2.457	2.7500
31	0.8535	1.0541	1.3095	1.6955	2.0395	2.453	2.7441
32	0.8531	1.0536	1.3086	1.6939	2.0370	2.449	2.7385
33	0.8527	1.0531	1.3078	1.6924	2.0345	2.445	2.7333
34	0.8524	1.0526	1.3070	1.6909	2.0323	2.441	2.7284

 < 表 4　t 分配（續）>

α

自由度	0.20	0.15	0.10	0.05	0.025	0.01	0.005
35	0.8521	1.0521	1.3062	1.6896	2.0301	2.438	2.7239
36	0.8518	1.0516	1.3055	1.6883	2.0281	2.434	2.7195
37	0.8515	1.0512	1.3049	1.6871	2.0262	2.431	2.7155
38	0.8512	1.0508	1.3042	1.6860	2.0244	2.428	2.7116
39	0.8510	1.0504	1.3037	1.6849	2.0227	2.426	2.7079
40	0.8507	1.0501	1.3031	1.6839	2.0211	2.423	2.7045
41	0.8505	1.0498	1.3026	1.6829	2.0196	2.421	2.7012
42	0.8503	1.0494	1.3020	1.6820	2.0181	2.418	2.6981
43	0.8501	1.0491	1.3016	1.6811	2.0167	2.416	2.6952
44	0.8499	1.0488	1.3011	1.6802	2.0154	2.414	2.6923
45	0.8497	1.0485	1.3007	1.6794	2.0141	2.412	2.6896
46	0.8495	1.0483	1.3002	1.6787	2.0129	2.410	2.6870
47	0.8494	1.0480	1.2998	1.6779	2.0118	2.408	2.6846
48	0.8492	1.0478	1.2994	1.6772	2.0106	2.406	2.6822
49	0.8490	1.0476	1.2991	1.6766	2.0096	2.405	2.6800
50	0.8489	1.0473	1.2987	1.6759	2.0086	2.403	2.6778
51	0.8448	1.0471	1.2984	1.6753	2.0077	2.402	2.6758
52	0.8486	1.0469	1.2981	1.6747	2.0067	2.400	2.6738
53	0.8485	1.0467	1.2978	1.6742	2.0058	2.399	2.6719
54	0.8484	1.0465	1.2975	1.6736	2.0049	2.397	2.6700
55	0.8483	1.0463	1.2972	1.6731	2.0041	2.396	2.6683
56	0.8481	1.0461	1.2969	1.6725	2.0033	2.395	2.6666
57	0.8480	1.0460	1.2967	1.6721	2.0025	2.393	2.6650
58	0.8479	1.0458	1.2964	1.6716	2.0017	2.392	2.6633
59	0.8478	1.0457	1.2962	1.6712	2.0010	2.391	2.6618
60	0.8477	1.0455	1.2959	1.6707	2.0003	2.390	2.6603
61	0.8476	1.0454	1.2957	1.6703	1.9997	2.389	2.6590
62	0.8475	1.0452	1.2954	1.6698	1.9990	2.388	2.6576
63	0.8474	1.0451	1.2952	1.6694	1.9984	2.387	2.6563
64	0.8473	1.0449	1.2950	1.6690	1.9977	2.386	2.6549
65	0.8472	1.0448	1.2948	1.6687	1.9972	2.385	2.6537
66	0.8471	1.0447	1.2945	1.6683	1.9966	2.384	2.6525
67	0.8471	1.0446	1.2944	1.6680	1.9961	2.383	2.6513
68	0.8470	1.0444	1.2942	1.6676	1.9955	2.382	2.6501
69	0.8469	1.0443	1.2940	1.6673	1.9950	2.381	2.6491
70	0.8468	1.0442	1.2938	1.6669	1.9945	2.381	2.6480
71	0.8468	1.0441	1.2936	1.6666	1.9940	2.380	2.6470
72	0.8467	1.0440	1.2934	1.6663	1.9935	2.379	2.6459
73	0.8466	1.0439	1.2933	1.6660	1.9931	2.378	2.6450
74	0.8465	1.0438	1.2931	1.6657	1.9926	2.378	2.6640
75	0.8465	1.0437	1.2930	1.6655	1.9922	2.377	2.6431
76	0.8464	1.0436	1.2928	1.6652	1.9917	2.376	2.6421
77	0.8464	1.0435	1.2927	1.6649	1.9913	2.376	2.6413
78	0.8463	1.0434	1.2925	1.6646	1.9909	2.375	2.6406
79	0.8463	1.0433	1.2924	1.6644	1.9905	2.374	2.6396

<表4 *t*分配（續）>

自由度	0.20	0.15	0.10	0.05	0.025	0.01	0.005
80	0.8462	1.0432	1.2922	1.6641	1.9901	2.374	2.6388
81	0.8461	1.0431	1.2921	1.6639	1.9897	2.373	2.6380
82	0.8460	1.0430	1.2920	1.6637	1.9893	2.372	2.6372
83	0.8460	1.0430	1.2919	1.6635	1.9890	2.372	2.6365
84	0.8459	1.0429	1.2917	1.6632	1.9886	2.371	2.6357
85	0.8459	1.0428	1.2916	1.6630	1.9883	2.371	2.6350
86	0.8458	1.0427	1.2915	1.6628	1.9880	2.370	2.6343
87	0.8458	1.0427	1.2914	1.6626	1.9877	2.370	2.6336
88	0.8457	1.0426	1.2913	1.6624	1.9873	2.369	2.6329
89	0.8457	1.0426	1.2912	1.6622	1.9870	2.369	2.6323
90	0.8457	1.0425	1.2910	1.6620	1.9867	2.368	2.6316
91	0.8457	1.0424	1.2909	1.6618	1.9864	2.368	2.6310
92	0.8456	1.0423	1.2908	1.6616	1.9861	2.367	2.6303
93	0.8456	1.0423	1.2907	1.6614	1.9859	2.367	2.6298
94	0.8455	1.0422	1.2906	1.6612	1.9856	2.366	2.6292
95	0.8455	1.0422	1.2905	1.6611	1.9853	2.366	2.6286
96	0.8454	1.0421	1.2904	1.6609	1.9850	2.366	2.6280
97	0.8454	1.0421	1.2904	1.6608	1.9848	2.365	2.6275
98	0.8453	1.0420	1.2903	1.6606	1.9845	2.365	2.6270
99	0.8453	1.0419	1.2902	1.6604	1.9843	2.364	2.6265
100	0.8452	1.0418	1.2901	1.6602	1.9840	2.364	2.6260
∞	0.84	1.04	1.28	1.64	1.96	2.33	2.58

Source: Scientific Tables, 6th ed. (Basel, Switzerland: J.R. Geigy, 1962), pp. 32–33.

< 表 5　卡方分配 >

表中的數值是 χ^2_α，其中 α 代表卡方分配右尾右尾的面積或機率，例如，若自由度為 10 且右尾面積為 0.01，則 $\chi^2_{0.01} = 23.2093$。

自由度	0.995	0.99	0.975	0.95	0.90	0.10	0.05	0.025	0.01	0.005
1	$392{,}704 \times 10^{-10}$	$157{,}088 \times 10^{-9}$	$982{,}069 \times 10^{-9}$	$393{,}214 \times 10^{-8}$	0.0157908	2.70554	3.84146	5.02389	6.63490	7.87944
2	0.0100251	0.0201007	0.0506356	0.102587	0.210720	4.60517	5.99147	7.37776	9.21034	10.5966
3	0.0717212	0.114832	0.215795	0.351746	0.584375	6.25139	7.81473	9.34840	11.3449	12.8381
4	0.206990	0.297110	0.484419	0.710721	1.063623	7.77944	9.48773	11.1433	13.2767	14.8602
5	0.411740	0.554300	0.831211	1.145476	1.61031	9.23635	11.0705	12.8325	15.0863	16.7496
6	0.675727	0.872085	1.237347	1.63539	2.20413	10.6446	12.5916	14.4494	16.8119	18.5476
7	0.989265	1.239043	1.68987	2.16735	2.83311	12.0170	14.0671	16.0128	18.4753	20.2777
8	1.344419	1.646482	2.17973	2.73264	3.48954	13.3616	15.5073	17.5346	20.0902	21.9550
9	1.734926	2.087912	2.70039	3.32511	4.16816	14.6837	16.9190	19.0228	21.6660	23.5893
10	2.15585	2.55821	3.24697	3.94030	4.86518	15.9871	18.3070	20.4831	23.2093	25.1882
11	2.60321	3.05347	3.81575	4.57481	5.57779	17.2750	19.6751	21.9200	24.7250	26.7569
12	3.07382	3.57056	4.40379	5.22603	6.30380	18.5494	21.0261	23.3367	26.2170	28.2995
13	3.56503	4.10691	5.00874	5.89186	7.04150	19.8119	22.3621	24.7356	27.6883	29.8194
14	4.07468	4.66043	5.62872	6.57063	7.78953	21.0642	23.6848	26.1190	29.1413	31.3193
15	4.60094	5.22935	6.26214	7.26094	8.54675	22.3072	24.9958	27.4884	30.5779	32.8013
16	5.14224	5.81221	6.90766	7.96164	9.31223	23.5418	26.2962	28.8454	31.9999	34.2672
17	5.69724	6.40776	7.56418	8.67176	10.0852	24.7690	27.5871	30.1910	33.4087	35.7185
18	6.26481	7.01491	8.23075	9.39046	10.8649	25.9894	28.8693	31.5264	34.8053	37.1564
19	6.84398	7.63273	8.90655	10.1170	11.6509	27.2036	30.1435	32.8523	36.1908	38.5822

面積或機率

χ^2_α

右尾面積

<表 5 卡方分配（續）>

df										
20	7.43386	8.26040	9.59083	10.8508	12.4426	28.4120	31.4104	34.1696	37.5662	39.9968
21	8.03366	8.89720	10.28293	11.5913	13.2396	29.6151	32.6705	35.4789	38.9321	41.4010
22	8.64272	9.54249	10.9823	12.3380	14.0415	30.8133	33.9244	36.7807	40.2894	42.7958
23	9.26042	10.19567	11.6885	13.0905	14.8479	32.0069	35.1725	38.0757	41.6384	44.1813
24	9.88623	10.8564	12.4011	13.8484	15.6587	33.1963	36.4151	39.3641	42.9798	45.5585
25	10.5197	11.5240	13.1197	14.6114	16.4734	34.3816	37.6525	40.6465	44.3141	46.9278
26	11.1603	12.1981	13.8439	15.3791	17.2919	35.5631	38.8852	41.9232	45.6417	48.2899
27	11.8076	12.8786	14.5733	16.1513	18.1138	36.7412	40.1133	43.1944	46.9630	49.6449
28	12.4613	13.5648	15.3079	16.9279	18.9392	37.9159	41.3372	44.4607	48.2782	50.9933
29	13.1211	14.2565	16.0471	17.7083	19.7677	39.0875	42.5569	45.7222	49.5879	52.3356
30	13.7867	14.9535	16.7908	18.4926	20.5992	40.2560	43.7729	46.9792	50.8922	53.6720
40	20.7065	22.1643	24.4331	26.5093	29.0505	51.8050	55.7585	59.3417	63.6907	66.7659
50	27.9907	29.7067	32.3574	34.7642	37.6886	63.1671	67.5048	71.4202	76.1539	79.4900
60	35.5346	37.4848	40.4817	43.1879	46.4589	74.3970	79.0819	83.2976	88.3794	91.9517
70	43.2752	45.4418	48.7576	51.7393	55.3290	85.5271	90.5312	95.0231	100.425	104.215
80	51.1720	53.5400	57.1532	60.3915	64.2778	96.5782	101.879	106.629	112.329	116.321
90	59.1963	61.7541	65.6466	69.1260	73.2912	107.565	113.145	118.136	124.116	128.299
100	67.3276	70.0648	74.2219	77.9295	82.3581	118.498	124.342	129.561	135.807	140.169

This table is reprinted by permission of Oxford University Press on behalf of The Biometrika Trustees from Table 8, Percentage Points of the χ^2 Distribution, by E. S. Pearson and H. O. Hartley, *Biometrika Tables for Statisticians*, Vol. 1, 3rd ed., 1966.

< 表 6　F 分配 >

$$P(F > F_\alpha) = \alpha$$

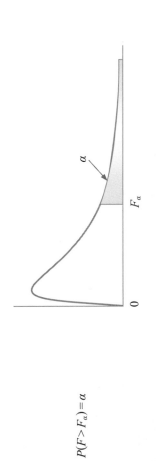

$F_{0.1}$值之表

分母自由度	分子自由度																			ν2(df)
	1	2	3	4	5	6	7	8	9	10	12	15	20	24	30	40	60	120	∞	
1	39.86	49.50	53.59	55.83	57.24	58.20	58.91	59.44	59.86	60.19	60.71	61.22	61.74	62.00	62.26	62.53	62.79	63.06	63.33	1
2	8.53	9.00	9.16	9.24	9.29	9.33	9.35	9.37	9.38	9.39	9.41	9.42	9.44	9.45	9.46	9.47	9.47	9.48	9.49	2
3	5.54	5.46	5.39	5.34	5.31	5.28	5.27	5.25	5.24	5.23	5.22	5.20	5.18	5.18	5.17	5.16	5.15	5.14	5.13	3
4	4.54	4.32	4.19	4.11	4.05	4.01	3.98	3.95	3.94	3.92	3.90	3.87	3.84	3.83	3.82	3.80	3.79	3.78	3.76	4
5	4.06	3.78	3.62	3.52	3.45	3.40	3.37	3.34	3.32	3.30	3.27	3.24	3.21	3.19	3.17	3.16	3.14	3.12	3.11	5
6	3.78	3.46	3.29	3.18	3.11	3.05	3.01	2.98	2.96	2.94	2.90	2.87	2.84	2.82	2.80	2.78	2.76	2.74	2.72	6
7	3.59	3.26	3.07	2.96	2.88	2.83	2.78	2.75	2.72	2.70	2.67	2.63	2.59	2.58	2.56	2.54	2.51	2.49	2.47	7
8	3.46	3.11	2.92	2.81	2.73	2.67	2.62	2.59	2.56	2.54	2.50	2.46	2.42	2.40	2.38	2.36	2.34	2.32	2.29	8
9	3.36	3.01	2.81	2.69	2.61	2.55	2.51	2.47	2.44	2.42	2.38	2.34	2.30	2.28	2.25	2.23	2.21	2.18	2.16	9
10	3.29	2.92	2.73	2.61	2.52	2.46	2.41	2.38	2.35	2.32	2.28	2.24	2.20	2.18	2.16	2.13	2.11	2.08	2.06	10
11	3.23	2.86	2.66	2.54	2.45	2.39	2.34	2.30	2.27	2.25	2.21	2.17	2.12	2.10	2.08	2.05	2.03	2.00	1.97	11
12	3.18	2.81	2.61	2.48	2.39	2.33	2.28	2.24	2.21	2.19	2.15	2.10	2.06	2.04	2.01	1.99	1.96	1.93	1.90	12
13	3.14	2.76	2.56	2.43	2.35	2.28	2.23	2.20	2.16	2.14	2.10	2.05	2.01	1.98	1.96	1.93	1.90	1.88	1.85	13
14	3.10	2.73	2.52	2.39	2.31	2.24	2.19	2.15	2.12	2.10	2.05	2.01	1.96	1.94	1.91	1.89	1.86	1.83	1.80	14
15	3.07	2.70	2.49	2.36	2.27	2.21	2.16	2.12	2.09	2.06	2.02	1.97	1.92	1.90	1.87	1.85	1.82	1.79	1.76	15
16	3.05	2.67	2.46	2.33	2.24	2.18	2.13	2.09	2.06	2.03	1.99	1.94	1.89	1.87	1.84	1.81	1.78	1.75	1.72	16
17	3.03	2.64	2.44	2.31	2.22	2.15	2.10	2.06	2.03	2.00	1.96	1.91	1.86	1.84	1.81	1.78	1.75	1.72	1.69	17
18	3.01	2.62	2.42	2.29	2.20	2.13	2.08	2.04	2.00	1.98	1.93	1.89	1.84	1.81	1.78	1.75	1.72	1.69	1.66	18
19	2.99	2.61	2.40	2.27	2.18	2.11	2.06	2.02	1.98	1.96	1.91	1.86	1.81	1.79	1.76	1.73	1.70	1.67	1.63	19
20	2.97	2.59	2.38	2.25	2.16	2.09	2.04	2.00	1.96	1.94	1.89	1.84	1.79	1.77	1.74	1.71	1.68	1.64	1.61	20

	1	2	3	4	5	6	7	8	9	10	12	15	20	24	30	40	60	120	∞
21	2.96	2.57	2.36	2.23	2.14	2.08	2.02	1.98	1.95	1.92	1.87	1.83	1.78	1.75	1.72	1.69	1.66	1.62	1.59
22	2.95	2.56	2.35	2.22	2.13	2.06	2.01	1.97	1.93	1.90	1.86	1.81	1.76	1.73	1.70	1.67	1.64	1.60	1.57
23	2.94	2.55	2.34	2.21	2.11	2.05	1.99	1.95	1.92	1.89	1.84	1.80	1.74	1.72	1.69	1.66	1.62	1.59	1.55
24	2.93	2.54	2.33	2.19	2.10	2.04	1.98	1.94	1.91	1.88	1.83	1.78	1.73	1.70	1.67	1.64	1.61	1.57	1.53
25	2.92	2.53	2.32	2.18	2.09	2.02	1.97	1.93	1.89	1.87	1.82	1.77	1.72	1.69	1.66	1.63	1.59	1.56	1.52
26	2.91	2.52	2.31	2.17	2.08	2.01	1.96	1.92	1.88	1.86	1.81	1.76	1.71	1.68	1.65	1.61	1.58	1.54	1.50
27	2.90	2.51	2.30	2.17	2.07	2.00	1.95	1.91	1.87	1.85	1.80	1.75	1.70	1.67	1.64	1.60	1.57	1.53	1.49
28	2.89	2.50	2.29	2.16	2.06	2.00	1.94	1.90	1.87	1.84	1.79	1.74	1.69	1.66	1.63	1.59	1.56	1.52	1.48
29	2.89	2.50	2.28	2.15	2.06	1.99	1.93	1.89	1.86	1.83	1.78	1.73	1.68	1.65	1.62	1.58	1.55	1.51	1.47
30	2.88	2.49	2.28	2.14	2.05	1.98	1.93	1.88	1.85	1.82	1.77	1.72	1.67	1.64	1.61	1.57	1.54	1.50	1.46
40	2.84	2.44	2.23	2.09	2.00	1.93	1.87	1.83	1.79	1.76	1.71	1.66	1.61	1.57	1.54	1.51	1.47	1.42	1.38
60	2.79	2.39	2.18	2.04	1.95	1.87	1.82	1.77	1.74	1.71	1.66	1.60	1.54	1.51	1.48	1.44	1.40	1.35	1.29
120	2.75	2.35	2.13	1.99	1.90	1.82	1.77	1.72	1.68	1.65	1.60	1.55	1.48	1.45	1.41	1.37	1.32	1.26	1.19
∞	2.71	2.30	2.08	1.94	1.85	1.77	1.72	1.67	1.63	1.60	1.55	1.49	1.42	1.38	1.34	1.30	1.24	1.17	1.00

< 表 6　F 分配（續） >

表中的數值是 F_α，其中 α 代表 F 分配右尾之面積或機率。例如，若分子自由度為 12、分母自由度為 15 且右尾面積為 0.05，則 $F_{0.05}=2.48$。

面積或機率

F_α

$F_{0.05}$值之表

分母自由度	分子自由度																		
	1	2	3	4	5	6	7	8	9	10	12	15	20	24	30	40	60	120	∞
1	161.4	199.5	215.7	224.6	230.2	234.0	236.8	238.9	240.5	241.9	243.9	245.9	248.0	249.1	250.1	251.1	252.2	253.3	254.3
2	18.51	19.00	19.16	19.25	19.30	19.33	19.35	19.37	19.38	19.40	19.41	19.43	19.45	19.45	19.46	19.47	19.48	19.49	19.50
3	10.13	9.55	9.28	9.12	9.01	8.94	8.89	8.85	8.81	8.79	8.74	8.70	8.66	8.64	8.62	8.59	8.57	8.55	8.53
4	7.71	6.94	6.59	6.39	6.26	6.16	6.09	6.04	6.00	5.96	5.91	5.86	5.80	5.77	5.75	5.72	5.69	5.66	5.63
5	6.61	5.79	5.41	5.19	5.05	4.95	4.88	4.82	4.77	4.74	4.68	4.62	4.56	4.53	4.50	4.46	4.43	4.40	4.36
6	5.99	5.14	4.76	4.53	4.39	4.28	4.21	4.15	4.10	4.06	4.00	3.94	3.87	3.84	3.81	3.77	3.74	3.70	3.67
7	5.59	4.74	4.35	4.12	3.97	3.87	3.79	3.73	3.68	3.64	3.57	3.51	3.44	3.41	3.38	3.34	3.30	3.27	3.23
8	5.32	4.46	4.07	3.84	3.69	3.58	3.50	3.44	3.39	3.35	3.28	3.22	3.15	3.12	3.08	3.04	3.01	2.97	2.93
9	5.12	4.26	3.86	3.63	3.48	3.37	3.29	3.23	3.18	3.14	3.07	3.01	2.94	2.90	2.86	2.83	2.79	2.75	2.71
10	4.96	4.10	3.71	3.48	3.33	3.22	3.14	3.07	3.02	2.98	2.91	2.85	2.77	2.74	2.70	2.66	2.62	2.58	2.54
11	4.84	3.98	3.59	3.36	3.20	3.09	3.01	2.95	2.90	2.85	2.79	2.72	2.65	2.61	2.57	2.53	2.49	2.45	2.40
12	4.75	3.89	3.49	3.26	3.11	3.00	2.91	2.85	2.80	2.75	2.69	2.62	2.54	2.51	2.47	2.43	2.38	2.34	2.30
13	4.67	3.81	3.41	3.18	3.03	2.92	2.83	2.77	2.71	2.67	2.60	2.53	2.46	2.42	2.38	2.34	2.30	2.25	2.21
14	4.60	3.74	3.34	3.11	2.96	2.85	2.76	2.70	2.65	2.60	2.53	2.46	2.39	2.35	2.31	2.27	2.22	2.18	2.13

< 表 6　F 分配（續）>

15	4.54	3.68	3.29	3.06	2.90	2.79	2.71	2.64	2.59	2.54	2.48	2.40	2.33	2.29	2.25	2.20	2.16	2.11	2.07
16	4.49	3.63	3.24	3.01	2.85	2.74	2.66	2.59	2.54	2.49	2.42	2.35	2.28	2.24	2.19	2.15	2.11	2.06	2.01
17	4.45	3.59	3.20	2.96	2.81	2.70	2.61	2.55	2.49	2.45	2.38	2.31	2.23	2.19	2.15	2.10	2.06	2.01	1.96
18	4.41	3.55	3.16	2.93	2.77	2.66	2.58	2.51	2.46	2.41	2.34	2.27	2.19	2.15	2.11	2.06	2.02	1.97	1.92
19	4.38	3.52	3.13	2.90	2.74	2.63	2.54	2.48	2.42	2.38	2.31	2.23	2.16	2.11	2.07	2.03	1.98	1.93	1.88
20	4.35	3.49	3.10	2.87	2.71	2.60	2.51	2.45	2.39	2.35	2.28	2.20	2.12	2.08	2.04	1.99	1.95	1.90	1.84
21	4.32	3.47	3.07	2.84	2.68	2.57	2.49	2.42	2.37	2.32	2.25	2.18	2.10	2.05	2.01	1.96	1.92	1.87	1.81
22	4.30	3.44	3.05	2.82	2.66	2.55	2.46	2.40	2.34	2.30	2.23	2.15	2.07	2.03	1.98	1.94	1.89	1.84	1.78
23	4.28	3.42	3.03	2.80	2.64	2.53	2.44	2.37	2.32	2.27	2.20	2.13	2.05	2.01	1.96	1.91	1.86	1.81	1.76
24	4.26	3.40	3.01	2.78	2.62	2.51	2.42	2.36	2.30	2.25	2.18	2.11	2.03	1.98	1.94	1.89	1.84	1.79	1.73
25	4.24	3.39	2.99	2.76	2.60	2.49	2.40	2.34	2.28	2.24	2.16	2.09	2.01	1.96	1.92	1.87	1.82	1.77	1.71
26	4.23	3.37	2.98	2.74	2.59	2.47	2.39	2.32	2.27	2.22	2.15	2.07	1.99	1.95	1.90	1.85	1.80	1.75	1.69
27	4.21	3.35	2.96	2.73	2.57	2.46	2.37	2.31	2.25	2.20	2.13	2.06	1.97	1.93	1.88	1.84	1.79	1.73	1.67
28	4.20	3.34	2.95	2.71	2.56	2.45	2.36	2.29	2.24	2.19	2.12	2.04	1.96	1.91	1.87	1.82	1.77	1.71	1.65
29	4.18	3.33	2.93	2.70	2.55	2.43	2.35	2.28	2.22	2.18	2.10	2.03	1.94	1.90	1.85	1.81	1.75	1.70	1.64
30	4.17	3.32	2.92	2.69	2.53	2.42	2.33	2.27	2.21	2.16	2.09	2.01	1.93	1.89	1.84	1.79	1.74	1.68	1.62
40	4.08	3.23	2.84	2.61	2.45	2.34	2.25	2.18	2.12	2.08	2.00	1.92	1.84	1.79	1.74	1.69	1.64	1.58	1.51
60	4.00	3.15	2.76	2.53	2.37	2.25	2.17	2.10	2.04	1.99	1.92	1.84	1.75	1.70	1.65	1.59	1.53	1.47	1.39
120	3.92	3.07	2.68	2.45	2.29	2.17	2.09	2.02	1.96	1.91	1.83	1.75	1.66	1.61	1.55	1.50	1.43	1.35	1.25
∞	3.84	3.00	2.60	2.37	2.21	2.10	2.01	1.94	1.88	1.83	1.75	1.67	1.57	1.52	1.46	1.39	1.32	1.22	1.00

This table is reprinted by permission of Oxford University Press on behalf of The Biometrika Trustees from Table 18, Percentage Points of the F Distribution, by E. S. Pearson and H. O. Hartley, *Biometrika Tables for Statisticians*, Vol. 1, 3rd ed., 1966.

<表6 F分配（續）>

$F_{0.025}$ 值之表

分母自由度	分子自由度																		
	1	2	3	4	5	6	7	8	9	10	12	15	20	24	30	40	60	120	∞
1	647.8	799.5	864.2	899.6	921.8	937.1	948.2	956.7	963.3	968.6	976.7	984.9	993.1	997.2	1,001	1,006	1,010	1,014	1,018
2	38.51	39.00	39.17	39.25	39.30	39.33	39.36	39.37	39.39	39.40	39.41	39.43	39.45	39.46	39.46	39.47	39.48	39.49	39.50
3	17.44	16.04	15.44	15.10	14.88	14.73	14.62	14.54	14.47	14.42	14.34	14.25	14.17	14.12	14.08	14.04	13.99	13.95	13.90
4	12.22	10.65	9.98	9.60	9.36	9.20	9.07	8.98	8.90	8.84	8.75	8.66	8.56	8.51	8.46	8.41	8.36	8.31	8.26
5	10.01	8.43	7.76	7.39	7.15	6.98	6.85	6.76	6.68	6.62	6.52	6.43	6.33	6.28	6.23	6.18	6.12	6.07	6.02
6	8.81	7.26	6.60	6.23	5.99	5.82	5.70	5.60	5.52	5.46	5.37	5.27	5.17	5.12	5.07	5.01	4.96	4.90	4.85
7	8.07	6.54	5.89	5.52	5.29	5.21	4.99	4.90	4.82	4.76	4.67	4.57	4.47	4.42	4.36	4.31	4.25	4.20	4.14
8	7.57	6.06	5.42	5.05	4.82	4.65	4.53	4.43	4.36	4.30	4.20	4.10	4.00	3.95	3.89	3.84	3.78	3.73	3.67
9	7.21	5.71	5.08	4.72	4.48	4.32	4.20	4.10	4.03	3.96	3.87	3.77	3.67	3.61	3.56	3.51	3.45	3.39	3.33
10	6.94	5.46	4.83	4.47	4.24	4.07	3.95	3.85	3.78	3.72	3.62	3.52	3.42	3.37	3.31	3.26	3.20	3.14	3.08
11	6.72	5.26	4.63	4.28	4.04	3.88	3.76	3.66	3.59	3.53	3.43	3.33	3.23	3.17	3.12	3.06	3.00	2.94	2.88
12	6.55	5.10	4.47	4.12	3.89	3.73	3.61	3.51	3.44	3.37	3.28	3.18	3.07	3.02	2.96	2.91	2.85	2.79	2.72
13	6.41	4.97	4.35	4.00	3.77	3.60	3.48	3.39	3.31	3.25	3.15	3.05	2.95	2.89	2.84	2.78	2.72	2.66	2.60
14	6.30	4.86	4.24	3.89	3.66	3.50	3.38	3.29	3.21	3.15	3.05	2.95	2.84	2.79	2.73	2.67	2.61	2.55	2.49
15	6.20	4.77	4.15	3.80	3.58	3.41	3.29	3.20	3.12	3.06	2.96	2.86	2.76	2.70	2.64	2.59	2.52	2.46	2.40
16	6.12	4.69	4.08	3.73	3.50	3.34	3.22	3.12	3.05	2.99	2.89	2.79	2.68	2.63	2.57	2.51	2.45	2.38	2.32
17	6.04	4.62	4.01	3.66	3.44	3.28	3.16	3.06	2.98	2.92	2.82	2.72	2.62	2.56	2.50	2.44	2.38	2.32	2.25
18	5.98	4.56	3.95	3.61	3.38	3.22	3.10	3.01	2.93	2.87	2.77	2.67	2.56	2.50	2.44	2.38	2.32	2.26	2.19
19	5.92	4.51	3.90	3.56	3.33	3.17	3.05	2.96	2.88	2.82	2.72	2.62	2.51	2.45	2.39	2.33	2.27	2.20	2.13
20	5.87	4.46	3.86	3.51	3.29	3.13	3.01	2.91	2.84	2.77	2.68	2.57	2.46	2.41	2.35	2.29	2.22	2.16	2.09
21	5.83	4.42	3.82	3.48	3.25	3.09	2.97	2.87	2.80	2.73	2.64	2.53	2.42	2.37	2.31	2.25	2.18	2.11	2.04
22	5.79	4.38	3.78	3.44	3.22	3.05	2.93	2.84	2.76	2.70	2.60	2.50	2.39	2.33	2.27	2.21	2.14	2.08	2.00
23	5.75	4.35	3.75	3.41	3.18	3.02	2.90	2.81	2.73	2.67	2.57	2.47	2.36	2.30	2.24	2.18	2.11	2.04	1.97
24	5.72	4.32	3.72	3.38	3.15	2.99	2.87	2.78	2.70	2.64	2.54	2.44	2.33	2.27	2.21	2.15	2.08	2.01	1.94
25	5.69	4.29	3.69	3.35	3.13	2.97	2.85	2.75	2.68	2.61	2.51	2.41	2.30	2.24	2.18	2.12	2.05	1.98	1.91
26	5.66	4.27	3.67	3.33	3.10	2.94	2.82	2.73	2.65	2.59	2.49	2.39	2.28	2.22	2.16	2.09	2.03	1.95	1.88
27	5.63	4.24	3.65	3.31	3.08	2.92	2.80	2.71	2.63	2.57	2.47	2.36	2.25	2.19	2.13	2.07	2.00	1.93	1.85
28	5.61	4.22	3.63	3.29	3.06	2.90	2.78	2.69	2.61	2.55	2.45	2.34	2.23	2.17	2.11	2.05	1.98	1.91	1.83
29	5.59	4.20	3.61	3.27	3.04	2.88	2.76	2.67	2.59	2.53	2.43	2.32	2.21	2.15	2.09	2.03	1.96	1.89	1.81
30	5.57	4.18	3.59	3.25	3.03	2.87	2.75	2.65	2.57	2.51	2.41	2.31	2.20	2.14	2.07	2.01	1.94	1.87	1.79
40	5.42	4.05	3.46	3.13	2.90	2.74	2.62	2.53	2.45	2.39	2.29	2.18	2.07	2.01	1.94	1.88	1.80	1.72	1.64
60	5.29	3.93	3.34	3.01	2.79	2.63	2.51	2.41	2.33	2.27	2.17	2.06	1.94	1.88	1.82	1.74	1.67	1.58	1.48
120	5.15	3.80	3.23	2.89	2.67	2.52	2.39	2.30	2.22	2.16	2.05	1.94	1.82	1.76	1.69	1.61	1.53	1.43	1.31
∞	5.02	3.69	3.12	2.79	2.57	2.41	2.29	2.19	2.11	2.05	1.94	1.83	1.71	1.64	1.57	1.48	1.39	1.27	1.00

< 表 6　F 分配（續）>

$F_{0.01}$ 值之表

分母自由度	分子自由度																		
	1	2	3	4	5	6	7	8	9	10	12	15	20	24	30	40	60	120	∞
1	4,052	4,999.5	5,403	5,625	5,764	5,859	5,928	5,982	6,022	6,056	6,106	6,157	6,209	6,235	6,261	6,287	6,313	6,339	6,366
2	98.50	99.00	99.17	99.25	99.30	99.33	99.36	99.37	99.39	99.40	99.42	99.43	99.45	99.46	99.47	99.47	99.48	99.49	99.50
3	34.12	30.82	29.46	28.71	28.24	27.91	27.67	27.49	27.35	27.23	27.05	26.87	26.69	26.60	26.50	26.41	26.32	26.22	26.13
4	21.20	18.00	16.69	15.98	15.52	15.21	14.98	14.80	14.66	14.55	14.37	14.20	14.02	13.93	13.84	13.75	13.65	13.56	13.46
5	16.26	13.27	12.06	11.39	10.97	10.67	10.46	10.29	10.16	10.05	9.89	9.72	9.55	9.47	9.38	9.29	9.20	9.11	9.06
6	13.75	10.92	9.78	9.15	8.75	8.47	8.26	8.10	7.98	7.87	7.72	7.56	7.40	7.31	7.23	7.14	7.06	6.97	6.88
7	12.25	9.55	8.45	7.85	7.46	7.19	6.99	6.84	6.72	6.62	6.47	6.31	6.16	6.07	5.99	5.91	5.82	5.74	5.65
8	11.26	8.65	7.59	7.01	6.63	6.37	6.18	6.03	5.91	5.81	5.67	5.52	5.36	5.28	5.20	5.12	5.03	4.95	4.86
9	10.56	8.02	6.99	6.42	6.06	5.80	5.61	5.47	5.35	5.26	5.11	4.96	4.81	4.73	4.65	4.57	4.48	4.40	4.31
10	10.04	7.56	6.55	5.99	5.64	5.39	5.20	5.06	4.94	4.85	4.71	4.56	4.41	4.33	4.25	4.17	4.08	4.00	3.91
11	9.65	7.21	6.22	5.67	5.32	5.07	4.89	4.74	4.63	4.54	4.40	4.25	4.10	4.02	3.94	3.86	3.78	3.69	3.60
12	9.33	6.93	5.95	5.41	5.06	4.82	4.64	4.50	4.39	4.30	4.16	4.01	3.86	3.78	3.70	3.62	3.54	3.45	3.36
13	9.07	6.70	5.74	5.21	4.86	4.62	4.44	4.30	4.19	4.10	3.96	3.82	3.66	3.59	3.51	3.43	3.34	3.25	3.17
14	8.86	6.51	5.56	5.04	4.69	4.46	4.28	4.14	4.03	3.94	3.80	3.66	3.51	3.43	3.35	3.27	3.18	3.09	3.00
15	8.68	6.36	5.42	4.89	4.56	4.32	4.14	4.00	3.89	3.80	3.67	3.52	3.37	3.29	3.21	3.13	3.05	2.96	2.87
16	8.53	6.23	5.29	4.77	4.44	4.20	4.03	3.89	3.78	3.69	3.55	3.41	3.26	3.18	3.10	3.02	2.93	2.84	2.75
17	8.40	6.11	5.18	4.67	4.34	4.10	3.93	3.79	3.68	3.59	3.46	3.31	3.16	3.08	3.00	2.92	2.83	2.75	2.65
18	8.29	6.01	5.09	4.58	4.25	4.01	3.84	3.71	3.60	3.51	3.37	3.23	3.08	3.00	2.92	2.84	2.75	2.66	2.57
19	8.18	5.93	5.01	4.50	4.17	3.94	3.77	3.63	3.52	3.43	3.30	3.15	3.00	2.92	2.84	2.76	2.67	2.58	2.49
20	8.10	5.85	4.94	4.43	4.10	3.87	3.70	3.56	3.46	3.37	3.23	3.09	2.94	2.86	2.78	2.69	2.61	2.52	2.42
21	8.02	5.78	4.87	4.37	4.04	3.81	3.64	3.51	3.40	3.31	3.17	3.03	2.88	2.80	2.72	2.64	2.55	2.46	2.36
22	7.95	5.72	4.82	4.31	3.99	3.76	3.59	3.45	3.35	3.26	3.12	2.98	2.83	2.75	2.67	2.58	2.50	2.40	2.31
23	7.88	5.66	4.76	4.26	3.94	3.71	3.54	3.41	3.30	3.21	3.07	2.93	2.78	2.70	2.62	2.54	2.45	2.35	2.26
24	7.82	5.61	4.72	4.22	3.90	3.67	3.50	3.36	3.26	3.17	3.03	2.89	2.74	2.66	2.58	2.49	2.40	2.31	2.21
25	7.77	5.57	4.68	4.18	3.85	3.63	3.46	3.32	3.22	3.13	2.99	2.85	2.70	2.62	2.54	2.45	2.36	2.27	2.17
26	7.72	5.53	4.64	4.14	3.82	3.59	3.42	3.29	3.18	3.09	2.96	2.81	2.66	2.58	2.50	2.42	2.33	2.23	2.13
27	7.68	5.49	4.60	4.11	3.78	3.56	3.39	3.26	3.15	3.06	2.93	2.78	2.63	2.55	2.47	2.38	2.29	2.20	2.10
28	7.64	5.45	4.57	4.07	3.75	3.53	3.36	3.23	3.12	3.03	2.90	2.75	2.60	2.52	2.44	2.35	2.26	2.17	2.06
29	7.60	5.42	4.54	4.04	3.73	3.50	3.33	3.20	3.09	3.00	2.87	2.73	2.57	2.49	2.41	2.33	2.23	2.14	2.03
30	7.56	5.39	4.51	4.02	3.70	3.47	3.30	3.17	3.07	2.98	2.84	2.70	2.55	2.47	2.39	2.30	2.21	2.11	2.01
40	7.31	5.18	4.31	3.83	3.51	3.29	3.12	2.99	2.89	2.80	2.66	2.52	2.37	2.29	2.20	2.11	2.02	1.92	1.80
60	7.08	4.98	4.13	3.65	3.34	3.12	2.95	2.82	2.72	2.63	2.50	2.35	2.20	2.12	2.03	1.94	1.84	1.73	1.60
120	6.85	4.79	3.95	3.48	3.17	2.96	2.79	2.66	2.56	2.47	2.34	2.19	2.03	1.95	1.86	1.76	1.66	1.53	1.38
∞	6.63	4.61	3.78	3.32	3.02	2.80	2.64	2.51	2.41	2.32	2.18	2.04	1.88	1.79	1.70	1.59	1.47	1.32	1.00

<表 6 F 分配（續）>

$F_{0.005}$ 值之表　$\alpha = 0.005$

分子自由度

分母自由度	1	2	3	4	5	6	7	8	9	10	12	15	20	24	30	40	60	120	∞	ν2(df)
1	16212.5	19997.4	21614.1	22500.8	23055.8	23439.5	23715.2	23923.8	24091.5	24221.8	24426.7	24631.6	24836.5	24937.1	25041.4	25145.7	25253.7	25358.1	25466.1	1.0
2	198.50	199.01	199.16	199.24	199.30	199.33	199.36	199.38	199.39	199.39	199.42	199.43	199.45	199.45	199.48	199.48	199.48	199.49	199.51	2
3	55.55	49.80	47.47	46.20	45.39	44.84	44.43	44.13	43.88	43.68	43.39	43.08	42.78	42.62	42.47	42.31	42.15	41.99	41.83	3
4	31.33	26.28	24.26	23.15	22.46	21.98	21.62	21.35	21.14	20.97	20.70	20.44	20.17	20.03	19.89	19.75	19.61	19.47	19.32	4
5	22.78	18.31	16.53	15.56	14.94	14.51	14.20	13.96	13.77	13.62	13.38	13.15	12.90	12.78	12.66	12.53	12.40	12.27	12.14	5
6	18.63	14.54	12.92	12.03	11.46	11.07	10.79	10.57	10.39	10.25	10.03	9.81	9.59	9.47	9.36	9.24	9.12	9.00	8.88	6
7	16.24	12.40	10.88	10.05	9.52	9.16	8.89	8.68	8.51	8.38	8.18	7.97	7.75	7.64	7.53	7.42	7.31	7.19	7.08	7
8	14.69	11.04	9.60	8.81	8.30	7.95	7.69	7.50	7.34	7.21	7.01	6.81	6.61	6.50	6.40	6.29	6.18	6.06	5.95	8
9	13.61	10.11	8.72	7.96	7.47	7.13	6.88	6.69	6.54	6.42	6.23	6.03	5.83	5.73	5.62	5.52	5.41	5.30	5.19	9
10	12.83	9.43	8.08	7.34	6.87	6.54	6.30	6.12	5.97	5.85	5.66	5.47	5.27	5.17	5.07	4.97	4.86	4.75	4.64	10
11	12.23	8.91	7.60	6.88	6.42	6.10	5.86	5.68	5.54	5.42	5.24	5.05	4.86	4.76	4.65	4.55	4.45	4.34	4.23	11
12	11.75	8.51	7.23	6.52	6.07	5.76	5.52	5.35	5.20	5.09	4.91	4.72	4.53	4.43	4.33	4.23	4.12	4.01	3.90	12
13	11.37	8.19	6.93	6.23	5.79	5.48	5.25	5.08	4.94	4.82	4.64	4.46	4.27	4.17	4.07	3.97	3.87	3.76	3.65	13
14	11.06	7.92	6.68	6.00	5.56	5.26	5.03	4.86	4.72	4.60	4.43	4.25	4.06	3.96	3.86	3.76	3.66	3.55	3.44	14
15	10.80	7.70	6.48	5.80	5.37	5.07	4.85	4.67	4.54	4.42	4.25	4.07	3.88	3.79	3.69	3.59	3.48	3.37	3.26	15
16	10.58	7.51	6.30	5.64	5.21	4.91	4.69	4.52	4.38	4.27	4.10	3.92	3.73	3.64	3.54	3.44	3.33	3.22	3.11	16
17	10.38	7.35	6.16	5.50	5.07	4.78	4.56	4.39	4.25	4.14	3.97	3.79	3.61	3.51	3.41	3.31	3.21	3.10	2.98	17
18	10.22	7.21	6.03	5.37	4.96	4.66	4.44	4.28	4.14	4.03	3.86	3.68	3.50	3.40	3.30	3.20	3.10	2.99	2.87	18
19	10.07	7.09	5.92	5.27	4.85	4.56	4.34	4.18	4.04	3.93	3.76	3.59	3.40	3.31	3.21	3.11	3.00	2.89	2.78	19
20	9.94	6.99	5.82	5.17	4.76	4.47	4.26	4.09	3.96	3.85	3.68	3.50	3.32	3.22	3.12	3.02	2.92	2.81	2.69	20

<表 6　F 分配（續）>

df																			
21	9.83	6.89	5.73	5.09	4.68	4.39	4.18	4.01	3.88	3.77	3.60	3.43	3.24	3.15	3.05	2.95	2.84	2.73	2.61
22	9.73	6.81	5.65	5.02	4.61	4.32	4.11	3.94	3.81	3.70	3.54	3.36	3.18	3.08	2.98	2.88	2.77	2.66	2.55
23	9.63	6.73	5.58	4.95	4.54	4.26	4.05	3.88	3.75	3.64	3.47	3.30	3.12	3.02	2.92	2.82	2.71	2.60	2.48
24	9.55	6.66	5.52	4.89	4.49	4.20	3.99	3.83	3.69	3.59	3.42	3.25	3.06	2.97	2.87	2.77	2.66	2.55	2.43
25	9.48	6.60	5.46	4.84	4.43	4.15	3.94	3.78	3.64	3.54	3.37	3.20	3.01	2.92	2.82	2.72	2.61	2.50	2.38
26	9.41	6.54	5.41	4.79	4.38	4.10	3.89	3.73	3.60	3.49	3.33	3.15	2.97	2.87	2.77	2.67	2.56	2.45	2.33
27	9.34	6.49	5.36	4.74	4.34	4.06	3.85	3.69	3.56	3.45	3.28	3.11	2.93	2.83	2.73	2.63	2.52	2.41	2.29
28	9.28	6.44	5.32	4.70	4.30	4.02	3.81	3.65	3.52	3.41	3.25	3.07	2.89	2.79	2.69	2.59	2.48	2.37	2.25
29	9.23	6.40	5.28	4.66	4.26	3.98	3.77	3.61	3.48	3.38	3.21	3.04	2.86	2.76	2.66	2.56	2.45	2.33	2.21
30	9.18	6.35	5.24	4.62	4.23	3.95	3.74	3.58	3.45	3.34	3.18	3.01	2.82	2.73	2.63	2.52	2.42	2.30	2.18
40	8.83	6.07	4.98	4.37	3.99	3.71	3.51	3.35	3.22	3.12	2.95	2.78	2.60	2.50	2.40	2.30	2.18	2.06	1.93
60	8.49	5.79	4.73	4.14	3.76	3.49	3.29	3.13	3.01	2.90	2.74	2.57	2.39	2.29	2.19	2.08	1.96	1.83	1.69
120	8.18	5.54	4.50	3.92	3.55	3.28	3.09	2.93	2.81	2.71	2.54	2.37	2.19	2.09	1.98	1.87	1.75	1.61	1.43
∞	7.88	5.30	4.28	3.72	3.35	3.09	2.90	2.74	2.62	2.52	2.36	2.19	2.00	1.90	1.79	1.67	1.53	1.36	1.00

< 表 7　二項分配 >

$$f(x) = C_x^n p^x (1-p)^{n-x}$$

							P							
n	x	.01	.05	.10	.20	.30	.40	.50	.60	.70	.80	.90	.95	.99
2	0	.9801	.9025	.8100	.6400	.4900	.3600	.2500	.1600	.0900	.0400	.0100	.0025	.0001
	1	.0198	.0950	.1800	.3200	.4200	.4800	.5000	.4800	.4200	.3200	.1800	.0950	.0198
	2	.0001	.0025	.0100	.0400	.0900	.1600	.2500	.3600	.4900	.6400	.8100	.9025	.9801
3	0	.9703	.8574	.7290	.5120	.3430	.2160	.1250	.0640	.0270	.0080	.0010	.0001	.0000
	1	.0294	.1354	.2430	.3840	.4410	.4320	.3750	.2880	.1890	.0960	.0270	.0071	.0003
	2	.0003	.0071	.0270	.0960	.1890	.2880	.3750	.4320	.4410	.3840	.2430	.1354	.0294
	3	.0000	.0001	.0010	.0080	.0270	.0640	.1250	.2160	.3430	.5120	.7290	.8574	.9703
4	0	.9606	.8145	.6561	.4096	.2401	.1296	.0625	.0256	.0081	.0016	.0001	.0000	.0000
	1	.0388	.1715	.2916	.4096	.4116	.3456	.2500	.1536	.0756	.0256	.0036	.0005	.0000
	2	.0006	.0135	.0486	.1536	.2646	.3456	.3750	.3456	.2646	.1536	.0486	.0135	.0006
	3	.0000	.0005	.0036	.0256	.0756	.1536	.2500	.3456	.4116	.4096	.2916	.1715	.0388
	4	.0000	.0000	.0001	.0016	.0081	.0256	.0625	.1296	.2401	.4096	.6561	.8145	.9606
5	0	.9510	.7738	.5905	.3277	.1681	.0778	.0313	.0102	.0024	.0003	.0000	.0000	.0000
	1	.0480	.2036	.3281	.4096	.3602	.2592	.1563	.0768	.0284	.0064	.0005	.0000	.0000
	2	.0010	.0214	.0729	.2048	.3087	.3456	.3125	.2304	.1323	.0512	.0081	.0011	.0000
	3	.0000	.0011	.0081	.0512	.1323	.2304	.3125	.3456	.3087	.2048	.0729	.0214	.0010
	4	.0000	.0000	.0005	.0064	.0284	.0768	.1563	.2592	.3602	.4096	.3281	.2036	.0480
	5	.0000	.0000	.0000	.0003	.0024	.0102	.0313	.0778	.1681	.3277	.5905	.7738	.9510
6	0	.9415	.7351	.5314	.2621	.1176	.0467	.0156	.0041	.0007	.0001	.0000	.0000	.0000
	1	.0571	.2321	.3543	.3932	.3025	.1866	.0938	.0369	.0102	.0015	.0001	.0000	.0000
	2	.0014	.0305	.0984	.2458	.3241	.3110	.2344	.1382	.0595	.0154	.0012	.0001	.0000
	3	.0000	.0021	.0146	.0819	.1852	.2765	.3125	.2765	.1852	.0819	.0146	.0021	.0000
	4	.0000	.0001	.0012	.0154	.0595	.1382	.2344	.3110	.3241	.2458	.0984	.0305	.0014
	5	.0000	.0000	.0001	.0015	.0102	.0369	.0938	.1866	.3025	.3932	.3543	.2321	.0571
	6	.0000	.0000	.0000	.0001	.0007	.0041	.0156	.0467	.1176	.2621	.5314	.7351	.9415
7	0	.9321	.6983	.4783	.2097	.0824	.0280	.0078	.0016	.0002	.0000	.0000	.0000	.0000
	1	.0659	.2573	.3720	.3670	.2471	.1306	.0547	.0172	.0036	.0004	.0000	.0000	.0000
	2	.0020	.0406	.1240	.2753	.3177	.2613	.1641	.0774	.0250	.0043	.0002	.0000	.0000
	3	.0000	.0036	.0230	.1147	.2269	.2903	.2734	.1935	.0972	.0287	.0026	.0002	.0000
	4	.0000	.0002	.0026	.0287	.0972	.1935	.2734	.2903	.2269	.1147	.0230	.0036	.0000
	5	.0000	.0000	.0002	.0043	.0250	.0774	.1641	.2613	.3177	.2753	.1240	.0406	.0020
	6	.0000	.0000	.0000	.0004	.0036	.0172	.0547	.1306	.2471	.3670	.3720	.2573	.0659
	7	.0000	.0000	.0000	.0000	.0002	.0016	.0078	.0280	.0824	.2097	.4783	.6983	.9321

<表 7　二項分配（續）>

$$P(X=x)=C_x^n p^x (1-p)^{n-x}$$

n	x	.01	.05	.10	.20	.30	.40	.50	.60	.70	.80	.90	.95	.99
								P						
8	0	.9227	.6634	.4305	.1678	.0576	.0168	.0039	.0007	.0001	.0000	.0000	.0000	.0000
	1	.0746	.2793	.3826	.3355	.1977	.0896	.0313	.0079	.0012	.0001	.0000	.0000	.0000
	2	.0026	.0515	.1488	.2936	.2965	.2090	.1094	.0413	.0100	.0011	.0000	.0000	.0000
	3	.0001	.0054	.0331	.1468	.2541	.2787	.2188	.1239	.0467	.0092	.0004	.0000	.0000
	4	.0000	.0004	.0046	.0459	.1361	.2322	.2734	.2322	.1361	.0459	.0046	.0004	.0000
	5	.0000	.0000	.0004	.0092	.0467	.1239	.2188	.2787	.2541	.1468	.0331	.0054	.0001
	6	.0000	.0000	.0000	.0011	.0100	.0413	.1094	.2090	.2965	.2936	.1488	.0515	.0026
	7	.0000	.0000	.0000	.0001	.0012	.0079	.0313	.0896	.1977	.3355	.3826	.2793	.0746
	8	.0000	.0000	.0000	.0000	.0001	.0007	.0039	.0168	.0576	.1678	.4305	.6634	.9227
10	0	.9044	.5987	.3487	.1074	.0282	.0060	.0010	.0001	.0000	.0000	.0000	.0000	.0000
	1	.0914	.3151	.3874	.2684	.1211	.0403	.0098	.0016	.0001	.0000	.0000	.0000	.0000
	2	.0042	.0746	.1937	.3020	.2335	.1209	.0439	.0106	.0014	.0001	.0000	.0000	.0000
	3	.0001	.0105	.0574	.2013	.2668	.2150	.1172	.0425	.0090	.0008	.0000	.0000	.0000
	4	.0000	.0010	.0112	.0881	.2001	.2508	.2051	.1115	.0368	.0055	.0001	.0000	.0000
	5	.0000	.0001	.0015	.0264	.1029	.2007	.2461	.2007	.1029	.0264	.0015	.0001	.0000
	6	.0000	.0000	.0001	.0055	.0368	.1115	.2051	.2508	.2001	.0881	.0112	.0010	.0000
	7	.0000	.0000	.0000	.0008	.0090	.0425	.1172	.2150	.2668	.2013	.0574	.0105	.0001
	8	.0000	.0000	.0000	.0001	.0014	.0106	.0439	.1209	.2335	.3020	.1937	.0746	.0042
	9	.0000	.0000	.0000	.0000	.0001	.0016	.0098	.0403	.1211	.2684	.3874	.3151	.0914
	10	.0000	.0000	.0000	.0000	.0000	.0001	.0010	.0060	.0282	.1074	.3487	.5987	.9044
15	0	.8601	.4633	.2059	.0352	.0047	.0005	.0000	.0000	.0000	.0000	.0000	.0000	.0000
	1	.1303	.3658	.3432	.1319	.0305	.0047	.0005	.0000	.0000	.0000	.0000	.0000	.0000
	2	.0092	.1348	.2669	.2309	.0916	.0219	.0032	.0003	.0000	.0000	.0000	.0000	.0000
	3	.0004	.0307	.1285	.2501	.1700	.0634	.0139	.0016	.0001	.0000	.0000	.0000	.0000
	4	.0000	.0049	.0428	.1876	.2186	.1268	.0417	.0074	.0006	.0000	.0000	.0000	.0000
	5	.0000	.0006	.0105	.1032	.2061	.1859	.0916	.0245	.0030	.0001	.0000	.0000	.0000
	6	.0000	.0000	.0019	.0430	.1472	.2066	.1527	.0612	.0116	.0007	.0000	.0000	.0000
	7	.0000	.0000	.0003	.0138	.0811	.1771	.1964	.1181	.0348	.0035	.0000	.0000	.0000
	8	.0000	.0000	.0000	.0035	.0348	.1181	.1964	.1771	.0811	.0138	.0003	.0000	.0000
	9	.0000	.0000	.0000	.0007	.0116	.0612	.1527	.2066	.1472	.0430	.0019	.0000	.0000
	10	.0000	.0000	.0000	.0001	.0030	.0245	.0916	.1859	.2061	.1032	.0105	.0006	.0000
	11	.0000	.0000	.0000	.0000	.0006	.0074	.0417	.1268	.2186	.1876	.0428	.0049	.0000
	12	.0000	.0000	.0000	.0000	.0001	.0016	.0139	.0634	.1700	.2501	.1285	.0307	.0004
	13	.0000	.0000	.0000	.0000	.0000	.0003	.0032	.0219	.0916	.2309	.2669	.1348	.0092
	14	.0000	.0000	.0000	.0000	.0000	.0000	.0005	.0047	.0305	.1319	.3432	.3658	.1303
	15	.0000	.0000	.0000	.0000	.0000	.0000	.0000	.0005	.0047	.0352	.2059	.4633	.8601

<表 7　二項分配（續）>

$$P(X=x)=C_x^n p^x(1-p)^{n-x}$$

								p						
n	x	.01	.05	.10	.20	.30	.40	.50	.60	.70	.80	.90	.95	.99
20	0	.8179	.3585	.1216	.0115	.0008	.0000	.0000	.0000	.0000	.0000	.0000	.0000	.0000
	1	.1652	.3774	.2702	.0576	.0068	.0005	.0000	.0000	.0000	.0000	.0000	.0000	.0000
	2	.0159	.1887	.2852	.1369	.0278	.0031	.0002	.0000	.0000	.0000	.0000	.0000	.0000
	3	.0010	.0596	.1901	.2054	.0716	.0123	.0011	.0000	.0000	.0000	.0000	.0000	.0000
	4	.0000	.0133	.0898	.2182	.1304	.0350	.0046	.0003	.0000	.0000	.0000	.0000	.0000
	5	.0000	.0022	.0319	.1746	.1789	.0746	.0148	.0013	.0000	.0000	.0000	.0000	.0000
	6	.0000	.0003	.0089	.1091	.1916	.1244	.0370	.0049	.0002	.0000	.0000	.0000	.0000
	7	.0000	.0000	.0020	.0545	.1643	.1659	.0739	.0146	.0010	.0000	.0000	.0000	.0000
	8	.0000	.0000	.0004	.0222	.1144	.1797	.1201	.0355	.0039	.0001	.0000	.0000	.0000
	9	.0000	.0000	.0001	.0074	.0654	.1597	.1602	.0710	.0120	.0005	.0000	.0000	.0000
	10	.0000	.0000	.0000	.0020	.0308	.1171	.1762	.1171	.0308	.0020	.0000	.0000	.0000
	11	.0000	.0000	.0000	.0005	.0120	.0710	.1602	.1597	.0654	.0074	.0001	.0000	.0000
	12	.0000	.0000	.0000	.0001	.0039	.0355	.1201	.1797	.1144	.0222	.0004	.0000	.0000
	13	.0000	.0000	.0000	.0000	.0010	.0146	.0739	.1659	.1643	.0545	.0020	.0000	.0000
	14	.0000	.0000	.0000	.0000	.0002	.0049	.0370	.1244	.1916	.1091	.0089	.0003	.0000
	15	.0000	.0000	.0000	.0000	.0000	.0013	.0148	.0746	.1789	.1746	.0319	.0022	.0000
	16	.0000	.0000	.0000	.0000	.0000	.0003	.0046	.0350	.1304	.2182	.0898	.0133	.0000
	17	.0000	.0000	.0000	.0000	.0000	.0000	.0011	.0123	.0716	.2054	.1901	.0596	.0010
	18	.0000	.0000	.0000	.0000	.0000	.0000	.0002	.0031	.0278	.1369	.2852	.1887	.0159
	19	.0000	.0000	.0000	.0000	.0000	.0000	.0000	.0005	.0068	.0576	.2702	.3774	.1652
	20	.0000	.0000	.0000	.0000	.0000	.0000	.0000	.0000	.0008	.0115	.1216	.3585	.8179

< 表 8　二項累積分配 >

$$P(x \le a) = \sum_{x=0}^{a} f(x) \text{,} \quad f(x) = C_x^n p^x q^x$$

(a) $n = 5$

							p							
a	0.01	0.05	0.10	0.20	0.30	0.40	0.50	0.60	0.70	0.80	0.90	0.95	0.99	a
0	.951	.774	.590	.328	.168	.078	.031	.010	.002	.000	.000	.000	.000	0
1	.999	.977	.919	.737	.528	.337	.188	.087	.031	.007	.000	.000	.000	1
2	1.000	.999	.991	.942	.837	.683	.500	.317	.163	.058	.009	.001	.000	2
3	1.000	1.000	1.000	.993	.969	.913	.812	.663	.472	.263	.081	.023	.001	3
4	1.000	1.000	1.000	1.000	.998	.990	.969	.922	.832	.672	.410	.226	.049	4

(b) $n = 10$

							p							
a	0.01	0.05	0.10	0.20	0.30	0.40	0.50	0.60	0.70	0.80	0.90	0.95	0.99	a
0	.904	.599	.349	.107	.028	.006	.001	.000	.000	.000	.000	.000	.000	0
1	.996	.914	.736	.376	.149	.046	.011	.002	.000	.000	.000	.000	.000	1
2	1.000	.988	.930	.678	.383	.167	.055	.012	.002	.000	.000	.000	.000	2
3	1.000	.999	.987	.879	.650	.382	.172	.055	.011	.001	.000	.000	.000	3
4	1.000	1.000	.998	.967	.850	.633	.377	.166	.047	.006	.000	.000	.000	4
5	1.000	1.000	1.000	.994	.953	.834	.623	.367	.150	.033	.002	.000	.000	5
6	1.000	1.000	1.000	.999	.989	.945	.828	.618	.350	.121	.013	.001	.000	6
7	1.000	1.000	1.000	1.000	.998	.988	.945	.833	.617	.322	.070	.012	.000	7
8	1.000	1.000	1.000	1.000	1.000	.998	.989	.954	.851	.624	.264	.086	.004	8
9	1.000	1.000	1.000	1.000	1.000	1.000	.999	.994	.972	.893	.651	.401	.096	9

(c) $n = 15$

							p							
a	0.01	0.05	0.10	0.20	0.30	0.40	0.50	0.60	0.70	0.80	0.90	0.95	0.99	a
0	.860	.463	.206	.035	.005	.000	.000	.000	.000	.000	.000	.000	.000	0
1	.990	.829	.549	.167	.035	.005	.000	.000	.000	.000	.000	.000	.000	1
2	1.000	.964	.816	.398	.127	.027	.004	.000	.000	.000	.000	.000	.000	2
3	1.000	.995	.944	.648	.297	.091	.018	.002	.000	.000	.000	.000	.000	3
4	1.000	.999	.987	.836	.515	.217	.059	.009	.001	.000	.000	.000	.000	4
5	1.000	1.000	.998	.939	.722	.403	.151	.034	.004	.000	.000	.000	.000	5
6	1.000	1.000	1.000	.982	.869	.610	.304	.095	.015	.001	.000	.000	.000	6
7	1.000	1.000	1.000	.996	.950	.787	.500	.213	.050	.004	.000	.000	.000	7
8	1.000	1.000	1.000	.999	.985	.905	.696	.390	.131	.018	.000	.000	.000	8
9	1.000	1.000	1.000	1.000	.996	.966	.849	.597	.278	.061	.002	.000	.000	9
10	1.000	1.000	1.000	1.000	.999	.991	.941	.783	.485	.164	.013	.001	.000	10
11	1.000	1.000	1.000	1.000	1.000	.998	.982	.909	.703	.352	.056	.005	.000	11
12	1.000	1.000	1.000	1.000	1.000	1.000	.996	.973	.873	.602	.184	.036	.000	12
13	1.000	1.000	1.000	1.000	1.000	1.000	1.000	.995	.965	.833	.451	.171	.010	13
14	1.000	1.000	1.000	1.000	1.000	1.000	1.000	1.000	.995	.965	.794	.537	.140	14

< 表 8　二項累積分配（續）>

(d) $n = 20$

						p								
a	0.01	0.05	0.10	0.20	0.30	0.40	0.50	0.60	0.70	0.80	0.90	0.95	0.99	a
0	.818	.358	.122	.012	.001	.000	.000	.000	.000	.000	.000	.000	.000	0
1	.983	.736	.392	.069	.008	.001	.000	.000	.000	.000	.000	.000	.000	1
2	.999	.925	.677	.206	.035	.004	.000	.000	.000	.000	.000	.000	.000	2
3	1.000	.984	.867	.411	.107	.016	.001	.000	.000	.000	.000	.000	.000	3
4	1.000	.997	.957	.630	.238	.051	.006	.000	.000	.000	.000	.000	.000	4
5	1.000	1.000	.989	.804	.416	.126	.021	.002	.000	.000	.000	.000	.000	5
6	1.000	1.000	.998	.913	.608	.250	.058	.006	.000	.000	.000	.000	.000	6
7	1.000	1.000	1.000	.968	.772	.416	.132	.021	.001	.000	.000	.000	.000	7
8	1.000	1.000	1.000	.990	.887	.596	.252	.057	.005	.000	.000	.000	.000	8
9	1.000	1.000	1.000	.997	.952	.755	.412	.128	.017	.001	.000	.000	.000	9
10	1.000	1.000	1.000	.999	.983	.872	.588	.245	.048	.003	.000	.000	.000	10
11	1.000	1.000	1.000	1.000	.995	.943	.748	.404	.113	.010	.000	.000	.000	11
12	1.000	1.000	1.000	1.000	.999	.979	.868	.584	.228	.032	.000	.000	.000	12
13	1.000	1.000	1.000	1.000	1.000	.994	.942	.750	.392	.087	.002	.000	.000	13
14	1.000	1.000	1.000	1.000	1.000	.998	.979	.874	.584	.196	.011	.000	.000	14
15	1.000	1.000	1.000	1.000	1.000	1.000	.994	.949	.762	.370	.043	.003	.000	15
16	1.000	1.000	1.000	1.000	1.000	1.000	.999	.984	.893	.589	.133	.016	.000	16
17	1.000	1.000	1.000	1.000	1.000	1.000	1.000	.996	.965	.794	.323	.075	.001	17
18	1.000	1.000	1.000	1.000	1.000	1.000	1.000	.999	.992	.931	.608	.264	.017	18
19	1.000	1.000	1.000	1.000	1.000	1.000	1.000	1.000	.999	.988	.878	.642	.182	19

(e) $n = 25$

						p								
a	0.01	0.05	0.10	0.20	0.30	0.40	0.50	0.60	0.70	0.80	0.90	0.95	0.99	a
0	.778	.277	.072	.004	.000	.000	.000	.000	.000	.000	.000	.000	.000	0
1	.974	.642	.271	.027	.002	.000	.000	.000	.000	.000	.000	.000	.000	1
2	.998	.873	.537	.098	.009	.000	.000	.000	.000	.000	.000	.000	.000	2
3	1.000	.966	.764	.234	.033	.002	.000	.000	.000	.000	.000	.000	.000	3
4	1.000	.993	.902	.421	.090	.009	.000	.000	.000	.000	.000	.000	.000	4
5	1.000	.999	.967	.617	.193	.029	.002	.000	.000	.000	.000	.000	.000	5
6	1.000	1.000	.991	.780	.341	.074	.007	.000	.000	.000	.000	.000	.000	6
7	1.000	1.000	.998	.891	.512	.154	.022	.001	.000	.000	.000	.000	.000	7
8	1.000	1.000	1.000	.953	.677	.274	.054	.004	.000	.000	.000	.000	.000	8
9	1.000	1.000	1.000	.983	.811	.425	.115	.013	.000	.000	.000	.000	.000	9
10	1.000	1.000	1.000	.994	.902	.586	.212	.034	.002	.000	.000	.000	.000	10
11	1.000	1.000	1.000	.998	.956	.732	.345	.078	.006	.000	.000	.000	.000	11
12	1.000	1.000	1.000	1.000	.983	.846	.500	.154	.017	.000	.000	.000	.000	12
13	1.000	1.000	1.000	1.000	.994	.922	.655	.268	.044	.002	.000	.000	.000	13
14	1.000	1.000	1.000	1.000	.998	.966	.788	.414	.098	.006	.000	.000	.000	14
15	1.000	1.000	1.000	1.000	1.000	.987	.885	.575	.189	.017	.000	.000	.000	15
16	1.000	1.000	1.000	1.000	1.000	.996	.946	.726	.323	.047	.000	.000	.000	16
17	1.000	1.000	1.000	1.000	1.000	.999	.978	.846	.488	.109	.002	.000	.000	17
18	1.000	1.000	1.000	1.000	1.000	1.000	.993	.926	.659	.220	.009	.000	.000	18
19	1.000	1.000	1.000	1.000	1.000	1.000	.998	.971	.807	.383	.033	.001	.000	19
20	1.000	1.000	1.000	1.000	1.000	1.000	1.000	.991	.910	.579	.098	.007	.000	20
21	1.000	1.000	1.000	1.000	1.000	1.000	1.000	.998	.967	.766	.236	.034	.000	21
22	1.000	1.000	1.000	1.000	1.000	1.000	1.000	1.000	.991	.902	.463	.127	.002	22
23	1.000	1.000	1.000	1.000	1.000	1.000	1.000	1.000	.998	.973	.729	.358	.026	23
24	1.000	1.000	1.000	1.000	1.000	1.000	1.000	1.000	1.000	.996	.928	.723	.222	24

參考書目

中文部分

1. 李德治、林孟儒、童惠玲,《統計學》,第二版,博碩文化。

2. 陳淼勝、李德治,《統計學概論》,第二版,前程文化。

3. 《統計學試題詳解》鼎茂出版社。

英文部分

1. ANDERSON, *Statistics for Business and Economics*, 滄海書局。

讀者回函

讀 者 回 函

GIVE US A PIECE OF YOUR MIND

感謝您購買本公司出版的書，您的意見對我們非常重要！由於您寶貴的建議，我們才得以不斷地推陳出新，繼續出版更實用、精緻的圖書。因此，請填妥下列資料(也可直接貼上名片)，寄回本公司(免貼郵票)，您將不定期收到最新的圖書資料！

購買書號： **書名：**

姓　　名：_____

職　　業：□上班族　　□教師　　□學生　　□工程師　　□其它

學　　歷：□研究所　　□大學　　□專科　　□高中職　　□其它

年　　齡：□10~20　□20~30　□30~40　□40~50　□50~

單　　位：_____ 部門科系：_____

職　　稱：_____ 聯絡電話：_____

電子郵件：_____

通訊住址：□□□ _____

_____

您從何處購買此書：

□書局 _____ □電腦店 _____ □展覽 _____ □其他 _____

您覺得本書的品質：

內容方面：□很好　　　□好　　　□尚可　　　□差

排版方面：□很好　　　□好　　　□尚可　　　□差

印刷方面：□很好　　　□好　　　□尚可　　　□差

紙張方面：□很好　　　□好　　　□尚可　　　□差

您最喜歡本書的地方：_____

您最不喜歡本書的地方：_____

假如請您對本書評分，您會給(0~100分)：____ 分

您最希望我們出版那些電腦書籍：

請將您對本書的意見告訴我們：

_____

您有寫作的點子嗎？□無　　□有　專長領域：

博碩文化網站　　http://www.drmaster.com.tw

歡迎您加入博碩文化的行列哦！

請沿虛線剪下寄回本公司

221
博碩文化股份有限公司　讀者服務部
新北市汐止區新台五路一段 112 號 10 樓 A 棟

信用卡 CREDIT CARD
專 用 訂 購 單

※優惠折扣請上博碩網站查詢，或電洽 (02)2696-2869#307
※請填妥此訂單傳真至(02)2696-2867 或直接利用背面回郵直接投遞。謝謝！

一、訂購資料

	書號	書名	數量	單價	小計
1					
2					
3					
4					
5					
6					
7					
8					
9					
10					
		總計 NT$			

總　計：NT$＿＿＿＿＿＿＿＿＿ X 0.8 = 折扣金額 NT$ ＿＿＿＿＿＿＿＿＿

折扣後金額：NT$ ＿＿＿＿＿＿＿ ＋ 掛號費：NT$ ＿＿＿＿＿＿＿＿＿＿＿

＝總支付金額 NT$ ＿＿＿＿＿＿＿＿＿＿　※各項金額若有小數，請四捨五入計算。

「掛號費台北縣 70 元，外縣市（包含台北市）80 元，外島縣市 100 元」

二、基本資料

收 件 人：＿＿＿＿＿＿＿＿＿＿＿＿ 生日：＿＿＿ 年 ＿＿ 月 ＿＿ 日

電　　話：(住家)＿＿＿＿＿＿＿＿ (公司)＿＿＿＿＿＿＿＿＿＿ 分機

收件地址：□ □ □＿＿＿＿＿＿ ＿＿＿＿＿＿＿＿＿＿＿＿

發票資料：□ 個人（二聯式）　□ 公司抬頭 / 統一編號：＿＿＿＿＿＿＿

信用卡別：□ MASTER CARD　　□ VISA CARD　　□ JCB 卡　　□ 聯合信用卡

信用卡號：□□□□□□□□□□□□□□□□

身份證號：□□□□□□□□□□

有效期間：＿＿＿＿ 年 ＿＿＿＿月止

訂購金額：＿＿＿＿＿＿＿＿＿元整（總支付金額）

訂購日期：＿＿＿ 年 ＿＿ 月 ＿＿ 日

持卡人簽名：＿＿＿＿＿＿＿＿＿＿＿＿＿＿＿（與信用卡簽名同字樣）

黏--貼--處

博碩文化網址
http://www.drmaster.com.tw

廣　告　回　函
台灣北區郵政管理局登記證
北台字第 4 6 4 7 號
印 刷 品・免 貼 郵 票

221

博碩文化股份有限公司　業務部
新北市汐止區新台五路一段112號10樓A棟

如何購買博碩書籍

全 省書局
請至全省各大書局、連鎖書店、電腦書專賣店直接選購。

（書店地圖可至博碩文化網站查詢，若遇書店架上缺書，可向書店申請代訂）

信 用卡及劃撥訂單（優惠折扣 8 折）
請至博碩文化網站下載相關表格，或直接填寫書中隨附訂購單並於付款後，

將單據傳真至 (02)2696-2867。

線 上訂購
請連線至「博碩文化網站 http://www.drmaster.com.tw」，於網站上查詢

優惠折扣訊息並訂購即可。

斯摩比
網路創業中心

為創業者加油

博碩讀者獨享

送您NT500元

每月5美元，2小時打造支援SSL高效能Wordpress網站

linode + SSL + WORDPRESS

5美元=20GB SSD+1GB RAM

CentOS　CWPCONTROL　Let's Encrypt

課程網址：https://smallbig.in

優惠券代碼：drmaster2017

使用說明：
1.限使用於「每月5美元，2小時打造支援SSL高效能Wordpress網站」課程。
2.在結帳頁面輸入優惠券代碼，即可以馬上享有新台幣500元折價。
3.本優惠恕無法折換現金或與其他優惠重覆使用。
4.每一個申請帳號限使用一次。
5.斯摩比網路創業中心保留所有優惠變更權利，並公佈於官網上。

曾經有一份真誠的愛情，擺在我的面前，但是我沒有珍惜。
等到了失去的時候，才後悔莫及，塵世間最痛苦的事莫過於此。
如果上天可以給我一個機會，再來一次的話，我會跟那個女孩子說：
「我愛她」。
如果能有一次讓我提筆紀錄下我與她的愛情故事
不用等待上天的憐憫
在這裡，我們提供你發揮創作的舞台！

咪咕之星 徵文

活動說明

你有滿腔的熱血、滿腹的文騷無法發洩嗎？博碩文化為大家提供了文學創作的競飆舞台，集結了台灣、大陸與東南亞的數位內容平台，只要現在動筆，博碩文化就可完成你的出版美夢，發行內容到世界各地。

徵選主題

各式小說題材徵選：都市、情感、青春、玄幻、奇幻、仙俠、官場、科幻、軍事、武俠、職場、商戰、歷史、懸疑、傳記、勵志、短篇、童話。

投稿方式

即日起至活動官網進行會員申請與投稿，活動網址：
https://goo.gl/jevOi6

活動 QR-Code

合作平台

中国移动 China Mobile

咪 古閱读 讀書吧 reading.udn.com

HyRead ebook 電子書店 ebook.hyread.com.tw

楽天 kobo 樂讀隨我 myBook

readmoo
買書×看書×分享書

TAAZE 讀冊 www.taaze.tw 生活

Google Play

Pubu 電子書城 www.pubu.com.tw

1766 一起聯聯網路廣播電台，讀你帶著聽的好書 http://www.1766.today

—— 即日起徵稿 ——
期限：一萬年！

主辦單位
博碩文化・博弗斯娛樂文創・博碩數媒

博弗斯娛樂文創

漫畫新秀愛徵稿
點燃滿滿二次元的創作能量

原創漫畫作品強烈招募中！

立馬登錄獨享
1. 經評選簽約，成為平台創作者。
2. 協助作品推廣台灣、中國與東南亞各國。
3. 有機會將作品集結成冊，一圓出版夢。
4. 重點IP培育，品牌塑造與周邊開發。
5. 專業經紀制度，協助故事架構與作品賣點。

投稿方式
即日起至活動官網進行
會員申請與投稿，活動網址：
http://blt.ly/2jX5xtY

活動 QR-Code

喜愛畫漫畫，熱愛畫漫畫，沒有畫漫畫就吃不下飯，就睡不著覺，
甚至就會活不下去的漫畫癡、漫畫狂，好消息來囉！

博弗斯現在為廣大愛畫漫畫的創作者提供了這一個滿滿的大平台，
只要你動筆，博弗斯就可以完成你當漫畫家的美夢，
數位內容同步發行到世界各地。